改訂3版

退職金 年金 規程総覧

経営書院 編

経営書院

本書を利用される方に

　"○○規程""○○規則"と呼ばれる企業内の諸規程（諸規定），諸規則は何のために必要か。それは，企業というものが多くの人々がそれぞれの任務にしたがって業務を遂行する組織体の集団であるからである。それぞれの任務を持った人々が共同の目的達成のために，一定の秩序に従って合理的に行動するためのルールがなければならない。このルールが諸規程（諸規定），諸規則になる。とりわけ，就業規則およびこれに付属する諸規則は，労働条件や服務規律について，経営者も従業員ともども守らなければならない重要な規程である。しかも，常時10人以上使用する経営者は，法律によって作成の義務が課せられている。

　本書は，労働基準法で作成が義務づけられている就業規則（賃金規程・退職金規程）の作成，変更にあたっての留意点とあわせて，就業規則の一部である，退職金規程およびこれに付属する諸規則とモデル的なものを示したものである。退職金規程はあくまでも企業の実情に応じたものでなければならないもので，単に形式的に作成されるのでは全く意味のないものといえよう。したがって，ここに示した，モデル的退職金規程およびこれに付属する諸規則は，あくまでそれぞれの企業において，よりよい退職金規程の作成，変更する際の参考として活用していただきたい。そして，それが中堅企業および中小企業の労務管理の近代化，合理化の一助になれば幸いである。

すぐ利用できる配慮で編集

　本書は，中堅企業および中小企業経営者ならびに，総務・人事・労務担当者あるいは労働組合役員の方々を主要な読者に想定して収録編集したものである。多忙を極めておられるこれらの実務家の方々には，理論よりも実例のほうが参考になるという要望に応えたものである。

　すなわち，あえて煩雑な解説や難解な理論は取り上げず，注釈程度の解説を加えるのみとし，できるだけ数多くの，しかも最近改訂された退職金規程およびこれに付属する諸規程（諸規定），諸規則を収録したものである。このような編集方針で取りまとめたものであるから，規程の背景となる諸条件とか法令とかについては詳しく述べていないので，深い追及研究には，本書はあえて不適といわざるを得ない。しかし，実務家として新しく規程を制定したい，あるいは改定したいが，「何か参考になる実例はないか」，「実務の手引になる参考書はないか」と求められる場合がしばしばあるものである。このような場合に，すぐに参考になり，役立つものが本書といえよう。企業あるいは組合の資料の一つとして常備されれば，参考資料として役立つことと思われる。

嘱託・パートタイマー等の退職金規程

　最近再雇用による嘱託やパートタイマーをめぐる問題が多くなってきている。中小企業では，すでにパートタイマーが基幹的労働力となってきているところが多くなってきている。このような場合には，雇用期間も長期化しており，労働時間もフルタイマー（一般従業員）と同様かそれに近いものになっている。これからも高齢者雇用の嘱託やパートタイマーは増加傾向にあり，企業にとってはこれが不可欠な要素となっていることは明らかである。そこで嘱託やパートタイマー等の関係の退職金規程も若干収録した。

本書の利用方法

　本書に収録した退職金規程およびこれに付随する諸規則（諸規定）は，一部の関係機関作成のモデルを除き実在の企業のもので，最近に改訂されたものが中心である。したがって，実在の企業名を隠してアルファベットで表記し，企業の業種や規模を付記したがその特殊性は可能な限り出さないようにしてある。しかし，それぞれ，ごく一般的な普遍性の高い実例として利用できるものと思われる。

　なお，収録したものは，それぞれの企業で作成されたものをそのままの形で，手直しは一切行わず，原文の体裁のまま掲げることとし，特に統一はしなかった。ただし，縦組みの規則は，すべて横組みとしたため，編集上多少の変更を加えた箇所もある。

　極端な利用法としては，そのままコピーして，企業名と具体的な日付や数値だけを書き替えれば，そのまま利用できることもあるだろう。このような利用法は勧めるわけにはゆかない。

　それぞれの企業や労使関係には，そこに培われてきた諸条件や歴史的な過程などがあるからである。もし，コピーして利用する場合は，どこまでも参考資料として十分検討のうえ利用されたい。

　最後に，ご協力を賜った企業および労働組合に感謝の意を表するとともに，利用者の方々の参考の一助にもなれば幸いである。

本書を利用される方に ·· 2

第1章　退職金・企業年金規程作成の手引

1．退職金制度の意義 ··· 15
　(1)　退職金とは ··· 15
　(2)　退職金の性格 ·· 15
　(3)　退職金の効果 ·· 15
2．退職金制度の特徴 ··· 16
　(1)　支払いの条件 ·· 16
　(2)　制度実施の自由性 ·· 16
　(3)　賃金としての位置付け ·· 16
　(4)　労働基準法の適用 ·· 16
　(5)　勤続年数の役割 ··· 16
3．退職一時金の算出方法 ·· 17
　(1)　退職一時金の算出方法 ·· 17
　(2)　算定基礎額 ··· 18
　(3)　支給率 ··· 18
　(4)　勤続年数 ·· 20
4．退職金制度の運用 ·· 21
　(1)　支給対象者 ··· 21
　(2)　自己都合退職の取り扱い ··· 21
　(3)　懲戒解雇者の取り扱い ·· 22
　(4)　恣意的な減額の禁止 ·· 22
　(5)　結婚退職上積制度 ·· 22
　(6)　死亡退職の取り扱い ·· 22
　(7)　功労加算 ·· 22
　(8)　支払日 ··· 22
5．退職金の原資と賃金確保法 ··· 23
　(1)　賃金確保法の規定 ·· 23

(2)	退職金原資の事前準備の方法	24
(3)	社外積立の方法	24

6．中小企業退職金共済制度 24
(1) 制度の趣旨 24
(2) 制度の内容 24
(3) 制度の特色 25

7．特定退職金共済制度 25

8．退職年金制度の種類 25
(1) 確定拠出年金 25
(2) 確定給付年金 25
(3) 調整年金 26
(4) 適格年金は廃止へ 26

9．確定拠出年金制度の設計 26
(1) 実施事業所 26
(2) 受給権と給付 26
(3) 拠出方法 26
(4) 資産の運用方法 27
(5) 個人別管理資産額の通知 27

10．確定給付年金制度の設計 27
(1) 形態の選択 27
(2) 加入資格 27
(3) 給付の種類 27
(4) 受給資格 27
(5) 給付水準 27
(6) 年金支給期間 28
(7) 掛金の拠出 28
(8) 労働組合の同意 28

11．調整年金 28
(1) 基金の設立 28
(2) 加入資格 28
(3) 厚生年金の代行 28
(4) 給付の種類 28

12．退職金制度と退職金規程 28
(1) 労働基準法の定め 28

(2)　独立した退職金規程の作成 29
13．中小企業の退職金事情 29
　(1)　退職金制度の形態 29
　(2)　退職一時金制度の内容 30
　(3)　モデル退職一時金 33
　(4)　退職年金制度の内容 33

第2章　退職金・年金規程の実例

1　自社（一時金）制度の例 39

実例1　退職金支給規程（化学工業・従業員1,500人） 40
実例2　退職金規程（商社・従業員800人） 42
実例3　退職金規程（医薬品製造・従業員800人） 45
実例4　退職手当規程（電気機器・従業員750人） 47
実例5　退職金規程（従業員500人） 50
実例6　退職金規程（金属製品製造・従業員450人） 52
実例7　退職金規程（貨物運送・従業員400人） 55
実例8　退職金規程（運輸業・従業員340人） 57
実例9　退職金規程（機械製造・従業員320人） 59
実例10　退職金支給規程（工作機械・従業員310人） 61
実例11　退職手当に関する規程（従業員300人） 66
実例12　退職金規程（従業員280人） 70
実例13　退職金規程（情報産業・従業員240人） 72
実例14　退職金規定（商社・従業員220人） 75
実例15　退職金規定（小売業・従業員180人） 78
実例16　退職給与金支給規程（金融業・従業員180人） 82
実例17　退職金規程（プレス加工・従業員160人） 84
実例18　退職金規程（ゴルフ場・従業員160人） 87
実例19　退職金規定（病院・職員150人） 89
実例20　退職金規程（鋲螺加工・従業員140人） 92
実例21　退職金支給規程（電子部品製造・従業員120人） 95
実例22　退職金規程（卸売業・従業員120人） 97
実例23　退職金規定（化成品・従業員120人） 100

実例24	退職手当規程（製粉機械・従業員110人）	102
実例25	退職金規程（外食産業・従業員90人）	105
実例26	退職金支給規程（製本業・従業員80人）	108
実例27	退職慰労金規程（計算事務・従業員70人）	111
実例28	退職金支給規程（印刷業・従業員60人）	113
実例29	退職金規程（小売業・従業員35人）	115
実例30	退職金規則（会計事務所・従業員30人）	117
実例31	退職金規定（出版業・従業員25人）	119
実例32	退職金規則（ポイント方式，ゴム製造・従業員8500人）	121
実例33	退職金規定（ポイント方式，工作機械・従業員630人）	125
実例34	退職金支給規程（ポイント方式，印刷関連・従業員70人）	130
実例35	退職金支給規定（職能係数方式，合成化学・従業員900人）	133
実例36	退職金規程（職能指数累積方式，機械製造・従業員400人）	137
実例37	退職金規程（基礎額×職能指数方式，出版業・従業員230人）	140
実例38	退職手当支給規程（資格等級別加算方式，ホテル・レストラン・従業員1,000人）	143
実例39	職員退職慰労金支給規則（職務，特別加給金方式，倉庫・従業員600人）	146
実例40	退職手当規程（拠出制退職手当積立金方式，教育・従業員130人）	150
実例41	職員退職慰労金支給規則（資格・老後保障方式，倉庫・従業員600人）	155

② 自社（一時金）制度と年金制度併用の例 …… 159

● ペアとなっている規程の例 …… 160

実例42－①	退職金規定（化学製品・従業員2,250人）	160
実例42－②	退職年金規定（化学製品・従業員2,250人）	164
実例43－①	退職手当規程（通信機器製造・従業員1,800人）	172
実例43－②	退職年金規約（自社（一時金）制度に上乗せ制度，通信機器製造・従業員1,800人）	176
実例44－①	退職手当規則（化学製品製造・従業員1,500人）	184
実例44－②	退職年金規則（年金の一時払いを認めた制度，化学製品製造・従業員1,500人）	188
実例45－①	退職金規程（電子部品製造・従業員600人）	198
実例45－②	退職年金規程（電子部品製造・従業員600人）	201
実例46－①	退職金規程（建築用機具製造・従業員350人）	210
実例46－②	退職年金規程（建築用機具製造・従業員350人）	215
実例47－①	退職金規程（金属製品製造・従業員350人）	223
実例47－②	退職年金規程（金属製品製造・従業員350人）	226
実例48－①	退職金支給規程（薬品販売・店舗20・従業員180人）	234

実例48－②	退職年金要項（薬品販売・店舗20・従業員180人）	237
実例49－①	退職金支給規程（厚生年金基金加算上乗制，空調配管・従業員40人）	245
実例49－②	退職年金規程（空調配管・従業員40人）	249

●退職金規程で年金規程は省略の例 ······ 256

実例50	退職金・年金支給規則（自社制度は職能指数方式，精密機械・従業員900人）	256
実例51	退職金規程（飲食業・従業員400人）	261
実例52	退職金規程（商社・従業員2,000人）	266
実例53	社員退職金規程（電子工業・従業員850人）	269
実例54	退職金規程（水処理・従業員650人）	272
実例55	退職金支給規定（外食産業・従業員320人）	274
実例56	退職金支給規定（不動産業・従業員100人）	277
実例57	退職金支給規定（自社制度はポイントおよび職能指数方式，精密機械・従業員200人）	280
実例58	退職金支給規定（卸売業・従業員150人）	285
実例59	退職金規程（定年者のみ上乗せ方式，計測器製造・従業員130人）	288
実例60	社員退職金・年金支給規則（ポイントシステム制，テレビ放送関連・従業員5,000人）	292

●退職年金規程で退職金規程は省略の例 ······ 296

実例61	退職年金規約（精密機械製造・従業員900人）	296
実例62	退職年金規程（精密機械製造・従業員850人）	303
実例63	退職年金規程（光学機器・従業員730人）	310
実例64	退職年金規定（出版・従業員90人）	315
実例65	退職年金規程（病院・職員180人）	318
実例66	退職年金規約（住宅設備業・従業員120人）	327

●全面退職年金制度の例 ······ 334

実例67	退職年金規則（電気機器製造・従業員6,000人）	334
実例68	退職年金規程（電気機器・従業員800人）	339
実例69	退職年金規定（プラスチック製造・従業員200人）	346
実例70	退職年金規程（電子部品・従業員160人）	352
実例71	退職年金規程（外食産業・従業員70人）	359
実例72	退職年金規程（建設業・従業員60人）	364

③ 中退金・特退共加入の例 ······ 369

実例73	退職金支給規程（工作機械・従業員170人）	370
実例74	退職金支給規程（電子部品製造・従業員90人）	380
実例75	退職金規程（小売業・従業員60人）	382

実例76　退職金支給規程（貴金属製品販売・従業員40人） 385
実例77　退職金支給規程（クリーニング・従業員30人） 388
実例78　退職金支給規程（商社・従業員120人） 390
実例79　退職金規定（金属製品製造・従業員50人） 392
実例80　退職金規定（電子部品販売・従業員40人） 395
実例81　退職金支給規程（卸売業・従業員40人） 397
実例82　退職金支給規程（小売業・従業員18人） 399

4　その他の退職金制度の例 401

●その他の退職金規程例 402

実例83　早期退職特別慰労金支給規程（化学工業・従業員800人） 402
実例84　割増退職金支給規程（鉄道・従業員1,000人） 403
実例85　管理職退職功労金支給規定（病院・職員230人） 404

●嘱託等の退職金規定例 405

実例86　常勤嘱託退職手当支給規程（商社・従業員700人） 405
実例87　常勤嘱託退職金規則（商社・従業員350人） 407
実例88　嘱託慰労金規程（教育・職員90人） 408
実例89　準社員嘱託者の退職慰労金規定（情報機器・従業員450人） 409
実例90　非常勤講師退職餞別金規程（教育・職員90人） 410
実例91　キャディ退職金規程（ゴルフ場・従業員182人・キャディ40人） 411

●パートタイマー退職金規程例 413

実例92　パートタイマー退職慰労金規定（従業員230人，内パート140人） 413
実例93　パートタイマー退職金規程（食品製造・従業員160人，内パート70人） 414

第3章　役員退職慰労金・役員年金規程作成の手引

1．役員退職慰労金の趣旨 417
2．役員退職慰労金の算出方法 417
　(1)　Σ（役位別報酬×役位別倍率×役位別在任期間） 417
　(2)　Σ（役位別報酬×役位別在任期間） 418
　(3)　退任時報酬×Σ（役位別倍率×役位別在任期間） 418
　(4)　退任時報酬×役員全期間×退任時役位倍率 418
　(5)　退任時報酬×役員全期間 418
　(6)　退任時報酬×在任年数別支給率 418

3．役員退職慰労金制度の運用 ……………………………………………………… 418
  (1) 功労加算 ………………………………………………………………………… 418
  (2) 減額の条件 ……………………………………………………………………… 419
  (3) 支払日 …………………………………………………………………………… 419
  (4) 死亡したときの取り扱い ……………………………………………………… 419
  (5) 社員出身役員の取り扱い ……………………………………………………… 419
  (6) 兼務役員の取り扱い …………………………………………………………… 419
  (7) 非常勤役員の取り扱い ………………………………………………………… 419
4．商法の定め ………………………………………………………………………… 420
5．役員退職慰労金規程の作成 ……………………………………………………… 420
  (1) 規程作成の意義 ………………………………………………………………… 420
  (2) 規程に盛り込む内容 …………………………………………………………… 420
6．役員退職慰労金と税務処理 ……………………………………………………… 421

第4章 役員退職慰労金・年金規程の実例

1 役員退職慰労金規程の実例 …………………………………………………… 425

実例1　役員退職慰労金内規（商社・資本金35億円） ……………………………… 426
実例2　退職慰労金算定基準内規（金属製品製造・資本金22億円） ……………… 428
実例3　取締役退任慰労金規程（商社〈機械〉・資本金20億円） ………………… 430
実例4　役員退職慰労金支給規程（電子工業・資本金10億円） …………………… 432
実例5　役員退職慰労金支給規程（ゼネコン・資本金10億円） …………………… 434
実例6　役員退職慰労金支給規程（製薬・資本金5億5,000万円） ………………… 436
実例7　役員退職慰労金規程（化学工業・資本金3億5,000万円） ………………… 438
実例8　役員退職慰労金支給規程（繊維加工・資本金3億円） …………………… 440
実例9　取締役・監査役退任慰労金内規（商社・資本金3億円） ………………… 442
実例10　役員退職慰労金内規（情報処理・資本金2億円） ………………………… 444
実例11　役員退職金規定（食品製造・資本金1億8,000万円） …………………… 446
実例12　役員退職慰労金内規（電子部品・資本金1億7,000万円） ……………… 448
実例13　役員退職金贈与規程（機械器具製造・資本金1億6,000万円） ………… 450
実例14　役員退職慰労金規程（商社・資本金1億5,000万円） …………………… 452
実例15　役員退職慰労金規程（食品卸売業・資本金1億500万円） ……………… 454
実例16　役員退職慰労金支給内規（印刷・資本金1億3,000万円） ……………… 456

実例17	役員退職慰労金支給規程（金属製品製造・資本金１億2,000万円）	458
実例18	役員退職慰労金規程（化学工業・資本金8,000万円）	460
実例19	役員退職慰労金規程（工作機械・資本金8,000万円）	462
実例20	役員退職慰労金支給規程（電気機器・資本金7,500万円）	465
実例21	役員退職慰労金支給規程（機器製造・資本金7,000万円）	466
実例22	役員退職金規程（サービス業・資本金5,000万円）	468
実例23	役員退職慰労金規程（機械器具・資本金4,000万円）	470

② 役員年金規程の実例 ... 473

実例24	役員退職年金規則（商社・資本金25億円）	474
実例25	役員企業年金契約書（機械製造・資本金15億円）	476
実例26	役員退任年金規程（電子工業・資本金10億円）	483
実例27	役員退職年金規程（計測器製造・資本金７億5,000万円）	485
実例28	役員退職年金規程（プラスチック・資本金8,000万円）	487
実例29	役員年金規程（情報処理・資本金7,000万円）	489
実例30	役員退職年金支給規程（商社・資本金6,000万円）	491

第1章

退職金・企業年金規程作成の手引

1　退職金制度の意義

(1)　退職金とは

　社員が自己都合，結婚，出産，定年などで退職するときに支払われる手当を総称して「退職金」という。「退職手当」と呼ばれることもある。ちなみに，労働基準法は，「退職手当」という用語を使用している。

　退職金には，「退職一時金」と「退職年金（企業年金）」の2種類がある。これらのうち，退職一時金制度を採用している会社が多い。社員の多くも，退職金を一時金として一括して受け取ることを希望している。

(2)　退職金の性格

　退職金の性格については，次の3つの説がある。

　　① 功労報奨説

　これは，社員が在職中，会社のために熱心に働き，会社の業績に貢献してくれたことに対する報奨金，功労金として支払われるとする説である。

　　② 賃金後払い説

　これは，在職中の賃金が本来支払われるべき金額よりも少なかったために，それを補填する目的で退職時に支払われるとする説である。「在職中の賃金が少なかった」ということが，この説の背景にある。

　　③ 老後保障説

　働いている者は誰でも，在職中はもとよりのこと，老後も経済的に安定した生活を送ることを望んでいる。老後に安定した生活を送るためには，一定の資金が必要である。老後保障説は，「退職金は，老後の生活を支えるために支給されるものである」という説である。

　一般に，経営者や経営者団体は，「功労報奨説」を主張している。これに対し，労働組合は，「賃金後払い説」を唱えている。

(3)　退職金の効果

　退職金制度は，

① 社員に対し，長期勤続を奨励する（勤続期間が長くなれば長くなるほど，多くの退職金が支給されるため）
② 社員の定着率が向上する
③ 退職後の生活を保障することになるため，勤労意欲の向上をもたらす
④ 労使関係が安定する（退職金制度は重要な労働条件であるため，制度の充実を図ることにより，労働組合や社員は，会社を信頼するようになる。その結果，労使間の信頼関係が形成される）

などの効果がある。

　退職金制度を実施すると，当然のことながら，その分だけ会社の金銭負担が増えることになる。金銭負担が増えれば，それだけ経営が厳しくなる。

　また，退職金制度は，労働基準法でその実施が義務づけられている制度ではない。退職金制度を実施するかしないかは，あくまでも会社の自由である。「退職金制度を実施していない」ということで，処罰されることはない。

　このような事情があるにもかかわらず，ビジネスの世界において退職金制度が広く普及しているということは，経営にとって一定の効果が期待できるためであろう。「資金負担が増える」という問題点よりも，「定着率が向上する」「勤労意欲が向上する」「労使関係が安定する」などのメリットの

ほうが大きいからであろう。

2　退職金制度の特徴

退職金制度の特徴として、次のような点を指摘することができる（図表1）。

(1)　支払いの条件
第1は、「会社を退職すること」が支払いの条件とされていることである。

毎月定期的に支払われる「給与」や、年2回会社の業績に応じて支払われる「賞与」は、「会社に在籍していること」が条件となっている。在籍していない者に給与や賞与が支払われることは通常はありえない。これに対して、退職金は、会社を退職しなければ支払われることはない。

(2)　制度実施の自由性
第2は、制度実施の自由性、任意性である。すなわち、退職金制度を実施するかしないかは、あくまでも会社の自由意思に委ねられているということである。

給与は、労働基準法によって「毎月1回以上、定期的に支払うこと」が義務づけられている。給与を毎月1回以上支払わないと、「労働基準法に違反している」として処罰される。これに対し、退職金制度は労働基準法で実施が義務づけられているわけではない。だから、実施していなくても処罰されることはない。

(3)　賃金としての位置付け
第3は、法律上、「賃金」として位置付けられていることである。

労働基準法は、「この法律で賃金とは、賃金、給料、手当、賞与その他名称の如何を問わず、労働の対償として使用者が労働者に支払うすべてのものをいう」（第11条）と定めている。

これについて、厚生労働省では、次のような通達を出している。

「労働協約、就業規則、労働契約等によってあらかじめ支払条件が明確である場合の退職手当は、法第11条の賃金であり、法第24条の「臨時の賃金等」に当たる」（昭和22・9・13、発基第17号）

(4)　労働基準法の適用
このように、退職金は、法律上「賃金」に相当する。このため、「賃金は、通貨で直接労働者に支払わなければならない」「賃金は、その全額を支払わなければならない」という労働基準法第24条の規定が適用される。

(5)　勤続年数の役割
第5は、退職金の算定において「勤続年数」がきわめて大きな役割を果たしているということである。

図表1　退職金制度の特徴

(1)　退職することが支払いの条件であること
(2)　退職金制度を実施するかしないかは会社の自由であること
(3)　退職金は労働基準法上賃金として取り扱われること
(4)　退職金について労働基準法の賃金規定が適用されること
(5)　退職金の算出において勤続年数の果たす役割が大きいこと

退職金をどのようにして算定するかはそれぞれの会社の自由であるが，現状を見ると，「基本給×支給率」という算定式を使用している会社が多い。この場合，一般的に基本給は勤続年数に比例して増加する仕組みになっている。また，支給率も，勤続年数に比例して高くなる仕組みが採用されている。このため，結果的に，退職金の算定において勤続年数が大きな影響を与えることになっている。

3　退職一時金の算出方法

(1) 退職一時金の算出方法

　退職一時金の算出には，主として，次のような方法がある。
　　① 退職金算定基礎額×支給率
　これは，退職金算定のための基礎額に，勤続年数別に定められた支給率を乗じることによって，退職金を算出するというもので，最も一般的な方法である。退職金算定のための基礎額としては，基本給の全額，基本給の一定割合，基本給に一部の手当を加えたもの，別テーブル（退職金算定のための特別の計算表）などがある。
　例えば，退職金算定のための基礎額として基本給を採用している会社の場合，勤続30年の社員が退職するとする。この社員の基本給が「40万円」，勤続30年の支給率が「32」であるとすると，退職金は次のように計算される。
　　（退職金）　40×32＝1,280万円
　　② 退職金算定基礎額×支給率＋一定額
　これは，退職金算定のための基礎額に勤続年数別の支給率を乗じることによって得られる金額に，さらに一定額を加算することによって退職金を算出するというものである。
退職金算定のための基礎額としては，基本給の全額，基本給の一定割合，基本給に一部の手当を加えたもの，別テーブルなどがある。
　また，一定額は，職種，役職，資格等級などを基準として決められる。
　例えば，退職金算定のための基礎額として基本給を採用している会社の場合，勤続30年の社員が部長職で退職するとする。この社員の基本給が「40万円」，勤続30年の支給率が「32」，また，部長職の退職加算金が「200万円」であるとすると，退職金は次のように計算される。
　　（退職金）　40×32＋200＝1,480万円
　　③ 勤続年数に応じた定額
　これは，勤続年数に応じて一定額を支給するというものである。一定額は，例えば，次のように決める。

　　勤続3年　　　　40万円
　　　　4年　　　　50万円
　　　　5年　　　　60万円
　　　　6年　　　　70万円
　　（以下省略）

　退職時の給与とは関係なく，あくまでも一定額だけが支給される。このため，単純明快でわかりやすい。
　　④ ポイント方式
　これは，資格等級，役職などを基準にして1年あたりのポイントを決め，退職者について，入社時点から退職時点までの総ポイントを算出し，その総ポイントに単価を乗じることによって退職金を算出するというものである。

例えば、資格等級ごとのポイント（在級1年当たり）を次のように決める。

社員1級	10点	社員5級	25点
2級	12点	6級	30点
3級	16点	7級	35点
4級	20点	8級	42点

いま、社員が勤続30年で退職し、在職中における資格等級への格付け年数は次のとおりであったとする。

社員1級	3年	社員5級	3年
2級	3年	6級	4年
3級	4年	7級	5年
4級	2年	8級	6年

この社員の退職時点の累積ポイントは、次のようになる。

社員1級	10点×3年＝30点
社員2級	12点×3年＝36点
社員3級	16点×4年＝64点
社員4級	20点×2年＝40点
社員5級	25点×3年＝75点
社員6級	30点×4年＝120点
社員7級	35点×5年＝175点
社員8級	42点×6年＝252点
合計	792点

単価を「15,000円」とすると、退職金は、次のように計算される。

（退職金）792点×15,000＝11,880,000円

資格等級を基準とするポイント式退職金制度には、次のようなメリットがある。
① 退職金制度に能力・実績主義を反映できる（能力と実績に応じて資格等級の格付けが決まる。このため、上位の資格等級に昇格すればするほど、退職金の支給額が多くなる）
② 社員の昇格意欲を刺激し、活性化を図れる（昇格すればするほど退職金が多くなるため）
③ 定昇とベアの影響を排除できる（定昇やベアによって給与がアップしても、それによって会社の退職金負担額が自動的に増えることはない）

(2) **算定基礎額**

退職金の算出について「算定基礎額×支給率」という方法を採用している会社が多いが、算定基礎額としては、次のようなものが用いられている。
・退職時の基本給
・退職時の基本給×一定率（例えば、基本給の80％）
・退職時の基本給＋手当
・（退職時の基本給＋手当）×一定率
・別テーブル方式（退職金算定のために賃金表とは別に特別の計算表を設けるもの）

(3) **支給率**

退職金の算出について「算定基礎額×支給率」という方法を採用している会社が多いが、支給率には、次のような決め方がある（図表2）。

① 一律増加方式

これは、勤続年数に正比例させて支給率を引き上げていくというものである。

図表2　支給率の求め方

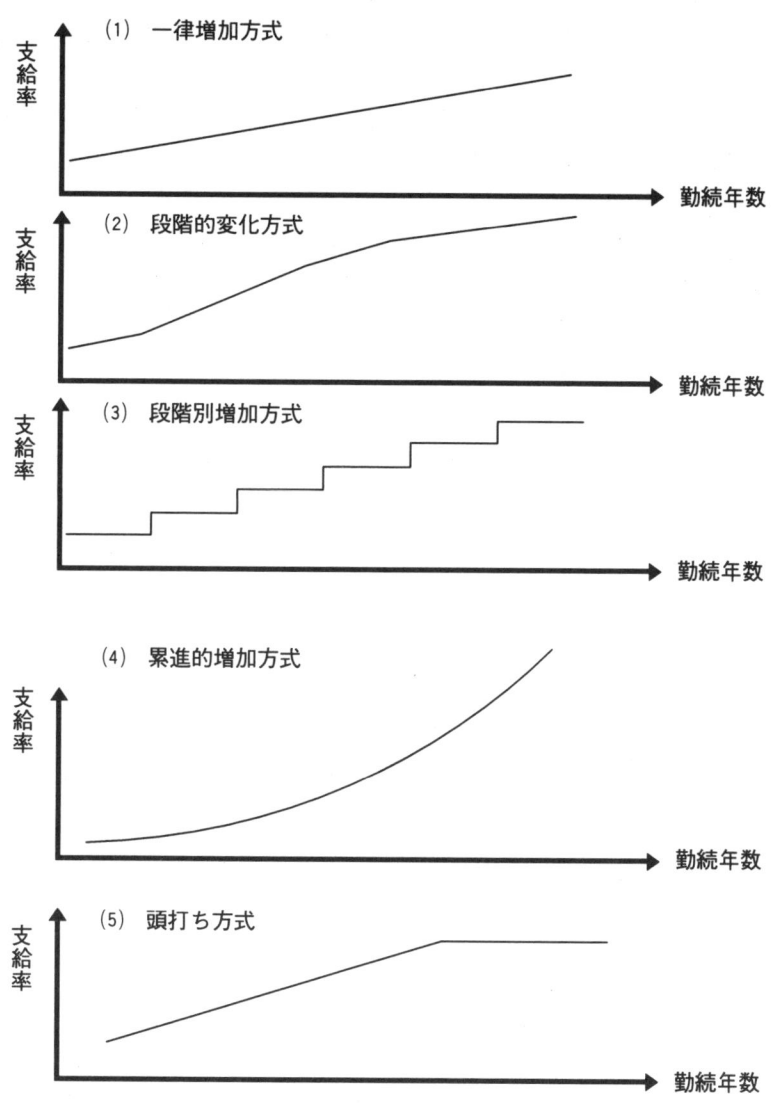

(1) 一律増加方式
(2) 段階的変化方式
(3) 段階別増加方式
(4) 累進的増加方式
(5) 頭打ち方式

　例えば，増加ピッチを「1」とすると，勤続3年＝2，4年＝3，5年＝4，6年＝5……という具合に「1」ずつ引き上げていく。
　この方式は，簡単明瞭でわかりやすい。しかし，その反面，社員の中高年化や定年延長等に伴って退職金の負担額が限りなく増加していくという問題がある。
　② 段階的変化方式
　会社の業績に対する貢献度や功労の程度は，勤続年数によって異なるものと考えられる。
　一般的にいえば，入社して3，4年程度までは，仕事をマスターするのに追われ，会社の業績にそれほど貢献することはできない。3，4年を経過してはじめて仕事を完全にマスターし，業績に貢献できるようになる。特に，勤続7，8年程度から20年程度までは仕事に油が乗る時期で，貢献度が大きい。しかし，20年程度を経過すると，適応力やバイタリティーが徐々に低下していき，貢献度が小さくなる。

退職金は，会社の業績に対する報奨であるから，貢献の大きさに応じて支給率を決定するのが合理的，説得的である。こうした考えに基づいて，勤続年数の区分ごとに支給率のピッチを決めるというのがこの「段階的変化方式」である。

　例えば，次のように支給率を決める。

- 勤続 3〜7年―――1年ごとに支給率を「1」ずつ増やす
- 勤続 8〜20年―――1年ごとに支給率を「1.5」ずつ増やす
- 勤続21〜25年―――1年ごとに支給率を「1.2」ずつ増やす
- 勤続26年以降―――1年ごとに支給率を「0.8」ずつ増やす

　③　段階別増加方式

　これは，勤続年数の区分ごとに支給率を段階的に増加させるというものである。

　例えば，支給率を次のように決める。

- 勤続 3〜5年―――4
- 勤続 6〜10年―――7
- 勤続11〜15年―――13
- 勤続16〜20年―――17
- 勤続21〜25年―――21
- 勤続26〜30年―――25

　　　　（以下省略）

　④　累進的増加方式

　これは，勤続年数が長くなるにつれて支給率の差が1年ごとに増えていくというものである。例えば，次のとおりである。

- 勤続 3年　　　　2
- 勤続 4年　　　　3（支給率の差1.0）
- 勤続 5年　　　　4.2（支給率の差1.2）
- 勤続 5年　　　　5.5（支給率の差1.3）
- 勤続 6年　　　　6.9（支給率の差1.4）
- 勤続 7年　　　　8.4（支給率の差1.5）
- 勤続 8年　　　　10.0（支給率の差1.6）
- 勤続 9年　　　　11.8（支給率の差1.8）
- 勤続10年　　　　13.8（支給率の差2.0）

　　　　（以下省略）

　⑤　頭打ち方式

　これは，一定の勤続年数までは支給率を引き上げていくが，それ以降は頭打ちにするというものである。例えば，勤続30年以降は，支給率をいっさい引き上げない。

　支給率をいつまでも引き上げていると，社員の中高年化（平均勤続年数の長期化）に伴って退職金の負担額が増加する。退職金の負担額が年々増加すると，経営が圧迫される。しかし，一定の年数で支給率を頭打ちにすれば，退職金負担の増加に歯止めをかけることができる。

(4)　勤続年数

　支給率を決定する基準は，勤続年数である。

　勤続年数は，「採用した日から退職した日までの期間」をいう。

　多くの会社は「試用期間」を設けている。「試用期間」は，正規社員としての能力や適性を評価するための期間で，通常は3ヵ月程度である。「正規社員としてふさわしい」と評価されると，いわゆ

る正社員として採用される。

　退職金を算定するに当たって，試用期間を勤続年数に通算するかしないかは会社の自由であるが，試用期間中も会社の指示命令にしたがって通常どおりに勤務する。このため，勤続年数に通算するのが適切であろう。

　「業務上の傷病による休職」も，その性格から判断すると，勤続年数に通算すべきであろう。

　これに対し，
- 私傷病による休職
- 育児休職，介護休職
- その他個人的な事由による休職

は，勤続年数に通算しないのが妥当である。業務に従事していないために，会社の業績に貢献していないからである。

4　退職金制度の運用

(1)　支給対象者

　退職金は，在職中の会社業績への貢献に対する報奨という性格を持つ。このため，「業績に貢献した者」に限って支給するのが適切である。

　仕事の内容や職種にもよるが，仕事の進め方や要領を完全に習得し，仕事の遂行を通じて会社の業績に貢献できるようになるまでには，一定の期間が必要である。1年や2年程度では，仕事をマスターすることは難しい。したがって，会社の業績に貢献することは期待しがたい。

　支給対象者は，勤続が一定年数以上の者に限定するのが合理的である。この場合，勤続年数は，
- 仕事に習熟するには，どれくらいの年数が必要か
- 仕事を迅速，かつ，正確に遂行するにはどの程度の経験年数が必要か

という観点から決定すべきである。

　一般的にいえば，退職金は，勤続2，3年程度以上の者に対して支給することにするのが妥当であろう。

(2)　自己都合退職の取り扱い

　会社は，新卒者を採用し，オン・ザ・ジョブ・トレーニングや集合研修等で仕事の知識や進め方を教育し，一人前の社員に育成するという人事管理を行っている。一人前になるまでの教育期間中も，給与を支払わなければならないので，金銭的にみると持ち出しである。

　もしも，一人前に育成している段階の社員や，一人前になったばかりの社員に退職されると，会社は金銭的に損失となる。それまでの投資コストが回収できないからである。せっかく時間と費用を掛けて育てたからには，長く働いて会社に貢献してもらわなければならない。

　このため，「自己都合退職」（転職，結婚，出産等）と「会社都合退職」（定年等）とに区分して支給率を決めている会社が多い。

　支給率については，次のような取り扱いをするのが妥当である。
① 勤続15年ないし20年程度以下については，会社都合退職と自己都合退職とに区分して決める
② 会社都合退職に対する自己都合退職の減額率は5〜20%程度とする
③ 勤続15年ないし20年程度以上については，会社都合退職と自己都合退職の支給率を同一とする

　会社の中には，勤続20年程度以上の長期勤続者に対しても，自己都合退職を不利に取り扱っているところがある。しかし，あまり長期にわたって自己都合退職を不利に取り扱っていると，労働力の固定化・硬直化および中高年化を招くことになり，かえってマイナスである。

(3) 懲戒解雇者の取り扱い

会社は，組織の規律を保つために，会社の信用と名誉を著しく傷つけたり，あるいは，会社に著しい損害を与えたりした者を懲戒解雇という処分に付する。懲戒解雇者に対しては，退職金を支給しないことにするのが妥当である。

懲戒解雇者に対して退職金を支給しないことにするときは，就業規則において「懲戒解雇者に対しては退職金を支給しない」と明記しておくことが必要である。

このことに関して厚生労働省では，次のような通達を出している。

「退職手当について不支給事由又は減額事由を設ける場合には，これは退職手当の決定及び計算の方法に関する事項に該当するので，就業規則に記載する必要がある」（昭和63・1・1，基発第1号）。

なお，懲戒解雇より1ランクだけ軽い「諭旨退職」という処分の場合には，その情状に応じて，算定額の50％以上を減額して支給することにするのが妥当である。

(4) 恣意的な減額の禁止

労働基準法は，「賃金は，通貨で，直接労働者に全額を支払わなければならない」（第24条）と規定している。この規定は，退職金についても適用される。したがって，退職金規程で定められた退職金の全額を支払うことが必要である。

「在職中，勤務態度があまり良くなかった」「会社が期待する成果を上げなかった」「責任感や協調性に欠けるところがあった」などという理由を付けて，恣意的に退職金の20％，30％を減額して支払うことは，労働基準法第24条の規定に違反することになる。

(5) 結婚退職上積制度

女性社員が退職する場合に退職金を優遇する制度を「結婚退職上積制度」という。例えば，退職金を20％上積み支給したり，給与の2ヶ月分を特別加算したりする。

一方，男女雇用機会均等法は，「事業主は，女性労働者が婚姻し，妊娠し，又は出産したことを退職事由として予定する定めをしてはならない」（第8条第2項）と規定している。

この規定に関連して，厚生労働省では，次のような通達を出している。

「女性が結婚退職する場合に退職金の取り扱いを優遇する，いわゆる結婚退職上積制度は，直接本条に抵触するものではないが，本条の趣旨に照らし好ましくないものである」（平成10・6・11，女発第168号）。

このため，結婚退職上積制度は実施しないほうがよい。

(6) 死亡退職の取り扱い

社員が死亡したときは，退職金は遺族に支払う。この場合，遺族の範囲とその順位は，労働基準法施行規則第42条から第45条までの規定を適用するのがよい。

ちなみに，労働基準法施行規則を適用すると，社員が死亡した場合における退職金の受給権者の範囲と順位は，図表3のようになる。第1順位は配偶者，第2順位は子供である。

(7) 功労加算

社員の中には，在職中，会社の業績に著しく貢献した者がいる。そのような社員に対しても，退職金支給において，一般の社員と同じように取り扱うのは，必ずしも合理的，説得的ではない。会社の業績に著しく貢献した社員については，退職金の面で優遇措置を講じるのが妥当であると判断される。

例えば，所定の退職金の30％に相当する金額を特別に加算し，その功労に報いる。

(8) 支払日

退職金は，退職後できる限り速やかに支払うことが望ましい。社員も，速やかに支払われること

図表3　社員が死亡した場合における退職金の受給権者と順位

第1順位 ——	配偶者
第2順位 ——	子
第3順位 ——	父母
第4順位 ——	祖父母
第5順位 ——	兄弟姉妹

(注)いずれも社員が死亡した当時その収入によって生計を維持していた者に限る。

を期待している。支払が遅れると，退職後の生活に好ましくない影響を与える。

　退職金の支払について，厚生労働省では，次のような通達を出している。

　「退職手当は，通常の賃金の場合と異なり，あらかじめ就業規則等で定められた支払時期に支払えば足りるものである」(昭和63・3・14，基発第150号)

　なお，就業規則において退職金の支払日を明記していない場合は，社員から請求があったときは，7日以内に退職金を支払うことが必要である。これは，労働基準法で次のように定められているからである。

　「使用者は，労働者の死亡又は退職の場合において，権利者の請求があった場合においては，7日以内に賃金を支払い，積立金，保証金，貯蓄金その他名称の如何を問わず，労働者の権利に属する金品を返還しなければならない」(第23条)

5　退職金の原資と賃金確保法

(1)　賃金確保法の規定

①　規定の内容

　退職金は，社員の退職後の生活において大きな役割を果たす。社員は，退職時に一定の退職金が支払われることを当てにして退職後の生活設計を立てる。だから，もしも，支払いを約されていた退職金が支払われないことになると，安定した生活ができなくなる。退職金は，社員にとってきわめて重要な労働条件であるといえる。

　社員が退職するときに退職金が確実に支払われるためには，退職時に一時的，臨時的に資金を調達するのではなく，あらかじめ支払い原資を計画的に準備しておくことが必要である。

　このため，「賃金の支払の確保等に関する法律」は，「事業主は，労働契約，労働協約，就業規則その他において，労働者に退職手当を支払うことを明らかにしているときは，一定の額について，一定の保全措置を講ずるように努めなければならない」(第5条)と定めている。

②　保全すべき金額

　「一定の額」とは，原則として，「労働者の全員が自己の都合により退職するものと仮定して計算した場合に退職手当として支払うべき金額の4分の1に相当する額」である(同法施行規則第5条)。

　例えば，退職金制度が適用される社員が20人いて，その20人全員が自己都合で退職した場合，退職金支給額の合計が1億円であるとする。この場合は，1億円の4分の1に相当する2,500万円について保全措置を講じることが必要である。

③　保全措置

　また，「保全措置」としては，次のようなものが定められている。

・銀行その他の金融機関との間で，必要保全額の支払を保証する契約を締結すること

- 必要保全額について，社員を受益者とする信託契約を信託会社と締結すること
- 必要保全額について，退職手当の支払に係る債権を被担保債権とする質権または抵当権を設定すること
- 退職手当保全委員会を設置すること

(2) 退職金原資の事前準備の方法

退職金原資の事前準備の方法としては，
- 社内で積み立てる
- 社外で積み立てる

の2つがある。

(3) 社外積立の方法

退職金原資の社外積立の代表的な方法は，「中小企業退職金共済制度」および「特定退職金共済制度」の2つである。

6　中小企業退職金共済制度

(1) 制度の趣旨

これは，会社独自で退職金制度を設けることが困難な中小企業のために，事業主の拠出した掛け金と国庫補助金を加えたものを資金として，共済制度の形で退職金制度を実施する制度である。中小企業退職金共済法に基づいて設けられている。

(2) 制度の内容

中小企業退職金共済制度の内容は，次のとおりである（図表4）。

会社が「勤労者退職金共済機構」と退職金共済契約を結び，毎月，最寄りの金融機関を通じて掛金を納付する。社員が退職したときは，共済機構から社員に直接退職金が支払われる。

この制度に加入できるのは，社員300人以下または資本金3億円以下（卸売業は100人以下または1億円以下，小売業は50人以下または5千万円以下，サービス業は100人以下または5千万円以下）の中小企業である。

毎月の掛金は，最低5,000円から最高3万円の範囲で，16種類ある。会社は，これら16種類の中から，社員ごとにどれか1つを選択する。

社員に支払われる退職金の額は，掛金の額と納付月数に応じて決まる。

図表4　中小企業退職金共済制度の概要

(1) 退職金共済契約	会社が勤労者退職金共済機構との間で退職金共済契約を結ぶ
(2) 加入できる会社	社員300人以下または資本金3億円以下の会社（卸売業は100人以下または1億円以下，小売業は50人以下または5千万円以下，サービス業は100人以下または5千万円以下）
(3) 掛　　　　金	5,000円〜30,000円の範囲で16種類
(4) 退 職 金 の 額	掛金と納付月数に応じて決まる

(3) **制度の特色**

この制度の特色は，次のとおりである。
ア　掛金の一部を国が助成するので有利であること
イ　掛金は，税法上損金または必要経費として全額非課税となること
ウ　国の制度であるため，掛金は安全に管理運用され，退職金は確実に社員に支払われること
エ　手軽に加入できること
オ　共済機構から福利厚生施設資金の融資を受けられること

7　特定退職金共済制度

これは，所得税法施行令第64条第1号に規定する退職金共済契約（事業主が退職金共済事業を行う団体に掛金を納付し，その団体がその事業主の雇用する社員の退職について退職金を支給することを約する契約）の相手方が「特定退職金共済団体」であるもの。

特定退職金共済団体は，税務署長の確認を受けることが必要である。主な団体としては，次のようなものがある。
・市町村
・商工会議所，商工会，商工会連合会
・都道府県中小企業団体中央会

8　退職年金制度の種類

退職年金制度の主な種類は，次のとおりである。

(1) **確定拠出年金**

これは，会社が資金を拠出し，その資金を加入者（社員）が自己の責任で運用の指図を行い，高齢期になってから運用成果に基づいた給付を受けるというもの。加入者は，預貯金，投資信託，債券等を選択して，会社が拠出した資金を運用する。資金は，個人ごとに管理される。

会社の拠出金の上限は，加入者1人につき年間43万2千円とされている。社員は，掛金を拠出することはできない。

確定拠出年金は，会社にとって次のようなメリットがある。
①　退職給付会計において債務を発生させない（会社は，年金規約で定められた金額を拠出すれば，それで済む。退職金の支払義務を負わされることはない）
②　拠出金を損金として処理できる
③　会社の拠出金を給与の一定割合とすることにより，年金制度を成果・実績主義人事制度と連動させることができる
④　資金が個人ごとに管理されるため，雇用の流動化に対応できる

この制度は，社員にとっても，次のようなメリットがある。
①　資金の運用を自分の責任で決めることができる
②　資金は個人ごとに管理されるので，自分の積立残高をいつでも確認できる
③　転職したときに，それまでの積立金を新しい勤務先に移管できる
④　会社が倒産してもそれまでに積み立てられた年金資産は確実に本人のものになる

(2) **確定給付年金**

これは，労使合意の年金規約に基づいて，外部の機関に資金を積み立て，加入者（社員）が高齢期に達したときに一定の給付を行うというもの。形態には，次の2つがある。
①　規約型

会社が信託会社・生命保険会社等と契約を結び，年金資金を会社の外で管理・運用する。会社は，契約先に掛け金を払い込む。加入者が受給権を獲得したときに，会社は契約先の信託会社・生命保険会社等に年金を支払うよう指図する。その指図に基づいて，契約先は加入者に年金を支払う。

② 基金型

会社とは別の法人格を持つ基金を設立し，その基金が年金資金を管理・運用し，年金給付を行うというもの。

確定給付年金は，会社にとって次のようなメリットがある。

① あらかじめ年金の給付額を確定することにより，社員に安心感を与えられる
② 給付や積立などについて柔軟な制度設計ができる
③ 税制上の優遇措置を受けられる（拠出金を損金として処理できる）

(3) 調整年金

正式には，「厚生年金基金」と呼ばれる。昭和41年に発足した制度で，公的年金である厚生年金と私的年金である企業年金との間に生ずる重複を避け，両者の調整を図るという目的で作られたことから，このような名称で呼ばれている。

会社は，厚生年金のうち老齢年金についてその報酬比例部分の給付を代行できる。給付水準は，認可基準上，「給付現価で代行部分の3割程度以上を確保していること」とされている。

(4) 適格年金は廃止へ

これは私的年金制度の一つの形態で，法人税法施行令に定める適格要件を備えた会社が行う退職年金制度である。正しくは，「税制適格年金」という。

これまで退職年金制度の主流を占めてきたが，確定拠出年金，確定給付年金等の新しい制度がスタートしたこともあり，2012年3月末で廃止されることになっている。

9　確定拠出年金制度の設計

(1) 実施事業所

確定拠出年金は，厚生年金保険の適用事業所が単独または共同で実施する。

労使の合意により年金規約を作成し，厚生労働大臣の承認を受ける。年金規約には，会社名・所在地，資産管理機関の名称・住所，年金の加入資格，掛金の算定方法，資産の運用方法，給付額の算定方法などを記載することになっている。

雇用形態の多様化が進んでいるが，加入資格については，正社員に限定するのが現実的であろう。

(2) 受給権と給付

勤続3年以上の加入者には受給権を付与することが必要である。

給付の種類は，次のとおりである。

・老齢給付金（年金または一時金）
・障害給付金（年金または一時金）
・死亡一時金

このうち，老齢給付金は60歳以降に支給される。年金の支給期間は，5年以上20年以下で，給付額の算定方法は年金規約で定めることになっている。年金給付の支払月も，規約で定めることになっている。

なお，老齢給付金は，年金ではなく，一時金で受け取ることも選択できる。

(3) 拠出方法

会社は，毎月，資産管理機関に掛金を払い込む。拠出額は，規約で定めるが，その決め方には，
・定額方式

・給与比例方式

などがある。

事務費の負担については，
・会社が全額負担する
・会社と社員（加入者）で負担する
・社員が全額負担する

の3つがある。

(4) 資産の運用方法

資産は，安全かつ有利に運用されることが必要である。このため，運用方法（対象金融商品の種類）は，法律で決められている。会社または運営管理機関は，法律で決められている資産の運用方法（対象金融商品の種類）のなかから3種類以上選定し，社員（加入者）に提示する。

なお，会社は，社員に対し，資産運用に関する基礎的な情報を提供する義務がある。

加入者は，年金規約の定めるところにより，運営管理機関に対し，自分の資産の運用方法を指図する。運用の指図は，少なくとも3ヶ月に1回以上行う。

(5) 個人別管理資産額の通知

運営管理機関は，毎年少なくとも1回以上，加入者に対し，個人別の管理資産額を通知しなければならない。

10　確定給付年金制度の設計

(1) 形態の選択

確定給付年金制度には，「規約型」と「企業型」とがある。会社としてどの形態を選択するかを決定する。

(2) 加入資格

雇用形態の多様化が進んでいるが，加入資格は正社員に限定するのが現実的であろう。

(3) 給付の種類

給付の種類は，次の2つがメインである。
・老齢給付金
・脱退給付金

この他，規約で定めれば，次のものも給付できる。
・障害給付金
・遺族給付金

(4) 受給資格

加入期間が20年以上の者には年金を支給する。年金支給が原則であるが，本人が希望すれば，一時金での支給も行うことができる。

なお，加入期間が3年以上の者が中途退職するときは一時金を支給する。

(5) 給付水準

給付水準を具体的に決める。給付水準が具体的に決められると，会社は，その給付水準を維持する義務を負うことになる。「経営が苦しく，資金的に余裕がないから」といって，給付水準を勝手に引き下げることは許されない。

当然のことではあるが，給付を厚くすればするほど社員に喜ばれるが，その分だけ会社の負担が重くなる。会社の負担が過重になると，経営が苦しくなる。給付水準は，経営に無理を与えない範囲で慎重に決定すべきである。

(6) 年金の支給期間

年金の支給期間は5年以上とする。

支給開始年齢は，就業規則で定めている定年にあわせるのが現実的，整合的である。定年を60歳としているときは，支給開始年齢を60歳とする。

(7) 掛金の拠出

確定給付年金の場合，掛金は年1回以上定期的に拠出することになっている。

加入者も掛金の負担を行うことができる。加入者負担を行えば，それだけ給付が厚くなるが，社員の中には抵抗を示す者も出るおそれがある。このため，加入者負担を行うかどうかは，社員の意向を確認して決定すべきである。

なお，少なくとも5年ごとに財政再計算を行うことが必要である。

また，会社は，年金規約の内容，業務の概況を社員に周知する義務がある。

(8) 労働組合の同意

確定給付年金制度を実施するときは，厚生年金保険被保険者の過半数で組織される労働組合（過半数で組織される労働組合がないときは，厚生年金保険被保険者の過半数を代表する者）の同意を得ることが必要である。

11 調整年金

(1) 基金の設立

調整年金を実施するときは，厚生労働大臣の認可を得て厚生年金基金を設立することが必要である。この基金が調整年金制度の運営にあたる。

被保険者は，単一の会社が一つの基金を設立する場合が500人以上，子会社も含めて企業グループで基金を設立する場合が800人以上，同業種の会社などが共同で設立する場合が3,000人以上いることが必要である。

基金の設立については，厚生年金保険被保険者の2分の1以上の同意が必要である。さらに，被保険者の3分の1以上で組織される労働組合の同意も得なければならない。

(2) 加入対象

厚生年金保険の被保険者が加入対象となる。

(3) 厚生年金の代行

厚生年金の老齢年金のうち報酬比例部分の給付を代行できる。

(4) 給付の種類

給付の種類は，

・退職年金
・脱退一時金
・死亡一時金

の3種類である。

これらのうち，退職年金の支給期間は，原則として終身である。

12 退職金制度と退職金規程

(1) 労働基準法の定め

労働基準法は，「常時10人以上の労働者を使用する使用者は，就業規則を作成し，行政官庁に届け出なければならない」（第89条）と，常時10人以上の労働者を使用する事業主に対し，就業規則の作成と労働基準監督署への届出を義務付けている。

また，労働基準法は，就業規則に記載すべき事項を定めているが，退職金に関することは，記載事項とされている。記載すべき事項は，
① 退職金制度が適用される労働者の範囲
② 退職手当の決定，計算および支払の方法
③ 退職金の支払の時期に関すること
である。
　この点に関し，厚生労働省では，次のような通達を出している（昭和63・1・1，基発第1号）。
① 退職手当の決定，計算および支払の方法とは，例えば，勤続年数，退職事由等の退職手当額の決定のための要素，退職手当額の算定方法および一時金で支払うのか年金で支払うのか等の支払の方法をいうものである。
② 退職手当について不支給事由または減額事由を設ける場合には，これは退職手当の決定および計算の方法に関する事項に該当するので，就業規則に記載する必要がある。

(2) 独立した退職金規程の作成

就業規則への記載には，
・就業規則本体の中で記載する
・就業規則の別規定として「退職金規程」を作成する
という2つの方法がある。
　いずれの方法を採用するかは，それぞれの会社の自由であるが，退職金に関する事項は相当の量になる。したがって，就業規則本体の中で定めることにすると，ただでさえ量の多い就業規則がさらに膨張することになり，使い勝手が悪くなるおそれがある。このため，就業規則本体とは別に「退職金規程」を作成することにするのが適切であろう。
　退職金規程に盛り込むべき事項は，主として図表5に示すとおりである。

図表5　退職金規程の内容と例

(1)	退職金制度の適用社員の範囲	正社員
(2)	退職金の支払対象者	勤続3年以上の者
(3)	退職金の計算方法	退職時の基本給×支給率
(4)	支払方法	一時金として支払う
(5)	支払日	退職日以降2週間以内
(6)	死亡したときの取り扱い	遺族に支払う
(7)	解雇者の取り扱い	支払わない

13　中小企業の退職金事情

中小企業において退職金制度は具体的にどのように運用されているであろうか。また，支給水準はどうなっているであろうか。
　東京都が実施した調査によって，中小企業における退職金制度の状況を見ると，次のとおりである。

(1) 退職金制度の形態（資料1）

退職金制度を実施している会社の割合は89％である。これを規模別に見ると，10〜49人規模では84％であるのに対し，100〜299人規模では97％とほとんどの会社が実施している。
　退職金制度を実施している会社について，その形態を見ると，「退職一時金のみ」60％，「退職一時金と退職年金の併用」36％となっている。これを規模別に見ると，
　・規模が小さい会社ほど「退職一時金のみ」が多い
　・規模が大きくなるにつれて「退職一時金と退職年金の併用」が多くなる
という傾向がある。

(2) 退職一時金制度の内容
① 退職一時金の支払い準備形態（資料2）
　退職一時金制度を実施している会社について，支払い準備形態を見ると，「社内準備のみ」37％，「社内準備と他の準備形態との併用」31％，「中小企業退職金共済制度」18％，「特定退職金共済制度」6％である。
　これを規模別に見ると，
　・規模が大きい会社ほど「社内準備のみ」が増える
　・中小企業退職金共済制度に加入している会社の割合は規模が小さいほど高い
という傾向がある。

② 退職一時金の算出方法（資料3）
　退職一時金の支払い準備として社内準備を行っている会社について，退職一時金の算出方法を見ると，「退職金算定基礎額×支給率」が71％で圧倒的に多い。きわめて簡便な「勤続年数に応じた一定額」方式は，中小企業全体では11％であるが，10〜49人規模では16％に達している。

③ 退職一時金算定基礎額の算出方法（資料4）
　退職一時金の算出方法として「退職金算定基礎額」を用いている会社について，その算出方法を見ると，「退職時の基本給」37％，「退職時の基本給×一定率」38％，「別テーブル方式」15％となっている。基本給が退職金の算出において広く活用されていることが示されている。

④ 算定基礎額に対するベースアップ・定期昇給の取り扱い（資料5）
　退職金の算定基礎額に対するベースアップ・定期昇給の影響については，理論的には，
　・自動的に全額ハネ返る（例えば，ベースアップと定期昇給で給与が5％上昇すると，退職金算定基礎額も自動的に5％上昇する）
　・自動的に一部がハネ返る（例えば，ベースアップと定期昇給で給与が5％上昇すると，退職金算定基礎額は，その半分の2.5％だけ自動的に上昇する）
　・ハネ返らせるかどうか，その都度会社の経営事情等を勘案して決定する
　・ハネ返らせない
の4つの対応が考えられる。
　ベースアップと定期昇給の結果が退職金の算定基礎額にハネ返る仕組みになっていると，当然のことながら，ベースアップと定期昇給が退職金の負担増を伴い，経営を圧迫することになる。
　中小企業がこれら4つのうちどの方法を採用しているかを見ると，「自動的に全額ハネ返る」が47％で最も多く，以下，「自動的に一部がハネ返る」19％，「ハネ返らない」15％となっている。

⑤ 退職一時金受給のための最低勤続年数（資料6）
　退職一時金を受給できる最低勤続年数を何年とするかは，会社の自由である。法律で最低受給年数が規定されているわけではない。
退職一時金受給のための最低勤続年数は，どうなっているのであろうか。
　「自己都合」退職については，「3年」が51％で最も多く，以下，「1年」17％，「2年」16％とな

資料1　退職金制度の形態

―(社), %―

区　分	集計企業数	退職金制度あり	退職一時金のみ	退職一時金と退職年金の併用	退職年金のみ	退職金制度なし
調査産業計	(1,194) 100.0	89.3	〈59.8〉	〈36.0〉	〈3.6〉	8.7
10～49人	(697) 100.0	84.1	〈70.1〉	〈26.1〉	〈2.9〉	13.2
50～99人	(306) 100.0	96.4	〈53.2〉	〈43.1〉	〈3.1〉	2.6
100～299人	(191) 100.0	96.9	〈37.3〉	〈56.2〉	〈6.5〉	2.1

[注]　〈　〉内は「退職金制度あり」を100.0とした割合。
(資料出所)　東京都「中小企業の退職金事情」(2000年)(以下，資料10まで同じ)

資料2　退職一時金の支払い準備形態

―(社), %―

区　分	集計企業数	社内準備のみ	社内準備と他の準備形態との併用	中小企業退職金共済制度（建設業退職金共済制度含む）	特定退職金共済制度	その他
調査産業計	(1,021) 100.0	**36.8**	30.7	18.2	5.7	3.8
10～49人	(564) 100.0	**33.9**	25.7	25.0	7.8	3.4
50～99人	(284) 100.0	**38.7**	38.0	11.3	3.2	3.5
100～299人	(173) 100.0	**43.4**	34.7	7.5	2.9	5.8

資料3　退職一時金の算出方法

―(社), %―

区　分	集計企業数	退職金算定基礎額×支給率	退職金算定基礎額×支給率＋一定額	勤続年数に応じた一定額	その他
調査産業計	(689) 100.0	**71.8**	8.6	11.6	4.5
10～49人	(336) 100.0	**67.9**	7.7	16.4	2.7
50～99人	(218) 100.0	**74.8**	9.2	6.9	5.5
100～299人	(135) 100.0	**72.6**	9.6	7.4	7.4

[注]　退職一時金の支払い準備として社内準備を行っている企業だけを集計した。

資料4　退職一時金算定基礎額の算出方法

―(社), %―

区　分	集計企業数	退職時の基本給	退職時の基本給×一定率	退職時の基本給＋手当	(退職時の基本給＋手当)×一定率	別テーブル方式	その他
調査産業計	(548) 100.0	37.0	**37.6**	3.8	2.2	15.0	3.5
10～49人	(254) 100.0	**41.7**	38.2	3.5	2.0	10.2	2.8
50～99人	(183) 100.0	32.8	**38.3**	4.4	3.3	18.6	2.2
100～299人	(111) 100.0	33.3	**35.1**	3.6	0.9	19.8	7.2

[注]　1.　**別テーブル方式**…退職金算定のために賃金表とは別に算定基礎額の計算表を設けているもの。
　　　2.　退職一時金の算出方法として退職一時金算定基礎額を用いている企業についてのみ集計した。

資料5　退職金算定基礎額に対するベースアップ・定期昇給の取り扱い　　　　　　－(社),％－

区分		集計企業数	自動的に全額がハネ返る	自動的に一部がハネ返る	その都度決定する	ハネ返らない
ベースアップ	調査産業計	(548) 100.0	46.7	18.6	6.0	14.8
	10～49人	(254) 100.0	46.5	18.5	5.5	13.0
	50～99人	(183) 100.0	51.9	15.8	6.0	15.3
	100～299人	(111) 100.0	38.7	23.4	7.2	18.0
定期昇給	調査産業計	(548) 100.0	38.1	10.9	3.6	9.9
	10～49人	(254) 100.0	34.6	9.1	3.9	9.1
	50～99人	(183) 100.0	42.6	9.3	3.8	9.8
	100～299人	(111) 100.0	38.7	18.0	2.7	11.7

[注] ベースアップと定期昇給の区別が明確でない場合は，集計上ベースアップとして取り扱った。

資料6　退職一時金受給のための最低勤続年数　　　　　　－(社),％－

区分		集計企業数	1年未満	1年	2年	3年	4年	5年以上
自己都合	調査産業計	(1,021) 100.0	0.9	16.8	15.5	51.0	1.5	6.2
	10～49人	(564) 100.0	1.1	15.6	14.5	48.0	1.6	8.7
	50～99人	(284) 100.0	1.1	17.3	13.7	56.3	2.1	3.5
	100～299人	(173) 100.0		20.2	21.4	52.0		2.3
会社都合	調査産業計	(1,021) 100.0	11.9	26.0	11.3	31.0	1.2	4.3
	10～49人	(564) 100.0	11.0	23.0	12.8	28.7	1.1	5.9
	50～99人	(284) 100.0	12.3	28.5	8.5	34.5	2.1	2.8
	100～299人	(173) 100.0	14.5	31.2	11.0	32.4		1.7

資料7　退職一時金の特別加算制度（複数回答）　　　　　　－(社),％－

区分	集計企業数	特別加算制度あり	功労加算	役付加算	年齢加算	業務上死傷病	業務外死傷病	早期退職者優遇	特別加算制度なし
調査産業計	(1,021) 100.0	42.4	〈79.9〉	〈14.1〉	〈 5.8〉	〈27.5〉	〈12.9〉	〈12.0〉	49.1
10～49人	(564) 100.0	39.5	〈80.7〉	〈11.7〉	〈 4.5〉	〈26.9〉	〈11.7〉	〈 8.5〉	49.6
50～99人	(284) 100.0	44.7	〈79.5〉	〈16.5〉	〈 5.5〉	〈27.6〉	〈11.0〉	〈11.8〉	50.0
100～299人	(173) 100.0	48.0	〈78.3〉	〈16.9〉	〈 9.6〉	〈28.9〉	〈19.3〉	〈21.7〉	45.7

[注] 〈 〉内は「特別加算制度あり」を100.0とした割合。　複数回答のため合計は100.0とならない。

っている。

これに対して、「会社都合」退職の場合は、「3年」31％、「1年」26％、「2年」11％の順となっている。

 ⑥ 退職一時金の特別加算制度（資料7）

一定の事由のある社員に対して、所定の退職金のほかに特別加算を行う制度を実施している会社は、42％である。

特別加算制度を実施している会社について、加算の内容を見ると、「功労加算」が80％で圧倒的に多い。在職中会社に著しく貢献した社員に対しては退職金を特別加算し、その労に報いている会社が多いことが示されている。次いで、「業務上私傷病」28％、「役付加算」14％、「業務外私傷病」13％、「早期退職者優遇」12％の順となっている。

(3) **モデル退職一時金**（資料8）

退職一時金のみを実施している会社について、モデル退職一時金を見ると、資料8のとおりである。

高校卒の場合、自己都合退職のモデル退職金は、次のとおりである。

  勤続 5 年   32万円
  勤続10年   99万円
  勤続15年   198万円
  勤続20年   342万円
  勤続25年   515万円
  勤続30年   714万円
  勤続35年   893万円

これに対し、会社都合退職のモデル退職金は、次のとおりである。

  勤続 5 年   46万円
  勤続10年   130万円
  勤続15年   248万円
  勤続20年   402万円
  勤続25年   590万円
  勤続30年   801万円
  勤続35年   992万円
  定年退職   1,235万円

(4) **退職年金制度の内容**

 ① 支給期間（資料9）

退職年金の支給期間については、「有期」64％、「終身」18％である。支給を受ける社員の立場からすれば、「終身」が望ましい。しかし、会社の年金支給原資には一定の限界がある。このことを考えると、「有期」が多いのは当然のことであろう。

「有期」という会社について、支給期間を見ると、「10～14年」が圧倒的に多い。

 ② モデル退職年金月額（資料10）

定年で退職した場合のモデル退職年金月額は、次のとおりである。

  高校卒 108,150円
  大学卒 106,150円

資料8 モデル退職一時金（退職一時金のみ）

―千円―

区分			規模計					10 ～ 49 人				
学歴	勤続年数(年)	年齢(歳)	モデル所定時間内賃金(A)	退職金算定基礎額	自己都合退職 退職一時金支給額(B)	支給率(月数)B/A	会社都合退職 退職一時金支給額(C)	支給率(月数)C/A	モデル所定時間内賃金(A)	退職金算定基礎額	自己都合退職 退職一時金支給額(B)	支給率(月数)B/A	会社都合退職 退職一時金支給額(C)	支給率(月数)C/A

学歴	勤続年数	年齢	(A)	基礎額	(B)	B/A	(C)	C/A	(A)	基礎額	(B)	B/A	(C)	C/A
高校卒	1	19	172	129	60	0.3	92	0.5	174	128	61	0.3	89	0.5
	3	21	183	138	136	0.9	245	1.3	158	140	186	1.0	250	1.4
	5	23	200	150	320	1.6	464	2.3	203	153	347	1.7	468	2.3
	10	28	238	176	991	4.2	1,302	5.5	237	178	1,035	4.4	1,311	5.5
	15	33	279	201	1,982	7.1	2,478	8.9	276	204	2,005	7.3	2,414	8.8
	20	38	317	230	3,415	10.8	4,016	12.7	314	235	3,367	10.7	3,827	12.2
	25	43	357	259	5,153	14.4	5,899	16.5	352	262	4,992	14.2	5,656	16.1
	30	28	393	285	7,141	18.2	8,011	20.4	386	289	6,921	17.9	7,629	19.7
	35	53	420	303	8,926	21.3	9,920	23.6	411	311	8,619	21.0	9,287	22.6
	37	55	430	319	9,789	22.8	10,709	24.9	423	329	9,619	22.8	10,218	24.2
	定年		427	320			12,348	28.9	420	329			11,359	27.1
大学卒	1	23	203	157	79	0.4	116	0.6	204	155	80	0.4	118	0.6
	3	25	223	165	208	0.9	313	1.4	226	166	228	1.0	322	1.4
	5	27	246	180	415	1.7	601	2.4	248	183	433	1.7	604	2.4
	10	32	297	211	1,214	4.1	1,614	5.4	297	213	1,253	4.2	1,615	5.4
	15	37	343	243	2,495	7.3	3,132	9.1	342	244	2,547	7.4	3,100	9.1
	20	42	391	276	4,256	10.9	5,045	12.9	389	278	4,255	10.9	4,955	12.7
	25	47	433	303	6,494	15.0	7,315	16.9	429	309	6,560	15.3	7,298	17.0
	30	52	464	331	9,037	19.5	9,967	21.5	459	333	8,958	19.5	9,834	21.4
	33	55	483	343	10,475	21.7	11,419	23.6	479	342	10,516	22.0	11,221	23.4
	定年		482	350			12,773	26.5	475	348			12,023	25.3

区分			50 ～ 99 人						100 ～ 299 人					
高校卒	1	19	171	122	62	0.4	95	0.6	166	144			95	0.6
	3	21	183	131	142	0.8	234	1.3	177	145	138	0.8	254	1.4
	5	23	199	142	300	1.5	455	2.3	195	158	279	1.4	470	2.4
	10	28	243	171	936	3.8	1,266	5.2	234	181	962	4.1	1,349	5.8
	15	33	285	195	1,957	6.9	2,503	8.8	273	205	1,964	7.2	2,616	9.6
	20	38	327	222	3,504	10.7	4,181	12.8	308	231	3,382	11.0	4,259	13.8
	25	43	370	253	5,332	14.4	6,044	16.4	347	260	5,316	15.3	6,350	18.3
	30	28	406	279	7,334	18.1	8,281	20.4	385	287	7,443	19.3	8.616	22.4
	35	53	432	291	9,178	21.2	10,254	23.7	418	308	9,376	22.4	11,100	26.5
	37	55	438	307	9,972	22.8	10,986	25.1	432	313	9,944	23.0	11,627	26.9
	定年		426	307			12,894	30.3	448	318			14,065	31.4
大学卒	1	23	202	147	82	0.4	116	0.6	202	175	70	0.3	112	0.6
	3	25	221	155	177	0.8	287	1.3	217	181	200	0.9	333	1.5
	5	27	244	169	369	1.5	540	2.2	242	193	448	1.9	720	3.0
	10	32	300	201	1,102	3.7	1,486	5.0	294	228	1,337	4.6	1,901	6.5
	15	37	347	230	2,353	6.8	2,944	8.5	339	268	2,639	7.8	3,654	10.8
	20	42	397	262	4,091	10.3	4,813	12.1	384	301	4,632	12.1	5,863	15.3
	25	47	438	284	6,213	14.2	6,978	15.9	429	330	6,944	16.2	8,239	19.2
	30	52	472	317	8,948	19.0	9,794	20.8	463	362	9,572	20.7	10,903	23.5
	33	55	484	330	10,250	21.2	11,361	23.5	496	378	10,872	21.9	12,273	24.8
	定年		478	341			13,464	28.2	510	377			13,771	27.0

資料9　退職年金の支給期間

―(社),％―

区分		集計企業数	有期	5年未満	5～9年	10～14年	15年以上	終身
退職一時金と退職年金の併用	調査産業計	(384) 100.0	63.5	〈 6.1〉	〈 8.6〉	〈75.0〉	〈 8.2〉	18.2
	10～49人	(153) 100.0	49.0	〈 6.7〉	〈 6.7〉	〈80.0〉	〈 5.3〉	25.5
	50～99人	(127) 100.0	74.8	〈 8.4〉	〈12.6〉	〈70.5〉	〈 6.3〉	12.6
	100～299人	(104) 100.0	71.2	〈 2.7〉	〈 5.4〉	〈75.7〉	〈13.5〉	14.4
退職年金のみ	調査産業計	(38) 100.0	76.3	〈 6.1〉	〈 8.6〉	〈75.0〉	〈 8.2〉	18.2
	10～49人	(17) 100.0	76.5			〈84.6〉	〈15.4〉	5.9
	50～99人	(9) 100.0	88.9		〈12.4〉	〈75.0〉	〈12.5〉	
	100～299人	(12) 100.0	66.7	〈12.5〉		〈75.0〉	〈12.5〉	16.7

[注] 〈 〉内は「有期」を100.0とした割合。

資料10　定年で退職した場合のモデル退職年金月額(調査産業計)
― 退職一時金と退職年金の併用の場合 ―

―(社),％―

区分	計	4万円未満	4万・5万円台	6万・7万円台	8万・9万円台	10万・11万円台	12万・13万円台	14万・15万円台	16万・17万円台	18万・19万円台	20万円以上	平均月額(円)
高校卒	(96) 100.0	16.7	7.3	12.5	9.4	13.5	9.4	11.5	7.3	3.1	9.4	108,150
大学卒	(96) 100.0	12.4	13.5	13.5	9.0	12.4	12.4	7.9	5.6	3.4	10.0	106,150

第2章

退職金・年金規程の実例

自社(一時金)制度の例

①

実例1

退職金支給規程

自社(一時金)制度

(SM化学,化学工業・従業員1,500人)

(目　的)
第1条　従業員が退職したときは,この規程の定めるところにより退職金を支給する。
(適用範囲)
第2条　この規程の適用を受ける従業員とは,会社と所定の手続きを経て労働契約を締結した者をいう。ただし次の者には適用しない。
　　① 顧問及び嘱託
　　② 一定期間を限って臨時に雇入れられた者
　　③ 日々雇入れられる者
(受給資格者死亡の場合の退職金受給者)
第3条　従業員が死亡した場合においては,その退職金は,労働基準法施行規則第42条から第45条の定めるところに従って支払う。
(支払方法及び支払時期)
第4条　退職金は,原則として,退職の日から7日以内にその全額を通貨で本人に支給する。
(支給事由)
第5条　退職金は,次の各号の1に該当するときに支給する。
　　① 定年に達したため退職したとき
　　② 精神障害または負傷・疾病のため勤務に堪えることができなくて退職,または解雇されたとき
　　③ 本人が死亡したとき
　　④ 自己の都合により退職したとき
　　⑤ その他やむを得ない事由によって退職,または解雇されたとき
(受給資格)
第6条　前条の規定によって,退職金の支給を受けることのできる者は,勤続満3年以上の従業員とする。ただし,前条第3号および第2号・第5号後段の規定のうち解雇された者については,勤続満1年以上とする。
　2. 前項の受給資格は,懲戒解雇を受けた従業員には与えない。ただし,事情によっては,所定額の2分の1の範囲内において特に支給することがある。
(勤続年数の計算)
第7条　前条および第8条の勤続年数の計算は,次の各号による。
　　① 雇入れの日より起算し退職発令の日までとする。

② 前号の期間には次の期間は算入しない。
　　イ．自己の都合による連続1ヵ月以上の欠勤期間
　　ロ．業務外の負傷・疾病による連続6ヵ月以上の欠勤期間
2．前項による計算によって，1年未満の端数が生じたときは，月をもって計算し，1ヵ月に満たない日数は切り上げる。

（退職金の支給額）
第8条　支給する退職金は，次条に定める退職金算定基礎額に退職金支給率表の勤続年数に応ずる支給率を乗じて算出した金額とする。
　2．前項の退職金額算定に用いる支給率は第5条4号の事由による退職については乙欄を，その他の事由による退職については甲欄を適用する。

（算定基礎額）
第9条　退職金算定の基礎額は，退職発令の日における当該従業員の基本給とする。ただし基本給が日給で定められている従業員については，日給の25倍を基礎額とする。

（加　　給）
第10条　在職中特に功績の顕著であった者については，その者に支給する退職金の3割以内の金額を増額支給することがある。

退職金支給率

勤続年数	支給率 甲	支給率 乙	勤続年数	支給率 甲	支給率 乙	勤続年数	支給率 甲	支給率 乙
1年以上	1.0		11年以上	12.3	9.8	21年以上	25.9	23.3
2 〃	2.0		12 〃	13.6	10.9	22 〃	27.4	24.7
3 〃	3.1	1.9	13 〃	14.9	11.9	23 〃	28.9	26.0
4 〃	4.2	2.5	14 〃	16.2	13.0	24 〃	30.4	27.4
5 〃	5.3	3.2	15 〃	17.5	14.0	25 〃	31.9	28.7
6 〃	6.4	3.8	16 〃	18.8	15.0	26 〃	33.5	33.5
7 〃	7.5	4.5	17 〃	20.1	16.1	27 〃	35.1	35.1
8 〃	8.7	5.4	18 〃	21.6	17.3	28 〃	36.5	36.5
9 〃	9.9	5.9	19 〃	23.0	18.4	29 〃	38.3	38.3
10 〃	11.1	6.7	20 〃	24.4	19.5	30 〃	40.0	40.0

（規程の解釈）
第11条　この規程について疑義が生じたときは，従業員代表と協議の上で決定する。

付　　則

この規程は平成　年　月　日から実施する。

実例2 退職金規程

自社（一時金）制度

（TK商事，商社・従業員800人）

（規程の内容）
第1条　当社の正規従業員が退職するときは，この規程により退職金を支給する。

（退職金の種類）
第2条　退職金は退職手当金及び特別退職慰労金の2種類とする。
　　　特別退職慰労金は在勤中精励であって，特に必要と認められる者に対し支給し得るものとする。

（退職手当金）
第3条　退職手当金は退職時の退職金本給に次の各項による支給率を乗じた額とする。
　　1．勤続1年以上の者が次の各号の一により退職する場合は別表(イ)の率を乗じた額とする。
　　　(1)　定年退職
　　　(2)　満50歳以上に達した者の定年繰上げ退職
　　　(3)　業務外傷病による退職
　　　(4)　従業員が役員に就任したとき
　　　(5)　その他事情やむを得ない理由による退職
　　2．勤続1年以上の者が次の各号の一により退職する場合は別表(ロ)の率を乗じた額とする。
　　　(1)　会社都合による解雇
　　　(2)　業務外死亡による退職
　　　(3)　業務上傷病による退職
　　3．勤続1年以上の者が業務上死亡により退職する場合は別表(ハ)の率を乗じた額とする。
　　4．勤続3年以上の者が自己都合により退職する場合は別表(ニ)の率を乗じた額とする。
　　5．勤続3年以上の女子が結婚又は出産のため退職する場合は，別表（ホ）の率を乗じた額とする。

（懲戒解雇，諭旨退職）
第4条　就業規則の懲戒規程により解雇処分を受けた者に対しては退職金を支給しない。
　　　諭旨退職の者に対しては減額又は支給しないことがある。

（支　　払）
第5条　退職金は退職発令の日より20日以内に全額を一時に支払う。

（受給者）
第6条　退職金は原則として直接本人に支給する。
　　　死亡した者の退職金は，その遺族又は本人の収入により生計を維持していた者のうち，会社が適当と認めた者にこれを支給する。

（勤続年数の計算）
第7条　勤続年数は採用の月から退職発令の日までの期間を次の各号により算出する。
　　　　1．勤続年数には次の期間を算入しない。
　　　　(1)　私傷病又は自己都合による休職期間
　　　　(2)　就業規則の懲戒規程（略）による出勤停止期間
　　　　2．1年未満の期間は月割計算とする。
（端数切上）
第8条　算出した退職金の100円未満の端数は100円の位に切上げる。
（施 行 日）
第9条　この規程は平成　年　月　日より実施する。

覚　書

1．再開以前より引続き在籍せる者が，規程第3条の1及び2の理由により退職する場合には，再開前の勤続年数を通算し，その他の理由による場合はその80％を通算する。
2．勤続1年以上3年未満の者が規程第3条の4及び5の理由によって退職する場合には，この規程に準じて勤務謝礼金を支給する。
3．嘱託及び臨時雇にはこの規程を適用しない。
4．退職金規程第3条の5の出産退職とは，第1子出産前の退職及び出産後1カ月以内の退職をいう。又結婚退職とは，婚約して退職後3カ月以内に結婚する予定の場合をいう。
5．下記に定める退職者については次の算式による退職付加金を支給する。
　イ．退職金規程第3条第1項に定める事由による勤続10年以上の退職者。

$$\{6.5万円 \times (年齢 - 25)\} + 退職金本給 \times 1.3 \times \frac{勤続年数}{4}$$

　ロ．退職金規程第3条第2項に定める事由による勤続10年以上の退職者。

$$\{7万円 \times (年齢 - 25)\} + 退職金本給 \times 1.3 \times \frac{勤続年数}{4}$$

　ハ．退職金規程第3条3項に定める事由による勤続10年以上の退職者。

$$\{7.5万円 \times (年齢 - 25)\} + 退職金本給 \times 1.3 \times \frac{勤続年数}{4}$$

　ニ．上記イ，ロ，ハにより算出される計算額が40万円を下回るときは，これを40万円とする。
6．上記退職付加金不支給事由に当たる退職者については勤続年数に応じて次（下）のとおり金一封を支給する。
　　但し，退職金規程第3条第4項に定める事由による退職者については勤続10年以上の場合に支給するものとする。

勤　続	金　額	勤　続	金　額
5年以上	10万円	20年以上	60万円
10年 〃	20 〃	25年 〃	80 〃
15年 〃	30 〃	30年 〃	100 〃

別　表

勤続年数	(イ)	(ロ)	(ハ)	(ニ)	(ホ)	勤続年数	(イ)	(ロ)	(ハ)	(ニ)	(ホ)
1年	0.8	(イ)の率の10％増	(イ)の率の20％増	0.4	0.6	21年	35.6	(イ)の率の10％増	(イ)の率の20％増	33.0	35.6
2	1.6			0.9	1.3	22	37.7			35.7	37.7
3	2.9			1.7	2.3	23	39.8			38.4	39.8
4	4.3			2.6	3.5	24	41.9			41.2	41.9
5	5.8			3.6	4.7	25	44.0			44.0	44.0
6	7.5			4.8	6.1	26	46.2			46.2	46.2
7	9.2			6.0	7.6	27	48.4			48.4	48.4
8	10.9			7.3	9.1	28	50.6			50.6	50.6
9	12.6			8.6	10.6	29	52.8			52.8	52.8
10	14.3			10.0	12.2	30	55.0			55.0	55.0
11	16.1			11.5	13.8	31	57.0			57.0	57.0
12	17.9			13.2	15.6	32	59.0			59.0	59.0
13	19.7			15.0	17.5	33	61.0			61.0	61.0
14	21.6			16.9	19.5	34	63.0			63.0	63.0
15	23.5			18.9	21.6	35	65.0			65.0	65.0
16	25.5			21.0	23.8	36	66.6			66.6	66.6
17	27.5			23.2	26.1	37	68.2			68.2	68.2
18	29.5			25.5	28.5	38	69.8			69.8	69.8
19	31.5			27.9	31.0	39	71.4			71.4	71.4
20	33.5			30.4	33.5	40	73.0			73.0	73.0

（注）　勤続35年を超える乗率は1年につきそれぞれ1.6ずつ加えるものとする。

退職金規程

自社（一時金）制度

（MS製薬，医薬品製造・従業員800人）

（目　的）
第1条　この規程は，従業員が退職（解雇を含む。）するときの退職金支給に関する事項を規定する。

（退職金支給条件）
第2条　退職金は，会社に満1年以上勤続する従業員が退職するときに支給する。ただし，下記各号の一に該当するときは勤続1年未満の者にも支給する。
　(1)　業務上の都合により解雇するとき
　(2)　死亡したとき
　(3)　業務上の事由による負傷疾病で勤務に堪えないため退職または解雇するとき

（1号退職金）
第3条　就業規則第　条第　号に規定する事由により退職する場合に支給する退職金は，支給率表（別表）中の1号により算出した金額とする。

（2号退職金）
第4条　次の各号の一により退職する場合に支給する退職金は，支給率表（別表）中の2号により算出した金額とする。
　(1)（就業規則第　条第　号，　号，　号（自己都合により復職しない場合を除く。）または　号に規定する事由により退職するとき
　(2)　就業規則第　条第　項により解雇されたとき
　(3)　就業規則第　条により解雇されたとき

（退職金計算方法）
第5条　退職金は算定基礎額に別表の勤続年数に応ずる支給率を乗じて算出した金額とする。ただし，算定基礎額とは，従業員の退職時において支給されていた能力給および資格手当の合計額をいう。

（勤続年数の計算方法）
第6条　退職時における勤続年数の計算は，次のとおりとする。
　(1)　勤続年数は，入社日から退職日までとする。
　(2)　勤続年数に1年未満の端数が生じたときは月割で計算し，1カ月未満の端数は1カ月とする。
　(3)　休職期間または特別の事由により勤続を中断された期間はこれを勤続年数に算入する。

（退職金の増額）
第7条　在職期間中に特に功労のあった者には第3条または第4条により算出した金額の10割を限

度として退職金を増額することがある。

（退職金の減額または不支給）

第8条　次の各号の一に該当する場合は退職金を支給しないことがある。
 (1)　就業規則第　条の規定により懲戒解雇されたとき
 (2)　不法行為により退職するとき
 2．前項各号の場合，情状により退職金を支給する場合においても，支給率表（別表）中の1号により算出した金額を超えないものとする。

（退職金の支給方法）

第9条　退職金は原則として一括払いとする。ただし，退職金を受取る者の同意を得て分割支払いすることがある。

（退職金の支払先）

第10条　退職金は直接本人に支払う。ただし，本人が死亡した場合はその退職金相当額を弔慰金としてその遺族に贈与する。

（既払退職金）

第11条　退職金は，この規程によって算出した金額から既払退職金を差引いて支払うものとする。

（改　　正）

第12条　この規程は将来社会保障制度が確立されたときまたは全般的に賃金の改正が行われたときは変更することがある。

（施行日）

第13条　この規程は，平成　年　月　日より施行する。

（改　　正）

第14条　この規程は，平成　年　月　日より改正する。

別表　支給率表

勤続年数（年）	1 号	2 号	勤続年数（年）	1 号	2 号
1	0.2	0.8	21	20.2	26.6
2	0.5	1.6	22	22.0	28.8
3	0.9	2.4	23	23.8	31.2
4	1.4	3.2	24	25.8	33.6
5	2.0	4.0	25	27.8	36.0
6	2.6	5.0	26	30.0	38.4
7	3.3	6.0	27	32.2	40.8
8	4.0	7.0	28	34.4	43.2
9	4.8	8.0	29	36.6	45.6
10	5.6	9.0	30	38.8	48.0
11	6.6	10.3	31	41.0	50.4
12	7.6	11.6	32	42.8	52.6
13	8.6	13.0	33	44.6	54.8
14	9.6	14.4	34	45.9	56.8
15	11.0	15.8	35	47.2	58.6
16	12.4	17.4	36	48.5	60.2
17	13.9	19.0	37	49.5	61.6
18	15.4	20.6	38	50.5	62.6
19	16.9	22.4	39	51.5	63.6
20	18.4	24.4	40	52.5	64.6
			40年以上は1年につき1号，2号とも1.0を加算する。		

実例4

退職手当規程

自社（一時金）制度

（HO電機，電気機器・従業員750人）

（目　的）
第1条　この規程は，就業規則第　条に基づき，社員および準社員に支給する退職金について定める。

（対象者）
第2条　この規程の適用対象者は，就業規則第　条に定める，社員および準社員とし臨時社員は含まない。

（支給範囲）
第3条　退職金は，勤続満2年以上の社員，ならびに準社員が退職したとき支給する。

　　　ただし，次の各号の1に該当するときは2年未満であっても支給することがある。この場合の支給額や方法は，そのつど定める。
　　　　1　会社の都合により解雇されたとき。
　　　　2　業務上の傷病，または死亡により退職したとき。

（退職金の計算）
第4条　退職金の計算は，第　条に定める退職金基礎額に，別表の支給率を乗じて算出する。

（退職金基礎額）
第5条　第4条にいう退職金の基礎額は，次のとおりとする。
　　　　1　社員
　　　　　〔毎年4月の基本給（本人給＋職能給または職務給月額）＋責任給〕×計算係数（70％）＝退職金計算基礎額
　　　　2　準社員
　　　　　〔毎年4月の基本給（職務給日額×24）〕×計算係数（70％）＝退職金計算基礎額

（支給率）
第6条　次の各号により退職したときは，別表1号表による。
　　　　(1)　定年により退職したとき。
　　　　(2)　在職中業務外傷病で死亡したとき。
　　　　(3)　長期の傷病で，休職期間が満了し，なお復職不能とみなされたとき。
　　　　(4)　会社の都合により解雇されたとき。
　　　自己の都合により退職したときは，別表2号表による。

（加減給）
第7条　第4条の計算額に対し，以下の各項にあたる場合には，別に定めるところにより増額支給

することがある。
1 在職中，会社に対して特に功労があった者。
2 業務上の事由により死亡した者で，災害補償内規による上積補償を受けない者。
3 懲戒解雇，または懲罰を受け退職する場合には，原則として支給しない。
ただし，情状により減額支給することがある。

（勤続年数計算）
第8条 勤続年数の通算及び計算は下記による。
1 社員及び準社員として，採用の日から退職または解雇（以下退職という）の日までの在籍期間について暦日より計算する。
なお，社員として勤続した期間は別表甲で，準社員として勤続した期間は別表乙で，それぞれ計算する。
2 休職の期間は原則として勤続年数に通算する。
3 勤続年数の最終計算における，1カ月未満の日数は1カ月に切り上げ1年未満の月数は，月割りで計算する。その計算方法は，次による。

$$（次年度勤続支給率－勤続支給率）\times \frac{端数勤続月数}{12}$$

（支払方法）
第9条 退職金は，原則として退職の日から2カ月以内に，その金額を通貨もしくは銀行振出しの小切手で直接本人に支払う。
ただし，経理事情により1年以内に分割して支払うことがある。

（支払金額単位）
第10条 退職金の支給額は，100円を単位とし，100円未満は四捨五入する。

（受給資格者死亡の場合の受給者）
第11条 在職中死亡した者に対する，本規定の退職金は，会社の認めた遺族に支給する。
遺族の範囲，および順位については，労働基準法施行規則第42条から第45条までの規定による。

（規定の改廃）
第12条 この規定は，法令の改正，給与体系の改訂，会社業況，または社会事情の変動ある場合は，これを改廃することがある。

付　則

第13条 この規定の管理責任者は，労務部長とし平成　年　月　日より制定実施する。
よって昭和　年　月　日制定の，退職手当支給規定は廃止する。
第14条 ○○株式会社設立以前に，合名会社○○○に勤務していた者については，その勤務期間を通算する。

① 自社（一時金）制度の例

別　表

号＼勤続年数	1 号 表		2 号 表		号＼勤続年数	1 号 表		2 号 表		備　考
	支給率	差	支給率	差		支給率	差	支給率	差	
1年					16年	13.6	1.6	10.2	1.2	
2	1.0		0.8		17	15.2	1.6	11.4	1.2	
3	1.6	0.6	1.2	0.4	18	16.8	1.6	12.6	1.2	
4	2.3	0.7	1.6	0.4	19	18.4	1.6	13.8	1.2	
5	3.0	0.7	2.0	0.4	20	20.0	1.6	15.0	1.2	
6	3.8	0.8	2.6	0.6	21	22.0	2.0	16.8	1.8	
7	4.6	0.8	3.2	0.6	22	24.0	2.0	18.6	1.8	
8	5.4	0.8	3.8	0.6	23	26.0	2.0	20.4	1.8	
9	6.2	0.8	4.4	0.6	24	28.0	2.0	22.2	1.8	
10	7.0	0.8	5.0	0.6	25	30.0	2.0	24.0	1.8	
11	8.0	1.0	5.8	0.8	26	32.0	2.0	26.0	2.0	30年以上の加算率は1年につき1.0とする。
12	9.0	1.0	6.6	0.8	27	34.0	2.0	28.0	2.0	
13	10.0	1.0	7.4	0.8	28	36.0	2.0	30.0	2.0	
14	11.0	1.0	8.2	0.8	29	38.0	2.0	32.0	2.0	
15	12.0	1.0	9.0	0.8	30	40.0	2.0	34.0	2.0	

退職金規程

自社（一時金）制度

（ＴＫホテル，従業員500人）

実例5

第1条　この規程は社員の退職金に関する事項を定める。

第2条　退職金は退職時の基本給と職階給の合算額に勤続年数及び退職事由に応じて別表第1表又は第2表に掲げる支給率を乗じた額とする。

②　前項の勤続年数に1年未満の端数がある場合には月額計算によるものとする。但し，この計算において小数位を生ずるときは小数位第3位を四捨五入するものとする。

第3条　退職金の算出に当たり100円未満の端数を生じたときは支給額決定の最終計算において100円位に切り上げる。

第4条　勤続年数の計算は入社（試雇期間を含む）の月から起算し，退職の月をもって終わる。

②　前項の勤続年数には休職期間は算入しない。但し，次の各号の1に該当する期間はこの限りではない。

　　(1)　待命休職
　　(2)　その他特に定められた期間

第5条　退職金は所定の手続きにより権利者の請求のあったときから7日以内に支給する。

第6条　懲戒処分による解雇に該当すべき者が処分決定前に退職又は死亡したときは，退職金に関しては処分確定後に決定する。

第7条　勤続満1年以上の社員が次の各号の1に該当する事由により退職する者に対しては，退職金として第1表の率によって算出した額を支給する。

　　1　定年退職したとき。
　　2　やむを得ない業務上の都合により解雇されたとき，あるいは精神又は身体に故障を生じ，もしくは虚弱となり，または老衰して業務に堪えないと認め解雇したとき。
　　3　業務に起因する傷病のため職に堪えず退職したとき。
　　4　期間を定めて待命休職を命ぜられ，その期間経過のため退職したとき。
　　5　在職中死亡したとき
　　6　勤続満20年以上の者が本人の願いによって退職したとき。

第8条　勤続満2年以上の社員が次の各号の一に該当する事由により退職したときは退職金として第2表の率によって算出した額を支給する。

　　1　本人の願いによって退職したとき。
　　2　傷病休職又は事故休職の期間を経過したため退職したとき。

第9条　次の各号の一に該当する退職者には退職金を支給しない。

　　1　第1表適用者については勤続満1年未満の場合

2　第2表適用者については勤続満2年未満の場合
　　　3　懲戒解雇されたとき
第10条　勤続満2年以上の社員が懲戒処分により諭旨解雇されたときは第2表の率によって算出した額の一部又は全額を支給することがある。
第11条　第7条の規程によって第1表の適用を受ける者の内，次の各号に該当する者には各号に定めた加給を行う。
　　　1　第7条3号により退職した者については，その退職金の100分の2を加給する。
　　　2　第7条5号により退職した者については，その退職金に300万円を加給する。
　② 前項各号の他第7条の規程によって第1表の適用を受ける者で特別の事情ある者については，その退職金は基礎として増額することがある。
第12条　この規程は平成　年　月　日より実施するも有効期間は3カ年とし，自動的に更新するものとする。
（昭和　年　月　日制定）

別表　退職金支給乗率

勤続年数	第 1 表	第 2 表
1	1.0	0
2	2.1	1.0
3	3.1	1.6
4	4.2	2.2
5	5.3	2.9
6	6.4	3.7
7	7.6	4.6
8	8.7	5.6
9	10.0	6.6
10	11.2	7.8
11	12.5	9.0
12	13.8	10.3
13	15.2	11.6
14	16.5	13.0
15	17.9	14.5
16	19.3	16.2
17	20.8	18.1
18	22.3	20.4
19	23.8	22.8
20	25.4	25.4
21	27.1	27.1
22	29.0	29.0
23	31.0	31.0
24	33.0	33.0
25	35.0	35.0
26	37.0	37.0
27	39.0	39.0
28	41.0	41.0
29	43.0	43.0
30	45.0	45.0

① 第2表の勤続20年以上は第1表による。
② 30年を超える分については，勤続1年につき0.5月を加算する。

実例6 退職金規程

自社（一時金）制度

（GK製作所，金属製品製造・従業員450人）

（主　旨）

第1条　① この規程は，〇〇株式会社就業規則第　条各項の規程に基づき，GK製作所（以下，会社という）の社員及び嘱託社員（以下，社員等という）の退職金に関して定めたものです。

② パートタイム社員就業規則第　条各項の規程に基づき，パートタイム社員に退職金を支給するときは，この規程を適用します。

③ この規程は，就業規則の一部であり，とくに定めがある場合を除き，就業規則本則に定める用語の定義その他はそのまま適用することとします。

（社員の退職金の支給額）

第2条　① 社員に対する退職金の支給額は，退職又は解雇時の基本給を基礎額として，勤続年数に応じて定めた別表A欄の支給率を乗じて計算した金額とします。

(1) 就業規則第　条第　項第　号（死亡による退職），第　号（雇用期間満了による退職）及び第　号（休職期間満了による退職）の事由によるとき

(2) 同第　条第　項第　号（会社の都合による解雇），第　号（私傷病による解雇）及び第　号（傷病補償年金の受給開始による解雇）の事由によるとき

(4) 同第　条第　項第　号の業務上の傷病に準じて退職するとき

(5) 勤続年数が5年以上で，結婚，出産，家族の介護のために退職し，かつ，当分の間，家事，育児又は当該介護に専念するとき

② 前項各号以外の事由によって退職する場合については，原則として，前項の基本給を基礎額として，別表B欄の支給率を乗じて計算した金額とします。ただし，特別な事情がある場合，別表A欄の支給率を適用することがあります。

（功労加給金の支給）

第3条　前条により退職金の支給を受ける社員について，在職中，とくに功績が顕著であった場合は，前条によって算出した退職金支給額の3割を限度として，功労加給金を支給することがあります。

（勤続期間の計算）

第4条　退職金の支給額を算定する場合の勤続期間は，会社に雇用された日から，退職（解雇を含む）する日までとし，1年未満の端数は月割計算として，1月未満の端数は1月として取扱います。ただし，就業規則第　条第　号（自己都合休職）並びに第　号（「その他の休職」をいい，とくに勤続年数に含むとする場合を除く）による休職期間，及び就業規則第　条第　項第　号（育児休業）並びに第　号（特別休暇，とくに勤続年数に含むとする場合を除く）の期間

別表　退職事由別支給率表

勤続期間(年数)	支給率 A欄	支給率 B欄	勤続期間(年数)	支給率 A欄	支給率 B欄	勤続期間(年数)	支給率 A欄	支給率 B欄
1年	1.1	—	11年	12.1	6.2	21年	22.1	14.5
2〃	2.2	—	12〃	13.2	6.9	22〃	23.2	15.6
3〃	3.3	1.0	13〃	14.3	7.7	23〃	24.3	16.6
4〃	4.4	1.6	14〃	15.4	8.5	24〃	25.4	17.6
5〃	5.5	2.2	15〃	16.5	9.3	25〃	26.5	18.6
6〃	6.6	2.8	16〃	17.6	10.1	26〃	27.6	19.6
7〃	7.7	3.4	17〃	18.7	10.9	27〃	28.7	20.6
8〃	8.8	4.1	18〃	19.8	11.8	28〃	29.8	21.7
9〃	9.9	4.8	19〃	19.9	12.7	29〃	29.9	22.7
10〃	11.0	5.5	20〃	21.0	13.6	30〃	31.0	23.7

勤続期間が30年を超える場合については，A欄，B欄とも，各々30年のときの支給率に，1年につき，0.5を加える数とする。［例，勤続年数35年で，A欄を適用するときの支給率は，31.0＋{0.5×(35−30)}＝33.5となる］

を除くこととします。

（退職金の支払時期）

第5条　退職金は，支払事由の生じた日から2カ月以内に支払うこととします。

（嘱託社員の退職金）

第6条　① 嘱託社員が契約の更改等によって，事実上，3年以上勤務するに至った場合は，社員に準じて，退職金を支給することとします。

② 前項の場合における退職金の支払額の計算方法は，退職又は解雇時の年額による基本給を12で除した額を基礎額として，勤続年数に応じて定めた前掲の別表B欄の支給率を乗じて計算した金額とします。

③ 第3条（功労加給金の支給），第4条（勤続期間の計算），及び第5条（退職金の支払時期）の規定は，嘱託社員に退職金が支給される場合に準用します。

（パートタイム社員の退職金）

第7条　パートタイム社員について退職金が支給される場合の支給額，功労加算金の支給，勤続期間の計算，支払時期は，パートタイム社員就業規則第　条各項及び第　条の規定によることとします。

　　（注）　パートタイマー就業規則第　条〜第　条

（退職金）

第58条　① パートタイム社員等については，原則として，退職金を支給しないこととします。た

だし，適宜，若干額の餞別金を支給することがあります。

② 前項の規定にかかわらず，「１週間の所定労働時間数が35時間以上である場合，及び同じく35時間未満であって，１週間の労働日を３日以上又は年間の労働日を121日以上とする契約によるパートタイム社員」が，契約の更改等によって，事実上，３年以上勤務するに至った場合は，社員に準じて，退職金を支給することとします。

③ 前項の場合における退職金の支給額の計算方法は，退職または解雇時の平均給与を基礎額として，社員等についての場合を定めた退職金規程第３条及び第４条の規定を適用します。

④ 退職金の支払いについての勤続期間の計算方法については，社員等についての場合を定めた退職金規程第５条の規程を適用します。

（臨時従業員の退職金）

第59条 臨時従業員には退職金を支給しないこととします。ただし，勤務成績がとくに優秀な場合は，若干額の餞別金を支給することがあります。

（退職金の支払時期）

第60条 パートタイム社員の退職金は，支給事由が生じた日から２カ月以内のできるだけ早い時期に支払うこととします。

付　　則

この規程は，平成　年　月　日から実施します。

実例 7

退 職 金 規 程

自社（一時金）制度

（MS運輸，貨物運送・従業員400人）

（適用範囲）
第1条　勤続満2年以上の従業員が，退職又は死亡したときは，本規程の定めるところにより退職金を支給する。但し，下記の各号の一に該当するものには適用しない。
　　1．期間を定めて臨時に雇用したもの
　　2．定年退職後に再雇用したもの
　　3．勤続年数2年未満のもの

（勤続年数の計算）
第2条　勤続満2年に満たない者が死亡した場合は，勤続満2年として取扱う。

（退職金の計算方法）
第3条　退職金は，退職又は死亡当時の基本給に，勤続年数による別表の支給率を乗じた額とする。

（勤続年月数の計算）
第4条　勤続年月数は次により算定した年月数とする。
　　1．試雇入社の月から退職又は死亡の月までの年月とし，1カ月未満は切上げて1カ月とする。
　　2．休職期間はその期間の2分の1を又は停職中の期間はその期間を勤続年数より控除する。
　　3．休職又は停職中の期間に1カ月未満の日数がある時は1カ月とする。

（退職の事由別計算方法）
第5条　退職金の支給は退職の事由により下記のとおり取り扱う。
　　1．自己都合により退職する場合の退職金は，別表の支給率に下記の率を乗じたものを支給する。
　　　(イ)　勤続満2年〜勤　続6年未満　　35%
　　　(ロ)　〃　　6　〜　〃　10　〃　　　45
　　　(ハ)　〃　　10　〜　〃　13　〃　　　55
　　　(二)　〃　　13　〜　〃　16　〃　　　60
　　　(ホ)　〃　　16　〜　〃　19　〃　　　70
　　　(ヘ)　〃　　19　〜　〃　21　〃　　　80
　　　(ト)　〃　　21　〜　〃　23　〃　　　85
　　　(チ)　〃　　23　〜　〃　25　〃　　　95
　　　(リ)　〃　　25　以上　　　　　　　100
　　2．次の事由による退職の場合は，定年又は死亡の退職と同様の取扱いとする。

(イ)　業務上の傷病又は勤続満2年以上の者が業務に堪え得ない傷病による退職及び休職期間満了による退職
　(ロ)　会社都合による退職
　(ハ)　勤続満20年以上で満50歳以上の者の自己都合による退職

（懲戒解雇者の計算方法）
第6条　懲戒によって解雇された者に対しては，自己退職として算出した金額の2分の1以内とする。

（退職金の支払方法）
第7条　退職金は一時金をもって支給し，退職発令の日から7日以内に現金で支払う。

（遺族に対する支払）
第8条　従業員が死亡した時の退職金は遺族に支給する。
　　　　但し，遺族の範囲及び順位は労働基準法施行規則の規定を準用する。

（退職心付）
第9条　勤続満2年未満の者が退職した時は退職心付を支給する。

（附　則）
第10条　本規定は平成　年　月　日より実施する。

別　表

勤続年数	乗率	勤続年数	乗率
2	2.4	17	22.2
3	3.6	18	23.8
4	4.8	19	25.4
5	6.0	20	27.0
6	7.2	21	28.8
7	8.4	22	30.6
8	9.6	23	32.4
9	10.8	24	34.2
10	12.0	25	36.0
11	13.4	26	37.8
12	14.8	27	39.6
13	16.2	28	41.4
14	17.6	29	43.2
15	19.0	30	45.0
16	20.6	30年以上1年増すごとに0.5加算	

退職金規程

自社（一時金）制度

（MN運輸，運輸業・従業員340人）

実例8

第1条　社員が退職したときは，本規程の定めるところにより退職金を支給する。
　　　但し，役員，顧問，嘱託及び臨時職員は除く。
第2条　退職の事由が，次の各号に該当する場合は，別表のA率によって算出した金額を支給する。
　　　1．定年退職
　　　2．会社都合による退職
　　　3．死亡退職
　　　4．勤続1年以上の者が，公務傷病（労働基準局認定）により勤務に堪えず退職した場合。
　　　5．その他特別の事由を認めた場合。
第3条　自己都合並びに本人の責に帰すべき事由により退職したときは，別表のB率によって算出した金額を支給する。
第4条　次の各号に該当する場合には，退職金の一部又は全額を支給しないことがある。
　　　1．懲戒解雇された場合。
　　　2．在職中会社に対して信用を傷つけたり，不都合な行動があった場合の退職。
　　　3．在職中の勤務成績が著しく不良であったと認めた場合の退職。
　　　4．前各号に準じ，会社が全額支給を不適当と認めた場合の退職。
第5条　在職中特に功績のあった者に対して第2条及び第3条に定める外，別途これを加給することがある。
第6条　退職金の算出方法は，原則として次による。
　　　1．退職時の本給を基準として，別表に定める勤続係数を乗じた額とする。
　　　2．支給総額に100円未満の端数を生じた時は，100円単位に切り上げるものとする。
第7条　勤続期間の計算は次の各号による。
　　　1．入社の日より退職の日までとし，1カ月未満の端数は切り捨てるものとする。
　　　2．1年未満の端数を生じた時は，その経過年数をもって計算した額と経過年数に1を加えた年数をもって計算した額との差額の12分の1に経過月数を乗じた額を加算する。
第8条　勤続年数における休職期間の取扱いは，就業規則第　条に定めるところによる。
第9条　退職金は，退職後7日以内に全額を本人に直接通貨をもって支給する。
　　　但し，本人の同意がある場合は，支払時期並びに支払い方法を変更することがある。
第10条　本人が死亡した場合，退職金はその遺族に支給する。
　　　遺族の範囲及び順位に関しては，労働基準法施行規則第42条より第45条までの規定を準用する。

附　則

この規程は，昭和　年　月　日より実施する。

別表Ⅰ　退職金支給率表

勤続年数	支給率 A率	支給率 B率	備考
1	0.5カ月	——カ月	（B率の算定）
2	1.0	——	
3	1.5	0.75	Aの50%
4	2.0	1.00	
5	2.5	1.25	
6	3.3	1.98	Aの60%
7	4.1	2.46	
8	4.9	2.94	
9	5.7	3.42	
10	6.5	3.90	
11	7.5	5.25	Aの70%
12	8.5	5.95	
13	9.5	6.65	
14	10.5	7.35	
15	11.5	8.05	
16	13.0	10.40	Aの80%
17	14.5	11.60	
18	16.0	12.80	
19	17.5	14.00	
20	19.0	15.20	
21	20.5	17.43	Aの85%
22	21.5	18.28	
23	22.5	19.13	
24	23.5	19.98	
25	24.5	20.83	
26	25.3	22.77	Aの90%
27	26.1	23.49	
28	26.9	24.21	
29	27.7	24.93	
30	28.5	25.65	

（注）勤続年数が30年を超える場合は，A率，B率とも支給率の加算は行わない。

退職金規程

自社（一時金）制度

（AK機械，機械製造・従業員320人）

（適用範囲）
第1条　この規程は，就業規則第　条に基づき従業員の退職金について定めたものである。
　②　この規程による退職金制度は，会社に雇用され勤務するすべての従業員に適用する。
　　ただし，勤続年数1年未満の者またはパートタイマー若しくは日雇その他の臨時職員については本規程を適用しない。

（支給額その1）
第2条　従業員が次の事由により退職する場合は，退職時における基本給の月額に勤続年数に応じて別表の支給基準率のA欄に定める率を乗じて算出した退職金を支給する。
　　1．死　亡
　　2．業務上の事由による傷病
　　3．やむを得ない業務上の都合による解雇
　　4．定　年

（支給額その2）
第3条　従業員が次の事由により退職する場合は，退職時における基本給の月額に勤続年数に応じて別表の支給基準率のB欄に定める率を乗じて算出した退職金を支給する。
　　1．自己都合
　　2．業務外の事由による傷病
　　3．就業規則第　条第　号から第　号までの事由による解雇

（退職金の不支給・減額）
第4条　次の各号の一に該当する者については，退職金を支給しない。ただし，情状により支給額を減額して支給することがある。
　　1．就業規則第　条に定める懲戒規定に基づき懲戒解雇された者
　　2．退職後，支給日までの間において在職中の行為につき懲戒解雇に相当する事由が発見された者

（勤続年数の算出）
第5条　勤続年数は入社日から起算し，退職の日までとする。
　②　勤続年数の1年未満は月割りで計算し，1カ月未満の端数は切り捨てる。
　③　就業規則第　条第　号の出向による休職期間は，勤続年数に算入し，その他の休職期間は勤続年数に算入しない。

（金額の端数計算）

第6条　退職金の最終計算において，100円未満の端数があるときはこれを切り上げる。
（支払いの時期及び方法）
第7条　退職金の支給は退職または解雇の日から30日以内にその全額を通貨で支払う。ただし，従業員の同意があるときは口座振込み又は金融機関振出しの小切手等により支払うことがある。
（退職慰労金）
第8条　在職中に勤務成績が優秀であった者，および特に功労のあった者に対しては慰労金を支給することがある。
　　　なおその額についてはその都度定める。
（受給権者）
第9条　従業員が死亡した場合の退職金又は退職慰労金は，死亡当時，本人の収入により生計を維持していた遺族に支給する。
　②　前項の遺族の範囲および支給順位については，労働基準法施行規則第42条から第45条の定めるところを準用する。

付　則

1．この規程は平成　年　月　日から実施する。
2．この規程を改廃する場合には，従業員代表者の意見を聞いて行う。

別表　退職金支給基準率表

勤続年数	支給基準率 A	支給基準率 B	勤続年数	支給基準率 A	支給基準率 B
1	1.00	0.50	21	21.90	19.71
2	2.00	1.00	22	23.30	20.97
3	3.00	1.50	23	24.70	22.23
4	4.00	2.00	24	26.10	23.48
5	5.00	2.50	25	27.10	24.39
6	6.20	3.72	26	28.60	25.74
7	7.40	4.44	27	30.10	27.09
8	8.60	5.16	28	31.60	28.44
9	9.80	5.88	29	33.10	29.79
10	11.00	6.60	30	34.60	31.14
11	12.20	8.54	31	35.80	34.01
12	13.40	9.38	32	37.00	35.15
13	14.60	10.22	33	38.20	36.29
14	15.80	11.06	34	39.40	37.43
15	17.00	11.90	35	40.60	38.57
16	17.30	13.84	36	41.60	39.52
17	17.60	14.08	37	42.60	40.47
18	18.90	15.12	38	43.60	41.42
19	20.20	16.16	39	44.60	42.37
20	21.50	17.20	40	45.60	43.32

実例10

退職金支給規程

自社（一時金）制度

（KM製作所，工作機械・従業員310人）

（目　的）
第1条　この規程は「就業規則」第　章第　条の規定に基づき，従業員の退職金に関し必要な事項を定めるものとする。

（適用範囲）
第2条　この規程は正社員以外には適用しない。

（受給資格）
第3条　退職金は2年以上引き続き勤務し，退職または死亡したときに，本人または遺族に支給する。ただし，自己都合による退職の場合には3年以上引き続き勤務した者に支給する。
　2．次の各号に掲げる者については，2年未満であっても支給することがある。
　　(1)　死亡したとき
　　(2)　業務上の負傷または病気のため業務に堪えられなくなって退職したとき
　　(3)　特別の功労があったと認められるとき
　　(4)　その他，前各号に準じた事項により支給することが適当と認められるとき

（退職金）
第4条　退職金は従業員が2年以上引き続き勤務し，退職または死亡したときは，次の区分に従い，本人または遺族に支給する。
　　(1)　定年退職，会社都合による退職，業務上の傷病のため業務に堪えられない退職の場合または死亡したとき
　　　　退職時（または死亡時）基本給×「別表第1」に定める支給率
　　(2)　自己都合による退職の場合
　　　　退職時基本給×「別表第2」に定める支給率
　2．20年以上引き続き勤務し，定年に達して退職した従業員は，一時金に代えて年金を選択することができる。
　　　　退職時基本給×「別表第3」に定める支給率

（支給額）
第5条　退職金の支給額は退職時の基本給月額に退職事由別に「別表第1」または「別表第2」に掲げる勤続期間に対応する支給率を乗じて得た額とする。
　　ただし，支給額に100円未満の端数がある場合には，これを100円に切り上げた額とする。
　2．特に功労のあった従業員に対しては，前項により計算された退職金支給額の15％の範囲内で功労加算することがある。

（勤続期間の計算）
第6条　勤続期間の計算は従業員が入社した日より退職または死亡した日までの期間とする。
　　2．試用期間は勤続期間に算入する。
　　3．休職期間中は勤続期間に算入しない。
　　　ただし，就業規則第　条第　項ないし第　項に該当する休職の場合はこの限りではない。
　　4．育児休業期間および介護休業期間は，勤続期間に算入しない。
（支給率の計算）
第7条　勤続年数に1年未満の端数があるときは，その支給率は1月未満の日数はこれを1月に繰上げ，1年未満の月はその年次支給率と次年次支給率との差額を月割りにしてこれを現年次支給率に加算したものとする。
　　2．前項において算出された支給率は，小数点3位を切り上げる。
（退職事由の区分）
第8条　退職事由の区分は次のとおりとする。
　　　(1)　定年退職
　　　(2)　会社都合による退職
　　　(3)　業務上の傷病のため，業務に堪えられない退職
　　　(4)　自己都合による退職
　　　(5)　死亡したとき
（懲戒解雇その他）
第9条　従業員が懲戒解雇された場合または会社の不利益を図って退職した場合には退職金は支給しない。
（支給時期）
第10条　退職金は，支給事由の発生した日から原則として1カ月以内に本人または遺族に支給する。

付　　則

　この規程は，平成　年　月　日より施行する。
　　　　　平成　年　月　日改訂

別表　第1

勤続年数	支給率	勤続年数	支給率	勤続年数	支給率	勤続年数	支給率
2年	0.5	13年	10.0	24年	23.3	35年以上	39.0
3年	1.2	14年	11.0	25年	24.8		
4年	2.0	15年	12.0	26年	26.3		
5年	2.8	16年	13.1	27年	27.8		
6年	3.6	17年	14.2	28年	29.3		
7年	4.4	18年	15.3	29年	30.8		
8年	5.2	19年	16.4	30年	32.3		
9年	6.1	20年	17.6	31年	33.7		
10年	7.0	21年	18.9	32年	35.1		
11年	8.0	22年	20.3	33年	36.4		
12年	9.0	23年	21.8	34年	37.7		

別表　第2

勤続年数	支給率	勤続年数	支給率	勤続年数	支給率	勤続年数	支給率
2年	0	13年	7.0	24年	18.6	35年以上	34.3
3年	0.4	14年	7.7	25年	21.1		
4年	0.8	15年	9.0	26年	22.4		
5年	1.4	16年	9.8	27年	23.6		
6年	1.8	17年	10.7	28年	24.9		
7年	2.2	18年	11.5	29年	26.2		
8年	2.6	19年	12.3	30年	28.1		
9年	3.7	20年	14.1	31年	29.3		
10年	4.9	21年	15.1	32年	30.5		
11年	5.6	22年	16.2	33年	32.0		
12年	6.3	23年	17.4	34年	33.2		

別表 第3

勤続年数	支給率	勤続年数	支給率
20年	0.1890	33年	0.3909
21年	0.2030	34年	0.4049
22年	0.2180	35年	0.4188
23年	0.2341	36年	0.4188
24年	0.2503	37年	0.4188
25年	0.2664	38年	0.4188
26年	0.2825	39年	0.4188
27年	0.2986	40年	0.4188
28年	0.3147	41年	0.4188
29年	0.3308	42年	0.4188
30年	0.3469	43年	0.4188
31年	0.3619	44年	0.4188
32年	0.3770	45年	0.4188

A年Bヵ月の支給率は次による。

A年の支給率＋{（A＋1）年の支給率－A年の支給率}×$\frac{B}{12}$

ただし，端数が生じた場合は小数点以下5位を四捨五入する。

実例11 退職手当に関する規程

自社（一時金）制度

（TK公社，従業員300人）

（目　的）
第1条　この規程は，TK公社（以下「公社」という。）の職員の退職手当に関し，必要な事項を定めることを目的とする。

（支給対象）
第3条　退職手当は，職員が退職し，又は解雇された場合は，その者に，職員が死亡した場合には，その遺族に支給する。ただし，次の各号の一に該当する職員に対する退職手当は支給しない。
　① 勤続6月未満の退職又は解雇（傷病若しくは死亡又は第6条第1項第1号による場合を除く。）
　② 懲戒による免職
　③ 禁錮以上の刑に処せられたことによる退職

2　退職後であっても，退職手当を支給するまでの間において，在職中の職務に関し，懲戒による免職を受ける事由に相当する事実が明らかになったときは，退職手当を支給しないことがある。

（遺族の範囲及び順位）
第4条　前条第1項に規定する遺族は，次に掲げる者とする。
　① 配偶者（婚姻の届出をしないが，職員の死亡当時事実上婚姻関係と同様の事情のあった者を含む。）
　② 子，父母，孫，祖父母及び兄弟姉妹で，職員の死亡当時主としてその収入によって生計を維持していた者
　③ 前号に掲げる者のほか，職員の死亡当時主としてその収入によって生計を維持していた親族
　④ 子，父母，孫，祖父母及び兄弟姉妹で，第2号に該当しないもの

2　前項に掲げる者が退職手当を受ける順位は，前項各号の順位により，第2号及び第4号に掲げる者のうちにあっては，それぞれ同号に掲げる順位による。この場合において，父母については，養父母を先にし実父母を後にし，祖父母については，養父母の父母を先にし実父母の父母を後にし，父母の養父母を先にし父母の実父母を後にし，その他の親族については，職員に親等の近い者を先順位とする。

3　退職手当の支給を受けるべき同順位の者が2以上ある場合には，その人数によって等分して，支給する。

（遺族からの排除）

第4条の2　次に掲げる者は，退職手当の支給を受けることができる遺族としない。
　　① 職員を故意に死亡させた者
　　② 職員の死亡前に，当該職員の死亡によって退職手当の支給を受けることができる先順位又は同順位の遺族となるべき者を故意に死亡させた者

（普通退職の場合の退職手当）
第5条　職員が退職し，又は解雇された場合には，第6条第2項又は第8条に該当する場合を除くほか，退職し，又は解雇された日における当該職員の給料月額に，次の各号の区分に従い，当該各号に掲げる割合を乗じて得た額の合計額を退職手当として支給する。
　　① 勤続1年以上10年以下の期間については，1年につき100分の100
　　② 勤続11年以上15年以下の期間については，1年につき100分の135
　　③ 勤続16年以上20年以下の期間については，1年につき100分の150
　　④ 勤続21年以上25年以下の期間については，1年につき100分の165
　　⑤ 勤続26年以上30年以下の期間については，1年につき100分の180
　　⑥ 勤続31年以上の期間については，1年につき100分の165
　2　前項の規定により計算した金額が，職員の退職の日における給料月額に50を乗じて得た額を超える場合は，同項の規定にかかわらず，当該給料月額に50を乗じて得た額を退職手当の額とする。

（定年退職等の場合の退職手当）
第6条　次の各号の一に該当する職員に対して支給する退職手当の額は，本条第2項に定める方法により計算して得た額とする。
　　① 定年により退職した者
　　② 組織の改廃，予算の減少その他業務上やむを得ない理由により解雇された者
　　③ 業務上の傷病又は死亡により退職した者
　　④ 死亡又は引き続いて勤務することが困難と認められる傷病により退職した者
　　⑤ 通勤災害により退職した者
　　⑥ 退職の日の属する事業年度の末日の年齢が満58歳以上で退職した者のうち，就業規則第　　条の規定による定年退職日の前日までに退職した者（就業規則第　　条第　　号の規定に該当して解雇された者を除く。）
　　⑦ 前各号に準ずる者で理事長が特に必要であると認めた者
　2　前項の規定に該当する者に対して支給する退職手当の額は，退職し，解雇され，又は死亡した日におけるその者の給料月額に，次の各号の区分に従い当該各号に掲げる割合を乗じて得た額の合計額とする。
　　① 勤続1年以上10年以下の期間については，1年につき100分の150
　　② 勤続11年以上20年以下の期間については，1年につき100分の230
　　③ 勤続21年以上25年以下の期間については，1年につき100分の240
　　④ 勤続26年以上30年以下の期間については，1年につき100分の200
　　⑤ 勤続31年以上の期間については，1年につき100分の110
　3　前項の規定により計算した金額が，職員の退職の日における給料月額に62.7を乗じて得た額を超える場合は，同項の規定にかかわらず，当該給料月額に62.7を乗じて得た額を退職手当の額とする。
　4　第1項第2号，第3号若しくはこれに準ずる理由により，退職し，解雇され，又は死亡した者で次の各号に該当する者に対する退職手当の額が，退職し，解雇され，又は死亡した日に

おけるその者の基本給月額に該当各号に掲げる割合を乗じて得た額に満たないときは，第1項の規定にかかわらず，その乗じて得た額をもってその者に対して支給する退職手当の額とする。
① 勤続期間1年未満の者　　　　　　　　　　100分の270
② 勤続期間1年以上2年未満の者　　　　　　　100分の360
③ 勤続期間2年以上3年未満の者　　　　　　　100分の450
④ 勤続期間3年以上の者　　　　　　　　　　　100分の540

5　前項の基本給月額は，給料及び扶養手当の月額の合計額とする。

（定年前早期退職者に対する退職手当に係る特例）

第6条の2　前条第1項各号に掲げる者（前条第1項第1号及び第4号に掲げる者－通勤災害により死亡した者を除く。－を除く。）のうち，定年に達する日の属する事業年度の初日前に退職した者であって，その勤続期間が25年以上であり，かつ，退職の日の属する事業年度の末日の年齢が満50歳以上であるものに対する前条第2項及び第3項の規定の適用については，これらの規定中「給料月額」とあるのは，「給料月額及び当該給料月額に満60歳と退職の日の属する事業年度の末日の年齢との差に相当する年数1年につき100分の2を乗じて得た額の合計額」とする。

（退職手当の減額）

第8条　職員が次の各号の一に該当する場合においては，第5条の規定により計算して得た額から，当該金額に100分の30以内の割合を乗じて得た額を減額することができる。
① 勤務成績が著しく不良のため職員として不適当と認められたことによる退職
② 自己の都合による勤続3年未満の退職

（起訴中に退職した場合の退職手当）

第10条　職員が刑事事件に関し起訴された場合において，その判決の確定前に退職したときは，退職手当は支給しない。ただし，禁固以上の刑に処せられなかったときは，第5条の規定により計算した額の100分の40以上100分の80以下の額で非違の程度に応じて理事長が定める額を減額して支給する。

2　無罪の言渡しを受けたときは，第5条から第8条までの規定により計算して得た額を支給する。

（退職手当の返納）

第10条の2　退職した者に対し退職手当の支給をした後において，その者が在職期間中の行為に係る刑事事件に関し禁固以上の刑に処せられたときは，その支給した退職手当の額の全額を返納させることができる。

（勤続期間の計算）

第11条　退職手当の算定の基礎となる勤続期間の計算は，職員となった日の属する月から退職し，解雇され，又は死亡した日の属する月までの月数による。

2　退職手当の算定の基礎となる勤続期間の計算において，前項の規定により計算した勤続期間に1年未満の端月数がある場合には，6月以上の端月数はこれを1年とし，6月未満の端月数はこれを切り捨てる。ただし，第6条第2項により退職手当を計算する場合については，これを1年とする。

3　退職した職員が退職の日又はその翌日において再び職員となったときは，前2項の勤続期間の計算については，引き続いて在職したものとみなす。

4　前3項による勤続期間のうちに，職員就業規則第　条又は第　条の規定による休職又は停職により現実に職務に従事することを要しない期間のある月（現実に職務に従事することを要

する日のあった月を除く。）が1月以上あったときは，その事情によりその月数の2分の1に相当する月数を前2項により計算した勤続期間から減ずることができる。

（退職手当の支給方法）
第12条　退職手当は，法令及び別に定めるものがある場合には，退職手当の額からその一部を控除して，その残額を支給額とすることができる。
　2　退職手当は，特別の事由がある場合を除き，支給事由の発生した日から1月以内に支給するものとする。

（端数の計算）
第13条　この規程による退職手当の計算の結果生じた100円未満の端数は，これを100円に切り上げるものとする。

附　　則

　1　この規程は，平成　年　月　日から適用する。

実例12 退職金規程

自社（一時金）制度

（AHスーパー，従業員280人）

（退職金規程）
第1条　この規程は，就業規則第　条に基づき，従業員の退職金に関する事項を定める。
（適用範囲）
第2条　この規程は，就業規則第　条に定める従業員に適用する。
（支給要件）
第3条　退職金は勤続満1年以上の従業員が退職したときに支給する。
（支給額）
第4条　退職金は次のとおりとする。
　① 普通退職した場合
　　退職時の基本給の60％に勤続年数に応じた別表（退職金支給率表）A欄の乗率を乗じて算出した金額
　② 定年退職した場合および死亡，廃疾により退職した場合及び会社都合による退職の場合
　　退職時の基本給の60％に，勤続年数に応じた別表（退職金支給率表）B欄の乗率を乗じて算出した金額
（特別加算）
第5条　次の各号の一に該当するときは，特別加算を行うことがある。
　① 疾病傷害により退職したもの。
　② 在職中特別の功労があったもの。
　③ 退職事情により特に必要と認めたもの。
（支給制限）
第6条　懲戒解雇された従業員には，原則として退職金を支給しない。
（勤続年数の計算）
第7条　勤続年数の計算は次のとおりとする。
　① 勤続年数は従業員として採用された日から退職の日までとする。
　　ただし，試用期間があるときは，勤続年数に通算しない。
　② 休職期間は，勤続年数に通算する。
　　ただし，就業規則第　条第　号，第　号による者が，発令後満1年に達したときは，その後の期間は，これを通算しない。
　③ 勤続年数の計算は，1カ年に満たない月数は月割で計算し，1カ月に満たない日数は1カ月に繰上げる。

④　月割計算の方法は，端数月を1カ年に繰上げた勤続年数に応ずる額と端数月を切捨てた勤続年数に応ずる額との差額の12分の1を1カ月分として計算する。

　（端数の取扱）

第8条　退職金の算出金額に1,000円未満の端数があるときは，1,000円に繰上げる。

　（支払方法）

第9条　退職金の支払方法は，受給者が次の選択を行う。
　　①　通貨
　　②　金融機関の本人名義の口座振込
　　③　銀行振出の自己宛小切手

　（支給時期）

第10条　退職金は，退職の日から原則として2週間以内に支給する。

　（受給順位）

第11条　この規程により退職金を受取るべき本人が死亡した場合の受取人の順位は，労働基準法施行規則第42条ないし第45条の定めによる。

付　則

　（施行期日）

　　この規程は，平成　年　月　日から実施する。

別表　退職金支給率表

勤続年数	支給率 A欄	支給率 B欄	勤続年数	支給率 A欄	支給率 B欄	勤続年数	支給率 A欄	支給率 B欄
1年	1	1	11年	12	23	21年	34	46
2	2	2	12	14	25	22	38	50
3	3	3	13	16	27	23	42	54
4	4	4	14	18	29	24	46	58
5	5	11	15	20	31	25	50	60
6	6	13	16	22	33	26	54	62
7	7	15	17	24	35	27	58	64
8	8	17	18	26	37	28	62	66
9	9	19	19	28	39	29	66	68
10	10	21	20	30	42	30以上	70	70

退職金規程

実例13

自社（一時金）制度

（KN, 情報産業・従業員240人）

第1章　総　則

（適用範囲）
第1条　この細則は就業規則　条に基づき社員の退職金につき定めたものであり，社員が退職又は死亡したときは，この細則により退職金を支給する。

（種　類）
第2条　退職金は退職手当，退職特別手当，及び退職慰労金の3種とする。

第2章　細　則

（算定基礎）
第3条　退職金の算定基礎は社員の退職時における基本給の60%とする。

（算定倍数）
第4条　算定倍数とは，算定基礎に乗じ退職金を算出する支給率をいい勤続年数により定める。

（算定倍数）
第5条　算定倍数は勤続年数に応じて別表の通り定める。

（勤続年数）
第6条　勤続年数とは，採用日より起算し，退職日までの在職期間より引き続き30日以上（休日を含む）にわたる休職（但し就業規則第　条　またはそれに準ずる場合を除く）自己都合による欠勤，及び業務外の負傷疾病による欠勤期間を控除した年数をいう。
　　但し，試用期間を経て本採用になったときはその期間を通算する。
　　上記勤続年数において1カ月未満の端数日数がある場合は1カ月に切り上げる。

（勤続年数端数日の取扱）
第7条　勤続年数の計算において，1年未満の端数月の倍数は端数月を除いた年数とその年数に1年を加えた年数との倍数の差を月割りにより計算する。

別表1

勤続年数	算定倍数	勤続年数	算定倍数	勤続年数	算定倍数
満1年	0.5	11	12.0	21	30.0
2	1.0	12	13.5	22	32.0
3	1.5	13	15.0	23	34.0
4	2.5	14	16.5	24	36.0
5	3.5	15	18.0	25	38.0
6	4.5	16	20.0	26	40.0
7	6.0	17	22.0	27	42.0
8	7.5	18	24.0	28	44.0
9	9.0	19	26.0	29	46.0
10	10.5	20	28.0	30年〜	48.0

第3章 退職金

（退職手当）
第8条 社員が退職した場合は，算定基礎に勤続年数に応じた算定倍数を乗じた金額を支給する。
　　　但し3年未満にして自己都合により退職する場合は支給しない。

（退職特別手当）
第9条 退職特別手当は第8条の退職手当の他に，次の事由により退職するものに対して支給する。
　　(1) 定　年
　　(2) 事業の都合により解雇する場合
　　(3) 業務上の理由による傷病死，又は業務上の傷病のため，やむを得ず退職する場合
　　(4) 業務外の傷病のため死亡した場合
　　　退職特別手当は第3条の算定基礎に別表2の基準による乗数を乗じたものとする。

（退職慰労金）
第10条 退職慰労金は，在職中に功労があったと認められるもの，または，特に同情を要する事由があると認められたものに対して支給する。

（不払及び減額）
第11条 社員が懲戒解雇された場合は退職金を支給しない。
　　　諭旨解雇された場合は情状により退職金の一部を支給する。

（負債の弁済）
第12条 退職時会社に対し負債ある者，または損害賠償の責を負う者はその金額を退職金にて返済しなければならない。

第4章　雑　則

（端数の処理）
第13条　この細則の定めるところにより退職金を計算した結果生じた100円未満の端数はこれを100円に切り上げるものとする。

（本人払）
第14条　退職金は原則として本人に支給する。
　　　　但し，社員が死亡した場合，本人の遺書のあった時を除いて労働基準法施行規則に定める範囲及び順位に準じ退職金を支給する。

（特別法令発行の場合）
第15条　退職に関する給与が別に法令（労働基準法を除く）をもって制定されたときは本細則の適用は法令の定めにより減免される。

付　則

（実施年月日）
　この細則は昭和　年　月　日より実施
　この規程の一部を平成　年　月　日改正

別表2

事由 \ 勤続	満11年迄	満11年～20年迄	満20年以上
上記(1)の場合	算定倍数の10%	算定倍数の20%	算定倍数の30%
上記(2)の場合 上記(3)の場合 上記(4)の場合	算定倍数の3%	算定倍数の4%	算定倍数の5.5%

退職金規定

自社（一時金）制度

（NS商事，商社・従業員220人）

実例14

(目　的)
第1条　本規定は社員の退職金支給に関する事項について定める。
　　　ただし，契約社員については適用しない。

(退職金)
第2条　1．退職金は，退職時における基本給に退職事由別支給率（別表）を乗じた金額とする。
　2．1項で算出された退職金額に10円未満の端数が生じたときは，5円以上は10円位に切り上げ，4円以下はこれを切り捨てる。
　3．15年以上で退職し，別に定める退職年金規約の定めるところにより給付を受ける場合は，その相当額を退職金の支給額から控除して支払う。

(勤続期間)
第3条　1．勤続期間は入社の日（試雇期間は除く）より起算し，退職の前日までとする。ただし，自己都合退職者については最終出勤日までとする。
　2．勤続期間に1年未満の端数を生じたときは，月数をもって比例計算する。又，1カ月未満の日数は月の15日以内は切り捨て，16日以上は1カ月に切り上げる。
　3．勤続期間中に自己都合による休職期間があるときは，この期間を除外する。
　4．転籍者は，○○で勤務した期間とする。

(退職事由別)
第4条　1．次の各号に該当する事由により退職する場合は，会社都合として取扱い，別表1に定める会社都合による支給率を乗じて算出する。
　　(1)　定年退職
　　(2)　死亡退職
　　(3)　業務上の傷病による退職
　　(4)　役員就任による退職
　　(5)　会社の都合による退職
　2．1項に掲げる以外の事由による退職はすべて自己退職による退職とみなし，退職金の算出にあたっては別表2に定める自己都合による支給率を乗じて算出する。
　＊自己都合による支給率は，会社都合支給率に別表3の自己都合乗率を乗じて算出する。

(寸　志)
第5条　勤続3年未満の自己都合退職で退職金のない者には，次の寸志を支給する。
　　　　勤続1年以上～2年未満　　　　30,000円

別表1　会社都合による支給率

勤　続	支給率	勤　続	支給率	勤　続	支給率	勤　務	支給率
1年	0.78	11	9.80	21	23.43	31	35.84
2	1.56	12	11.03	22	24.96	32	35.84
3	2.34	13	12.25	23	26.45	33	35.84
4	3.12	14	13.48	24	27.91	34	35.84
5	3.90	15	14.52	25	29.46	35以上	35.84
6	4.72	16	15.95	26	31.08		
7	5.74	17	17.49	27	32.37		
8	6.76	18	18.88	28	33.60		
9	7.78	19	20.41	29	34.76		
10	8.75	20	21.88	30	35.84		

別表2　自己都合による支給率

勤　続	支給率	勤　続	支給率	勤　続	支給率	勤　務	支給率
1年	0.00	11	7.64	21	20.38	31	34.80
2	0.00	12	8.82	22	21.96	32	34.80
3	1.31	13	10.05	23	23.28	33	35.12
4	1.84	14	11.32	24	24.84	34	35.48
5	2.42	15	12.20	25	26.51	35以上	35.84
6	3.07	16	13.56	26	28.28		
7	3.90	17	14.87	27	29.78		
8	4.80	18	16.24	28	31.40		
9	5.76	19	21.55	29	33.10		
10	6.65	20	19.04	30	34.80		

別表3　自己都合乗率

勤　続	支給率	勤　続	支給率	勤　続	支給率	勤　務	支給率
1年	0.00	11	0.78	21	0.87	31	0.97
2	0.00	12	0.80	22	0.88	32	0.97
3	0.56	13	0.82	23	0.88	33	0.98
4	0.59	14	0.84	24	0.89	34	0.99
5	0.62	15	0.84	25	0.90	35以上	1.00
6	0.65	16	0.85	26	0.91		
7	0.68	17	0.85	27	0.92		
8	0.71	18	0.86	28	0.93		
9	0.74	19	0.86	29	0.95		
10	0.76	20	0.87	30	0.97		

　　　　勤続2年以上～3年未満　　　　50,000円
　(慰労金)
第6条　退職者が在籍中の功労が特に顕著であると会社が認めた場合には，退職金のほかに慰労金を支給することがある。
　(退職金の支払)
第7条　1．会社は退職日から起算して7日以内に本人（本人死亡のときは遺族）に対して通貨で退職金を支給する。
　　2．退職金を受ける者が会社に対して債務を負う時は退職金はその債務の弁済後，又それを相殺して支払うものとする。
　　　尚，ここでいう債務とは貸付金規定に定める会社からの貸付金及び社宅家賃をいう。
　　3．遺族の支給範囲並びに順位は労働基準法施行規則第42条及び第43条の規定を準用する。
　(退職金の不払)
第8条　1．就業規則第　条による懲戒解雇の場合は，退職金は支給しない。
　　2．ただし，情状により会社が特に認めた場合は，退職金の50％を限度として支給することがある。
　(実施年月日)
第9条　本規定は，昭和　年　月　日から実施する。
　(経過措置)
第10条　昭和　年　月　日現在在籍の社員が自己都合退職した場合，経過措置による支給率を5年間（昭和　年　月～平成　年　月）適用する。
　　　ただし，会社都合及び13年以上の自己都合退職は，昭和　年　月　日より新支給率を適用する。

実例15 退職金規定

自社（一時金）制度

（KT流通，小売業・従業員180人）

（適用範囲）
第1条　就業規則第　条に定める社員の退職金については本規定による。

（支給額）
第2条　社員が次の事由により退職する場合は，退職時における基本給の額にその勤続年数に応じて，第1号～第5号の事由による退職の場合は，A表に定めた支給基準率表を，第6号～第7号の事由による退職の場合は，B表に定めた支給基準率表を乗じて算出した退職金を支給する。
　　(1)　定年
　　(2)　死亡
　　(3)　業務上の事由による傷病
　　(4)　やむをえない業務上の都合による解雇
　　(5)　その他の事由による解雇（懲戒解雇を除く）
　　(6)　自己都合
　　(7)　業務外の事由による傷病

（受給権者）
第3条　従業員が死亡した場合の退職金は，死亡当時本人の収入により生計を維持していた遺族に支給する。
　2．前項の遺族の範囲及び支給順位については，労働基準法施行規則第42条～第45条の定めるところを準用する。

（勤続年数の算出）
第4条　勤続年数は入社日から起算し退職の日までとする。

（金額の端数計算）
第5条　退職金の最終計算において，10円未満の端数があるときはこれを切り上げる。

（退職金支給の例外）
第6条　勤続3年未満の従業員については退職金を支給しない。

（退職金支給の制限）
第7条　次の者については退職金を支給しないか，または減額することがある。
　　(1)　就業規則第　条に定める懲戒解雇に処せられたとき
　　(2)　退職後，支給までの間において在職中の行為につき懲戒解雇に相当する事由が発見されたとき

（支払時期）

第8条　退職金は退職後3カ月以内にその全額を支給する。
（退職金の支払方法）
第9条　退職金の支払方法は第3条の受給者に直接通貨で支払うか，もしくは本人が指定する金融機関の本人名義の口座に振込むものとする。
（退職慰労金）
第10条　在職中の勤務成績が優秀であったもの及び特に功労があった者に対しては退職慰労金を支給することがある。その金額はその都度定める。

付　　則

（施　　行）
第11条　本規則は平成　年　月　日から施行する。

別表　退職金支給基準率
（退職時の基本給を基準とし，これを1とする）

A表

勤続年数	支給基準率	勤続年数	支給基準率
1年	な　し	21年	100％×月数÷12
2年	な　し	22年	100％×月数÷12
3年	40％×月数÷12	23年	100％×月数÷12
4年	40％×月数÷12	24年	100％×月数÷12
5年	50％×月数÷12	25年	100％×月数÷12
6年	50％×月数÷12	26年	100％×月数÷12
7年	60％×月数÷12	27年	100％×月数÷12
8年	60％×月数÷12	28年	100％×月数÷12
9年	70％×月数÷12	29年	100％×月数÷12
10年	70％×月数÷12	30年	100％×月数÷12
11年	70％×月数÷12	31年	100％×月数÷12
12年	70％×月数÷12	32年	100％×月数÷12
13年	70％×月数÷12	33年	100％×月数÷12
14年	70％×月数÷12	34年	100％×月数÷12
15年	100％×月数÷12	35年	100％×月数÷12
16年	100％×月数÷12	36年	100％×月数÷12
17年	100％×月数÷12	37年	100％×月数÷12
18年	100％×月数÷12	38年	100％×月数÷12
19年	100％×月数÷12	39年	100％×月数÷12
20年	100％×月数÷12	40年	100％×月数÷12

＊月数とは通算勤続月数のことである。

別表　退職金支給基準率
（退職時の基本給を基準とし，これを1とする）

B表

勤続年数	支給基準率	勤続年数	支給基準率
1年	な　し	21年	100％×月数÷12
2年	な　し	22年	100％×月数÷12
3年	12％×月数÷12	23年	100％×月数÷12
4年	12％×月数÷12	24年	100％×月数÷12
5年	20％×月数÷12	25年	100％×月数÷12
6年	20％×月数÷12	26年	100％×月数÷12
7年	30％×月数÷12	27年	100％×月数÷12
8年	30％×月数÷12	28年	100％×月数÷12
9年	50％×月数÷12	29年	100％×月数÷12
10年	50％×月数÷12	30年	100％×月数÷12
11年	50％×月数÷12	31年	100％×月数÷12
12年	50％×月数÷12	32年	100％×月数÷12
13年	50％×月数÷12	33年	100％×月数÷12
14年	50％×月数÷12	34年	100％×月数÷12
15年	80％×月数÷12	35年	100％×月数÷12
16年	80％×月数÷12	36年	100％×月数÷12
17年	80％×月数÷12	37年	100％×月数÷12
18年	80％×月数÷12	38年	100％×月数÷12
19年	80％×月数÷12	39年	100％×月数÷12
20年	80％×月数÷12	40年	100％×月数÷12

＊月数とは通算勤続月数のことである。

実例16 退職給与金支給規程

自社（一時金）制度

（KD金融，金融業・従業員180人）

（目　的）
第1条　この規程は就業規則に規定する退職給与金の支給について定める。

（適用範囲）
第2条　この規程は就業規則に定める従業員にこれを適用する。但し勤務2年未満の者，並びに嘱託についてはこれを適用しない。

（支給事由）
第3条　退職給与金は2年以上勤務した者が次の事由に該当したときに支給する。
　　(1)　定年により退職したとき
　　(2)　組合の都合により退職したとき
　　(3)　役員の就任のため退職したとき
　　(4)　死亡により退職したとき
　　(5)　業務上の傷病により退職したとき
　　(6)　休職期間満了により退職したとき
　　(7)　自己の都合により退職したとき

（勤務年数の計算）
第4条　この規程にいう勤務年数は採用の月から退職の月までとし，それぞれ1カ月未満の端数日があるときは切捨てる。但し，休職期間は勤務年数に算入しない。
　　2．在職中の欠勤日が通算して1年以上に及ぶ場合はその超える期間は勤務年数に算入しない。この場合，1年を252日，1カ月を21日とする。但し業務上の傷病及び有給使用期間はこの限りでない。

（支給額）
第5条　退職給与金は退職発令月の前月の本給月額に別表（略）に定める勤務年数に応じた支給率を乗じて算出した金額を支給する。但し大卒者の退職は勤務年数10年以上は0.5年，15年以上は1年，20年以上は1.5年，25年以上は2年とし当該勤務年数に加算する。
　　2．勤務年数に1年未満の端数月があるときは6カ月未満は切捨，6カ月以上は0.5年として当該支給率と年次支給率の中間率にて算出加算する。
　　3．休暇期間満了により退職する者は休暇発令月の前月の本給月額により算出した金額を支給する。

（特別加算）
第6条　在職中の勤務成績特に優秀，又は功労特に顕著と理事長が認めた場合は，所定の退職給与

金の他に加算支給することがある。
　（減額・不支給）
第7条　不都合な行為があって退職する者には第3条の定めに拘わらず退職給与金を減額支給し又は支給しないことがある。
　　2．減額は情状により支給額の50％の範囲内において行うことができる。
　（給与金との相殺）
第8条　在職中本人の責に帰する事故によって組合に与えた損害金並びに本人が組合に対して負う債務については支給額から差引くことがある。
　（支給額の端数）
第9条　支給額に1,000円未満の端数があるときは1,000円に切上げる。
　（死亡による受給者）
第10条　死亡による退職給与金の受給者は給与規程に準ずる。
　（支給日）
第11条　退職給与金は退職発令の日から30日以上経過後に通貨で支給する。但し特別な事由がある場合はこの限りではない。
　　2．前項の退職給与金は，本人の同意を得たときは，その指定する預金口座へ振込み，又は自己宛小切手，もしくは郵便為替の交付によって支給することができる。
　（附　　則）
第12条　この規程により難いものについては理事長がこれを定める。
　　2．この規程は昭和　年　月　日から実施する。
　　3．平成　年　月　日改正
　　4．平成　年　月　日改正

退職金規程

自社(一時金)制度

(MA金属,プレス加工・従業員160人)

実例17

(目 的)
第1条　この規程は就業規則第　条の規定により支給する退職金についての事項を定める。

(適用範囲)
第2条　従業員が所定の手続きに従い退職し又は解雇された場合は,この規程により退職金を支給する。
　　但し,つぎの各号のいずれかに該当する場合は支給しない。
　　1．勤続1カ年未満の者
　　2．嘱　託
　　3．雇　員
　　4．臨時員
　　5．日々雇い入れた者
　　6．労働協約,就業規則により懲戒解雇又は諭旨解雇された者
　　　　但し,この場合本人の勤続年数及び情状により減額の上支給することがある。

(支給方法)
第3条　退職金は通貨を以って退職後20日以内に直接本人に支払う。
　　但し,死亡により退職した場合は本人の遺族に支払うものとし,遺族の受給順位は労働基準法規則第42〜45条の規定に準ずるものとする。

(退職金算出基礎)
第4条　退職金は退職者の「退職時基本給月額の80%」に勤続年数によって定められた率を乗じて得た額とする。
　　但し,57歳以上の者は57歳到達前の本給月額とする。

(端数処理)
第5条　退職金の計算において100円未満の端数を生じた場合は100円単位に切り上げる。
　　2．勤続年数に1カ月未満の端数ある場合は1カ月に切り上げ,月数については各年支給率の差を月割りにて計算する。

(勤続年数の計算)
第6条　勤続年数は入社の日より退職の日迄の期間とする。
　　2．D合名会社の勤続年数は通算する。
　　3．臨時雇であった者の臨時雇期間は通算しない。
　　4．満55歳以上の退職者は満60歳到達時(到達日の属する賃金締切日)の勤続年数による。

（休職期間の取扱）
第7条　前条の規定に拘らず休職期間は次の場合を除いて通算しない。
　　　1．業務上の疾病による休職期間
　　　2．私傷病による休職で復職した場合の休職期間。但しこの場合算入は½とする。
　　　3．事実上の都合で会社以外の職務に従事する場合の休職期間。
　　　4．専従協定による組合専従期間。
　　　5．止むを得ない事実上の都合による休職期間。
（支給率）
第8条　次の各号のいずれかに該当する事由により退職した場合の退職金は別表第1号の支給率により算出する。
　　　1．精神又は身体に障害があるか又は，虚弱，老衰，疾病のため業務に堪え得ないと認めた時。（指定医師診断）
　　　2．在職中死亡した時。
　　　3．傷病による休職期間が満了し退職した時。
　　　4．会社役員に就任した時。
　　　5．会社業務上の都合により解雇した時。
　　　6．定年に達した時。
　　　7．満55歳以上の退職。
　　　8．その他前各号に準じ止むを得ないと会社が認め退職した時。
第9条　前条に規定する以外の事由により退職する場合の退職金は別表第2号の支給率により算出する。
（付加支給）
第10条　退職する従業員が在職中特に功労のあった場合第8条，第9条による退職金額の他に特別功労金を付加支給することがある。
（勤続付加給付）
第11条　勤続10年以上の従業員が退職する場合は次の計算により勤続付加金を支給する。
　　　　勤続10年以上15年未満　　基本給×0.16
　　　　　〃　15　〃　20　〃　　　　×0.32
　　　　　〃　20　〃　25　〃　　　　×0.60
　　　　　〃　25　〃　　　　　　　　×0.80
（定年付加給付）
第12条　勤続20年以上の従業員が定年により退職する場合は150万円を定年給付加金として支給する。
（死亡付加給付）
第13条　従業員が死亡により退職した場合には次により死亡付加金を支給する。
　　　　勤続10年未満　　　10万円
　　　　　〃　20　〃　　　　30　〃
　　　　　〃　20年以上　　　50　〃
（協議約款）
第14条　会社業務の都合により冗員となり従業員を解雇する場合その都度組合と協議の上付加金を支給する。
（権利の譲渡禁止）

第15条　退職金はその権利を譲渡し又はこれを担保に供することはできない。
　　　　但し会社が特に定めた場合はこの限りではない。
（規程の改廃）
第16条　この規程の改廃は組合との協議による。

付　則

1．本規程は平成　年　月　日より施行し旧規程は廃止する。
2．本規程により退職金の細目については別に細則（略）を設けて定める。

別表　退職金支給乗率表

勤続年数	第1号	第2号	勤続年数	第1号	第2号	勤続年数	第1号	第2号
1年	2.00	1.10	16年	8.70	6.60	31年	22.26	22.26
2	3.40	1.90	17	9.42	7.74	32	22.86	22.86
3	4.80	2.70	18	10.14	8.94	33	23.46	23.46
4	6.20	3.60	19	10.86	10.20	34	24.06	24.06
5	7.80	4.60	20	11.70	11.70	35	24.66	24.66
6	9.40	5.90	21	12.54	12.54	36	25.26	25.26
7	11.00	6.70	22	13.38	13.38	37	25.86	25.86
8	12.60	7.80	23	14.22	14.22	38	26.16	26.16
9	14.20	8.90	24	15.18	15.18	39	26.46	26.46
10	4.86	3.12	25	16.14	16.14	40	26.76	26.76
11	5.46	3.54	26	17.10	17.10	41	27.06	27.06
12	6.06	4.02	27	18.06	18.06	42	27.36	27.36
13	6.66	4.50	28	19.26	19.26	43	27.66	27.66
14	7.26	4.98	29	20.46	20.46	44	27.96	27.96
15	7.98	5.58	30	21.66	21.66	45	28.26	28.26

n年mカ月の乗率
＝n年の乗率＋｛（n＋1）年の乗率－n年の乗率｝×m／12　少数第3位四捨五入
但し，9年mカ月については9年の乗率に第1号0.17×m，第2号0.13×mを加算する。
満55歳以上退職は定年扱いとし60歳到達時の勤続期間に対応する乗率による。

退 職 金 規 程

自社（一時金）制度

（SAゴルフ，ゴルフ場・従業員160人）

（目　的）
第1条　就業規則第　条に定める従業員の退職金については本規定による。

（適用範囲）
第2条　1．この規程を適用できる従業員は，就業規則第　章により採用された社員で勤続年数が3年以上のものとし，3年に満たないものは支給しない。
　　　　2．ハウスキャディについては別に定めるキャディ給与及び退職金規程による。
　　　　3．就業規則第　条第　項に定める嘱託には退職金を支給しない。

（支給額1）
第3条　次の各号の1つに該当した場合は，月給社員については基本給に別表の係数を乗じた退職金を支給する。
　　　　1．定年に達し，退職した場合
　　　　2．会社の都合により，解雇された場合
　　　　3．死亡した場合
　　　　4．業務による負傷・疾病等により就業できず退職した場合

（支給額2）
第4条　自己都合又は業務以外の事由による傷病により退職した場合は，第3条による金額に次の係数を乗じた金額を支給する。

　　　　　　勤続3年〜9年の者　　　　　60％
　　　　　　勤続10年〜19年の者　　　　70％
　　　　　　勤続20年以上の者　　　　　85％

（退職金増額支給の特例）
第5条　在職期間中に勤務成績が優秀であったもの，また特別の功労があると認められた場合には，退職金を増額することがある。
　　　　なお，その額についてはその都度定める。

（不支給，減額支給）
第6条　懲戒解雇により退職した場合は，退職金は支給しない。ただし，情状によって第4条の範囲内で支給することがある。

（勤続年数の算出）
第7条　1．勤続年数の算出は，採用の日から退職または解雇の日までを計算する。
　　　　2．1年未満の端数は月割計算し，1月未満は1月に繰上げる。

（死亡時の受取人）
第8条　本人死亡による退職金は，労働基準法施行規則第42条から第45条までの規則に準じた受取人に支給する。
（支給時期）
第9条　退職金は，原則として退職後14日以内に支給する。
（支給方法）
第10条　退職金の支給は，通貨で直接本人に支給する。ただし，本人の同意を得て，金融機関の本人名義の口座に振込むことがある。

付　　則

（施　　行）
第11条　この規程は平成　年　月　日より実施する。

別　表

勤続年数	3	4	5	6	7	8	9
係　　数	1.5	2	2.5	3	4	4.5	5

10	11	12	13	14	15	16	17
6.5	7.5	8.5	9.5	10.5	12	13.5	15

18	19	20	21	22	23	24	25
16.5	18	19.5	20.5	21.5	22.5	23.5	24.5

26	27	28	29	30
25.5	26.5	27.5	28.5	29.5

実例19 退職金規定

自社（一時金）制度

（IK病院，病院・職員150人）

（目的及び効力）
第1条　この規定は職員が在職1年以上で退職した場合に支給する退職手当の基準を定めるものとする。

（適用範囲）
第2条　この規定による退職手当は職員が退職した場合にその者（死亡による退職の場合にはその遺族）に支給する。
　　　但し，嘱託，臨時雇傭者，日給者には適用せず。

（退職金支給率）
第3条　退職した者に対する退職手当の額は退職の日におけるその者の基本給にその者の勤続期間を次の各号に区分して乗じて得た額の合計額とする。（別表退職金支給率表による）
　(1)　円満（定年）退職
　　　定年で退職する場合
　(2)　自己退職
　　　㈠　職員が自己の都合により退職する場合
　　　㈡　死亡の場合
　　　㈢　負傷，疾病のための勤務にたえられぬ場合
　　　　　但し病院の指定する医師の診断書を提出して病院が承認するとき
　(3)　業務上死傷退職
　　　職員が業務上の死傷で退職する場合
　(4)　病院の都合による退職

（退職手当の最高限度）
第4条　退職手当の額が職員の退職の日における俸給月額に60を乗じて得た額をこえるときは規定にかかわらずその者の退職手当は退職の日における俸給月額に60を乗じて得た額を最高限度の額とする。

（勤続期間の計算）
第5条　退職手当の算定の基礎となる勤続期間の計算は，職員として引きつづいた在職期間による。
　　　前項の規定による在職期間の計算は，職員となった日の属する日から退職した日の属する日までの月数による。規定により計算した在職期間に1カ月未満の端数がある場合にはその端数は切捨てる。
　　　就業規則第　条第　項，第　項の休職期間中の在職年数加算は5割とする。

(退職手当の支給制限)
第6条　規定による退職手当は下記の各号の一に該当する者には支給しない。
　　(1)　就業規則第　条第　項前段の懲戒解雇の処分を受けた者。
　　(2)　就業規則第　条第　項により失職をした者。

(遺族の範囲及び順位)
第7条　1．遺族は下記の各号に掲げる者とする。
　　(1)　配偶者（届出をしないが従業員の死亡当時，事実上婚姻関係と同様の事情にあった者を含む）
　　(2)　子，父母，孫，祖父母，及び兄弟姉妹で職員の死亡当時，主としてその収入によって生計を維持していたもの。
　　(3)　前号に掲げる者の外，職員の死亡当時，主としてその収入によって生計を維持していた親族。
　　(4)　子，父母，孫，祖父母及び兄弟姉妹で第2項に該当しないもの。
　2．前項に掲げる者が退職手当を受ける順位は，前項各号の順位により，第2号及び第4号に掲げる者のうちにあっては，同号に掲げる順位による。
　3．退職手当の支給を受けるべき同順位の者が二人以上ある場合には，その人数によって等分して支給する。

(支給時期)
第8条　規則第3条の各号の支給時期
　　1．円満退職は1カ月，㈠は診断書提出後1カ月以内
　　2．㋑及び㋺は1カ月以内
　　3．業務上死傷退職は基準局の認定後1カ月以内
　　4．病院都合1カ月以内

(基　　準)
第9条　就業規則第　条の各項は退職金支給率表の各号に該当する。
　　　　1項は2号
　　　　2項は2号
　　　　3項は1号
　　　　4項は1号又は2号又は3号
　　　　5項の前段は無く後段は2号
　　　　6項は無し
　　　　7項は2号
　　　　8項は無し
　　　　9項は3号
　　　　10項は2号
　　　　11項は4号
第10条　退職金は退職時，本人の希望により送付又は支給時期を通知し通貨を以て支払う。
第11条　退職金は担保等に使用し得ず。
第12条　この規定は平成　年　月　日より施行する。

① 自社（一時金）制度の例

退 職 金 支 給 率 表

年数	(1)定年の場合	(2)自己都合の場合	(3)業務上死傷の場合	(4)病院都合の場合
1	0.7	0.5	1.2	1.0
2	1.5	1.0	2.0	2.2
3	2.3	1.5	2.8	3.4
4	3.2	2.3	3.7	4.8
5	4.2	3.2	4.7	6.3
6	5.2	4.2	5.7	7.8
7	6.2	5.2	6.7	9.3
8	7.2	6.2	7.7	10.8
9	8.3	7.3	8.8	12.4
10	9.4	8.4	9.9	14.0
11	10.7	9.9	11.2	15.8
12	12.2	11.6	12.7	17.7
13	13.7	13.3	14.2	19.8
14	15.2	15.0	15.7	21.9
15	16.7	16.7	17.2	24.0
16	18.4	18.4	18.9	26.1
17	20.1	20.1	20.6	28.2
18	21.8	21.8	22.3	30.5
19	23.5	23.5	24.0	32.8
20	25.2	25.2	25.7	35.1
21	27.2	27.2	27.7	37.4
22	29.2	29.2	29.7	39.8
23	31.2	31.2	31.7	42.2
24	33.2	33.2	33.7	44.6
25	35.2	35.2	35.7	47.0
26	38.0	38.0	38.5	49.6
27	41.0	41.0	41.5	52.4
28	44.0	44.0	44.5	55.2
29	47.0	47.0	47.5	58.0
30	50.0	50.0	50.5	60.8

実例20 退職金規程

自社（一時金）制度

（HJ工業，鋲螺加工・従業員140人）

（目　的）
第1条　この規程は就業規則第　条により従業員の退職金について定めたものである。

（適用範囲）
第2条　この規程は，就業規則第　条に定める従業員にこれを適用する。ただし，嘱託，臨時雇，アルバイトその他臨時に使用する者には適用しない。

（支給条件）
第3条　退職金は社員が次の各項の一に該当したときに支給する。
　　(1)　勤務1年以上の従業員であって次のいずれかに該当するとき。
　　　　 1．定年によって退職したとき
　　　　 2．死亡したとき
　　　　 3．会社の都合によって解雇されたとき
　　　　 4．業務上の傷病により退職したとき
　　　　 5．その他会社が必要と認めたとき
　　(2)　勤務2年以上の従業員であって次のいずれかに該当するとき。
　　　　 1．就業規則第　条による休職期間満了の退職。
　　　　 2．就業規則第　条第　号による精神または身体の傷害により業務にたえないと認められ，解雇されたとき。
　　　　 3．その他やむを得ない理由によるものと会社が認めたとき。
　　(3)　勤務満3年以上の従業員であって，自己の都合によって退職したとき。
　　　　 ただし勤続5年以上で満45歳以上のものが退職した場合には，自己の都合によるものであっても，(1)項の取り扱いとする。

（懲戒解雇）
第4条　前条の規定にかかわらず，懲戒解雇されたものについては原則として退職金を支給しない。
　　ただし，情状酌量して前条第3項の計算額の一部を支給することがある。

（功労加給金）
第5条　在職中著しい功労のあった者については，第2条の退職金のほかに功労加給金を支給することがある。

（支給額の計算）
第6条　退職金額は次の算式によって計算する。
　　　　支給退職金＝算定基礎額×勤続年数別支給率×退職事由別乗率＋職能加算金

（算定基礎額）

第7条　算定基礎額は退職時の本人給とする。

（勤続年数別支給率）

第8条　勤続年数別支給率は次表のとおりとする。

勤続年数	支給率	勤続年数	支給率	勤続年数	支給率
1年	0.8	11年	9.5	21	20.2
2	1.6	12	10.5	22	21.4
3	2.4	13	11.5	23	22.6
4	3.2	14	12.5	24	23.8
5	4.0	15	13.5	25	25.0
6	4.9	16	14.6	26	26.2
7	5.8	17	15.7	27	27.4
8	6.7	18	16.8	28	28.6
9	7.6	19	17.9	29	29.8
10	8.5	20	19.0	30	31.0

以上1年増すごとに0.6を加える。

（退職事由別乗率）

第9条　退職事由別乗率は次のとおりとする。

(1)　第2条第1号を基準（1.0）とする。

(2)　第2条第2号のとき

勤続年数	2年未満	2年以上 5年未満	5年以上 7年未満	7年以上 10年未満	10年以上
乗率	0	0.7	0.8	0.9	1.0

(3)　第2条第3号のとき

勤続年数	2年未満	2年以上5年未満	5年以上7年未満	7年以上10年未満	10年以上15年未満	15年以上20年未満	20年以上
乗率	0	0.5	0.6	0.7	0.8	0.9	1.0

（勤続年数の算定）

第10条　勤続年数の算定は次のとおりとする。

1．勤続年数は，社員として入社した日より退職または死亡の日までを，暦日に従って計算する。

2．勤続年数は1年未満の端数を生じたときは月割し，1カ月未満の端数を生じたときは1カ月に切り上げる。ただし第2条第1項の場合は，勤続1年未満は勤続1年に切り上げる。

3．1カ月未満の端数を生じたとき支給率は次の式による。

$$支給率 = A\left\{(B-A) \times \frac{端数の月数}{12}\right\}$$

ただし：A＝端数の月数を切り捨てた勤続年数に対する支給率
支給率：B－端数の月数を切り上げた勤続年数に対する支給率

（勤続年数の通算）

第11条　前条の勤続年数の算定に当たっては次のとおりとする。

　　　　　1．社命により他に勤務した期間は通算する。
　　　　　2．就業規則第　条に定める休職期間は通算する。
　　　　　3．本採用以前の嘱託，臨時雇，アルバイトその他臨時に使用された期間は通算しない。
　　　　　　ただし試用期間は通算する。
（退職金支払い）
第12条　退職金は死亡の場合を除き，所定の手続きにより退職し，完全に所管の業務を引き継ぎ完了した後1カ月以内に通貨をもって支払う。
　　　ただし会社の都合により本人の同意を得て6カ月以内の期間に分割支給することがある。
（退職金の不支給）
第13条　次の各号の一つに該当する者には，退職金を支給しないことがある。
　　　　　1．退職の際，上長に反抗し，暴行をなし，上長の指示に従わないとき，または著しく社内の秩序を乱した者。
　　　　　2．退職の際，社規，社則に違反するような行為のあった者。
　　　　　3．退職の際，会社の信用を失墜し，または会社に不利益の行為のあった者。
（死亡の場合の支給順位）
第14条　従業員死亡の場合の退職金は，その遺族または本人と死亡当時その収入によって生計を維持していた者に支給する。
　　　前項の遺族の範囲，あるいは支給順位は労働基準法施行規則第42条ないし第45条の定めを準用して会社が定める。
（債務の償還）
第15条　本人の債務がある場合は，退職金をもって償還に充当させることがある。

付　　則

（施　行）
第16条　この規程は平成　年　月　日より改定実施する。

実例21

退職金支給規程

自社（一時金）制度

（FD電子，電子部品製造・従業員120人）

（総　則）
第1条　この規程は，就業規則第　条により社員の退職金について定めたものである。
　　　　ただし，嘱託，臨時，パートタイマー等の雇用関係者には適用しない。
（退職金受領者）
第2条　退職金の支給を受ける者は，本人またはその遺族で，会社が正当と認めた者とする。
　　2　前項の遺族は労働基準法施行規則第42条ないし第45条の遺族補償の順位による。
（支給範囲）
第3条　退職金は勤続1年以上の社員が退職または死亡した場合に支給する。
　　　　ただし，自己都合による退職の場合は3年以上の場合に支給する。
（勤続年数の計算）
第4条　この規定における勤続年数の計算は，入社の日より退職の日（死亡の場合は死亡日）までとし，1年未満の端数は月割で計算し，1カ月未満の日数は16日以上を1カ月に繰り上げ，15日以下は切り捨てる。
　　2　就業規則第　条の「試用期間」は，勤続年数に算入する。
　　3　就業規則第　条の「休職期間」は，第　号，第　号を除き原則として勤続年数に算入しない。
　　4　社員が会社に再入社した場合は，再入社前の勤続年数は算入しない。
（端数処理）
第5条　退職金の計算において，100円未満の端数が生じたときは，100円単位に切り上げる。
（退職金計算の基礎額）
第6条　退職金の計算を行う場合の基礎となる額は，退職時の基本給の7.8割とする。
（自己都合等による算式）
第7条　次の各号の事由により退職した場合は，次の算式により算出した金額を退職金として支給する。
　　(1)　事由
　　　　①　自己の都合で退職する場合。
　　　　②　私傷病により，その職に堪えず退職する場合。
　　　　③　休職期間満了による場合。
　　(2)　算式（別表1）
　　　　　　基礎額×支給率

（会社都合等による算式）

第8条　次の各号の事由により退職した場合は，次の算式により算出した金額を退職金として支給する。

(1) 事由
   ① 会社の都合により解雇する場合。
   ② 死亡した場合。
   ③ 定年に達した場合。
   ④ 業務上の傷病，疾病による退職の場合。

(2) 算式（別表2）

　　　　基礎額×支給率

（無支給もしくは減額支給）

第9条　社員の退職が，就業規則第　条第　号の「懲戒解雇」に該当する場合には，行政官庁の認定を受けて，原則として退職金を支給しない。

　　ただし，情状によって第7条以下に減じて支給することがある。

2　社員が会社の都合をかえりみず，その承認を受けないで無断退職した場合には，退職金を支給しない。

（役員就任の場合）

第10条　社員が当社の役員に就任した場合は，第8条の規定により退職金を支給する。

（特別退職金の加算）

第11条　社員で在職中とくに功労のあった退職者に対しては，別に特別功労金を退職金に附加することがある。

（退職金の支給）

第12条　退職金は退職の日より1カ月以内に支給する。ただし，事故あるときは，事故解消後とする。

付　則

第13条　この規程は昭和　年　月　日より施行する。

別表1　自己都合等退職金支給率

勤続	支給率	勤続	支給率	勤続	支給率
1年	0	11年	6.87	21年	26.50
2	0	12	8.03	22	26.78
3	1.48	13	9.27	23	33.19
4	2.02	14	10.60	24	36.85
5	2.59	15	11.98	25	39.65
6	3.14	16	14.08	26	40.25
7	3.73	17	16.21	27	40.85
8	4.32	18	18.47	28	41.45
9	4.95	19	20.87	29	42.05
10	5.79	20	23.36	30以上	42.65

別表2　会社都合等退職金支給率

勤続	支給率	勤続	支給率	勤続	支給率
1年	0.73	11年	9.01	21年	29.85
2	1.41	12	10.45	22	32.35
3	2.07	13	11.99	23	34.97
4	2.73	14	13.65	24	37.75
5	3.50	15	15.43	25	39.65
6	4.14	16	17.58	26	40.25
7	4.92	17	19.87	27	40.85
8	5.71	18	22.26	28	41.45
9	6.56	19	24.80	29	42.05
10	7.67	20	27.45	30以上	42.65

実例22 退職金規程

自社（一時金）制度

（KJ商会，卸売業・従業員120人）

（目　的）
第1条　この規程は，就業規則第　条の規定により，従業員の退職金について定めるものである。

（適用範囲）
第2条　この規程による退職金は，勤続年数満3年以上の正社員が退職または役員に就任した場合に，その者（死亡による退職の場合はその遺族）に支給する。

（適用除外）
第3条　この規程は，試用社員，嘱託社員，臨時社員およびパートタイマーには適用しない。

（支給条件）
第4条　正社員が次の事由によって円滑な手続きにより退職し，または解雇されて完全に所管の業務の引継ぎを完了した者に対し，退職金を支給する。
　　①　定年に達して退職するとき
　　②　在職中死亡したとき
　　③　自己都合により退職を願い出て，会社によって承認されたとき
　　④　業務上の傷病で業務に堪えないことによる退職のとき
　　⑤　会社のすすめによって円満に退職したとき
　　⑥　会社が業務上の都合により解雇したとき
　　⑦　休職期間が満了したとき
　　⑧　その他やむを得ない事由により退職したとき

（支給制限）
第5条　懲戒解雇された正社員には，原則として退職金を支給しない。

（勤続年数）
第6条　勤続年数の計算は次のとおりとする。
　　①　勤続年数は入社の日より退社の日までとし，暦日によって計算する。
　　②　試用または臨時に雇用された者が正社員となったときは，その期間を勤続年数に算入する。
　　③　休職期間は，勤続年数に算入する。
　　④　勤続年数の計算は，1カ年に満たない月数は，月割で計算し，1カ月に満たない日数は1カ月に繰り上げる。

（基礎金額）
第7条　1　退職金計算の基礎となる額は，基本給とする。

2　支給該当者の基礎金額は，退職発令の日における基本給とする。
　　　3　日給者にあっては，日給額の25倍を基礎金額とする。
　（計算基準）
第8条　1　退職金の額は，次の算式によって計算する。
　　　　　　支給退職金＝算定基礎金額×勤続年数別支給率
　　　2　前項の勤続年数別支給率は別表のとおりであるが，第4条の③⑦によって退職する者には乙欄を，その他の事由によって退職する者には甲欄を適用する。
　　　在職中顕著な功労のあった者については，前条の支給額のほかに功労加算金を支給することができる。
　（事業上の解雇）
第10条　会社の業務上の都合で解雇する場合は，第8条の支給額のほかに，30％を加算支給する。ただし，勤続3年未満の者に対しては，本人の基本給の3カ月分を支給する。
　（功労加算）
第11条　とくに功労のあった社員に対しては，功労加算を行うことがある。その額については役員会で決定する。
　（端数の取扱い）
第12条　退職金の算出金額に1,000円未満の端数があるときは，1,000円に繰り上げる。
　（支給時期）
第13条　退職金は，原則として退職の日から14日以内に全額を支給する。
　（支払方法）
第14条　支払いの方法は通貨で行う。ただし，本人の同意がある場合は，本人名義の金融機関の口座に振り込むことがある。
　（本人死亡の場合）
第15条　退職金を受ける者が死亡した場合の退職金受取人の順位は，労働基準法施行規則第42条ないし第45条の定めによる。
　（証明書類の提出）
第16条　前条の規定によって退職金を受領しようとする者は，住民票記載事項の証明書その他会社が必要と認める証明書類を提出しなければならない。
　（債務の弁済）
第17条　従業員が退職，死亡または解雇された場合で，会社に対し弁済すべき債務があるときは，従業員が受領した退職金の一部または全部をもってこれを弁済するものとする。
　（譲渡質入の禁止）
第18条　退職金を受ける権利は，他に譲渡し，質入れその他担保に供してはならない。
　（施行期日）
第19条　この規程は，平成　年　月　日から実施する。

別表　支給率表

勤続年数	支給率 甲	支給率 乙	勤続年数	支給率 甲	支給率 乙
1	－	－	21	15.70	15.70
2	－	－	22	16.90	16.90
3	1.00	0.70	23	18.10	18.10
4	1.50	1.05	24	19.30	19.30
5	2.00	1.40	25	20.50	20.50
6	2.60	2.08	26	22.00	22.00
7	3.20	2.56	27	23.50	23.50
8	3.80	3.04	28	25.00	25.00
9	4.40	3.52	29	26.50	26.50
10	5.00	4.00	30	28.00	28.00
11	6.30	5.67	31	29.20	29.20
12	7.10	6.39	32	30.40	30.40
13	7.90	7.11	33	31.60	31.60
14	8.70	7.83	34	32.60	32.60
15	9.50	8.55	35	34.00	34.00
16	10.50	9.98	36	35.00	35.00
17	11.50	10.92	37	36.00	36.00
18	12.50	11.88	38	37.00	37.00
19	13.50	12.82	39	38.00	38.00
20	14.50	13.78	40	39.00	39.00

退職金規定

自社（一時金）制度

（SHプラスチック，化成品・従業員120人）

実例23

（退職金制度）
第1条　従業員（嘱託を除く）が退職し，または在職中死亡した場合の退職金はこの規定の定めによる。
　　　但し，別に定める退職年金規約により年金又は一時金の給付を受ける勤続20年以上の退職者については，年金の場合は現価を，一時金の場合はその額を，それぞれ控除して支給する。

（退職金不支給）
第2条　従業員が懲戒解雇された場合は退職手当は支給しない。

（勤続年数の計算）
第3条　勤続年数の計算は入社した日より退職した日までとする。
　　　但し，1年未満の端数は切り捨てとする。

（解雇の場合の取扱）
第4条　従業員が解雇された場合は，退職手当は第8条による計算額の30％を最高限度として認定した額を支給する。

（見習期間の取扱）
第5条　見習期間は勤続年数に算入する。

（休職期間の取扱）
第6条　休職期間は勤続年数に算入しない。

第7条　勤続年数満3年以上の従業員が次の各号の一つに該当する場合は，退職手当を支給する。
　　1　定年により退職したとき。
　　2　在職中に死亡したとき。
　　3　会社の都合により退職したとき。
　　4　業務上の疾病傷害のために退職したとき。
　　5　役員に就任したとき。
　　6　自己の都合で退職したとき。

（算定基礎額）
第8条　退職金の算定基礎額は，退職時の基本給とする。

（支給率）
第9条　前条に該当する退職手当は次の区分により支給する。
　　　　（勤続年数）　　　（退職手当金額）
　　　　　3年　　　　　退職時の基本給×1

勤続年数	支給率
4年	退職時の基本給×2
5年	退職時の基本給×3
6年	退職時の基本給×4
7年	退職時の基本給×5
8年	退職時の基本給×6
9年	退職時の基本給×7
10年	退職時の基本給×8
11年	退職時の基本給×9
12年	退職時の基本給×10
13年	退職時の基本給×11
14年	退職時の基本給×12
15～17年	退職時の基本給×15
18～20年	退職時の基本給×18
21～23年	退職時の基本給×21
24～26年	退職時の基本給×25
27～29年	退職時の基本給×30
30年以上	退職時の基本給×35

但し，自己都合の場合は次のように支給する。

（勤続年数）　　（自己都合の場合の退職手当金額は前項の支給率に対し）

勤続年数	率
3～4年	0.4
5～9年	0.6
10～15年	0.8
16年以上	0.9

（退職金支給時期）
第10条　退職金は，退職の日より1カ月以内に支給する。
　　　　但し，事故ある場合は事故解消後とする。

（退職金支払方法）
第11条　退職金の支払方法は通貨で行う。但し本人同意を得て，本人が希望する銀行（金融機関）の本人名義の口座に振込むことがある。

（受給者）
第12条　退職金は，本人に支給し，本人死亡の場合は，その遺族に支払う。

（施　　行）
第13条　この規定は，平成　年　月　日からこれを実施する。
第14条　平成　年　月　日実施の退職金規定は，この規定実施の日からこれを廃止する。

実例24 退職手当規程

自社（一時金）制度

（KE工業，製粉機械・従業員110人）

第1章 通則

（目　的）
第1条　従業員が退職した場合には，本規程により本人に退職手当（死亡した場合には遺族に対し弔意金。以下同じ）を支給する。

（適用範囲）
第2条　退職金および中途退職一時金は就業規則第　章の定めるところにより，正規に採用され3年以上勤務した従業員に適用する。
　　　したがって次のいずれかに該当する者には適用しない。
　　① 臨時雇用契約者
　　② 嘱託，顧問
　　③ パートタイマー，アルバイト契約者
　　④ その他常勤しない者

（基本退職手当および功労加算の受給資格）
第3条　基本退職手当および功労加算は，従業員が3年以上勤続し，次の各号の一に掲げる事由によって退職した場合に支給する。
　　① 定年による退職
　　② 当社の役員に就任した場合の退職
　　③ 会社の都合による解雇
　　④ 業務上の傷病で業務に堪え得ないことによる退職
　　⑤ 在職中の死亡
　　⑥ 私傷病による退職。ただし，私傷病欠勤による休職期間満了の場合の解雇を含む
　　⑦ 自己都合による退職。ただし，事故欠勤による休職期間満了の場合の解雇を含む
　2．前項の退職手当は懲戒解雇の場合は支給しない。諭旨解雇の場合は，原則として自己都合による退職手当の額まで支給するが，減額することがある。

第2章　支給金

（退職金の算出方法）
第4条　退職金は退職時の基本給（月額）に別表(1)の支給率を乗じて算出する。

（定年による退職）
第5条　定年および業務上の事由で死亡した者，あるいは業務上の負傷疾病により職務に堪えないため退職した者に対しては，別表(1)第1号の支給率により算出した退職金を支給する。

（会社都合による退職）
第6条　会社の都合により退職せしむる者に対しては，別表(1)第2号の支給率により算出した退職金を支給する。

（自己都合による退職）
第7条　自己の都合による退職者または私傷病死による退職者に対しては，別表(1)第3号の支給率により算出した退職金を支給する。

（勤続年数の算定）
第8条　勤続年数の計算は次のとおりとする。
　　1．雇い入れの日より起算し，解雇，退職または死亡の日までとし，暦日によって計算する。
　　2．次の期間は勤続年数に通算する。
　　　① 就業規則，または労働協約に定める休職期間
　　　② 社命により他に勤務した期間
　　　③ 試用期間
　　3．勤続1年未満の端数がある場合は，月額により計算し，1カ月未満の端数は，1カ月に切り上げる。
　　4．公職選挙法によって選出された議員の休職期間中および起訴による休職期間中は勤続年数に通算しない。
　　5．勤続1年とは，1カ年労働日数の8割以上出勤したことを意味する。

（増額支給の処置）
第8条　社長および常務会は退職者の技量，功績，勤務態度などを勘案し，優秀なる者に対しては，所定支給額の1割ないし5割までを増額して支給することがある。

（社員死亡時の退職金受給範囲と順位）
第9条　この規則にいう遺族範囲および順位については，労働基準法施行規則第42条，第43条，第45条などの規定による。
　　2．同順位の遺族が二人以上ある場合，退職金はそのうち一人の代表者に支給する。
　　3．前項の代表者については，遺族からの戸籍謄本および正当代表者であることを証する同順位遺族連署の書類を会社に届け出させる。

（受給者の順位）
第10条　この規定に定める退職金を受けるべき者の順位は次のとおりとする。
　　① 本　人
　　② 配偶者
　　③ 直系卑族（親等の近い者を先順位とする）
　　④ 直系尊族（親等の近い者を先順位とする）
　　⑤ 兄弟姉妹

2．前項各号に該当する者がいない場合の支給順位はその都度定める。

（支給時期および支給方法）

第11条　退職金は，退職の日より1カ月以内に通貨で直接本人に支給する。

2．前項の定めにかかわらず，本人の同意を得て金融機関の本人名義口座に振り込むことがある。

第3章　付　則

（改　廃）

第12条　この規定は法令の改正，給与体系の改訂，会社状況または社会事情の変動あるときは，会社は協議によりこれを改廃することがある。

別表（1）　退職金支給率表

区分 勤続年数	第1号 定年，業務上の傷病死，業務上の傷病	第2号 会社都合	第3号 自己都合
3年	1.8月	1.4月	1.0月
4	2.52	1.96	1.4
5	3.24	2.52	1.8
6	4.14	3.22	2.3
7	5.22	4.06	2.9
8	6.48	5.04	3.6
9	7.74	6.07	4.4
10	9.01	7.16	5.3
11	10.29	8.25	6.2
12	11.50	9.30	7.1
13	12.64	10.32	8.0
14	13.71	11.30	8.9
15	14.70	12.25	9.8
16	15.84	13.27	10.7
17	16.94	14.27	11.6
18	18.00	15.25	12.5
19	19.03	16.21	13.4
20	20.02	17.16	14.3
21	21.11	18.21	15.3
22	22.33	19.32	16.3
23	23.53	20.41	17.3
24	24.71	21.50	18.3
25	25.86	22.58	19.3
26	27.20	23.75	20.3
27	28.33	24.81	21.3
28	29.44	25.87	22.3
29	30.76	27.03	23.3
30	32.08	28.19	24.3
	30年以降は毎年0.5カ月分増加	30年以降は毎年0.35カ月分増加	30年以降は毎年0.2カ月分増加

退職金規程

自社（一時金）制度

（UCSフード，外食産業・従業員90人）

実例25

（目　的）
第1条　この退職金規程は，就業規則第　条に基づき，株式会社UCS（以下「会社」という）の社員が退職するときの退職金に関し必要な事項を定めます。

（適用の範囲）
第2条　この規程は，就業規則第　条に定める正社員に適用します。
　2　次の各号に該当する社員については，適用を除外します。
　　(1)　嘱託，パートタイマー，アルバイト，臨時社員。
　　(2)　適用しない旨，あらかじめ定めて雇用した者。

（支給対象の範囲）
第3条　退職金は，3年以上を誠実に勤務し，次の各号の一に該当する者が，所定の退職手続きを完了した場合に支給します。
　　(1)　就業規則第　条に基づく定年により退職するとき。
　　(2)　業務上に起因する傷病により就業に堪えられず退職するとき。
　　(3)　業務上に起因する傷病によって死亡したとき。
　　(4)　会社の業務上の都合によって退職するとき。
　　(5)　退職を申出て会社の承認を得たうえ，円満に退職するとき。
　　(6)　業務上の傷病により就業に堪えられず退職するとき。
　　(7)　業務外の傷病によって死亡したとき。
　　(8)　休職中の者が復職できず退職したとき。
　2　次の各号の一に該当する場合には，退職金を支給しません。
　　(1)　就業規則第　条各項に定める所定の退職手続きを完了していないとき。
　　(2)　勤続期間が満3年以上に達しないとき。
　　(3)　就業規則第　条及び第　条に基づき懲戒解雇とされたとき。
　　(4)　在職中の行為にして懲戒解雇に相当する事項があったとき。

（退職金の計算）
第4条　退職金の支給額は，退職時の本給に支給率を乗じて得た額とし，その算式は次のとおりとします。
　　　　支給額＝本給×支給率
　2　前項の支給率は，勤続期間に応じて別表「退職金支給率表」に定めます。

（功労加算）

第5条　在職中，特に功労功績のあった者又は会社が特に必要と認めたときは，前条の支給額にその都度定めて，功労加算して支給することがあります。

（退職金の減額）
第6条　在職中の出勤状況，勤務成績等特に不良であった場合，その退職金を減額の対象とするに相当する事由があったときは，第4条の支給額をその都度定めて減額することがあります。

（端数金額の扱い）
第7条　退職金の最終計算に円位未満の端数が生じたときは，これを円位に切上げます。

（勤続期間の計算）
第8条　この規程でいう，勤続期間の計算は，原則として正社員となった日から起算し，就業規則第　条に定める退職日までによって計算します。
　　　但し，定年後の再雇用その他の事由によって嘱託又は臨時社員等に変更した場合には，正社員であった期間について計算します。
　２　勤続期間は，原則として暦年数を単位として計算します。
　　　但し，1年未満の暦月数は10カ月以上ある場合に限り，1年として計算します。
　３　就業規則に定める試用期間及び休職期間は原則として勤続期間に加算しません。
　　　但し，会社が特に認めたときは，その都度定めて算入することがあります。
　４　勤続期間の計算につきこの規程に定めのない事項はその都度別に定めます。

（支給率の決定）
第9条　退職金の支給率は，「退職金支給率表」において，次に定めるところにより決定します。
　（1）　退職事由が第3条第1号ないし第4号に該当する場合には，「退職金支給率表」の第1号表を適用します。
　（2）　退職事由が第3条第5号ないし第8号に該当する場合には，「退職金支給率表」の第2号表を適用します。
　２　支給率の決定について，この規程に定めのない事項はその都度別に定めます。

（退職金の支給順位）
第10条　退職金の支給順位は，労働基準法施行規則第42条及び第45条に定める順位に準じることとします。

（退職金の支払方法）
第11条　退職金は，原則として1カ月以内にその全額を支払います。
　　　但し，会社の都合，その他やむを得ない事由のある場合には，1年以内の期間において分割支払いをすることがあります。
　２　租税公課及びそれ等の立替金等は，支給金額より控除します。
　３　貸付金その他本人の弁償すべき債務は，退職金支払いの際，その全額を会社に支払わなければなりません。

付　　則

　１．この規程は，平成　年　月　日より施行します。

退職金支給率表

勤続年数	支給率 第1号	支給率 第2号	勤続年数	支給率 第1号	支給率 第2号
3年	1.0	0.6	16年	22.0	13.2
4年	1.5	0.9	17年	24.0	14.4
5年	2.5	1.5	18年	26.0	15.6
6年	4.0	2.4	19年	28.0	16.8
7年	5.5	3.3	20年	30.0	18.0
8年	7.0	4.2	21年	32.5	19.5
9年	8.5	5.1	22年	35.0	21.0
10年	10.0	6.0	23年	37.5	22.5
11年	12.0	7.2	24年	40.0	24.0
12年	14.0	8.4	25年以上	42.5	25.5
13年	16.0	9.6			
14年	18.0	10.8			
15年	20.0	12.0			

実例26

退職金支給規程

自社（一時金）制度

（YK堂，製本業・従業員80人）

（目　的）
第1条　この規程は，就業規則第　条に基づき，社員が退職または死亡した場合の退職金の支給に関する事項について定めたものである。
　2．前項における社員とは，就業規則第　条　号に該当する社員をいう。

（受給者）
第2条　退職金の支給を受ける者は，本人または遺族で，会社が正当と認めたものとする。
　2．前項の遺族は，労働基準法施行規則第42条ないし第45条の遺族補償の順位に従って支給する。

（支給範囲）
第3条　退職金は勤続1年以上の社員が退職したときに支給する。

（勤続年数の計算）
第4条　勤続年数の計算は，入社の日より退職の日（死亡退職の場合は死亡日）までとし，1カ年未満の端数は月割とし，1カ月未満の日数は15日以上を1カ月に繰上げ14日以下は切り捨てる。
　2．就業規則第　条の「試用期間は」勤続年数に算入する。
　3．就業規則第　条の「休暇期間」は原則として勤続年数に算入しない。

（退職金計算の基礎額）
第5条　退職金の計算を行う場合の基礎となる額は，退職時の基本給とする。

（会社都合等による算式）
第6条　次の各号の事由により退職した場合は，次の算式により算出した金額を退職金として支給する。
　(1)事　由
　　①会社の都合により解雇するとき
　　②死亡したとき
　　③定年に達したとき
　　④業務上の傷病，疾病により退職したとき
　(2)算　式
　　　基本給×支給率（別表A表）

（自己都合等による算式）
第7条　次の各号の事由により退職した場合は，次の算式により算出した金額を退職金として支給する。

(1)事　由
　　　①自己都合で退職するとき
　　　②私傷病により，その職に耐えず退職するとき
　　　③休職期間満了によるとき
　　　④懲戒処分による「諭旨退職」のとき（就業規則第　条第　号）
　(2)算　式
　　　　基本給×支給率（別表B表）

（無支給もしくは減額支給）

第8条　社員の退職が懲戒処分による「懲戒解雇」の場合には，原則として退職金を支給しない。
　　　ただし，情状によって第7条以下に減じて支給することがある。

（役員就任の場合）

第9条　社員が当社の役員に就任した場合は，第6条の規程による退職金を支給する。

（特別退職金の加算）

第10条　社員で，在職中とくに功労のあった退職者に対しては，別に特別功労金を附加することがある。

（退職金の支給期日）

第11条　退職金は退職の日より1カ月以内に支給する。
　　　ただし，事故ある場合は，事故解消後とする。

（退職金の支払方法）

第12条　退職金の支払方法は第2条の受給者に，次のいずれかの方法で支給する。
　　　①　直接通貨で支給
　　　②　本人が指定する金融機関の本人名義の口座に振込
　　　③　銀行振出の本人あて小切手
　　　④　郵便為替
　2．前項②〜④は本人の同意を必要とする。

付　　則

（施　行）

第13条　この規程は平成　年　月　日より施行する。

退職金支給率表

勤続年数	支給率 A	支給率 B	勤続年数	支給率 A	支給率 B
1	0.8	0.5	21	16.8	12.8
2	1.6	1.0	22	17.6	13.6
3	2.4	1.5	23	18.4	14.4
4	3.2	2.0	24	19.2	15.2
5	4.0	2.5	25	20.0	16.0
6	4.8	3.0	26	20.8	16.8
7	5.6	3.5	27	21.6	17.6
8	6.4	4.0	28	22.4	18.4
9	7.2	4.5	29	23.2	19.2
10	8.0	5.0	30	24.0	20.0
11	8.8	5.7	31	24.8	20.9
12	9.6	6.4	32	25.6	21.8
13	10.4	7.1	33	26.6	22.7
14	11.2	7.8	34	27.2	23.6
15	12.0	8.5	35	28.0	24.5
16	12.8	9.2	36	28.8	25.4
17	13.6	9.9	37	29.6	26.3
18	14.4	10.6	38	30.4	27.2
19	15.2	11.3	39	31.2	28.1
20	16.0	12.0	40	32.0	29.0

退職慰労金規程

自社（一時金）制度

（FDコンピュータセンター，計算事務・従業員70人）

実例27

第1条　この規則は従業員就業規則（以下就業規則という）第　条に基づいて当社従業員が1年以上勤務して退職したときはこの規程によって退職慰労金を支給する。

第2条　前条にかかわらず次のいずれかに該当するときは，勤続1年未満でも支給する。
　① 業務上の傷病のため勤務にたえられず退職したとき
　② 本人が死亡したとき
　③ 業務の都合により解雇したとき
　④ 前各号の外支給を妥当と認めたとき

第3条　本規程によって支給する退職慰労金の額は次により計算する。但し最終の計算において生じた円未満の端数は切り上げる。

　　全額支給の場合　　退職時の基本給60％×勤続年数による別表乗率
　　自己都合の場合　　退職時の基本給60％×勤続年数による別表乗率×自己都合の支給率

　2．第1項の勤続年数において1年未満の端数はその月をもって計算し，これに対する別表乗率は各年度間の乗率の差に対するその月割計算とする。

　3．前項で計算された乗率の端数は小数点以下第4位を4捨5入する。

第4条　勤続年数の計算は，従業員勤続年数算定規程（略）の定めるところによる。

第5条　次の場合には退職慰労金の全額を支給する。
　① 定年に達し退職するとき
　② 本人が死亡したとき
　③ 業務上の傷病により勤務にたえられず退職したとき
　④ 業務上の都合により解雇したとき

第6条　自己の都合によって退職した場合の退職慰労金は次の区分により支給する。

勤続年数	5年未満	5年以上 10年未満	10年以上 15年未満	15年以上 20年未満	20年以上
第3条所定額に対する支給率	0.3	0.4	0.5	0.6	0.7

第8条　懲戒解雇されたときは退職慰労金を支給しない。
　　但し情状によりその一部を支給することがある。

第9条 従業員が死亡したときに支給する退職慰労金は労働基準法に定める順位により遺族または本人の死亡当時その者の収入によって生計を維持した者に支給する。

第10条 退職慰労金は退職の日より1ヵ月以内に支給する。
　2．支給の方法は給与規定第　条に準じて行う。

付　　則

第11条 この規程は平成　年　月　日より施行する。

別表　乗　率

勤　続　年　数	乗　率	勤　続　年　数	乗　率
1	1.5	21	61.1
2	2.7	22	64.0
3	4.4	23	66.9
4	6.1	24	69.8
5	7.9	25	78.3
6	9.6	26	81.5
7	11.3	27	84.8
8	13.1	28	88.1
9	14.8	29	91.4
10	24.0	30	98.4
11	26.4	31	98.4
12	28.8	32	98.4
13	31.2	33	98.4
14	33.6	34	98.4
15	40.4	35	98.4
16	42.9	36	98.4
17	45.5	37	98.4
18	48.0		
19	50.5		
20	58.3		

実例28

退職金支給規程

自社（一時金）制度

（FB印刷，印刷業・従業員60人）

（総　則）
第1条　この規程は就業規則第　条により，社員の退職金支給について定めたものである。
　　　ただし，嘱託・契約社員・準社員には適用しない。

（適用の範囲）
第2条　退職金の支給を受けるものは，本人またはその遺族で，会社が正当と認めたものとする。
　　2．死亡による退職金は労働基準法施行規則第42条ないし第45条の遺族補償の順位に従って支給する。

（支給範囲）
第3条　退職金は勤続1年以上の社員が退職または死亡したときに支給する。
　　　ただし，自己都合退職の場合は勤続3年以上とする。

（勤続年数の計算）
第4条　この規程における勤続年数の計算は，入社の日より退職日（死亡退職の場合は死亡日）までとし，1年未満の端数は月割りで計算し，1カ月未満の日数は切り捨てる。
　　　ただし，
　　　① 　就業規則第　条による試用期間中は勤続年数に算入する。
　　　② 　就業規則第　条による休職期間中は勤続年数に算入しない。
　　　③ 　就業規則第　条による育児休業期間中は勤続年数に算入しない。

（端数処理）
第5条　退職金の支給計算において，100円未満の端数を生じたときは，100円単位に切り上げる。

（退職金計算の基礎額）
第6条　退職金支給の計算基礎額は，退職時の基本給とする。

（退職金支給基準）
第7条　退職金は前条の計算基礎額に，別表の勤続年数による支給率を乗じて算出した金額を基準とする。

（退職事由と支給率①）
第8条　社員の退職事由が，次の各号に該当する場合は，前条の基準額の120％を支給する。
　　　① 　業務上の傷病で退職するとき
　　　② 　業務上の死亡のとき

（退職事由と支給率②）
第9条　社員の退職事由が，次の各号に該当する場合は，第7条の基準額の100％を支給する。

① 定年による退職のとき
② 在職中に死亡のとき
③ 私傷病による退職のとき
④ 会社役員に就任したとき
⑤ 会社都合による退職のとき
⑥ 休職満了による解雇のとき

（退職事由と支給率③）

第10条　社員が自己の都合により退職する場合は，勤続年数に応じて，次の各号のとおりとする。

① 勤続 3 年未満　　　　　　 0％
② 勤続 3 年以上 5 年未満　　60％
③ 勤続 5 年以上10年未満　　70％
④ 勤続10年以上20年未満　　80％
⑤ 勤続20年以上　　　　　　90％

（無支給もしくは減額支給）

第11条　社員が就業規則第　条の懲戒解雇に該当するときは原則として退職金を支給しない。ただし，情状によって前条以下に減じて支給することがある。

（特別退職金の加給）

第12条　社員が在職中，とくに功労のあった者と認められるときは，第 8 条〜第10条の規程による退職金の外に特別退職金を加給することがある。

（退職金の支給）

第13条　退職金は退職の日より 1 カ月以内に支給する。ただし，事故ある場合は事故解消後とする。

2　退職金の支給方法は，第 2 条の受給者に直接通貨で支給するか，もしくは本人が指定する金融機関の本人口座に振込むものとする。

附　　則

この規程は平成　年　月　日より施行する。

別表　退職金支給率

勤続年数	支給率	勤続年数	支給率	勤続年数	支給率
1	0.8	13	11.6	25	27.1
2	1.5	14	12.8	26	28.5
3	2.2	15	14.0	27	29.9
4	3.0	16	15.2	28	31.4
5	3.8	17	16.4	29	32.9
6	4.6	18	17.7	30	34.4
7	5.4	19	19.0	31	35.9
8	6.4	20	20.3	32	37.4
9	7.4	21	21.6	33	38.9
10	8.4	22	22.9	34	40.4
11	9.4	23	24.3	35	41.9
12	10.4	24	25.7	36	42.4

（注）①勤続36年以上は 1 年につき乗率1.0を加算する。
　　　②勤続40年は支給率47.8を以って最高とする。

退 職 金 規 程

自社（一時金）制度

（TS商店，小売業・従業員35人）

実例29

（適用範囲）
第1条　この規程は，就業規則第　条に基づく従業員の退職金について定めたものである。ただし，勤続年数3年未満の者または日雇若しくは臨時職員については本規程を適用しない。

（支給額その1）
第2条　従業員が次の事由により退職する場合は，退職時における基本給の月額に勤続年数に応じて別表の支給率のA欄に定める率を乗じて算出した退職金を支給する。
　　1．死亡。
　　2．業務上の事由による傷病。
　　3．やむを得ない業務上の都合による解雇。
　　4．定年。

（支給額その2）
第3条　従業員が次の事由により退職する場合は，退職時における基本給の月額に勤続年数に応じて別表の支給率のB欄に定める率を乗じて算出した退職金を支給する。
　　1．自己都合。
　　2．業務外の事由による傷病。
　　3．就業規則第　条第　号から第　号までの事由による解雇。

（受給権者）
第4条　従業員が死亡した場合の退職金は，死亡当時，本人の収入により生計を維持していた遺族に支給する。
　　②　前項の遺族の範囲および支給順位については，労働基準法施行規則第42条から第45条の定めるところを準用する。

（勤続年数の算出）
第5条　勤続年数は入社日から起算して，退職日までとする。
　　②　就業規則第　条第　号の出向による休職期間は，勤続年数に算入し，その他の休職期間は，勤続年数に算入しない。

（金額の端数計算）
第6条　退職金の最終計算において，円未満の端数があるときはこれを切り上げる。

（退職金支給の制限）
第7条　次の者については退職金を支給しないか，または減額することがある。
　　1．就業規則第　条に定める懲戒規定に基づき懲戒解雇された者。

2．退職後，支給日までの間において在職中の行為につき懲戒解雇に相当する事由が発見された者。

（支払時期）
第8条 退職金の支給は退職または解雇の日から1カ月以内にその全額を支払う。

（退職慰労金）
第9条 在職中に勤務業績が優秀であった者，および特に功労のあった者に対しては慰労金を支給することがある。なおその額についてはその都度定める。

（支給方法）
第10条 退職金の支給方法は，直接本人に通貨で支給する。ただし本人の同意のある場合は，本人名義の口座振込で行う。

付　則

1．この規程は平成　年　月　日から実施する。
2．この規程を改廃する場合には，従業員代表者の意見を聞いて行う。

別表　退職金支給基準率表

勤続年数	支給基準率 A	支給基準率 B	勤続年数	支給基準率 A	支給基準率 B
1			21	20.2	13.9
2			22	21.4	14.8
3	2.4	1.5	23	22.6	15.7
4	3.2	2.0	24	23.8	16.6
5	4.0	2.5	25	25.0	17.5
6	4.9	3.1	26	26.3	18.5
7	5.8	3.7	27	27.6	19.5
8	6.7	4.3	28	28.9	20.5
9	7.6	4.9	29	30.2	21.5
10	8.5	5.5	30	31.5	22.5
11	9.5	6.2	31	32.9	23.6
12	10.5	6.9	32	34.3	24.7
13	11.5	7.6	33	35.7	25.8
14	12.5	8.3	34	37.1	26.9
15	13.5	9.0	35	38.5	28.8
16	14.6	9.8	36	40.0	29.2
17	15.7	10.6	37	41.5	30.4
18	16.8	11.4	38	43.0	31.6
19	17.9	12.2	39	44.5	32.8
20	19.0	13.0	40	46.0	34.0

実例30 退職金規則

自社（一時金）制度

（OS税務会計事務所，従業員30人）

（目　的）
第1条　この規則は，OS税務会計事務所（以下事務所という）の職員の退職金支給に関する事項を定めたものである。

（適用範囲）
第2条　この規則は就業規則第　条に定める職員に適用する。
　　この規則で職員とは，就業規則第　章に定める手続により事務所と労働契約を結び，事務所の業務に従事する者をいい，就業規則第　条第　号，第　号，第　号，および第　号に該当する者にはこの規則は適用しない。

（支給事由）
第3条　退職金は職員が満3年以上勤続し，次の各号の一に該当するときに支給する。
　　1．事務所の都合により退職したとき。
　　2．定年により退職したとき。
　　3．在職中に死亡したとき。
　　4．業務上負傷しまたは疾病にかかり，その職に堪えないために退職したとき。
　　5．休職期間が満了して退職したとき。
　　6．自己の都合により退職したとき。
　　7．業務外の事由による傷病で，その職に堪えないために退職したとき。

（退職金支給の除外）
第4条　就業規則第　条の規定により，懲戒解雇に処せられたときは，その者についてこの規則による退職金を支給しない。

（退職金支給額）
第5条　退職金の支給額は，退職当時の基本給に別表に定める勤続期間に応じた支給率を乗じて得た額とする。

（功労加算）
第6条　在職中に勤務成績が優秀であった者および特に功労があった者に対しては，退職金を増額して支給することがある。

（退職金の減額）
第7条　自己の都合により退職したときおよび業務外の事由による傷病にて退職した場合は，第5条により算出された退職金に次の支給率を乗じて得た額とする。
　　1．自己の都合による退職の場合　第5条算出の40％。

2．業務外の事由による傷病にて退職した場合　第5条算出の60％。

（勤続期間の計算）

第8条　この規則において勤続期間（年数）とは，入所から退職までの期間とする。但し休職期間は勤続期間に算入しない。

勤続期間の計算は1年未満の端数は月割とし，1カ月未満の端数はこれを切り捨てる。

（退職金の支給）

第9条　退職金は職員が退職もしくは解雇または死亡した場合に，本人または遺族に退職の日より30日以内に全額通貨で支給する。

（支給方法）

第10条　給与規定第　条に準じて行う。

（退職金の端数処理）

第11条　退職金の最終計算において100円未満の端数が生じたときはこれを100円に切り上げるものとする。

（規則の改廃）

第12条　この規則は経済情勢の変化または事務所の経理内容の変化などに応じて改廃することがある。

（特別措置）

第13条　この規則の施行前より継続してOG会計事務所に勤務していた職員については，勤続期間を通算する。

（施行期日）

第13条　この規則は平成　年　月　日よりこれを施行する。

別　表

勤続期間（年数）	支　給　率	勤続期間（年数）	支　給　率
3年	1.0	12年	9.5
4	1.5	13	11.0
5	2.0	14	13.0
6	2.5	15	15.0
7	3.0	16	16.0
8	4.0	17	17.0
9	5.0	18	18.0
10	7.0	19	19.0
11	8.0	20	20.0

勤続20年以上は勤続1年につき1.0を加算する。

勤続期間に1年未満の端数を生じた場合の支給率は次の算式による。

　　1年未満の端数を切り捨てた年数に応じた支給率…………A
　　1年未満の端数を切り上げた年数に応じた支給率…………B

$$支給率 = A + \left[(B - A) \times \frac{端数月数}{12} \right]$$

退職金規定

自社（一時金）制度

（HN出版，出版業・従業員25人）

（目　的）
第1条　この規定は就業規則第　条により勤続1年以上の社員が退職し，または解雇された場合は，この規定により退職金を支給する。

（退職金基礎基準）
第2条　退職金は退職当時の基本給の80％に，別表の勤続年数による支給率を乗じ算出した金額を基準とする。

（退職事由と支給率①）
第3条　社員の退職事由が，次の各項に該当する場合は，第2条の基準額の100％を支給する。
　　　1．定年による退職の場合
　　　2．会社都合による退職の場合
　　　3．業務上傷病による退職の場合
　　　4．死亡退職の場合
　　　5．私傷病の休暇満了による解雇の場合

（退職事由と支給率②）
第4条　社員が自己都合により退職する場合は，勤続年数に応じて，次のとおり支給する。
　　　1．1年未満　　　　0％（支給しない）
　　　2．2年〜3年　　　50％
　　　3．4年〜6年　　　60％
　　　4．7年〜10年　　　70％
　　　5．11年〜15年　　　80％
　　　6．16年〜20年　　　90％
　　　7．21年以上　　　95％

（無支給もしくは減額支給）
第5条　社員が懲戒解雇に該当するときは，行政官庁の認定を受けて退職金を支給しない。ただし，情状によって第4条の5以下に減じて支給することがある。

（特別退職金の加給）
第6条　在籍中とくに功労のあった社員に対しては第3条〜第5条の規定による退職金の外に特別退職金を加給することがある。

（勤続年数の計算方法）
第7条　勤続年数の計算は次の各項による。

第2章 退職金・年金規程の実例

1．勤続年数は採用の日より起算して，退職（解雇）の日を以て終わりとする

別　表

勤続	支給率	刻み	勤続	支給率	刻み	勤続	支給率	刻み
1	1.0	1.2	13	15.5	1.4	25	33.8	1.6
2	2.2		14	16.9		26	35.1	
3	3.4		15	18.3		27	36.7	
4	4.6		16	19.8	1.5	28	38.3	
5	5.8		17	21.3		29	39.9	
6	7.1	1.3	18	22.8		30	41.5	
7	8.4		19	24.3		31	42.7	1.2
8	9.7		20	25.8		32	43.9	
9	11.0		21	27.4	1.6	33	45.1	
10	11.3		22	29.0		34	46.3	
11	12.7	(1.4)	23	30.6		35	47.5	
12	14.1		24	32.2		36以上		以下0.5刻み

退職金規則

自社（一時金）制度・ポイント方式

（YHゴム，ゴム製造・従業員8,500人）

実例32

従業員が会社を退職したときは，この規則により退職金を支給する。

1　支給対象
1.1　退職金は勤続3年以上で退職したときに支給する。ただし，4.1.2，4.1.3および4.1.4の場合は勤続1年以上とする。
1.2　従業員賞罰規則により，懲戒解雇されたときは，原則として退職金を支給しない。

2　退職金
2.1　退職金の種類は基準額と加算額とする。
2.2　別に定める従業員退職年金規則（略）により，退職年金を受ける場合は，その年金の年金現価相当額または一時払の額を退職金より差引く。

3　基準額
3.1　基準額は単位に初任点，基礎点および付加点の合計点を乗じたものとする。
3.2　初任点
　　　初任点は5点とし，勤続3年に達したときに与える。
3.3　基礎点
　　　次の3.3.1と3.3.2の点数を加え，基礎点とする。
3.3.1　6月30日現在，勤続4年以上の者については，その勤続年数に応じ，別表1に定める点数を毎年7月1日に与え，これを累積する。
3.3.2　退職時現在，勤続4年以上の者については，別表1に定める点数により次の各々の方法で算出した点数の合計を与える。
(1)　退職時の勤続年数（年未満の端数切り捨て）が退職前の6月30日現在の勤続年数（年未満の端数切り捨て）より1年増えた場合
　　　退職時の勤続年数に対する点数
(2)　退職時の勤続年数に端数が生じた場合
　　　退職時の勤続年数の端数を切り上げた年数に対する点数 $\times \dfrac{\text{端数の月数}}{12}$
　　　ただし，少数点以下は切り捨てる。
3.3.3　5(4)の場合は，勤続年数の変更に応じて基礎点の変更を行う。
3.4　付加点
3.4.1　付加点は毎年の資格および業績能力評価ならびに在職中の功績，退職当時の事情などを総合的に考慮し，退職時に決定する。
3.4.2　6月30日現在，勤続3年以上の者については，その年の3月31日現在の資格に応じ，別

表2に定める点数を毎年7月1日に与え，これを累積し，付加点の最低点とする。

3.5　3.3.1および3.4.2について，6月30日現在の勤続年数（年未満の端数切り捨て）が，休職規則（1）〜（3）−（略）に該当し，勤続に通算されない期間があるため，前年の6月30日現在の勤続年数（年未満の端数切り捨て）にくらべ，1年増えない場合は基礎点および付加点とも与えない。

3.6　単　価

単価は1点10,000円とする。

4　加算額

4.1　次の退職事由区分のひとつに該当するときは，その適用区分により別表3に定める金額を加算額として支給する。ただし，適用区分の二以上に該当するときは，いずれか高いほうの金額のみを支給する。

4.1.1　結　婚

(1)　女子従業員が結婚後6ヵ月以内に退職したとき

(2)　女子従業員が結婚を理由として退職し，退職後1ヵ月以内に結婚したとき

4.1.2　会社都合

(1)　従業員が役員または理事に就任したとき

(2)　従業員を休職期間満了により解雇したとき

(3)　従業員が業務上負傷し，または疾病にかかり，業務に堪えず退職を希望し，会社がこれを認めて解雇したとき

(4)　会社の都合により，従業員を解雇したとき

4.1.3　死　亡

従業員が死亡したとき

4.1.4　定　年

(1)　従業員が定年に達したとき

(2)　従業員が55歳以上で退職し，または解雇されたとき

(3)　従業員が55歳以上で死亡したとき

4.2　退職時の勤続年数に端数が生じた場合の加算額は，別表3に定める金額から次の算式により算出する。

勤続年数の端数を切り捨てた年数に対する加算額………………（A）

勤続年数の端数を切り上げた年数に対する加算額………………（B）

$$加算額 = A + (B - A) \times \frac{端数の月数}{12}$$

ただし，1,000円未満は切り捨てる。

5　勤続年数の計算

勤続年数は次の各項目により計算する。

(1)　勤続期間は入社の日から退職，解雇，または死亡の日までとする。

(2)　1カ月未満の端数が生じたときは，1カ月に繰り上げる。

(3)　休職期間中の勤続年数の取扱いについては，別に定める休職規則(略)の定めるところによる。

(4)　退職直前に連続して出勤していない場合には，最終出勤日までを勤続年数として計算する。ただし，就業規則に定める公傷病休暇またはこれに準ずる日は出勤とみなす。

6　支給時期

退職金は，原則として，退職後1カ月以内に支給する。

7 被支給者
　7.1　退職金は死亡の場合を除き，退職者本人に支給する。ただし，本人の委任を受けたものはこの限りでない。
　7.2　死亡した従業員に対する退職金は，労働基準法施行規則第42条から第45条までに定める遺族補償支給順位により支給する。

付　　則

8　この規則は，社会保障制度の改正，その他社会情勢の変化に伴い，変更することがある。
9　施行期日
　9.1　この規則は，平成　年　月　日から施行する。
　9.2　この規則は，平成　年　月　日から改正施行する。ただし，3.3.1，および3.4.2については，平成　年　月　日から施行する。
10　移行措置
　平成　年　月　日現在，勤続3年以上の従業員について，従前の規則による昭和　年　月　日現在の勤続年数（年未満の端数切り捨て）に対する自己都合退職金を本規則施行時の単価で割り，これを持点と呼び，本規則施行以前の初任点，基礎点および付加点に相当する点数として与える。ただし，持点の小数点以下の端数は切り上げ，また，5点未満は5点とする。

別表1　基礎点数

勤続年数	点数	勤続年数	点数	勤続年数	点数	勤続年数	点数	勤続年数	点数
4年以上	1点	13年以上	9点	22年以上	18点	31年以上	20点	40年以上	10点
5	1	14	10	23	19	32	20	41	9
6	2	15	11	24	20	33	20	42	8
7	3	16	12	25	21	34	20	43	7
8	4	17	13	26	22	35	20	44	6
9	5	18	14	27	23	36	15	45年以上	5
10	6	19	15	28	24	37	15		
11	7	20	16	29	25	38	15		
12	8	21	17	30	25	39	15		

別表2　付加点数

	資　　　　　　　　　　　格								
	実　　務			主　　任		主　務	参　　　　与		
	3級	2級	1級	2級	1級		3級	2級	1級
点数	1点	1	2	3	4	5	10	15	20

別表3　加算額表

勤続	結婚	会社都合	死亡	定年	勤続	結婚	会社都合	死亡	定年
1年	——万円	10万円	10万円	20万円	26年	112万円	172万円	272万円	460万円
2	——	11	11	22	27	122	189	289	480
3	5	12	12	24	28	132	206	306	500
4	5	13	13	27	29	142	223	323	520
5	6	15	15	30	30	152	240	340	540
6	8	19	19	37	31	158	252	352	552
7	10	23	23	44	32	164	264	364	564
8	12	27	27	51	33	170	276	376	576
9	14	31	31	58	34	176	288	388	588
10	17	35	35	65	35	182	300	400	600
11	21	39	39	90	36	186	306	406	608
12	25	43	43	115	37	190	312	412	615
13	29	47	47	140	38	194	318	418	622
14	33	51	51	165	39	197	324	424	629
15	37	55	55	190	40	200	330	430	635
16	43	63	75	215	41	200	330	430	639
17	49	71	95	240	42	200	330	430	642
18	55	79	115	265	43	200	330	430	645
19	61	87	135	290	44	200	330	430	648
20	67	95	155	315	45年以上	200	330	430	651
21	74	107	175	340					
22	81	119	195	365					
23	88	131	215	390					
24	95	143	235	415					
25	102	155	255	440					

実例33 退職金規定

自社（一時金）制度・ポイント方式

（AM建材，工作機械・従業員630人）

（この規定の目的）
第1条　この規定は，社員が退職（解雇および死亡を含む）した場合，退職金の支給基準を定めたものである。

（適用の範囲）
第2条　この規定は，次の各号にひとつでも該当する者を除く社員（使用人兼務役員を含む）に適用する。
　　1）理事，または嘱託
　　2）○○○株式会社など他の関係企業などからの出向社員，または派遣社員
　　3）勤続が満3年未満の社員
　　4）臨時雇用社員

（退職金の算出）
第3条　退職金は，次の算式により算出する。
　1．基本算式
　　1）退職者の『勤続年数』に関連する算式。

$$退職金 = \{(勤続点数 \times 単価) + (\frac{次年度との勤続点数差 \times 単価 \times 端数月数}{12})$$
$$+ 退職時加算金\} \times 退職事由率$$

　　2）退職者の内，『管理職（専門職掌5～8級）』または『指導職（補助職掌B5級）』に在籍していた者に限り，各等級別の在任期間に関連する算式。

$$退職金 = \{(管理職等級別点数または指導職点数 \times 各等級毎在任年数 \times 単価)$$
$$+ (\frac{管理職等級別点数または指導職点数 \times 各等級毎端数月数 \times 単価}{12})\}$$
$$\times 退職事由率$$

　　　但し，この算式は各等級毎の計算を累積する。

　　3）退職者が管理職または指導職に該当する場合，前記算式1）および2）を合計した額とする。

　2．昭和　年　月　日現在，勤続満3年以上（退職金受給資格のある者）の取扱い。≪昭和　年　月　日までに入社した者≫
　　1）昭和　年　月　日現在の『暫定内規』により算出した退職金（端数は1,000円単位に切り上げる）を固定し，この固定額に別表『退職金算出表』から本人の勤続年数に該当す

る欄の 勤続点数差 に単価を乗じた金額を勤続1年毎に加算する。

2）前号の算式は次のとおりとする。

退職金＝｛(昭和　年　月　日時点の暫定内規による固定額)＋(昭和　年　月　日を基点にした本人の勤続年数欄の勤続点数差×単価)＋(勤続点数差×$\frac{端数月数}{12}$×単価)＋(退職時加算金)｝×退職事由率

3）管理職または指導職在任期間に関連する算式は，昭和　年　月　日を開始基点とし，本条第1項2号による。以後は本人が該当する職能等級に昇格発令された日を以て各等級毎の開始基点とする。

3．昭和　年　月　日現在，勤続満3年未満（退職金受給資格なし）の者が，その後に退職金受給資格を得た場合の取扱い。

本条第1項の算式により退職金を算出する。

（退職金の算出基準表）

第4条　退職金の算出基準表は別に定める。………本規定の末尾に添付

この基準表には，次の事項を記載する。

1．勤続点数，勤続点数差および単価
2．管理職点数，または指導職点数および単価
3．退職時加算金
4．特別社員の餞別金

（勤続年数の算定）

第5条　退職金算式の勤続点数に係わる勤続年数の算定は，次のとおりとする。

1．勤続年数は，採用の日（試用採用期間を含む）から起算し，退職の日までの期間による。
2．当社の前身である旧会社（NS株式会社およびSC株式会社）における勤続期間は勤続年数として通算する。
3．在任1年未満の端数は月割計算とし，1カ月に満たない日数があるときは1カ月と見なす。

（管理職または指導職における等級別在任年数の算定）

第6条　退職金算式で使用する管理職または指導職における各等級毎在任年数は，次のとおり扱う。

1．等級毎の在任年数は，昇格発令日から起算し，1年未満の端数は月割で計算する。
尚，中途採用した者の内，第3条第1項2号に該当する職能等級に採用日から認定発令された者は，退職金受給資格を得る勤続満3年に到達した日を以て採用日を，その職能等級の開始基点として取扱う。
2．1カ月未満の端数は，直上位等級の在任計算に繰り入れるものとし，退職時在任する等級において，在任年数に1カ月未満の端数が生じる場合は1カ月と見なして取扱う。

（年数計算から除外する事項）

第7条　次の各号の一つに該当する場合は，第5条および第6条の年数計算から除外する。

1．私傷病による休職期間。
2．その他，遭難，逃避行などによる不明期間。

（受給条件および事由率）

第8条　退職金の受給条件および退職事由率は次のとおりとする。

1 自社（一時金）制度の例

	会社都合	自己都合
1．定年退職	130%	…………
2．満57歳の退職金固定及び退職金固定後定年退職日に到達しない期間における退職	……… (125%) ………	
3．死亡退職		
1）業務上の傷病による場合	……… 125% ………	
2）業務外の傷病による場合	……… 125% ………	
4．健康上の傷病による解雇 　傷病休職期間満了の場合を含む。		
1）業務上の傷病による場合 　　満50歳以上，勤続15年以上の者	……… 125% ………	
2）業務上の傷病による場合 　　勤続3年以上で，前記1号に達しない者	……… 120% ………	
3）業務外の傷病による場合 　　満50歳以上，勤続15年以上の者	………125%	
4）業務外の傷病による場合 　　勤続3年以上，前記3号に達しない者	…………115%…………	
5．やむを得ない業務の都合による解雇		
1）満50歳以上，勤続15年以上の者	125%	………
2）勤続3年以上で，前記1号に達しない者	115%	………
6．関係会社入社（移籍）による退職		
1）満50歳以上，勤続15年以上の者	125%	………
2）勤続3年以上で，前記1号に達しない者	120%	………
7．通常の自己都合による退職（本条第8項の特例扱い認定者を除く）	………	100%
8．本条前記第7項の自己都合退職の特例扱い		
1）勤続15年以上，満46歳以上，円満退職	………	115%
2）勤続15年以上，満50歳以上，円満退職	………	125%
3）本項1）及び2）号は，機械的，慣習的適用を許さない。やむを得ないと思われる事由もなく，故意に担当していた業務の引き継ぎを怠り，無責任な行為のまま退社するとき。または信義にもとる行為があり，懲戒解雇により退社するとき，必然的に円満退社となり得ない場合など，本項取扱いの対象外とする。		

(功労加算)
第9条　在職期間中，著しい功労があったと認められる者に対しては，特別加算金を支給することがある。

(懲戒解雇の退職金支給制限)
第10条　次の事項の一つに該当するとき，第8条第7項の事由率により算出した当該本人の自己都合による退職金から，下記の各号毎に記載された減額の範囲で支給を制限する。
　　　1．就業規則第　　条の懲戒解雇による退職の内，退職社員に労働の対償を失わせることが相当であると考えられるような，会社に対する顕著な背信性が認められる場合，算出した退職金の2分の1（50％）を減額して支給する。
　　　2．本条前記第1項に該当しないと会社が裁定した，懲戒解雇による退職の場合，算出した退職金の10分の1（10％）を減額して支給する。

(端数処理)
第11条　退職金算出時の端数は，次のとおり処理する。
　　退職金の最終計算値において，1,000円未満の金額がある場合，1,000円単位に切上げる。

(退職金の支払)
第12条　退職金の支払は次のとおりとする。
　　　1．退職日から起算し，15日以内に通貨にて支払う。但し，本人の申し出により，指定銀行口座（本人名義に限る）へ振込むことがある。
　　　2．会社の都合により，本人の同意を得て，退職後6カ月以内の期間に分割して支払うことがある。
　　　　この場合，退職日起算16日目より，年率5.5％の利息を加算するものとし，その利息は退職金の最終支払時に一括して支払う。
　　　　但し，利息計算は16日目以降最終支払日の前日までの日数に日歩1.506銭を乗じ，10円単位に切上げる方法とする。

(死亡退職金の受給資格)
第13条　本人死亡の場合，退職金は特別の事由がない限り，労働基準法に定める受給順位を適用するものとし，次のとおり支払う。
　　　1．本人の死亡当時その収入によって生計を維持していた者，又はその遺族に支給する。
　　　2．前項の規定により退職金を受け取る者は，戸籍謄本，その他の会社が認める証明書類を提出しなければならない。

(事情変更と規定の効力)
第14条　社会事情の変動，または社会保障制度の改正など，この規定の大綱に重大な影響を及ぼす事情が発生した場合は，この規定を改訂することがある。

(請求権の時効)
第15条　本規定における退職金の請求権は，5年間行わない場合において時効により消滅する。

附　　則

(実施期日)
第16条　この規定は昭和　年　月　日より実施する。
　　　　　　　　　平成　年　月　日改訂
　　　　　　　　　平成　年　月　日改訂

退職金算出基準表

1．勤続点数

勤続年数	専門職掌 点数	専門職掌 点数差	補助職掌 点数	補助職掌 点数差
3	15		12	
4	25	10	19	7
5	35	10	26	7
6	45	10	36	10
7	55	10	46	10
8	70	15	58	12
9	85	15	70	12
10	110	25	85	15
11	135	25	100	15
12	160	25	120	20
13	185	25	138	18
14	210	25	156	18
15	235	25	174	18
16	260	25	192	18
17	285	25	210	18
18	315	30	225	15
19	345	30	240	15
20	375	30	255	15
21	405	30	270	15
22	425	20	285	15
23	445	20	300	15
24	465	20	310	10
25	485	20	320	10
26	500	15	330	10
27	515	15	340	10
28	530	15	350	10
29	545	15	360	10
30	560	15	370	10
31	570	10	375	5
32	580	10	380	5
33	590	10	385	5
34	600	10	390	5
35	610	10	395	5
36	620	10	400	5
37	630	10	405	5
38	640	10	410	5
39	650	10	415	5
40	660	10	420	5

2．管理職等級別点数

等級区分	点数
専門職掌	
5級	15
6級	25
7級	40
8級	60

3．指導職点数

等級区分	点数
補助職掌	
B5級	10

4．単価　11,200円

5．退職時加算金

職能等級区分	加算金 一律
A4級，B4級	9万円
A3級，B3級	6万円
A2級，B2級	3万円

1）退職時に上記金額を加算。
2）退職事由率の対象とする。

6．特別社員の餞別金

特別社員移行日以降の経過年毎に下表金額を支給する

在籍年数	餞別金
1年未満	12万円
1年以上2年未満	24万円
2年以上3年未満	36万円

1）満57歳12月21日または6月21日から本人の退職までの期間。
2）経過措置として，3年以上4年未満は48万円支給。
3）この餞別金は退職固定金に加算して，本人の退職時に支給する。

実例34 退職金支給規程

自社（一時金）制度・ポイント方式

（NS製版，印刷関連・従業員70人）

（定　義）
第1条　この規程は，就業規則第　条による退職金の支給について定める。

（適用除外）
第2条　この規程は次のいずれかに該当する者には適用しない。
　　　①試用期間中の者
　　　②期間を定めて臨時に使用する者および日々雇入れる者
　　　③嘱託および常勤しない者

（退職金の計算）
第3条　退職時に退職の理由および社内における地位に基づき，別表1及び2により基準点を算出し，この点数1点につき21,000円を乗じた金額を退職金額とする。
　2．正常の勤務時間と異なる勤務時間の者については，その率に基づき点数を増減する。

（勤続年数の計算）
第4条　勤続年数の計算は，正規の社員として採用された日から退職の日までとし，1カ年未満は1カ月につき1年の$\frac{1}{12}$を加算，1カ月未満は1カ月に切上げる。
　2．休職期間のある者はその期間の$\frac{1}{2}$を減ずる。但し就業規則第　条第　項の休職については$\frac{1}{2}$を減ずることなく勤続年数に通算する。

（懲戒解雇による支給制限）
第5条　懲戒によって解雇した者には原則として退職金を支給しない。但し，情状によって自己都合退職金以下に減じて支給することがある。

（既払い分の控除）
第6条　出向先より退職金を受けた場合はその金額を，この規程による算出額より控除する。

（受給権者）
第7条　死亡した社員の退職金は遺族に支給する。遺族の範囲および支給順位は労働基準法施行規則第42条から第45条の定めるところによる。

（退職慰労金）
第8条　在職中特に功労のあった者には，規程による退職金の他に退職功労金を支給することがある。金額はその都度会社が定める。

（支払時期）
第9条　退職金は原則として退職後1カ月以内に全額を支給する。但し本人が在職中の行為で，懲戒解雇に該当するものが発見されたときは，退職金を支給しない。

2．事故ある場合は事故解消後支給するものとする。

（退職金の支払方法）
第10条　退職金の支払方法は，直接本人または遺族に直接通貨または金融機関振出の自己宛小切手で支給する。
2．本人が希望する場合は，本人が指定する金融機関の本人口座に振込むものとする。

附　　則

（情勢の変化に伴う改訂）
第11条　第3条の基準点および1点あたりの単価は社会情勢の変化により改訂することがある。
（施　行）
第12条　この規程は平成　年　月　日より施行する。
（制定　昭和　年　月　日）
（改訂　平成　年　月　日）

別表1　基準点数表

勤続年数 ＼ 退職理由	1.定年 2.会社役員に就任 3.会社の都合による解雇 4.普通死亡	5.自己都合 6.業務外傷病 7.会社の勧告による退職（本人に原因がある場合）	8.業務上傷病	9.業務上死亡（または廃疾）
1年以上	6点	0点	9点	12点
2 〃	12	4	18	24
3 〃	18	7	27	36
4 〃	24	11	36	48
5 〃	30	15	45	60
6 〃	38	19	57	76
7 〃	46	24	69	92
8 〃	54	29	81	108
9 〃	62	35	93	124
10 〃	70	42	105	140
11 〃	80	50	120	160
12 〃	90	59	135	180
13 〃	100	69	150	200
14 〃	110	80	165	220
15 〃	120	92	180	240
16 〃	132	105	198	264
17 〃	144	119	216	288
18 〃	156	135	234	312
19 〃	168	153	252	336
20 〃	180	173	270	360

20年を越えて30年までは勤続1年につき12点を加える。
30年を越えて35年までは勤続1年につき8点を加える。
35年を越える時は以降の勤続1年につき4点を加える。

別表　2

役職に就いた者には，その在任期間に応じ，別表によって算出した点数に次の通り加算する。但し退職理由が別表1の5，6，7（略）の場合を除く。

1．主任（同等職を含む，以下同じ）　在任1年につき　1点
2．係長　　　　　　　　　　　　　　　〃　　　　　　2点
3．課長待遇または課長代理　　　　　　〃　　　　　　3点
4．課長　　　　　　　　　　　　　　　〃　　　　　　4点
5．部長待遇または部次長　　　　　　　〃　　　　　　4点
6．部長または工場長　　　　　　　　　〃　　　　　　5点

※　2つ以上の役職を兼任した者は，上位の役職によって計算する。

実例35 退職金支給規定

自社（一時金）制度・職能係数方式

（JF化成，合成化学・従業員900人）

（総　則）
第1条　従業員の退職金支給に関してはこの規定に定めるところによる。

（適用範囲）
第2条　この規定は会社に2年以上勤続する従業員に適用する。ただし，次に該当するものは含まない。

　　　嘱託，準社員，試採用員，臨時工，パートタイマー

（退職金算定）
第3条　従業員退職時の退職金計算式は次のとおりとする。

　　　退職金＝基礎退職金＋職能資格退職金

（基礎退職金）
第4条　退職時の基礎退職金は別表1の入社時の学歴別基礎額に勤続年数を乗じた額とする。

（勤続年数の計算）
第5条　この規定における勤続年数の計算は，従業員として任命または採用された日から退職または解雇の日までの在籍期間について暦月により算出する。ただし，端数の取扱いについては，1カ月未満の月数は1カ月に切り上げ，1年未満の月数は月割計算とする。

　　勤続満年数＋勤続端数月／12

とし，小数点以下3位は切り上げる。

（職能資格退職金）
第6条　退職時の職能資格退職金は，退職時の職能資格給に別表2の職能資格等級別・勤続別係数を乗じた額とする。ただし，端数月がある場合には下記の計算による係数とする。

　　満勤続の係数＋（満勤続＋1年の係数－満勤続の係数）×端数月／12

　　小数点以下3位は切り上げる。

（加算金）
第7条　役員会で認定した場合には，退職金を増額することがある。
　　(1)　功績加算金
　　　　在職中の功績が認められたとき。
　　(2)　業務外死亡加算金
　　　　私傷病等により死亡した場合，別表3に定める業務外死亡加算金を支給する。ただし，退職金と業務外死亡加算金の合計額は本人の定年時の想定退職金額を超えることはない。

（休職期間の取扱い）

第8条　勤続年数の計算にあたり，休職期間の取扱いは次に定めるものの外は勤続年数に算入しない。
　　(1)　業務上の負傷による休職期間はその全期間
　　(2)　業務外の傷病による休職期間はその１／２
　　(3)　社命による社外出向中の休職期間はその全期間
　　(4)　公の官公職につき休職したその全期間
　（退職者の種類）
第9条　退職者の退職理由により，甲種退職者と乙種退職者に区分する。
　　１．甲種退職者
　　退職または解雇の理由が次の各号の１に該当するときは，甲種退職者とする。
　　(1)　定年退職者
　　(2)　従業員が死亡したとき
　　(3)　業務上の疾病または負傷により就労不能となり退職する者
　　(4)　会社の都合により解雇された者
　　(5)　会社役員に就任のため退職する者
　　(6)　社命により社外に転出する者（出向を除く）
　　(7)　業務外の疾病による休職期間満了者，または業務外の疾病により業務に堪えざる理由で退職する者
　　２．乙種退職者
　　退職または解雇の理由が次の各号の１に該当するときは，乙種退職者として別表４の区分により支給する。
　　(1)　自己都合により退職する者
　　(2)　休職期間が満了し，復職できない者（本条第１項第７号を除く）
　（支給制限）
第10条　懲戒解雇された者には，原則として退職金を支給しない。
　（業務上の死傷病認定）
第11条　この規定にいう，業務上の死亡，負傷，疾病の認定は労働基準法または労働者災害補償保険法による。
　（退職金の支給）
第12条　１．定年者の退職金は退職日前２カ月以内に内訳を明示する。
　　２．一般退職者の退職金は退職届が提出され，これを会社が受理してより２週間以内に退職金の内訳を明示する。
　　３．退職金は通貨をもって退職後２カ月以内に本人に支給する。
　（退職金受取人）
第13条　退職金は退職者に支給する。ただし，本人が死亡したときは遺族に支給する。
　（改廃および変更）
第14条　本規定の改廃および変更は組合と協議する。

付　　則

第１条　本規定は平成　年　月　より実施する。
第２条　退職金の支払については，本規定の第12条によるも，別に定める退職年金規定（略）により，退職年金または退職一時金の支給を受ける者については，本規定に基づく退職金より次の

金額を差引いて支給する。
(1) 退職年金を一時金として受給希望する者についてはその金額
(2) 退職年金を受給希望する者については，前1号の退職一時金を受給するものとして計算した金額

別表1　学歴別基礎額

入社時学歴	基礎額
中学校・高校卒業者	120,000円
短　大・高専卒業者	140,000円
大学卒業者	160,000円
大学院(修士課程)卒業者	180,000円
大学院(博士課程)卒業者	210,000円

別表2　職能資格等級・勤続別係数

勤続＼職能	1	2	3	4	5	6	7〜10	勤続＼職能	1〜10
2	0	0	0	0	0.5	1.0	1.5	22	42.6
3	0.5	1.8	2.5	3.0	3.5	4.0	4.5	23	44.8
4	1.0	2.5	4.0	6.0	7.0	8.0	9.0	24	47.0
5	1.5	3.2	4.9	6.8	8.4	10.2	12.2	25	49.1
6	2.2	3.8	5.9	7.6	9.4	11.2	13.3	26	51.2
7	3.2	4.8	6.9	8.6	10.5	12.4	14.4	27	52.8
8	4.5	6.0	8.0	9.8	11.8	13.7	15.7	28	54.0
9	6.0	7.4	9.2	11.1	13.3	15.0	17.1	29	55.0
10	8.0	8.8	10.8	12.7	15.1	16.8	18.6	30	55.9
11	10.4	10.8	12.6	14.6	17.0	18.4	20.2	31	56.8
12	13.0	13.0	14.6	16.8	18.9	20.4	22.0	32	57.5
13	15.2	15.2	16.7	19.0	20.9	22.4	23.8	33	57.9
14	18.4	18.4	19.2	21.4	23.0	24.4	25.8	34	58.3
15	22.0	22.0	22.0	23.8	25.0	26.4	28.0	35	58.6
16	25.0	25.0	25.0	26.2	27.3	28.5	30.0	36	58.9
17	27.9	27.9	27.9	28.8	29.8	30.7	32.0	37	59.1
18	30.8	30.8	30.8	31.4	32.4	32.7	34.2	38	59.3
19	33.8	33.8	33.8	33.8	34.2	34.8	36.2	39	59.6
20	36.8	36.8	36.8	36.8	36.9	36.9	38.4	40	59.8
21	39.6	39.6	39.6	39.6	39.6	39.6	40.5	41	59.9
								42〜	60.0

別表3　業務外死亡加算金

勤続	金　額	勤続	金　額	勤続	金　額	勤続	金　額
7	100,000	16	680,000	25	1,240,000	34	920,000
8	120,000	17	780,000	26	1,200,000	35	800,000
9	150,000	18	880,000	27	1,160,000	36	600,000
10	190,000	19	980,000	28	1,120,000	37	350,000
11	250,000	20	1,080,000	29	1,080,000	38	190,000
12	330,000	21	1,160,000	30	1,040,000	39	0
13	410,000	22	1,220,000	31	1,000,000	40	0
14	490,000	23	1,260,000	32	960,000	41	0
15	580,000	24	1,280,000	33	940,000	42	0

勤続7年より適用

別表4　乙種退職者

勤　続　年　数		退　職　金　の　乗　率
2年以上	5年未満	50%
5年以上	10年未満	60%
10年以上	15年未満	70%
15年以上	20年未満	80%
20年以上	25年未満	90%
25年以上		100%

実例36

退 職 金 規 程

自社（一時金）制度・職能指数累積方式

（HO機械，機械製造・従業員400人）

（目　的）
第1条　この規程は，就業規則第　条に基づき，正社員（以下社員という。）の退職金に関する支給条件および支給基準を定めることを目的とする。

（支給基礎）
第2条　退職金は，職能資格規程に定める在職期間中における職能資格の等級に基づいて支給する。

（支給条件）
第3条　退職金は，1年以上勤務し，次の各号の一つに該当して円滑なる手続きにより退職し，もしくは解雇され，完全に所管の業務の引継ぎを終了した者に支給する。
　　① 定年に達して退職するとき
　　② 在職中死亡したとき
　　③ 自己都合により退職を願い出て会社が承認したとき
　　④ 役員に就任するため退職するとき
　　⑤ 会社のすすめにより円満退職するとき
　　⑥ 就業規則第　条　号に基づき，会社が業務上の都合により解雇するとき
　　⑦ 休職期間が終了し，自然退職となるとき

（支給額）
第4条　退職金の支給額は，入社時から退職時までにおける第5条に定める職能指数の合計に，第6条に定める1点当たりの基礎額を乗じた額に，勤続年数による次の各号の算出基礎率を乗じた額とする。ただし，第3条③号および同条⑦号による退職については，本条に基づき算出した額にさらに0.8を乗じた額とする。
　　① 1年以上3年未満　　　　　　　　0.3
　　② 3年以上5年未満　　　　　　　　0.5
　　③ 5年以上7年未満　　　　　　　　0.7
　　④ 7年以上　　　　　　　　　　　　1.0

（職能指数）
第5条　職能指数は，職能資格規程に定める職能資格の等級ごとに，1年を単位として表1のとおり定める。

（基礎額）
第6条　1　基礎額は，職能指数1点につき10,000円とする。
　　2　基礎額は，必要と認められた場合は，これを調整することがある。

表1　職能指数

① 事務技術職

職能資格	職能指数	職能資格	職能指数
6等級	50	3等級	20
5等級	40	2等級	10
4等級	30	1等級	7

② 技能職

職能資格	職能指数
3等級	20
2等級	10
1等級	7

（特別加算金）

第7条　在職中特に功績があったと認められる者または会社が特に加算を必要と認めた者に対しては，特別加算金を支給することがある。

（支給制限）

第8条　次の各号の事由により退職する場合は，原則として退職金は支給しない。
　　①　就業規則第　条（解雇）の定めに該当して解雇されたとき。ただし，同条第　号に該当して解雇された場合を除く。
　　②　就業規則第　条（諭旨退職，懲戒解雇）の定めに該当して解雇されたとき。ただし，諭旨退職の場合は，情状により一部を減額して支給することがある。
　　③　就業規則第　条（退職届）によらず強いて退職したとき。

（退職金の支給）

第9条　1　退職金は，原則として退職した日もしくは死亡した日の属する給与計算月の給与支給日に支給する。
　　2　退職者が会社に対して債務がある場合は，退職金よりこれを差し引いて支給する。
　　3　退職年金に加入している者については，退職年金支給額を一時金換算し，退職金支給額からその額を差し引いたものを退職一時金として支給する。この場合の支給日は前①号によらず，別途通知するものとする。

（職能指数の計算）

第10条　職能指数の計算は，採用の日から退職の日までの期間について，次の各号に基づき行う。
　　①　職能指数の合計は，職能資格ごとの1年単位の職能指数に当該職能資格に在級した年数を乗じて職能資格ごとの職能指数を算出し，それぞれの職能資格ごとに算出された職能指数を合算して計算する。
　　②　職能資格ごとの在級年数に端月数がある場合は，次表により年数に換算する。

端月数	換算年数	端月数	換算年数	端月数	換算年数
1カ月未満	0.08	5カ月未満	0.42	9カ月未満	0.75
2カ月　〃	0.17	6カ月　〃	0.50	10カ月　〃	0.83
3カ月　〃	0.25	7カ月　〃	0.58	11カ月　〃	0.92
4カ月　〃	0.33	8カ月　〃	0.67	12カ月　〃	1.00

③　採用，退職および休職，復職の月は，勤務日数のいかんにかかわらず1カ月勤務したものとみなす。
④　昇格（昇級）または降格（降級）の発令がなされた月については，上位の等級の資格を適用する。
⑤　改正前の社員職能資格制度（旧規程）を施行する以前の期間の職能指数については，勤続年数，貢献度等を勘案して別途個々に定める。
⑥　改正前の社員職能資格制度（旧規程）が施行されていた期間の職能指数については，当該制度の職能資格と改正前の退職金規程の職能指数による。
⑦　休職期間は在職期間に算入しない。ただし，会社が特別の事情があると認めた場合はこの限りでない。

（死亡退職の場合の受給者）
第11条　社員が死亡により退職した場合の退職金を受けるべき遺族の範囲および順位は，特別の事由がない限り，労働者災害補償保険法第16条の7の定めに従う。

（証明書類）
第12条　前条の定めによって退職金の支給を受ける者は，戸籍謄本（または抄本）そのほか会社が必要と認める証明書類を提出しなければならない。

（社会情勢等の変動と規程の改廃）
第13条　社会情勢の変動または社会保障制度の改正等，この規程の大綱に重大な影響を及ぼすような事情が発生した場合は，改めて検討のうえ，これを改廃することがある。

付　　則

第14条　この規程は，平成　年　月　日から実施する。

実例37 退職金規程

自社（一時金）制度・基礎額×職能指数方式

（KD出版，出版業・従業員230人）

（目　的）

第1条　この規程は，就業規則第　条に基づき，正社員（以下社員という。）の退職金に関する支給条件および支給基準を定めることを目的とする。

（支給基礎）

第2条　退職金は，職能資格規程に定める在職期間中における職能資格の等級に基づいて支給する。

（支給条件）

第3条　退職金は，1年以上勤務し，次の各号の一つに該当して円滑なる手続きにより退職し，もしくは解雇され，完全に所管の業務の引継ぎを終了した者に支給する。

① 定年に達して退職するとき
② 在職中死亡したとき
③ 自己都合により退職を願い出て会社が承認したとき
④ 役員に就任するため退職するとき
⑤ 会社のすすめにより円満退職するとき
⑥ 就業規則第　条第　号に基づき，会社が業務上の都合により解雇するとき
⑦ 休職期間が終了し，自然退職となるとき

（支給額）

第4条　退職金の支給額は，入社時から退職時までにおける第5条に定める職能指数の合計に，第6条に定める1点当たりの基礎額を乗じた額に，勤続年数による次の各号の算出基礎率を乗じた額とする。ただし，第3条③号および同条⑦号による退職については，本条に基づき算出した額にさらに0.8を乗じた額とする。

① 1年以上3年未満　　0.3
② 3年以上5年未満　　0.5
③ 5年以上7年未満　　0.7
④ 7年以上　　　　　　1.0

（職能指数）

第5条　職能指数は，職能資格規程に定める職能資格の等級ごとに，1年を単位として次表のとおり定める。

（基礎額）

第6条　1　基礎額は，職能指数1点につき10,000円とする。

　　　　2　基礎額は，必要と認められた場合は，これを調整することがある。

① 事務技術職				② 技能職	
職能資格	職能指数	職能資格	職能指数	職能資格	職能指数
6等級	50	3等級	20	3等級	20
5等級	40	2等級	10	2等級	10
4等級	30	1等級	7	1等級	7

（特別加算金）
第7条 在職中特に功績があったと認められる者または会社が特に加算を必要と認めた者に対しては，特別加算金を支給することがある。

（支給制限）
第8条 次の各号の事由により退職する場合は，原則として退職金は支給しない。
　① 就業規則第　条（解雇）の定めに該当して解雇されたとき。ただし，同条第　号に該当して解雇された場合を除く。
　② 就業規則第　条（諭旨退職，懲戒解雇）の定めに該当して解雇されたとき。ただし，諭旨退職の場合は，情状により一部を減額して支給することがある。
　③ 就業規則第　条（退職届）によらず強いて退職したとき。

（退職金の支給）
第9条　1　退職金は，原則として退職した日もしくは死亡した日の属する給与計算月の給与支給日に支給する。
　2　退職者が会社に対して債務がある場合は，退職金よりこれを差し引いて支給する。
　3　退職年金に加入している者については，退職年金支給額を一時金換算し，退職金支給額からその額を差し引いたものを退職一時金として支給する。この場合の支給日は前①号によらず，別途通知するものとする。

（職能指数の計算）
第10条　職能指数の計算は，採用の日から退職の日までの期間について，次の各号に基づき行う。
　① 職能指数の合計は，職能資格ごとの1年単位の職能指数に当該職能資格に在級した年数を乗じて職能資格ごとの職能指数を算出し，それぞれの職能資格ごとに算出された職能指数を合算して計算する。
　② 職能資格ごとの在級年数に端月数がある場合は，次表により年数に換算する。

端月数	換算年数	端月数	換算年数	端月数	換算年数
1カ月未満	0.08	5カ月未満	0.42	9カ月未満	0.75
2カ月 〃	0.17	6カ月 〃	0.50	10カ月 〃	0.83
3カ月 〃	0.25	7カ月 〃	0.58	11カ月 〃	0.92
4カ月 〃	0.33	8カ月 〃	0.67	12カ月 〃	1.00

　③ 採用，退職および休職，復職の月は，勤務日数のいかんにかかわらず1カ月勤務したものとみなす。
　④ 昇格（昇級）または降格（降級）の発令がなされた月については，上位の等級の資格を適用する。
　⑤ 改正前の社員職能資格制度（旧規程）を施行する以前の期間の職能指数については，勤続年数，貢献度等を勘案して別途個々に定める。

⑥ 改正前の社員職能資格制度（旧規程）が施行されていた期間の職能指数については，当該制度の職能資格と改正前の退職金規程の職能指数による。

⑦ 休職期間は在職期間に算入しない。ただし，会社が特別の事情があると認めた場合はこの限りでない。

（死亡退職の場合の受給者）

第11条　社員が死亡により退職した場合の退職金を受けるべき遺族の範囲および順位は，特別の事由がない限り，労働者災害保障保険法第16条の7の定めに従う。

（証明書類）

第12条　前条の定めによって退職金の支給を受ける者は，戸籍謄本（または抄本）そのほか会社が必要と認める証明書類を提出しなければならない。

（社会情勢等の変動と規程の改廃）

第13条　社会情勢の変動または社会保障制度の改正等，この規程の大綱に重大な影響を及ぼすような事情が発生した場合は，改めて検討のうえ，これを改廃することがある。

（付　　則）

第14条　この規程は，平成　年　月　日から実施する。

実例38

退職手当支給規程

自社（一時金）制度・資格等級別加算方式

（SF観光，ホテル・レストラン・従業員1,000人）

（支給条件）
第1条　社員が満1年以上（本条第5号ないし第6号による退職の場合は2年以上）勤務し次の各号の一に掲げる事由により退職した場合は，この規則により本人に退職手当を支給する。
　　① 定年による退職
　　② 会社の都合による解雇
　　③ 業務上の傷病で業務に堪え得ないことによる退職
　　④ 在職中の死亡
　　⑤ 私傷病による退職，ただし私傷病欠勤による休職期間満了の場合の解雇を含む
　　⑥ 自己都合による退職，ただし自己欠勤による休職期間満了の場合の解雇を含む

（社員の範囲）
第2条　この規則で社員とは「従業員身分規程」（略）による社員をいう。

（基本退職手当）
第3条　第1条各号による退職または死亡の場合は，退職または死亡当時の本俸に，勤続年数に対応して別表第1に定める支給率を乗じた額を，基本退職手当として支給する。

（加算退職手当）
第4条　前条基本退職手当のほか，別表第2によりそれぞれの資格等級につき定めた金額に，本人の当該資格等級在級年数（1年未満は月割計算）を乗じた金額を合計し，さらに第1条各号の退職事由に応じて下記の支給率を乗じた額を，加算退職手当として支給する。

　　第1号ないし第4号の場合
　　　勤続1年以上　　　　　　　　　　　　　　　　　　　　　　　　　　　100%
　　第5号の場合
　　　勤続3年以上5年未満　　　　　　　　　　　　　　　　　　　　　　　　30%
　　　勤続5年以上10年未満　　　　　　　　　　　　　　　　　　　　　　　　50%
　　　勤続10年以上15年未満　　　　　　　　　　　　　　　　　　　　　　　80%
　　第6号の場合
　　　勤続10年未満　　　　　　　　　　　　　　　　　　　　　　　　　　　不支給
　　　勤続10年以上15年未満　　　　　　　　　　　　　　　　　　　　　　　50%
　　　勤続15年以上　　　　　　　　　　　　　　　　　　　　　　　　　　　100%

（功労加算）
第5条　定年による退職者またはその他の退職者で在職中特に功労のあった者に対しては，基本退

職手当に功労加算を行うことがある。
　　　功労加算の支給額については会社がこれを決定する。
　（常勤嘱託）
第5条の2　常勤の嘱託に対しては，第3条の基本退職手当は支給せず，勤続年数に拘らず第4条の加算退職手当のみを支給する。定年後再雇用された者の嘱託在職期間に対してもまた同じ。
　（勤続年数の計算）
第6条　勤続年数または支給率の計算は次の各号による。
　　　① 勤続期間は入社の日（採用発令の日）から退職の日（退職発令の日）までとする。ただし，試用期間および出向期間等会社の認める期間を含む。
　　　② 勤続年数に1年未満の端数があるときはこれを切り捨てる。ただし，勤続10年未満の者に対しては，その端数が6カ月以上である場合に限り，上・下両年度の支給率の中間に当たる支給率を適用する。第1条第1号ないし第4号該当者に限り，勤続1年未満の場合は満1年とみなすことがある。
　　　③ 休職期間は勤続年数に算入しない。
　（引継社員の勤続年数）
第7条　被合併会社および関係会社における勤続年数は，その引継時の条件により勤続年数を通算することがある。
　（役員に選任された者の取扱い）
第8条　社員から役員に選任されたものは選任の時を以って退職とみなし，その取扱いは第1条第1号の規定を準用する。
　（支給制限）
第9条　懲戒解雇の場合は退職手当を支給しない。ただし，10年以上勤務したものについてはその2分の1額以内を支給することがある。
　　2　懲戒解雇に至らないも不都合の所為または勤務成績不良と認められ退職する者に対しては計算額の2分の1以内を減額する。
　（支給時期）
第10条　退職手当は原則として本人の退職時にこれを支給する。
　（端数の切上）
第11条　退職手当は最終計算額において100円未満の端数がある場合は100円に切り上げる。
　（死亡の場合の受取人）
第12条　死亡による退職金の受取人の範囲および順位は労働基準法施行規則第42条ないし第45条に定めるところによる。
　（規則の改廃，疑義の解決）
第13条　（削除）

　　　　　　　　　　　　　　　附　　　則

　　1　当規程は平成　年　月　日から施行する。
　　2　平成　年　月　日から平成　年　月　日までの退職者で勤続20年未満の者に対しては，平成　年　月　日改正前の規程により算出した退職手当相当額と対比して本人に有利なほうを支給する。

別表第1　基本退職手当支給率表

勤続年数 (年・月)	支　給　率	勤続年数 (年・月)	支　給　率	勤続年数 (年・月)	支　給　率
1.0	0.6	9.0	7.5	24.0	29.0
1.6	0.9	9.6	8.0	25.0	30.5
2.0	1.2	10.0	8.5	26.0	32.0
2.6	1.5	11.0	9.5	27.0	33.0
3.0	1.8	12.0	11.0	28.0	34.0
3.6	2.1	13.0	12.5	29.0	35.0
4.0	2.5	14.0	14.0	30.0	36.0
4.6	3.0	15.0	15.5	31.0	37.0
5.0	3.5	16.0	17.0	32.0	38.0
5.6	4.0	17.0	18.5	33.0	39.0
6.0	4.5	18.0	20.0	34.0	40.0
6.6	5.0	19.0	21.5	35.0	40.0
7.0	5.5	20.0	23.0	36.0	40.0
7.6	6.0	21.0	24.5	37.0	40.0
8.0	6.5	22.0	26.0	38.0	40.0
8.6	7.0	23.0	27.5	打　切　り	

別表第2　加算退職手当支給表

資格等級	1　年　額
職員1級・2級	33,000
副　主　任	60,000
主　　　任	90,000
副　参　事	120,000
参　　　事	180,000
副　参　与	240,000
参　　　与	300,000

(注)　職員2級・1級でも勤続10年を超える年数に対しては60,000円を，職員2級・1級または副主任でも勤続20年を超える年数に対しては90,000円を，それぞれ適用するものとする。

実例39 職員退職慰労金支給規則

自社（一時金）制度・職務，特別加給金方式

（MS倉庫，倉庫・従業員600人）

（支給事由）
第1条　職員が次の各号のいずれかに該当するときは，この規則の定めるところにより退職慰労金を支給する。
　　(1)　定年年齢に達し退職したとき
　　(2)　役員に就任したとき
　　(3)　自己の都合により退職の申出があり会社が認可したとき
　　(4)　傷病により退職したとき
　　(5)　会社の都合により退職したとき
　　(6)　死亡したとき

（種　　類）
第2条　退職慰労金は，これを分けて基本退職金，職務加給金及び特別加給金とする。

（基本退職金）
第3条　基本退職金は，退職時の本給に別表1の乗数をかけた額とする。

（職務加給金）
第4条　職務加給金は，次のとおりとする。
　　各資格又は職位在任1年につき

副参与	388,000円
（平成　年　月　日以前の支店長，部長，支店長扱，支店長待遇を含む。）	
参事1級	291,000円
（平成　年　月　日以前の次長，監査員，次長扱，次長待遇を含む。）	
参事2級	218,000円
（平成　年　月　日以前の支店長代理，部長代理，支店長代理扱，支店長代理待遇を含む。）	
副参事1級	146,000円
（平成　年　月　日以前の課長，所長，検査員，課長扱を含む。）	
副参事2級	134,000円
（平成　年　月　日以前の課長待遇を含む。）	
主事1級	80,000円
（平成　年　月　日以前の課長代理，所長代理，課長代理扱を含む。）	
主事2級	68,000円
（平成　年　月　日以前の課長代理待遇を含む。）	

総監督	54,000円
監督職（船長を含む。）	47,000円
監督職待遇	41,000円
副監督職（機関長を含む。）	28,000円
副監督職待遇（作業技術員班長を含む。）	21,000円

　　　（監督職，副監督職及び同待遇職の職務加給の起算日は，陸上勤務者は昭和　年　月　日以降，海上勤務者は平成　年　月　日以降とする。）

　2．前項に定める職務加給金の計算に当たっては，資格又は職位ごとの在任年数（月数まで算出し，日数は切り捨てる。）に応じて次の算式により算出した額（円未満の端数は切り捨てる。）を合算する。

$$職務加給金（年額）×（在任年数+\frac{端数月数}{12}）$$

（特別加給金）

第5条　特別加給金は，次のとおりとする。

勤続20年未満で定年年齢に達して退職する職員	700,000円
勤続20年以上で退職する職員	1,000,000円

　　　ただし，「港湾労働者年金」を受給することとなる者を除く。

（死亡の場合の支給先）

第6条　職員が死亡したときは，退職慰労金は遺族中会社が認定する者に支給する。

（増額支給）

第7条　本人の重大な過失に基づかない業務上の傷病によって退職もしくは死亡した場合又は会社に対し著しい功労があった場合には，その都度事情審査の上退職慰労金を増額することがある。

（減額支給）

第8条　自己の都合により退職する者に対する退職慰労金の支給率は，次のとおりとする。

勤続3年未満の者	50%
〃　3年以上の者	60%
〃　5年　〃	70%
〃　10年　〃	80%
〃　15年　〃	90%
〃　20年　〃	100%

（不支給）

第9条　勤続1年未満の退職者及び勤務に不忠実もしくは不正の行為によって退職する者並びに懲戒解雇により退職する者には，退職慰労金を支給しない。

（勤続年数の計算）

第10条　勤続年数は，職員となった辞令日付から起算する。ただし，見習い，試用，嘱託又は準嘱託の期間を経て本採用になった者については，その期間を通算する。

　2．勤続年数の計算は月数までとし，日数は切り捨てる。ただし，勤続年数を前後通算する場合は，すべて日数まで算出し，合算後に日数を切り捨てる。

　3．会社が特定する会社（例えば，ＫＫ株式会社，ＳＳ株式会社）から転入した者については両者の勤続年数を，また会社の指示により関係会社に転出し，会社の都合により復帰した者及び病気の事由により会社を退職し，その後再入社した者については，会社の前後の勤続年数を，それぞれ通算する。

(既支給退職金の控除等)
第11条　起用になった者又は前条第3項に定める会社に勤務しその間の勤続年数が通算される者で既に会社又は他会社から退職金が支給されている者については，その退職金相当額を支給金額から控除する。ただし，SS株式会社に勤務し同社より受領した未払いの退職金のある者については，当該未払額を退職慰労金支給の際あわせて支給する。

(未返済金の控除)
第12条　退職慰労金支給の際，会社からの貸付金（持家資金積立及び融資取扱規則並びに住宅財形貯蓄及び融資取扱規則に基づく融資金を含む。）の返済未了の者については，その未済分を退職慰労金から控除する。

(参与に対する取扱)
第13条　役員でない参与が退職，死亡又は役員に就任したときは，基本退職金及び職務加給金については参与に昇進のときをもって計算し，これに次の参与加給金を加算した額を支給する。
　　　参与加給金　　　参与在任1年につき　　　　　　　　　　　　　　　1,350,000円
　2．前項に定める参与加給金の計算に当たっては，第4条第2項の算式を準用する。

(退職慰労金の支給額)
第14条　算出された退職慰労金の支給額は，次の金額区分によりそれぞれの単位に端数を切り上げた額とする。
　　　500,000円未満　　　　　　　　　　　　　　　　　　　　　　　　　1,000円単位
　　　500,000円以上1,000,000円未満　　　　　　　　　　　　　　　　　　5,000円単位
　　　1,000,000円以上　　　　　　　　　　　　　　　　　　　　　　　　10,000円単位

付　　則

(職員拠出制年金規則による制度の非加入者の特例)
第15条　職員拠出制年金規則（規第　号）による制度に加入しない職員に対しては，基本退職金，職務加給金及び特別加給金に加えて，次の加給金を支給する。
　　職員年金支給規則（規第　号）第　条に定める年金額（平成　年　月　日以降に適用する者については，支店長とあるを副参与，次長とあるを参事1級と読み替える。）に別表2（略）に定める乗数（ただし，在職中死亡した者に係る乗数は，10.379とする。）を乗じた額を基準として，勤続年数により次の割合に相当する額
　　　勤続20年以上の者　　　　　20%
　　　〃　21　〃　　　　　　　35%
　　　〃　22　〃　　　　　　　50%
　　　〃　23　〃　　　　　　　65%
　　　〃　24　〃　　　　　　　80%
　　　〃　25　〃　　　　　　　100%

(年　賦　金)
第16条　平成　年　月　日現在において改正前の職員退職慰労金支給規則第　条の　の規程による年賦金を受給中の者に関しては，改正規則（規第　号）の施行後も，なお従前の例による。
　2．前項の年賦金は，退職の翌月分から，毎年3月，6月，9月及び12月にそれぞれ前月までの分をまとめて支給する。
　3．年賦金受給者が死亡した場合は，残余期間を限り会社が適当と認める遺族に対し，本人と同額の年賦金を支給する。

別表1　基本退職金乗数表

勤続年数	乗　　数	勤続年数	乗　　数	勤続年数	乗　　数
1年	4.0	13年	64.0	25年	136.0
2	8.0	14	70.0	26	138.0
3	12.0	15	76.0	27	141.0
4	18.0	16	84.0	28	143.0
5	25.0	17	92.0	29	145.0
6	29.0	18	99.0	30	150.0
7	33.0	19	107.0	31	151.0
8	37.0	20	112.0	32	152.0
9	41.0	21	117.0	33	153.0
10	45.0	22	121.0	34	155.0
11	51.0	23	126.0	35年以上	156.0
12	58.0	24	131.0		

（注）勤続期間に1年未満の端数を生じた場合の乗数は次による。

$$A+(B-A)\times\frac{端数月数}{12}$$

　　A＝1年未満の端数を切り捨てた年数に応じた乗数
　　B＝1年未満の端数を切り上げた年数に応じた乗数
　　（小数点以下3位未満切り捨て）

実例40

退職手当規程

拠出制退職手当積立金方式

（BG学園, 教育・職員130人）

第1章 総　則

（目　的）
第1条　この規程は，学校法人BG学園（以下「学園」という）職員就業規則第　条第　項に基づいて規程したものであって，職員が退職した時にその者またはその者の遺族に支給すべき退職手当に関する基準を確立すること目的とする。

（適用範囲）
第2条　この規程は学園に勤務する職員に適用する。
　　　　ただし，次の各号に掲げる者は除く。
　　　(1)　法人役員
　　　(2)　非常勤講師
　　　(3)　臨時講師
　　　(4)　嘱託
　　　(5)　臨時雇員
　　　(6)　その他これに準ずる者

（退職事由の区分）
第3条　職員の退職は，その退職の事由により次の各号に区分する。
　　　(1)　定年退職
　　　(2)　公傷打切補償退職
　　　(3)　公傷死亡退職
　　　(4)　公傷不具退職
　　　(5)　法人の都合による退職
　　　(6)　死亡退職
　　　(7)　自己の都合による退職
　　　(8)　疾病休職後の退職
　　　(9)　解職

（退職手当の計算基礎となる給与額）
第4条　この規程によって支給する退職手当の計算基礎額は退職時の俸給と研究手当の月額とする。
　　　　ただし，研究手当が対象となる者は，教育職員俸給表1級の者とする。

（退職手当の支払いおよび時期）
第5条　退職手当の支払いは，退職時より7日以内に原則として現金一時払いとする。ただし，本人の申し出もしくは承諾を得て退職手当の一定額を分割支払いすることができる。

（遺族の範囲および順位）
第6条　死亡退職の場合に，退職手当の支給を受けることができる遺族は，つぎに掲げるものとする。
　　(1)　配偶者
　　(2)　子，父母
　　(3)　孫，祖父母，兄弟姉妹
　2　退職する職員からあらかじめ意思表示があった場合のほか，退職手当の支給を受ける順位は，前項各号の記載順位に従い同一号中にあっては，その号の記載順位に従う。
　3　第1項各号に掲げた以外の者を退職手当の受取人とする場合には，あらかじめその者を指定して届出なければならない。

第2章　退職手当

（退職手当の種類）
第7条　退職手当の種類は次のとおりとする。
　　(1)　特別退職手当
　　(2)　普通退職手当

（特別退職手当）
第8条　特別退職手当は，第3条第1号から第6号までに掲げる事由により退職した職員またはその遺族に，その者の俸給月額に特別退職手当支給率表（付表1）に掲げるその者の勤続年数に対応した率を乗じて得た額を支給する。
　　ただし，第3条第1号による退職であっても，その者の勤続年数が10年未満である場合は，普通退職手当支給率表（付表2）を適用し，第9条の定めに準じて支給する。

（普通退職手当）
第9条　普通退職手当は，第3条第7号および第8号に掲げる事由により退職した職員にその者の俸給月額に普通退職手当支給率表（付表2）に掲げるその者の勤続年数に対応した率を乗じて得た額を支給する。
第10条　勤続年数の計算は，就職の月から起算し退職の月をもって終わる。
　　ただし，第2条のただし書に掲げる職員としての勤務期間，休職期間は計算しない。

（勤続年数端数計算）
第11条　職員の勤続年数に端数が生じた場合は，6カ月未満は切捨て，6カ月以上は切上げて（付表1）および（付表2）に掲げられた，その者が該当する勤務年数欄に対応する支給率を用いて，第8条および第3条を適用する。

第3章　積立金

（退職積立金の分担）
第12条　この規程による退職手当の支給を確保するため退職手当積立金特別会計を設定する。
　2　退職手当積立金会計の積立金は，学園および職員が分担して積立てる

3 積立金は，職員の俸給と研究手当の月額の100分の1を毎月それぞれの職員が積立て，その合計額の4倍を毎月学園が積立てる。ただし，研究手当の該当者は，教育職員俸給表1級の者とする。

4 前項の職員の積立金は，それぞれの給与月額から差引くものとし，円未満は切捨てる。

（退職手当積立金の運用）

第13条 退職手当積立金は，確実有利に維持利殖されなければならない。ただし職員の福利，厚生のためにする貸付に運用することができる。

2 前項の目的を達するために別に規則を設け，かつ退職手当積立金運営委員会を組織する。

第4章 附 則

（退職手当支払いの制限）

第14条 学校法人BG学園就業規程第 条各号の事由によって解職された者に対しては，退職手当を支給しない。

2 前項に該当する者が行った積立金および第8条，第9条によって退職した者が該当する勤続年数欄の支給率が0である者の積立金は，退職のとき元金のみ返金する。

（金額計算上の端数整理）

第15条 この規程において算出支給される退職手当は税込額とし，計算の最終において100円未満の端数を生じたときは，これを100円に切上げて支給する。

（施行日）

第16条 この規程は昭和 年 月 日から適用する。

付表1　特別退職手当金支給率表

勤続年数	支給率	勤続年数	支給率	勤続年数	支給率	勤続年数	支給率
1	0	11	14	21	32	31	48
2	0	12	15.5	22	34	32	48.5
3	3	13	17	23	36	33	49
4	4	14	18.5	24	38	34	49.5
5	5	15	20	25	40	35	50
6	6.5	16	22	26	41.5		
7	8	17	24	27	43		
8	9.5	18	26	28	44.5		
9	11	19	28	29	46		
10	12.5	20	30	30	47.5		

付表2　普通退職手当金支給率表

勤続年数	支給率	勤続年数	支給率	勤続年数	支給率	勤続年数	支給率
1	0	11	6.9	21	19.5	31	30.5
2	0	12	7.6	22	21	32	31
3	1.8	13	8.3	23	22.5	33	31.5
4	2.4	14	9.0	24	24	34	32
5	3	15	10	25	25	35	32.5
6	3.6	16	11.6	26	26		
7	4.2	17	13.2	27	27		
8	4.8	18	14.8	28	28		
9	5.5	19	16.4	29	29		
10	6.2	20	18	30	30		

付　　則　　退職手当積立金運営委員会規則

(総則)
第1条　この規則は，学園職員退職手当規程第　条第　項の定めにもとづき退職手当積立金運営委員会（以下単に「運営委員会」という）をおき，この委員会の基本的事項を定めたものである。

(目的)
第2条　この委員会は，学園および職員の積立てた退職手当資金を安全，有利かつ円滑に運営することを目的とする。

(委員会の組織)
第3条　運営委員会は，次に掲げる者をもって組織する。
　　　(1)　理事長の推薦による委員　　　5名
　　　(2)　職員の互選による委員　　　5名

(互選委員の選任)
第4条　職員の互選による委員の選任は，次に掲げる職域ごとに職員の投票によって選任した者とする。
　　　(1)　学園本部（学院，通教および外国語専門学校の事務職員を含む）　　　1名
　　　(2)　大学（M短大，S幼稚園およびR短大付属幼稚園を含む）　　　1名
　　　(3)　学院および外国語専門学校（教職員に限る）　　　1名
　　　(4)　出版局　　　1名
　　　(5)　購買事業部，外商事業部および旅行事業部　　　1名

(役員および事務局長)
第5条　運営委員会の事務を遂行するため，次に掲げる役員および事務長をおく。
　　　(1)　委員長　　　1名
　　　(2)　常任委員　　　4名
　　　(3)　事務長　　　1名

(役員および事務長の選任)
第6条　役員および事務長の選任は，つぎに掲げる方法によるものとする。
　　　(1)　委員長は，学園理事長またはその指名する者。
　　　(2)　常任委員は，理事長推薦の委員のうちから委員長が2名を指名し，他の2名は職員の互選による委員の互選による。
　　　(3)　事務長は，学園本部経理担当課長のうちから委員長から指名する。

(委員の任期)
第7条　運営委員の任期は2年とする。ただし再任を妨げない。
　　2　運営委員に欠員が生じ補充した場合の任期は，前任者の残任期間とする。

(委員の任務)
第8条　運営委員会の各委員の任務は，次のとおりとする。
　　① 常任委員
　　　(1)　運営委員会に諮る議事の協議検討に関すること
　　　(2)　積立資金の運用上緊急事項の処理に関すること
　　　(3)　その他委員長が必要と認めた事項の審議に関すること
　　② 委　員
　　　(1)　年度予算・決算に関すること

(2) 積立金の分担率ならびに支給率等の変更についての検討審議に関すること
(3) 資金の運用が困難となった場合は学園に対してその処置請求に関すること
(4) 常任委員の選任に関すること
③ 監査委員
(1) 運営委員会の業務ならびに会計監査に関すること

（委員会の招集）
第9条　運営委員会は，定例委員会と臨時委員会とに分ける。
2　定例委員会は年3回とし，3月，6月，10月に委員長がこれを招集する。
3　臨時委員会は，委員長が必要と認めた場合または委員の3分の1以上の要請があった場合に委員長がこれを招集する。

（常任委員会の招集）
第10条　常任委員会は，運営資金の運用に緊急を要する場合まはた会期の延長を必要とする場合等の協議のために委員長が臨時招集することができる。

（委員会の議決）
第11条　運営委員会は，委員総数の3分の2以上の出席がなければ議事を開くことができない。
2　議事は，委員総数の3分の2以上の多数決によるものとし，議長は議決に参画することができる。
3　議長は委員長がその任に当るものとする。
4　運営委員会は，議事に応じて監査委員を招へいすることができる。

（業務決定の特例）
第12条　つぎに掲げる事項については，委員総数の3分の2以上の議決がなければならない。
(1) 予算・借入金（当該年度内の収入をもって償還できる一時の借入金を除く）および運用資金の配分率変更に関すること。
(2) 予算外の新たな義務の負担または権利の放棄に関すること。
(3) 決算または資産の処分に関すること。

（積立金の運用）
第13条　退職手当積立金は，退職手当基金と経営資金に区分し，つぎに掲げる基準により運営委員会がこれを安全に運用する。
(1) 退職手当基金は，積立金の毎年度決算剰余金のうち，8割以上を繰入れ残余金は経常資金として繰越す。
(2) 退職手当基金のうち2割以上を支払準備預金としなければならない。
(3) 経常資金に不足が生じたときは退職手当基金をとりくずして充当するものとする。
(4) 毎期の退職手当積立金収入の2割以下を職員厚生貸付金とすることができる。ただしその額は退職手当基金総額の2割を超えてはならない。

（監査委員の選任および任期）
第14条　監査委員の選任および任期は次のとおりとする。
2　監査委員は委員長の指名する者を1名と職員の互選による委員1名とする。
3　監査委員の任期については第7条を準用する。

（会計年度および決算報告）
第15条　会計年度は毎年4月1日から翌年3月31日までとする。
2　運営委員会は，年度末に決算報告書を作成し，6月末日までに職員告知板，学園ニュース，その他の方法により公示しなければならない。

職員退職慰労金支給規則

自社（一時金）制度・資格・老後保障方式

（MS倉庫，倉庫・従業員600人）

（支給事由）
第1条 職員が次の各号のいずれかに該当するときは，この規則の定めるところにより退職慰労金を支給する。
  (1) 定限年齢に達し退職したとき
  (2) 役員に就任したとき
  (3) 自己の都合により退職の申出があり会社が認可したとき
  (4) 傷病により退職したとき
  (5) 会社の都合により退職したとき
  (6) 死亡したとき

（種　類）
第2条 退職慰労金は，これを分けて基本退職金，職務加給金及び特別加給金とする。

（基本退職金）
第3条 基本退職金は，退職時の本給に別表1の乗数をかけた額とする。

（職務加給金）
第4条 職務加給金は，次のとおりとする。
　　各資格又は職位在任1年につき

副参与	388,000円
（平成　年　月　日以前の支店長，部長，支店長扱，支店長待遇を含む。）	
参事1級	291,000円
（平成　年　月　日以前の次長，監査員，次長扱，次長待遇を含む。）	
参事2級	218,000円
（平成　年　月　日以前の支店長代理，部長代理，支店長代理扱，支店長代理待遇を含む。）	
副参事1級	146,000円
（平成　年　月　日以前の課長，所長，検査員，課長扱を含む。）	
副参事2級	134,000円
（平成　年　月　日以前の課長待遇を含む。）	
主事1級	80,000円
（平成　年　月　日以前の課長代理，所長代理，課長代理扱を含む。）	
主事2級	68,000円
（平成　年　月　日以前の課長代理待遇を含む。）	

総監督	54,000円
監督職（船長を含む。）	47,000円
監督職待遇	41,000円
副監督職（機関長を含む。）	28,000円
副監督職待遇（作業技術員班長を含む。）	21,000円

　　　（監督職，副監督職及び同待遇職の職務加給の起算日は，陸上勤務者は昭和27年9月1日以降，海上勤務者は平成　年　月　日以降とする。）

2．前項に定める職務加給金の計算にあたっては，資格又は職位ごとの在任年数（月数まで算出し，日数は切り捨てる。）に応じて次の算式により算出した額（円未満の端数は切り捨てる。）を合算する。

$$職務加給金（年額）\times \left(在任年数+\frac{端数月数}{12}\right)$$

（特別加給金）

第5条　特別加給金は，次のとおりとする。

勤続20年未満で定限年齢に達して退職する職員	700,000円
勤続20年以上で退職する職員	1,000,000円

　　　ただし，「港湾労働者年金」を受給することとなる者を除く。

（死亡の場合の支給先）

第6条　職員が死亡したときは，退職慰労金は遺族中会社が認定する者に支給する。

（増額支給）

第7条　本人の重大な過失に基づかない業務上の傷病によって退職若しくは死亡した場合又は会社に著しい功労があった場合には，その都度事情審査の上退職慰労金を増額することがある。

（減額支給）

第8条　自己の都合により退職する者に対する退職慰労金の支給率は，次のとおりとする。

勤続3年未満の者			50%
〃	3年以上の者		60%
〃	5年	〃	70%
〃	10年	〃	80%
〃	15年	〃	90%
〃	20年	〃	100%

（不支給）

第9条　勤続1年未満の退職者及び勤務に不忠実若しくは不正の行為によって退職する者並びに懲戒解雇により退職する者には，退職慰労金を支給しない。

（勤続年数の計算）

第10条　勤続年数は，職員となった辞令日付から起算する。ただし，見習，試用，嘱託又は准嘱託の期間を経て本採用となった者については，その期間を通算する。

　2．勤続年数の計算は月数までとし，日数は切り捨てる。ただし，勤続年数を前後通算する場合は，すべて日数まで算出し，合算後に日数を切り捨てる。

　3．会社が特定する会社（例えば，KK株式会社，SS株式会社）から転入した者については両者の勤続年数を，また会社の指示により関係会社に転出し会社の都合により復帰した者及び病気の事由により会社を退職しその後再入社した者については会社の前後の勤続年数を，それぞれ通算する。

(既支給退職金の控除等)
第11条 起用になった者又は前条第3項に定める会社に勤務しその間の勤続年数が通算される者で，既に会社又は他会社から退職金が支給されている者については，その退職金相当額を支給金額から控除する。ただし，SS株式会社に勤務し同社より受領した未払の退職金のある者については，当該未払額を退職慰労金支給の際あわせて支給する。

(未返済金の控除)
第12条 退職慰労金支給の際，会社からの貸付金(持家資金積立及び融資取扱規則並びに住宅財形貯蓄及び融資取扱規則に基づく融資金を含む。)の返済未了の者については，その未済分を退職慰労金から控除する。

(参与に対する取扱)
第13条 役員でない参与が退職，死亡又は役員に就任したときは，基本退職金及び職務加給金については参与に昇進のときをもって計算し，これに次の参与加給金を加算した額を支給する。

　　　参与加給金　　　参与在任1年につき　　　　　　　　1,350,000円

２．前項に定める参与加給金の計算にあたっては，第4条第2項の算式を準用する。

(退職金慰労金の支給額)
第14条 算出された退職慰労金の支給額は，次の金額区分によりそれぞれの単位に端数を切り上げた額とする。

　　　500,000円未満　　　　　　　　　　　　　　　　1,000円単位
　　　500,000円以上1,000,000円未満　　　　　　　　　5,000円単位
　　　1,000,000円以上　　　　　　　　　　　　　　　10,000円単位

付　則

(職員拠出制年金規則による制度の非加入者の特例)
第15条 職員拠出制年金規則(規第448号)による制度に加入しない職員に対しては，基本退職金，職務加給金及び特別加給金に加えて，次の加給金を支給する。

　　職員年金支給規則(規第187号)第6条に定める年金額(平成　年　月　日以降に適用する者については，支店長とあるを副参与，次長とあるを参事1級と読み替える。)に別表2に定める乗数(ただし，在職中に死亡した者に係る乗数は，10.379とする。)を乗じた額を基準として，勤続年数により次の割合に相当する額

　　　勤続20年以上の者　　　　　20%
　　　〃　21　　〃　　　　　　　35%
　　　〃　22　　〃　　　　　　　50%
　　　〃　23　　〃　　　　　　　65%
　　　〃　24　　〃　　　　　　　80%
　　　〃　25　　〃　　　　　　　100%

(年賦金)
第16条 平成　年　月　日現在において改正前の職員退職慰労金支給規則第4条の2の規程による年賦金を受給中の者に関しては，改正規則(規第494号)の施行後も，なお従前の例による。

２．前項の年賦金は，退職の翌月分から，毎年3月，6月，9月及び12月にそれぞれ前月までの分をまとめて支給する。

３．年賦金受給者が死亡した場合は，残余期間を限り会社が適当と認める遺族に対し，本人と同額の年賦金を支給する。

別表　基本退職金乗数表

勤続年数	乗　数	勤続年数	乗　数	勤続年数	乗　数
1年	4.0	13年	64.0	25年	136.0
2	8.0	14	70.0	26	138.0
3	12.0	15	76.0	27	141.0
4	18.0	16	84.0	28	143.0
5	25.0	17	92.0	29	145.0
6	29.0	18	99.0	30	150.0
7	33.0	19	107.0	31	151.0
8	37.0	20	112.0	32	152.0
9	41.0	21	117.0	33	153.0
10	45.0	22	121.0	34	155.0
11	51.0	23	126.0	35年以上	156.0
12	58.0	24	131.0		

（注）　勤続期間に1年未満の端数を生じた場合の乗数は次による。

$$A + (B - A) \times \frac{端数月数}{12}$$

A＝1年未満の端数を切り捨てた年数に応じた乗数
B＝1年未満の端数を切り上げた年数に応じた乗数
（小数点以下3位未満切り捨て）

② 自社(一時金)制度と年金制度併用の例

実例42-① ペアとなっている規程の例

退 職 金 規 定

自社（一時金）制度と年金制度併用

（NS化学，化学製品・従業員2,250人）

（目　的）
第1条　この規定は就業規則第　条に基づき従業員が資格を喪失した場合の退職金について定める。

（適用範囲）
第2条　この規定は，一般正規従業員に適用する。

（基準退職金）
第3条　基準退職金は次により算定する。
　　　　A基本給×$\frac{60}{100}$×当該支給率×当該支給月額×当該資格乗数

（A基本給）
第4条　前条のA基本給は退職時または満55歳到達時のものとする。

（支給率）
第5条　前条の支給率は次の通りとする。

(1) 自己都合退職者

勤続年数	支給率	勤続1カ月当り支給率	勤続年数	支給率	勤続1カ月当り支給率	勤続年数	支給率	勤続1カ月当り支給率
6カ月未満	0%	0%	8	64.00	0.1458	17	79.75	0.1458
6カ月	50.00	0.2917	9	65.75	〃	18	81.50	〃
1	51.75	0.1458	10	67.50	〃	19	83.25	〃
2	53.50	〃	11	69.25	〃	20	85.00	0.2500
3	55.25	〃	12	71.00	〃	21	88.00	〃
4	57.00	〃	13	72.75	〃	22	91.00	〃
5	58.75	〃	14	74.50	〃	23	94.00	〃
6	60.50	〃	15	76.25	〃	24	97.00	〃
7	62.25	〃	16	78.00	〃			

25年以上は100.00とする。

(2) 満54歳以上で退職する者　　　　　　　　　　　　　　　　　　　100%
(3) 死亡または業務上の負傷疾病により退職した者　　　　　　　　　100%
(4) 事業の都合により解雇した者　　　　　　　　　　　　　　　　　100%

(5) 就業規則第　条第　号により特別休職期間を経過して退職した者　100%
　　但し就業規則第　条第　号による休職者が所定の休職期間を満了して退職する場合も同じ扱いとする。
(6) 就業規則第　条第　号ないし第　号により休職し所定の休職期間を経過して退職した者はその都度決定

（支給月数）
第6条　第3条の支給月数は次の表の通りとする。

勤続年数	支給月数	勤続1カ月当り支給率	勤続年数	支給月数	勤続1カ月当り支給率	勤続年数	支給月数	勤続1カ月当り支給率
6カ月	0.5	0.0834	14	25.0	0.2083	28	71.4	0.1500
1	1.0	〃	15	27.5	0.2500	29	73.2	〃
2	2.0	〃	16	30.5	〃	30	75.0	0.0417
3	3.0	〃	17	33.5	〃	31	75.5	〃
4	4.0	〃	18	36.5	〃	32	76.0	〃
5	5.0	0.1667	19	39.5	〃	33	76.5	〃
6	7.0	〃	20	42.5	0.3917	34	77.0	〃
7	9.0	〃	21	47.2	〃	35	77.5	〃
8	11.0	〃	22	51.9	〃	36	78.0	〃
9	13.0	〃	23	56.6	〃	37	78.5	〃
10	15.0	0.2083	24	61.3	〃	38	79.0	〃
11	17.5	〃	25	66.0	0.1500	39	79.5	〃
12	20.0	〃	26	67.8	〃	40年以上は80.0とする。		
13	22.5	〃	27	69.6	〃			

（勤続年数の算出）
第7条　1．第5条及び第6条の勤続年数は次の各号により算出する。
　(1) 起算は正規従業員雇い入れ日とし，退職日付の前日または満55歳到達日までを勤続年数算出の対象期間とする。
　(2) 端数は月割計算とし1カ月未満の端数は15日まで0.5カ月，16日以上は1カ月とする。
　2．休職期間のうち勤続年数通算は就業規則第　条第　号，第　号及び第　号とする。
　　但し第　条第　号の場合を除き，休職期間が実務期間を超えた場合には，実務期間に等しい休職期間のみを勤続年数として加算する。

（資格乗数）
第8条　第3条の資格乗数は退職時または満55歳到達時の資格により別表1のとおりとする。

（退職時及び満55歳到達時の定義）
第9条　本規定に定める退職時とは退職日付の前日とし，満55歳到達時とは満55歳に達した日とする。

（満55歳以降の勤続加算）
第10条　1．満55歳到達日の翌日以降退職したときは第3条に定める基準退職金のほか次により計算した金額を55歳以降の勤続加算として支給する。

基準退職金×55歳以降の勤続支給率

2．前項の勤続支給率は別表2のとおりとする。

但し，勤続支給率算出のための勤続年数算出は第7条を適用し起算は満55歳到達日の翌日とし，5年をもって打ち切りとする。

別表1

資格区分	乗数
8級以上	1.5
7級	1.35
6級・S群2級	1.3
5級・S群1級	1.25
3級・4級	1.2
1級・2級	1.0

別表2

満55歳以降の勤続年数	支給率	勤続1カ月当たりの支給率
1年未満	0 ％	0.3333 ％
1	4	〃
2	8	〃
3	12	〃
4	16	〃
5	20	—

（定年退職加算）

第11条　1．満54歳到達日の翌日から満55歳到達日までの間に，会社以外への転進のために退職したときは，第3条に定める基準退職金の他，次により計算した金額を加算して支給する。

基準退職金×30％

2．満55歳到達日の翌日から満60歳到達日までの間に，会社以外へ転進のために退職したときは，第3条に定める基準退職金及び第10条に定める勤続加算金の他，次により計算した金額を加算して支給する。

基準退職金×（20％－第10条に定める55歳以降の勤続加算周期率）

（増額・減額）

第12条　1．事業の都合により解雇した者・在職中特に功労のあった者及び特に同情すべき事由があると認められる者に対し増額支給することがある。

2．懲戒即時解雇した者に対しては減額または支給しないことがある。

（支給方法）

第13条　1．退職金は原則として退職の日より30日以内に本人または遺族に支給する。

但し，就業規則第　条を履行しなければならない。

2．全額支給または期間内支給が困難な場合，分割支給または期間を延長することがある。

（遺族の範囲）

第14条　1．前条の遺族は本人死亡当時その収入により生計を維持または生計を一にしていた者に限ることとし，その範囲及び順位は次のとおりとする。

(1) 配偶者（婚姻の届出をしなくとも事実上婚姻と同様な関係にある者を含む）

(2)　子
　(3)　父母（養父母がいる場合は養父母を先とする）
　(4)　孫
　(5)　祖父母
　(6)　兄弟姉妹

　２．遺族に対する支給は前項の基準に基づく順位者一人に対して行うものとし，同順位者が複数いるときは年長者を先とする。

　３．前各項に該当しない場合には労働基準法施行規則第42条ないし第45条の規定を準用する。

（退職年金）

第15条　満55歳以上かつ勤続20年以上の従業員としての資格を喪失した場合は別に定める退職年金規定により年金を支給する。

（退職年金との関連）

第16条　前条により年金を受ける者の退職金は本規定に定める退職金支給額から，支給される年金の年金現価相当額を控除して支給する。

付　　則

第17条　１．本規定に定めのない事項については法令の定めるところによる。

　２．法令に定めのない場合及び本規定に疑義を生じた場合は人事部長が決定する。

実例42-2

ペアとなっている規程の例

退職年金規定

（NS化学，化学製品・従業員2,250人）

第1章 総則

（目　的）

第1条　この規定は，従業員の退職後の生活の安定及び遺族の生活補助に寄与することを目的として，本人またはその遺族に対して支給する年金の制度について定める。

（適用範囲）

第2条　本規定の適用を受ける者は会社に雇用される従業員とする。

　　　　ただし，次の各号に該当する者は除く。
　　　　(1)　先任社員
　　　　(2)　嘱託従業員
　　　　(3)　見なし退職時までの勤続年数が20年未満の者
　　　　(4)　日々雇い入れられる者
　　　　(5)　臨時に期間を定めていて雇い入れられる者

（加入資格）

第3条　前条に該当する者は年齢満30歳以上かつ勤続5年以上で本制度に加入する資格を取得する。

（加入時期）

第4条　1．加入資格を取得した従業員の加入時期は加入資格取得直後の10月1日とする。

　　　　2．前項の規定にかかわらず本制度発足時に加入するものとする。（本制度に加入した者を以下加入者という。）

第2章 給付

第1節 通則

（給付の種類）

第5条　給付の種類は次のとおりとする。

　　　　退職年金
　　　　遺族年金

（年金の支給期間）

第6条　年金は，その受給権が発生した日の属する月の翌月からその権利が消滅した日の属する月までの分を支給する。
　（年金の支給時期）
第7条　年金は，毎年2月，5月，8月および11月の各25日に，それぞれ前月までの分を支給する。
　（年金の失権）
第8条　年金の受給権は，その給付を受ける権利を有する者（以下年金受給権者という。）が死亡したとき消滅する。
　（未払未済給付の特例）
第9条　年金受給権者が死亡した場合において，その者が支給を受けることができた給付で，支払を受けなかったものがあるときは，これを第10条に定める遺族に支給する。
　（遺族の範囲および順位）
第10条　1．年金を受けるべき遺族は加入者の死亡当時その収入により生計を維持または生計を一にしていた者に限ることとし，その範囲および順位は次のとおりとする。
　　(1)　配偶者（婚姻の届出をしなくとも事実上婚姻と同様な関係にある者を含む。）
　　(2)　子
　　(3)　父母（養父母がいる場合は養父母を先とする。）
　　(4)　孫
　　(5)　祖父母
　　(6)　兄弟姉妹
　　2．遺族年金は加入者があらかじめ会社に対して指定した順位による先順位者1人に対して支払う。
　　　ただし，加入者があらかじめ指定しなかったとき，前項の順位（同順位者が複数いるときは年長者を先とする。）による先順位者1人に対して支払う。
　　3．前各項に該当しない場合には労働基準法施行規則第42条ないし第45条の規定を準用する。
　（年金の一時払）
第11条　1．年金受給権者が次の各号の一に該当する事由により年金の全部又は一部について一時払の請求をし，会社がこれを認めたときは，将来の年金の支給に代えて一時払の取扱をする。
　　　ただし，請求の時期は(1)および(2)に該当する場合以外は年金の繰延期間中（年金受給権の取得日より年金支給日までの期間を繰延期間という。）または年金の支給開始時以降の一定期間内（3年間）に行うものとするが，年金の一部について一時払の取扱をする場合は，年金の繰延期間中に行うものとする。
　　(1)　災害
　　(2)　重疾病，後遺症を伴う重度の心身障害（生計を一にする親族の重疾病，後遺症を伴う重度の心身障害または死亡を含む。）
　　(3)　住宅の取得
　　(4)　生計を一にする親族（配偶者を除く。）の結婚または進学
　　(5)　債務の返済
　　(6)　その他前各号に準ずる事実
　　2．年金受給権者が死亡したときは，年金の支給に代えて一時払の取扱をすることができる。
　（給付の制限）
第12条　満55歳を過ぎて満60歳に至るまでの間において就業規則の規定にもとづいて懲戒解雇された者は年金または一時金を減額ないし支給しないことがある。

(年金または一時金の受給時の手続)
第13条　1．年金または一時金を受給しようとする者は次の書類を会社に提出しなければならない。
(1) 戸籍抄本
(2) 印鑑証明書
(3) その他会社が必要とする書類
　2．会社は場合により前項に定める書類の提出の省略を認めることができる。

第2節　退職年金

(退職年金の受給権)
第14条　加入者は年齢満55歳以上かつ勤続20年以上で退職又は見なし退職した場合，退職年金の受給権を取得する。

(退職年金の支給開始時期)
第15条　退職年金は前条の規定にかかわらず，受給権者が満60歳に達するまで支給を繰延べ，満60歳に達した日の属する月の翌月から支給を開始する。

(退職年金の支給額)
第16条　年金月額は次のとおりとする。
(1) 年金の一時払の取扱を行わない場合
　　退職時又は見なし退職時のＡ基本給×退職時又は見なし退職時の勤続年数に応じて定めた支給率(別表1)×退職時又は見なし退職時から年金の支給開始期日までの経過年数に応じて定めた据置乗率（別表3）
(2) 年金の一時払の取扱を行う場合
　　退職時又は見なし退職時のＡ基本給×退職時又は見なし退職時の勤続年数に応じて定めた支給率(別表1)×退職時又は見なし退職時から年金の支給開始期日までの経過年数に応じて定めた据置乗率（別表3）×0.88

(退職年金の支給期間)
第17条　退職年金の支給期間は10年間とする。

第3節　遺族年金

(遺族年金の支給条件)
第18条　次の各号の一に該当する場合には，その遺族に遺族年金を支給する。
(1) 加入者が年齢満55歳以上かつ勤続20年以上で死亡退職したとき
(2) 退職年金受給権者が満60歳に達する前に死亡したとき
(3) 年金受給中の者が死亡したとき

(遺族年金の支給開始時期)
第19条　遺族年金は前条各号に掲げる事実が発生した日の翌月から支給を開始する。

(遺族年金の支給額)
第20条　年金月額は，次のとおりとする。
(1) 第18条(1)に該当する場合
　　死亡時のＡ基本給×死亡時の勤続年数に応じて定めた支給率（別表1）
(2) 第18条(2)に該当する場合
　　当該加入者の年金月額
　　ただし，年金月額の算出に際しては，据置乗率について，退職時又は見なし退職時から

死亡時までの経過年数により計算する。
- (3) 第18条(3)に該当する場合
    年金受給中の者が受けていた年金月額と同額

（遺族年金の支給期間）

第21条　遺族年金の支給期間は次のとおりとする。
- (1) 第18条(1)に該当する場合
    10年間
- (2) 第18条(2)に該当する場合
    10年間
- (3) 第18条(3)に該当する場合
    10年間からすでに支給された年金の支給期間を差し引いた期間

第4節　年金に代えて支給する一時金

（年金に代えて支給する一時金）

第22条　1．年金受給権者に年金の全部に代えて支払う一時金の額は支払時期に応じてそれぞれ次のとおりとする。
- (1) 退職時又は見なし退職時に支払う場合
    退職時又は見なし退職時のＡ基本給×0.432×退職時又は見なし退職時の勤続年数に応じて定めた支給率（別表2）
- (2) 退職時又は見なし退職時から満60歳に達する日までに支払う場合
    当該加入者の年金月額×83.905
    ただし，年金月額の算出に際しては，据置乗率について，退職時又は見なし退職時から一時金支払までの経過年数により計算する。
- (3) 年金の支給開始期日以後支払う場合
    当該加入者の年金月額×残存保証期間に応じて定めた別表4の年金現価率

2．年金の受給権者に年金の一部に代えて支払う一時金の額は支払時期に応じてそれぞれ次のとおりとする。
- (1) 退職時又は見なし退職時に支払う場合
    退職時又は見なし退職時のＡ基本給×0.432×退職時又は見なし退職時の勤続年数に応じて定めた支給率（別表2）×0.17
- (2) 退職時又は見なし退職時から満60歳に達する日までに支払う場合
    当該加入者の年金月額×83.905×0.17

3．年金現価の計算に際しては利率は年5.5％とする。

第3章　制度の運営

（企業年金保険契約および年金信託契約）

第23条　1．会社は本制度の健全なる運営をはかるため，法人税法施行令第159条に定める要件を備えた企業年金保険契約および年金信託契約をＤＨ生命保険相互会社およびＭＨ生命保険相互会社ならびにＭＢ信託銀行株式会社，ＴＹ信託銀行株式会社，ＳＴ信託銀行株式会社およびＣＯ信託銀行株式会社との間で締結し，年金基金を設定する。

2．第24条に定める通常の拠出金および第25条に定める過去勤務債務等の額の償却に要する拠

出金のうち，その$\frac{65}{100}$に相当する金額および第26条に定める制度運営の費用の全額は企業年金保険の保険料として拠出し，その$\frac{35}{100}$に相当する金額は年金信託に信託する。

　3．年金または一時金のうち，その$\frac{65}{100}$に相当する金額は企業年金保険契約から支払い，その$\frac{35}{100}$に相当する金額は年金信託契約から支払う。

（通常の拠出金）

第24条　1．本規定に定める給付の財源にあてるため適正な年金数理に基づいて算定された所要の通常の拠出金は，全額会社が負担する。

　2．会社は前項の拠出金として各加入者の基準給与合計額の75.15％相当額を毎年3月1日に拠出する。

（過去勤務債務等）

第25条　1．会社は本制度実施に伴う過去勤務債務等の額の償却に要する拠出金を全額負担する。

　2．過去勤務債務等の額の計算方法は洗替一括管理方式とする。

　3．過去勤務債務等の額の償却は法人税法施行令第159条第6号ハに定める方法により年$\frac{30}{100}$の割合で償却を行う。

　4．会社は前項に定める拠出金として，前項により計算した額を毎年3月1日に拠出する。

　　ただし，過去勤務債務等の現在額が会社のその時の事業年度に払い込まれる通常の拠出金の額以下となるときは，当該過去勤務債務等の現在額に相当する額を拠出する。

（制度運営の費用）

第26条　会社は前2条に定める拠出金のほか，第23条に定める企業年金保険契約に係る付加保険料を全額負担する。

（財政決算日）

第27条　本制度における財政決算日は毎年9月30日とする。

（財政計画の定期的検討）

第28条　会社は本制度の財政計画を定期的に再検討することとし，次回は昭和　年　月　日に行い，以降3年ごとに行うこととする。

（超過留保額の返還）

第29条　前条に定める掛金改定の検討時において保険料積立金及び年金信託財産が法人税法施行令第159条第7号に定める退職年金の給付に充てるため保留すべき金額を超える場合には会社は当該超える部分の返還を受けこれを収受するものとする。

（規定の改廃）

第30条　本制度は社会経済の情勢または社会保障制度の変更，会社経理の事情に応じ，改正または廃止できるものとする。

（基金の分配）

第31条　1．本制度が廃止されたときは企業年金保険契約に基づく年金基金については第2項により分配し，年金信託契約に基づく年金基金については第3項および第4項により分配する。

　2．企業年金保険契約に係る年金基金については，各加入者の責任準備金に比例して分配する。

　　ただし，すでに年金の支給を開始した加入者に対応する基金はこれを分配することなく，当該加入者に継続して年金を支給する。

　3．年金信託契約に係る年金基金については，すでに年金の支給を開始した加入者に対してその者に係る責任準備金相当額を分配する。ただし，年金基金に不足をきたす場合は責任準備金に比例して分配する。

　4．前項による分配を行ってなお年金基金に残余がある場合は加入者の責任準備金に比例して

分配する。
  (見なし退職後の退職年金の月額の増額)
第32条　本制度が改正された場合，見なし退職しいまだ在籍している者の退職年金の月額についても改正実施日以降増額することがある。

第4章　雑　　則

  (譲渡担保の禁止)
第33条　本制度に基づく年金を受ける権利はこれを譲渡し又は担保に供することはできない。
  (勤続年数の計算)
第34条　1．勤続年数は本採用された日から起算し，退職又は見なし退職した日までとする。
　　　　　ただし，試雇期間を含むものとする。
　　　　2．受給資格判定の基準となる勤続年数の1年未満の端数は切り捨てる。
　　　　3．給付額算定の基準となる勤続年数の1年未満の端数は月割とし，月の端数は15日までは0.5か月，16日以上は1カ月とする。
　　　　4．休職期間は就業規則第　条の定めによる。
　　　　　ただし，特別休職期間については勤続年数に算入しないものとする。
  (拠出金算定の基礎となる基準給与)
第35条　拠出金算定の基礎となる基準給与は毎年10月1日現在のA基本給とし，1年間適用する。
  (給付額の端数処理)
第36条　1．年金月額に10円未満の端数が生じたときはこれを10円単位に切り上げる。
　　　　2．一時金額に100円未満の端数が生じたときはこれを100円単位に切り上げる。
  (見なし退職時の定義)
第37条　本規定に定める見なし退職時とは加入者の資格に応じて定められた次の年齢に達することをいう。
　　(1)　加入者の資格が副参事以上の場合　　　　　　　　　　満58歳
　　(2)　加入者の資格は主事（技師）または主事補（技師補）の場合　　満56歳
　　(3)　加入者の資格が前(1)または(2)号以外の場合　　　　　満55歳
  (退職および死亡退職の定義)
第38条　本規定に定める退職および死亡退職とは加入者が見なし退職する前に会社を退職および死亡退職することをいう。

第5章　付　　則

  (制度実施日)
第39条　本制度は平成　年　月　日から実施する。
  (拠出金の払込に関する経過措置)
第40条　会社は本制度実施時に，第24条ないし第26条に定める所要の年払拠出金の$\frac{2}{12}$相当額を拠出する。
  (制度改定日)
第41条　本制度は平成　年　月　日から一部改正実施する。
  (経過措置)

第42条　平成　年　月　日付制度変更日において，既に本制度に加入していた者については，改正日前日までの本規定による退職年金または遺族年金の受給資格を適用する。

（制度改訂日）

第43条　本制度は平成　年　月　日から一部改訂実施する。

（制度改訂日）

第44条　本制度は平成　年　月　日から一部改訂実施する。

（経過措置）

第45条　平成　年　月　日において，見なし退職しいまだ在籍している者の退職年金の月額については，平成　年　月　日付制度変更の内容にもとづき計算された年金月額に改訂するものとする。

（過去勤務債務等の掛金等の払込み）

第46条　平成　年　月　日以降第23条に定める企業年金保険契約ならびに適格退職年金信託契約による引受割合を変更したことにより，会社は引受割合が減少した受託会社より返還された返還金を施行令第159条第8号ハにもとづき引受割合が増助した会社に過去勤務債務等の掛金等として直ちに払い込むものとする。

（制度改訂日）

第47条　本制度は平成　年　月　日から一部改訂実施する。

② 自社（一時金）制度と年金制度併用の例

別表1　年金支給率表

勤続年数	支給率	勤続1カ月当りの支給率
19年	0.203372	0.001288
20	0.218819	0.002017
21	0.243016	〃
22	0.267215	〃
23	0.291414	〃
24	0.315613	〃
25	0.339812	0.000778
26	0.349080	〃
27	0.358347	〃
28	0.367615	〃
29	0.376882	〃
30	0.386150	0.000216
31	0.388724	〃
32	0.391298	〃
33	0.393873	〃
34	0.396447	〃
35	0.399021	〃
36	0.401596	〃
37	0.404170	〃
38	0.406744	〃
39	0.409319	〃
40年以上	0.411893	—

別表2　一時金支給率表

勤続年数	支給率	勤続1カ月当りの支給率
19年	39.5	0.2500
20	42.5	0.3917
21	47.2	〃
22	51.9	〃
23	56.6	〃
24	61.3	〃
25	66.0	0.1500
26	67.8	〃
27	69.6	〃
28	71.4	〃
29	73.2	〃
30	75.0	0.0417
31	75.5	〃
32	76.0	〃
33	76.5	〃
34	77.0	〃
35	77.5	〃
36	78.0	〃
37	78.5	〃
38	79.0	〃
39	79.5	〃
40年以上	80.0	—

別表3　据置乗率表

経過年数	乗率
0年	1.0000
1	1.0550
2	1.1130
3	1.1742
4	1.2388
5	1.3070

A年B カ月の乗率は次による。

A年の乗率＋{（A＋1）年の乗率－A年の乗率}×$\frac{B}{12}$

ただし、端数が生じた場合は小数点以下5位を4捨5入する。

別表4　年金現価率表

月\年	0	1	2	3	4	5
0	0	0.879	1.758	2.637	3.516	4.395
1	10.550	11.385	12.218	13.052	13.885	14.719
2	20.553	21.343	22.133	22.923	23.713	24.503
3	30.033	30.782	31.531	32.280	33.029	33.778
4	39.018	39.728	40.438	41.148	41.858	42.568
5	47.535	48.208	48.881	49.554	50.226	50.899
6	55.608	56.245	56.883	57.520	58.157	58.795
7	68.260	63.865	64.469	65.074	65.678	66.283
8	70.514	71.086	71.659	72.232	72.805	73.377
9	77.389	77.932	78.475	79.017	79.560	80.103
10	88.905	—	—	—	—	—

月\年	6	7	8	9	10	11
0	5.275	6.154	7.033	7.912	8.791	9.670
1	15.553	16.386	17.220	18.054	18.887	19.721
2	25.293	26.083	26.873	27.663	28.453	29.243
3	34.527	35.276	36.025	36.775	37.524	38.273
4	43.278	43.988	44.698	45.408	46.118	46.828
5	51.572	52.245	52.917	53.590	54.263	54.935
6	59.432	60.069	60.706	61.344	61.981	62.618
7	66.887	67.492	68.096	68.701	69.305	69.910
8	73.950	74.523	75.095	75.668	76.241	76.814
9	80.645	81.188	81.731	82.274	82.816	83.359
10	—	—	—	—	—	—

実例43-①

ペアとなっている規程の例

退職手当規程

自社（一時金）制度と年金制度併用

（HM電機，通信機器製造・従業員1,800人）

（目　的）
第1条　就業規則第　条に定めるところにより，従業員の退職手当の支給条件および支給額について定めたものである。

（支給事由）
第2条　退職手当は，次の各号の一つに該当するときに支給する。
　(1)　定年による退職
　(2)　業務上または業務外の事由による傷病のため死亡したとき
　(3)　業務上または業務外の事由による傷病のため勤務に耐えられないで退職したとき
　(4)　会社の都合により解雇されたとき
　(5)　会社の役員就任による退職
　(6)　ルート選択制度による退職
　(7)　自己都合による退職

　2．前項に定める各事由のうち第7号による退職については，第9条に定める乙率を，その他の事由による退職については甲率を適用する。
　　但し，第7号で58歳以降の退職については甲率を適用する。

（退職手当の支給日）
第3条　退職手当の支給は，発令後20日以内とする。
　　但し，退職手当に関して争いがあるとき，あるいは支払いに異議のある場合は，その争いまたは異議のある部分について争いまたは，異議が消滅した後支給するものとする。

（勤続年数）
第4条　勤続年数は次による。
　(1)　入退社の日をもって計算する
　(2)　1カ年未満の端数月は月割とし，月に満たない端数日は月に切り上げる
　(3)　試用のための雇用期間は勤続年数に算入する
　(4)　出向休職および組合専従休職を除いた休職期間ならびに，産前産後休暇期間は勤続年数に算入しない。
　　　但し，業務上による療養期間は算入する。

（退職手当支給の除外）
第5条　次の各号の一つに該当する場合は，退職手当を支給しない。
　　但し，在職中成績優秀なものまたは情状により規定の範囲内においてその一部を支給するこ

とがある。
  (1) 見習期間中の者
  (2) 懲戒解雇の場合
  (3) 嘱託が退職した場合
      但し，一般従業員と同様と認められた者はこのかぎりではない。
  (4) 第2条第7号に該当し，勤続2年未満の場合

（女子の特例）
第6条　削除。

（退職手当の計算）
第7条　退職手当は，次の計算式により算出する。但し，別に定める退職年金規約により支給を受ける場合は，その額を控除して支給する。

　　　　第8条に定める退職手当計算基礎額×第9条に定める退職手当計算乗率＝支給額

（退職手当計算基礎額）
第8条　退職手当計算基礎額は，4月1日現在の満年齢に基づき次の表により決定する。

年齢	基　礎　額	年齢	基　礎　額	年齢	基　礎　額	年齢	基　礎　額
15歳	20,087円	26歳	45,574円	37歳	71,061円	48歳	96,548円
16	22,404	27	47,891	38	73,378	49	98,865
17	24,721	28	50,208	39	75,695	50	101,182
18	27,038	29	52,525	40	78,012	51	103,499
19	29,355	30	54,842	41	80,329	52	105,816
20	31,672	31	57,159	42	82,646	53	108,133
21	33,989	32	59,476	43	84,963	54	110,450
22	36,306	33	61,793	44	87,280	55	112,767
23	38,623	34	64,110	45	89,597	56	115,084
24	40,940	35	66,427	46	91,914	57	117,401
25	43,257	36	68,744	47	94,231		

　2．退職手当計算基礎額の更改は，毎年4月1日現在の満年齢によりその年の3月21日付けをもって行う。

　3．58歳以降の退職手当計算基礎額は57歳時点の基礎額を適用する。

（退職手当計算乗率）
第9条　退職手当計算乗率は次（次頁の表による。編集部注）による。

　　但し，満55歳以降の勤続に対する乗率適用においては，満55歳に達する日の前日における勤続年数に対応する乗率に，満55歳に達した日以降の勤続年数1年につき1.0の割合で計算した乗率を加える。

（退職手当の割増）
第10条　5等級以上者，特別職1等級者および永年勤続者ならびに功労者に対しては，第7条により算出した金額に次の割増を行う。
  (1) 5等級以上者ならびに特別職1等級者の割増
      5等級および特別職1等級　　　0〜10%

(昭和　年　月　日)

勤続	甲率	勤続	甲率	勤続	乙率	勤続	乙率
1年未満	0.7	26	91.5	1年未満	0	26	57.8
1年	0.7	27	96.9	1年	0	27	60.9
2	2.0	28	102.3	2	0.7	28	64.5
3	3.6	29	107.8	3	1.2	29	67.9
4	5.6	30	113.4	4	2.3	30	71.4
5	7.8	31	114.9	5	3.5	31	73.8
6	10.2	32	116.4	6	4.7	32	76.3
7	12.8	33	117.9	7	6.3	33	78.9
8	15.7	34	119.4	8	9.7	34	81.6
9	18.7	35	120.9	9	9.7	35	84.3
10	21.9	36	122.4	10	11.5	36	87.2
11	25.2	37	123.9	11	13.6	37	90.1
12	28.7	38	125.4	12	15.6	38	93.2
13	32.4	39	126.9	13	17.7	39	96.3
14	36.2	40	128.4	14	20.0	40	96.6
15	40.1			15	22.3		
16	44.2			16	24.8		
17	48.4			17	27.3		
18	52.8			18	29.9		
19	57.2			19	32.5		
20	61.8			20	35.3		
21	66.5			21	39.6		
22	71.3			22	43.3		
23	76.2			23	46.9		
24	81.2			24	50.4		
25	86.3			25	54.1		

　　　　4等級　　　　　　　　　　10～20%
　　　　3等級　　　　　　　　　　20～30%
　　　　2等級　　　　　　　　　　30～40%
　　　　1等級　　　　　　　　　　40～50%
　　但し，各等級とも在任年数5年間は1年1%の割合で下限の割増率を引き上げる。
(2) 永年勤続者の割増
　　　　区　　分　　　　　　割増率
　　　　勤続30年以上の永年勤続者　　7.5%以内
　　　　勤続35年以上の永年勤続者　　10%以内
(3) 功労者の割増　　　　　　　　　15%以内
　　功労者とは在職中次の功績があった者をいい，割増は勤続年数を勘案して行う。

ア．業務上の特許，考案，発明をなし表彰を受けた者，もしくはこれに準ずるものと会社が認めた者
　　　イ．生産，能率増進，業務改善，器具工具等の優良考案をなし表彰を受けた者，もしくはこれに準ずるものと会社が認めた者
　　　ウ．災害を未然に防止し，または，災害に際し人命救助その他により社名を顕彰した者，もしくはこれに準ずるものと会社が認めた者
　２．前項の割増項目が重複する場合は，割増の大きいほうをもって計算し重複計算を行わない。

（退職手当の支給順位）
第11条　従業員が死亡したときは，その退職手当は労働基準法施行規則第42条乃至第45条に定める遺族補償の順位により，その遺族に支給する。

（退職手当の端数処理）
第12条　計算上の端数は甲率適用の場合1,000円単位に，乙率適用の場合500円単位に切り上げる。

退職年金

（目　　　的）
第13条　退職年金制度は永年勤続した従業員の退職または死亡について年金の給付を行い，退職後における生活の安定をはかることを目的とする。
　　　詳細に関しては別に定める退職年金規約による。

付　　則

（施　　　行）
第14条　この規程は平成　年　月　日より施行する。
　　（制定昭和　年　月　日・改定平成　年　月　日）

実例43-2　退職年金規約

ペアとなっている規程の例

退職年金規約

自社（一時金）制度に上乗せ制度

（HM電機，通信機器製造・従業員1,800人）

第1章　総　則

（目　的）
第1条　本規約による年金制度は，永年勤続した従業員の退職または死亡について年金の給付を行い，退職後における生活の安定をはかることを目的とする。

（差別待遇の禁止）
第2条　本制度においては，従業員のうち特定の者につき不当に差別的な取扱いをしないものとする。

（従業員）
第3条　本規約において従業員とは，当社に勤務する者のうち次の各号に該当する者を除いた者をいう。
　　1．役　員
　　2．嘱　託
　　3．臨時雇
　　4．試傭期間中の者
　　5．日々雇い入れられる者

第2章　加入および脱退

（加入資格）
第4条　①　勤続満2年に達した従業員は，本制度に加入することができる。
　　但し，次条に定める加入時期から起算して定年までに加入期間が15年に満たない者は，加入しないものとする。
　②　制度に加入した従業員を加入者という。

（加入時期）
第5条　本制度への加入時期は，加入資格取得後最初に到来する7月1日とする。

（在職脱退の禁止）
第6条　加入者は，在職中において本制度より脱退することができない。

第 3 章 給 付

第 1 節 通 則

（給付の種類）

第 7 条　年金および一時金の給付は，次の 4 種類とする。
　　1．退職年金
　　2．脱退一時金
　　3．遺族年金
　　4．遺族一時金

（年金の給付時期）

第 8 条　年金は，毎年 4 回 3 月，6 月，9 月および12月に，それぞれ前月までの分を支給する。

第 2 節　退職給付

（退職年金受給資格）

第 9 条　① 加入者が加入期間20年以上かつ年齢満50歳以上で退職（役員就任を含む。以下同じ。）したときは，退職の月の翌月より 5 年間退職年金を支給する。
　　　但し，当社就業規則第　条に規定する懲戒解雇された者には，退職年金を支給しない。
　　② 前項により退職年金の受給資格を取得した者を退職年金受給資格者，退職年金受給資格者にして退職した者を退職年金受給権者という。

（退職年金給付額）

第10条　退職年金給付月額は，退職のときの退職手当計算基礎額に加入期間に応じ，それぞれ別表Ⅰの乗率を乗じて算出した金額とする。
　　　但し，加入期間に 1 年未満の端数月があるときは，乗率は次の算式により計算し，小数第 4 位を 4 捨 5 入したものとする。

$$\begin{pmatrix}端数月を切り捨てた\\加入年数による乗率\end{pmatrix}+\left\{\begin{pmatrix}端数月を切り上げた\\加入年数による乗率\end{pmatrix}-\begin{pmatrix}端数月を切り捨てた\\加入年数による乗率\end{pmatrix}\right\}\times\frac{端数月数}{12}$$

（一時金の選択）

第11条　① 退職年金受給権者は，退職時において次に掲げる事情がある場合は，年金委員会の認定により，年金に代え一時金の給付を受けることができる。
　　　但し，重大なる疾病，災害の場合は，給付期間中においても一時金を選択することができる。
　　1．本人またはその収入により生計を維持している者が病気，災害の事情にある場合。
　　2．住宅の建設または購入の必要ある場合。
　　3．近い将来子女の教育または結婚資金を必要とする場合。
　　4．退職年金給付額が月額5,000円以下の場合。
　　5．債務の弁済の必要ある場合。
　　6．前各号に準ずる場合。
　② 前項の一時金給付額は，退職年金受給権者が，いまだ年金の支給を受けていないときは 5 年間，既に支給を受けた年金があるときは 5 年よりすでに退職年金として支給済の金額に対応する年月数を控除した期間（以下残余期間という。）に応じ，退職年金給付月額に別表Ⅲの乗率を乗じて得た額とする。

（脱退一時金）

第12条　①　加入者が加入期間15年以上にして，年金受給資格を満たさないで退職したときは，退職の翌月脱退一時金を支給する。但し，当社就業規則第　条に規定する懲戒解雇された者には，本規約第9条第1項但し書を準用して脱退一時金を支給しない。

②　脱退一時金の給付額は，退職のときの退職手当計算基礎額に加入期間に応じ，それぞれ別表IIの乗率を乗じて算出した金額とする。

　　但し，加入期間に1年未満の端数月のある場合は，第10条但し書を準用した乗率によるものとする。

（遺族年金）

第13条　①　退職年金の受給資格者または受給権者が年金給付開始前に死亡したときは，死亡の月の翌月より5年間，年金受給中の受給権者が死亡したときは残余期間，その遺族に本人の退職年金給付額と同額の年金を支給する。

②　遺族は，その希望により第11条第2項を準用して年金に代え一時金で給付を受けることができる。

（遺族の範囲および順位）

第14条　①　遺族年金を受けることができる遺族（以下遺族年金受給権者という。）は，本人の配偶者（事実上婚姻と同様の関係にある場合を含む。以下同じ。）とし，配偶者のない場合は，本人の子，父母，孫および祖父母で，本人の死亡の当時その収入により生計を維持していた者とする。

　　但し，胎児は本人の死亡の当時その収入により生計を維持していた子とみなす。

②　前項の規定に該当する者がいない場合は，遺族年金受給権者は年金委員会の認定した者とする。

③　遺族年金受給権者の順位は，第1項本文に掲げる順位により，同一順位の受給権者が2人以上ある場合は，遺族年金はその人数によって等分するものとする。

④　遺族年金受給権者が死亡したときは，次順位の受給権者に遺族年金に代える一時金を支給する。

⑤　前項の一時金給付額については，第11条第2項を準用して算出する。

（遺族一時金）

第15条　加入者が加入期間15年以上にして，年金受給資格を満たさないで死亡したときは，第12条第2項および第14条第1項乃至第3項を準用して，その遺族に加入者に支給する脱退一時金と同額の一時金を支給する。

第4章　拠　　出

（拠出金の負担）

第16条　年金および一時金の給付原資に充てるために必要な拠出金は会社が負担し，その額は適正な年金数理に基づいて算定するものとする。

（拠　出　金）

第17条　①　会社は，毎月の末日にそれぞれ次の金額を拠出する。加入者（第19条による拠出の中断者を除く。）の退職手当計算基礎額の合計額に3.0%を乗じて算出された額。

②　前項の拠出金は，加入者の加入の月から退職または死亡の月までとする。

（過去勤務債務等）

第18条　①　過去勤務債務等の額（この制度においては，一括管理方式により算出する。）に係る掛

金は，法人税法施行令（以下施行令という。）第159号第6号ロに定めるところに従い拠出する。
② 過去勤務債務等の額の償却割合は，年100分の15とする。
③ 会社は，過去勤務債務等の額に係る掛金として，毎年3月および9月の各末日に次の金額を拠出する。

　3月および9月の加入者（但し，前条に定める拠出金の拠出中断者を除く。）の当該月の退職手当計算基礎額の合計額に40.1％を乗じて算出された額。

（付加保険料）
第18条の2　会社は，第17条および第18条に定める拠出金のほかに企業年金保険契約協定書に定める付加保険料を負担する。

（拠出の中断）
第19条　加入者が休職（組合業務に専従した場合および他の会社へ出向した場合を除く。）または長期欠勤となったときは，会社は第17条に定める拠出をその翌月から中断する。

（拠出の復活）
第20条　前条の拠出の中断事由が消滅したときは，会社はその翌月から拠出を復活する。

第5章　制度の運営

（基金の管理運用）
第21条　① 第17条および第18条により拠出された年金および一時金の給付原資の管理運用ならびにその給付事務は，年金基金の独立性と給付の確実性をはかるため，会社はＣＳ銀行株式会社，ＹＳ銀行株式会社，ＭＳ銀行株式会社，ＮＴ銀行株式会社，ＴＳ銀行株式会社および株式会社ＤＹ銀行（以下「共同受託者」という。）との間に年金信託契約を，ＮＳ保険相互会社，ＤＳ保険相互会社，ＳＴ保険相互会社およびＡＳ保険相互会社（以下「共同取扱保険者」という。）との間に企業年金保険契約を締結し，これを共同受託者および共同取扱保険者に行わしめるものとする。
② この制度における拠出金（第17条および第18条に定める拠出金）の配分割合および給付割合は，それぞれ次のとおりとする。

　　1．年　金　信　託　契　約……………$\frac{74}{100}$

　　2．企業年金保険契約……………$\frac{26}{100}$

③ 共同受託者および共同取扱保険者のうち，ＳＴ信託銀行株式会社を総幹事会社とし，年金信託契約ならびに企業年金保険契約に基づく拠出金の受け入れは，総幹事会社を経由して行う。
④ 会社は，共同受託者および共同取扱保険者に対して年金基金の返還を請求することができない。

（年金財政に関する再検討）
第22条　① 会社は，共同受託者および共同取扱保険者をして毎年6月末日における責任準備金の計算書を提出せしめ，かつ少なくとも5年ごとに年金財政に関する再検討を行わしめるものとする。
② 会社は，前項による年金財政に関する再検討に基づいて必要に応じ年金数理の基礎率，拠出率，給付率等の適正な修正を行うものとする。

（施行令第159条第7号に定める額の返還）

第23条　前条に定める年金財政に関する再検討時において，年金信託財産のうち，施行令第159条第7号に定める留保すべき金額を超える部分がある場合には，会社は，当該超える部分の金額の返還を受け，これを収受するものとする。

（年金委員会）
第24条　①　本制度の適正な運営を行うため，年金委員会を設置する。
　　　　②　年金委員会は，会社選出委員3名，従業員選出委員2名の計5名をもって構成する。
　　　　③　年金委員会は，必要に応じ次の事項を審議する。
　　　　　　1．本規約の改廃に関する事項
　　　　　　2．本規約の適用に関し疑義を生じた場合の裁定に関する事項
　　　　　　3．受給権の付与および認定ならびに一時金選択の認定に関する事項
　　　　　　4．年金基金の管理運用に関する事項
　　　　　　5．拠出率，給付率等年金財政計画の検討に関する事項
　　　　　　6．その他本制度の適正な運営に必要な事項
　　　　④　会社は，年金委員会の審議を経た事項については，その審議の結果に基づき必要な措置をとるものとする。

（制度の改廃）
第25条　本制度は，社会保障制度の状況，経済状勢の変動等に応じてその一部もしくは全部を改訂または廃止することができる。

（年金基金の分配）
第26条　①　第21条の年金信託契約が終了したときは，次の基準により年金基金を分配する。
　　　　　　1．退職年金受給権者および遺族年金受給権者に対して，契約終了時におけるその者の責任準備金に相当する金額を分配する。但し，年金基金に不足をきたす場合は，責任準備金の額に応じて分配する。
　　　　　　2．前号本文による分配を行って，なお，年金基金に残余がある場合には，契約終了時における加入者の責任準備金の額に応じて加入者に分配する。
　　　　②　第21条の企業年金保険契約が終了したときは，同契約にかかわる年金基金は，企業年金保険契約協定書に定めるところに従って処分する。

第6章　雑　　則

（権利の処分の禁止）
第27条　年金または一時金の給付を受ける権利は，これを譲渡または質入することができない。

（事務および書類の管理）
第28条　本規約に基づく事務および書類の管理は，第22条により共同受託者に委託されたものを除き，会社が総務部において行う。

（届出義務）
第29条　①　本規約により給付を受ける者は，次の各号の定めるものを会社に提出し，かつ会社から照会のあった事項について回答しなければならない。
　　　　　　但し，会社が本制度の運営上支障がないと認めたときは，第3号に定める書類の提出を省略することができる。
　　　　　　1．年金または一時金受領方法についての届出
　　　　　　2．住所についての届出

3．生存を証明する書類
4．所得税法ならびに地方税法に定める必要な申告書
② 前項により届出または回答を行った事項について変更のあったときは，速やかに会社に届出なければならない。
③ 年金受給権者が死亡したときは，その遺族は死亡を証する書類に戸籍謄本を添えて，速やかに会社に届出なければならない。
　死亡を証明する書類が提出されるまでの間に支払われた年金のうち遺族給付相当額は，当該遺族給付の受給権者が受け取ったものとみなす。

（期間の計算）
第30条　① 加入者の加入期間は，本制度加入の月から退職または死亡の月までとする。
② 前項の期間には，休職（組合業務に専従した場合および他の会社へ出向した場合を除く。）または長期欠勤となった期間は，これを算入しない。

（端数処理）
第31条　本規約において，年金および一時金の給付額ならびに拠出金額に円位未満の端数金額が生じた場合は，これを切り捨てる。

（時　効）
第32条　年金または一時金の給付を受ける権利は，給付事由が生じた日から5年間これを行使しないときは，時効により，消滅する。
　但し，会社が特別の事情があると認めた場合は，この限りではない。

（退職手当計算基礎額）
第33条　本規約における退職手当計算基礎額は，給与規定第　条に定める退職手当計算基礎額をいう。

付　則

（施行期日）
1．本規約は平成　年　月　日より実施する。

（経過措置）
2．第5条第2項にかかわらず本規約実施のとき既に勤続満2年以上の従業員は本制度に加入することができる。この場合の加入期間の計算については，勤続満2年経過後最初に到来した7月1日に加入したものとみなす。

（加入時期）
3．第1回の加入時期は第5条第1項にかかわらず平成　年　月　日とする。

（本制度に加入しない場合の特例）
4．付則2の規定により加入したものとみなされる日から起算して定年までに加入期間が15年に達しない者はこの制度に加入しないものとする。

5．① 平成　年　月　日〇〇〇〇〇株式会社（以下甲という。）より当社へ転籍した従業員の勤続年数の計算については，当社および甲における勤続年数を通算する。
② 第5条第1項にかかわらず，前項に該当する者で，平成　年　月　日現在で勤続満2年以上の従業員は平成　年　月　日に本制度へ加入することができる。この場合の加入期間の計算については，勤続満2年を経過した後最初に到来した7月1日に加入したものとみなす。

付　　則

（施行期日）
1．本規約は平成　年　月　日より改正実施する。
（過去勤務債務等の掛金等の払込み）
2．平成　年　月　日付引受割合の変更に伴い，会社はＣＳ銀行株式会社，ＹＳ銀行株式会社，ＭＳ銀行株式会社，ＮＴ銀行株式会社，ＴＳ銀行株式会社および株式会社ＤＹ銀行より施行令第159条第8号ハにより定められた信託財産の返還を受けたときは，過去勤務債務等の掛金等としてＮＳ保険相互会社，ＤＳ保険相互会社，ＳＴ保険相互会社およびＡＳ保険相互会社へ返還金を受領した日に直ちに拠出するものとする。

付　　則

（施行期日）
1．本規約は，平成　年　月　日より改正実施する。
（過去勤務債務等の掛金等の払込み）
2．平成　年　月　日付引受割合の変更に伴い，会社はＣＳ銀行株式会社，ＹＳ銀行株式会社，ＭＳ銀行株式会社，ＮＴ銀行株式会社，ＴＳ銀行株式会社および株式会社ＤＹ銀行より施行令第159条第8号ハにより定められた信託財産の返還を受けたときは，過去勤務債務等の掛金等としてＮＳ保険相互会社，ＳＴ保険相互会社およびＡＳ保険相互会社へ返還金を受領した日に直ちに拠出するものとする。

別表Ⅰ　年金給付乗率表

加入期間	給付乗率
20（年）	0.570
21	0.585
22	0.600
23	0.615
24	0.630
25	0.645
26	0.660
27	0.675
28	0.690
29	0.705
30	0.720
31	0.735
32	0.750
33	0.765
34	0.780
35	0.795
36	0.810
37	0.825
38年以上	0.840

別表Ⅱ　一時金給付乗率表

加入期間	給付乗率
15年未満	0
15（年）	6.225
16	6.810
17	7.395
18	7.980
19	8.565
20	9.150
21	9.735
22	10.320
23	10.905
24	11.490
25	12.075
26	12.660
27	13.245
28	13.830
29	14.415
30	15.000
31	15.585
32	16.170
33	16.170

別表Ⅲ　残余期間　　　　　　　　　　　　　　　　　　（年利率5.5%）

年＼月	0	1	2	3	4	5	6	7	8	9	10	11
0	0.00000	0.99777	1.99110	2.98001	3.96451	4.94464	5.92040	6.89181	7.85890	8.82169	9.78019	10.73442
1	11.68296	12.62872	13.57026	14.50761	15.44079	16.36982	17.29471	18.21548	19.13216	20.04475	20.95328	21.85776
2	22.75692	23.65337	24.54583	25.43432	26.31885	27.19944	28.07611	28.94888	29.81777	30.68279	31.54395	32.40128
3	33.25356	34.10328	34.94921	35.79138	36.62979	37.46448	38.29545	39.12272	39.94631	40.76623	41.58250	42.39514
4	43.20300	44.00842	44.81025	45.60851	46.40322	47.19439	47.98204	48.76619	49.54684	50.32401	51.09773	51.86800
5	52.63380											

実例44-①

ペアとなっている規程の例

退 職 手 当 規 則

自社（一時金）制度と年金制度併用の例

（ＴＫ化学，化学製品製造・従業員1,500人）

第1条　就業規則第　条によりこの規則を定める。

第2条　退職手当は退職当時の基本給に，勤続年数に応ずる退職事由別支給率を乗じて算出した額とする。

但し，女子従業員で，満5年以上勤務した者が自己の都合により退職する場合の計算は次の通りとする。勤続満5年目迄の退職手当は，退職当時の基本給及び附加給の合算額である本給に，又勤続満5年を超える退職時迄の分は退職当時の基本給に，それぞれ勤続年数に応ずる退職事由別支給率を乗じて算出した額の合計額とする。

第3条　この規則で従業員とは，社員又は之に準ずる者をいい，嘱託，日傭者，臨時傭員は，之に含まれない。

第4条　従業員が次の各号の事由により，退職するときの支給率は，第1号表による。
　　1．定　　年
　　2．業務上の都合
　　3．公傷病（死亡又は打切補償を行ったとき）

第5条　従業員が次の各号の事由により退職するときの支給率は，第2号表による。
　　1．私傷病による死亡
　　2．傷病その他身体の障害により業務に服する事が出来ないとき

第6条　従業員が自己の都合により退職するときの支給率は，第3号表による。

第7条　会社が在職中特に功労ありと認めた者に対しては，相当する号表により算出した額の30％以内の金額を加給することがある。

但し，勤続年数満3年未満の者には支給しない。

第8条　就業規則第　条，　条，　条による懲戒によって解職された者については，原則として支給しない。

但し，その情状によって減額して支給することがある。

第9条　勤続年数の計算は，採用の月から退職の月までとし，1年未満の端数月は下表によって年数に換算し，1カ月に満たない日数は，1カ月として計算する。
　　1．試傭期間は，勤続年数の計算に算入するものとする。
　　2．休業期間は，算入するものとする。
　　3．休職期間の勤続年数の通算については，就業規則第　条第　項に準ずるものとする。

端数月数	1	2	3	4	5	6	7	8	9	10	11
換算年数	0.08	0.17	0.25	0.33	0.42	0.50	0.58	0.67	0.75	0.83	0.92

第10条　従業員が死亡した場合の退職手当の受領者は，次に掲げる者の中から会社が適当と認めた者とする。

　　但し，同順位の者が2人以上となる場合には，そのうちの最年長者を代表者としてその者に支給する。
　　1．本人の配偶者
　　2．本人の直系卑属または直系尊属
　　3．本人の死亡時，本人が扶養していたと認められる者

附　　則

第1条　退職年金については，別に退職年金規則を定める。

　　但し，この規則と退職年金規則により算出された金額に差を生じた場合は，その差額を支給する。

第2条　この規則による支給額に100円未満の端数が生じた場合は，これを切り捨てるものとする。

第3条　この規則は，平成　年　月　日から実施する。

勤続＼号表	第1号表	第2号表	第3号表
1	5.0	2.0	0.5
2	6.0	2.5	1.0
3	7.0	3.0	1.5
4	8.0	3.5	2.0
5	9.0	4.5	2.5
6	10.5	5.5	3.0
7	12.0	7.0	4.0
8	13.5	8.5	5.0
9	15.0	10.0	6.0
10	16.5	11.5	7.0
11	18.5	13.0	8.0
12	20.5	14.5	9.0
13	22.5	16.0	10.0
14	24.5	17.5	11.0
15	26.5	19.0	12.0
16	28.0	21.0	14.0
17	29.5	23.0	16.0
18	31.0	25.0	18.0
19	32.5	27.0	20.0
20	34.0	29.0	22.0
21	35.5	31.5	24.0

❷ 自社（一時金）制度と年金制度併用の例

勤続＼号表	第1号表	第2号表	第3号表
22	37.0	34.0	26.0
23	38.5	36.5	28.0
24	40.0	39.0	30.0
25	41.5	41.5	32.0
26	43.0	43.0	34.0
27	44.5	44.5	36.0
28	46.0	46.0	38.0
29	47.5	47.5	40.0
30	49.0	49.0	42.0
31	50.5	50.5	44.0
32	52.0	52.0	46.0
33	53.5	53.5	48.0
34	55.0	55.0	50.0
35	57.0	57.0	52.0
36	59.0	59.0	54.0
37	61.0	61.0	56.0
38	63.0	63.0	58.0
39	64.0	64.0	60.0
40	65.0	65.0	62.0
41	66.0	66.0	64.0
42	67.0	67.0	66.0

実例44-2 ペアとなっている規程の例

退職年金規則

年金の一時払いを認めた制度

（TK化学，化学製品製造・従業員1,500人）

第1章　総　則

（目　的）
第1条　① 永年勤続した従業員の退職後の生活の安定を図る目的で，本規則に定めるところにより，適格退職年金制度（以下，「本制度」という。）を設ける。

（適用範囲）
第2条　① 本制度は次に該当する者を除いた従業員に適用する。
　　1．日々雇い入れられる者（日傭者）
　　2．臨時に期間を定めて雇い入れられる者（臨時傭員）
　　3．嘱託・顧問
　　4．定年までの予定勤続年数が満1年未満の者。
　② 役員には本制度を適用しない。

（加入資格）
第3条　① 前条に該当する者は，採用になったときに，本制度への加入資格を取得する。

（加入時期）
第4条　① 前条の加入資格を取得した者の本制度への加入時期は，加入資格取得直後の毎年11月1日（資格取得日が11月1日の場合は当該11月1日）とする。
　② 本制度に加入した者を加入者という。

（勤続年数の計算）
第5条　① 本制度における勤続年数は次の方法により計算する。
　　1．受給資格判定のための勤続年数は採用の日より起算し，退職又は死亡の日までとし，1年未満の端数は切り捨てる。
　　2．給付額算定のための勤続年数は採用の月より起算し，退職又は死亡の月までとする。
　　3．試用期間は算入する。
　　4．休業期間は算入する。
　　5．休職期間の勤続年数の通算については，就業規則第　条第　項の規定に準ずる。
　　6．出向期間は算入する。
　　7．定年をすぎて勤務した期間は算入しない。
　　8．1年未満の端数が生じたときは月割計算とし，1カ月未満の端数月数は，次の表により

年に換算して加える。

端数月数	1	2	3	4	5	6	7	8	9	10	11
換算年数	0.08	0.17	0.25	0.33	0.42	0.50	0.58	0.67	0.75	0.83	0.92

（基準給与）
第6条　①　本制度において基準給与とは，会社の就業規則第　条に定める基本給とする。
　　　　②　給付額計算の基礎となる基準給与は加入者の退職時又は死亡時の基準給与の額とする。
　　　　③　掛金額計算の基礎となる基準給与は毎年11月1日現在の基準給与の額とし，その年の11月から翌年の10月まで適用する。

第2章　給　付

第1節　給付の通則

（給付の種類）
第7条　①　本制度による給付は次のとおりとする。
　　　　1．退職年金
　　　　2．退職一時金
　　　　3．遺族一時金
　　　　4．選択一時金
　　　　5．少額一時金

（支給日及び支給方法）
第8条　①　年金の支給日は年4回，2月，5月，8月及び11月の各月1日とし，それぞれの支給日にその前月分までをまとめて支給する。
　　　　②　一時金は請求手続き終了後1カ月以内に支給する。
　　　　③　年金及び一時金はあらかじめ加入者又は遺族が指定した金融機関の口座に振り込む。

（端数処理）
第9条　①　本制度の給付額に100円未満の端数が生じた場合は，これを切り捨てる。

（遺　族）
第10条　①　本制度において遺族とは，次に掲げる者の中から会社が適当と認めた者とする。但し，同順位の者が2名以上となる場合には，そのうちの最年長者を代表者としてその者に給付を行う。
　　　　1．本人の配偶者
　　　　2．本人の直系卑属または直系尊属
　　　　3．本人の死亡当時，本人が扶養していたと認められる者。

（定　年）
第11条　①　本制度において定年とは次のとおりとする。
　　　　年齢満60歳に達した日

（給付の制限）
第12条　①　加入者が懲戒解雇されたときは，本制度の給付は行わない。但し，情状により一部を支給することがある。

第2節　退職年金

(退職年金の支給要件)

第13条　① 本制度の加入者が次に該当したときは，退職年金の受給権を取得するものとし，当該加入者に退職年金を支給する。

　　　勤続満20年以上で定年退職したとき

　② 前項により退職年金の受給権を取得した者を退職年金の受給権者という。

(退職年金の月額)

第14条　① 退職年金の月額は次のとおりとする。

　　　基準給与に勤続年数別支給率（別表1）を乗じた額

(退職年金の支給開始日)

第15条　① 退職年金の支給開始日は退職年金の受給権を取得した日とする。

(退職年金の支給期間及び保証期間)

第16条　① 退職年金の支給期間及び保証期間は10年間とする。

(退職年金の転給)

第17条　① 退職年金の受給権者が死亡した場合は，保証期間中その遺族に引き続き同額の年金を転給する。

　② 年金の転給を受けている者が死亡し，なお保証期間に残余がある場合は，次順位の遺族に引き続き同額の年金を転給する。

第3節　退職一時金

(退職一時金の支給要件)

第18条　① 本制度の加入者が次に該当したときは，退職一時金の受給権を取得するものとし，当該加入者に退職一時金を支給する。

　　1．勤続満1年以上20年未満で定年退職したとき
　　2．勤続満1年以上で業務上の都合又は公傷病により退職したとき
　　3．勤続満1年以上で私傷病により退職したとき
　　4．勤続満1年以上で自己都合により退職したとき

(退職一時金の額)

第19条　① 退職一時金の額は次のとおりとする。

　　1．前条第1号又は第2号に該当したとき
　　　　基準給与に勤続年数別支給率（別表1）を乗じた額
　　2．前条第3号に該当したとき
　　　　基準給与に勤続年数別支給率（別表2）を乗じた額
　　3．前条第4号に該当したとき
　　　　基準給与に勤続年数別支給率（別表3）を乗じた額

第4節　遺族一時金

(遺族一時金の支給要件)

第20条　① 本制度の加入者が次に該当したときは，その遺族に遺族一時金を支給する。

　　1．勤続満1年以上で定年到達前に公傷病により死亡したとき。
　　2．勤続満1年以上で定年到達前に私傷病により死亡したとき。

（遺族一時金の額）

第21条　①　遺族一時金の額は次のとおりとする。

　　1．前条第1号に該当したとき
　　　　基準給与に勤続年数別支給率（別表1）を乗じた額
　　2．前条第2号に該当したとき
　　　　基準給与に勤続年数別支給率（別表2）を乗じた額

第5節　選択一時金及び少額一時金

（選択一時金）

第22条　①　年金の受給権者又は年金の転給を受けている者が保証期間中に次の事由に該当したことにより，将来の年金の支給に代えて年金の一時払を選択したときは，会社の認定により，年金に代えて一時金（以下，「選択一時金」という。）を支給する。但し，第1号及び第2号以外の事由に該当した場合の選択時期は年金支給開始後3年以内とする。

　　1．災　害
　　2．重疾病，後遺症を伴う重度の心身障害（生計を一にする親族の重疾病，後遺症を伴う重度の心身障害又は死亡を含む。）
　　3．住宅の取得
　　4．生計を一にする親族（配偶者を除く。）の結婚又は進学
　　5．債務の弁済
　　6．その他上記に準ずる場合

②　年金の受給権者又は年金の転給を受けている者の保証期間中の死亡に際し，遺族から希望があった場合は選択一時金を支給する。

③　前2項に定める選択一時金の額は，残存保証期間に対応する年金現価額（年金月額に別表4の残存保証期間別年金現価率を乗じた額。以下同じ。）とする。

（少額一時金）

第23条　年金月額が10,000円以下となる場合は，年金の支給に代えて年金原価額を一時金として支給する。

第3章　拠　　出

（通常の掛金）

第24条　①　本制度の給付の財源にあてるため，適正な年金数理に基づいて算出された通常の掛金は，全額会社が負担する。

②　会社は前項の掛金として，加入者の基準給与の106.5％相当額を加入した年から退職又は死亡した年まで毎年拠出する。

（過去勤務債務等の額の償却のための掛金）

第25条　①　会社は本制度実施に伴う過去勤務債務等の額の償却に要する掛金を全額負担する。

②　過去勤務債務等の額の計算は一括管理方式による。

③　過去勤務債務等の額の償却は法人税法施行令第159条第6号ハによることとし，同規定に定める100分の30に相当する金額以下の額とは，本制度においては100分の30に相当する額とする。

④　会社は前項の掛金として，前項による額を毎年拠出する。但し，過去勤務債務等の現在額が会社のそのときの事業年度に拠出される通常の掛金の額以下となるときは，当該過去勤務債

（本制度運営の費用）

第26条　①　会社は前2条の掛金のほか保険契約に係る付加保険料を全額負担する。

（拠出の中断）

第27条　①　会社は加入者が払込期日現在勤続年数に算入されない事由により休職した場合，第24条に定める掛金の拠出を中断する。

（拠出の停止）

第28条　①　会社は加入者が定年に達した日の直後に到来する払込期日から，第24条に定める掛金の拠出を停止する。

第4章　雑　則

（届出義務）

第29条　①　本制度の給付を受けようとする者は必要な書類を所定の期日までに提出し，かつ照会のあった事項について遅滞なく回答しなければならない。

（受給権の譲渡又は担保の禁止）

第30条　①　本制度の給付を受ける権利は，これを譲渡し，又は担保に供してはならない。

（本制度の運営）

第31条　①　本制度を運営するために，会社はＮＨ生命保険相互会社及びＹＳ生命保険相互会社と保険契約を締結する。

②　本制度が廃止されたときは，保険料積立金のうち法人税法施行令第159条第8号に定める留保すべき金額（保険料積立金が留保すべき金額を下回る場合は，保険料積立金）を，各加入者の勤続年数にそのときの基準給与を乗じた数値で比例計算の上，各加入者に分配する。留保すべき金額を超える額がある場合は，会社が当該超える額の返還を受ける。但し，すでに年金の支給を開始した受給権者及び年金の転給を受けている者の保険料積立金は，これを分配することなく当該受給権者及び年金の転給を受けている者に継続して年金を支給する。

（財政決算及び掛金の改訂要否の定期的検討）

第32条　①　本制度の財政決算は毎年10月末日に行う。

②　会社は本制度の掛金について，給付の状況に照らし，その改訂の要否の検討を本制度実施日以降5年ごとに行う。

（超過積立金の返還）

第33条　①　前条第2項に定める掛金改訂の定期的検討時において，保険料積立金が法人税法施行令第159条第7号に定める退職年金の給付に充てるため留保すべき金額を超える場合は，会社は当該超える部分の返還を受けこれを収受する。

（事情変更による改廃）

第34条　①　本制度は，会社の経理状況及びその賃金体系の大幅な変更，社会保障制度の進展，金利水準の大幅な変動，その他社会情勢の変化により必要と認めたときは改正又は廃止することがある。

付　則

（実施期日）

第1条　1．本制度は昭和　年　月　日から実施する。

2．本制度は昭和　年　月　日から改正する。
　　3．本制度は平成　年　月　日から改正する。
（経過措置）
第2条　昭和　年　月　日に第3条に定める加入資格を有する者は本制度実施期日に加入する。
（過去勤務債務等の額の掛金の拠出）
第3条　昭和　年　月　日以降第31条に定める保険契約について引受割合を変更したことにより，会社はＹＳ生命保険相互会社よりの返還金を法人税法施行令第159条第8号ハの規定に基づき，ＮＨ生命保険相互会社に過去勤務債務等の額の掛金として直ちに拠出する。

別表1　支給率表

勤続年数	一時金	年金（月額）	勤続年数	一時金	年金（月額）
年	倍	％	年	倍	％
1	5.0		22	37.0	39.34
2	6.0		23	38.5	40.94
3	7.0		24	40.0	42.53
4	8.0		25	41.5	44.13
5	9.0		26	43.0	45.72
6	10.5		27	44.5	47.32
7	12.0		28	46.0	48.91
8	13.5		29	47.5	50.51
9	15.0		30	49.0	52.10
10	16.5		31	50.5	53.70
11	18.5		32	52.0	55.29
12	20.5		33	53.5	56.89
13	22.5		34	55.0	58.48
14	24.5		35	57.0	60.61
15	26.5		36	59.0	62.73
16	28.0		37	61.0	64.86
17	29.5		38	63.0	66.99
18	31.0		39	64.0	68.05
19	32.5		40	65.0	69.11
20	34.0	36.15	41	66.0	70.18
21	35.5	37.75	42以上	67.0	71.24

（注）　月割計算の方法

　　　勤続A年Bカ月の支給率は，次の方法により計算する。（別表1～3共通）

　　　A年の支給率＋｛（A＋1）年の支給率－A年の支給率｝×換算年数

　　　年　金（％）……小数点以下第6位切り捨て

　　　一時金（倍）……小数点以下第8位切り捨て

別表2　支給率表

勤続年数	一　時　金	勤続年数	一　時　金
年	倍	年	倍
1	2.0	22	34.0
2	2.5	23	36.5
3	3.0	24	39.0
4	3.5	25	41.5
5	4.5	26	43.0
6	5.5	27	44.5
7	7.0	28	46.0
8	8.5	29	47.5
9	10.0	30	49.0
10	11.5	31	50.5
11	13.0	32	52.0
12	14.5	33	53.5
13	16.0	34	55.0
14	17.5	35	57.0
15	19.0	36	59.0
16	21.0	37	61.0
17	23.0	38	63.0
18	25.0	39	64.0
19	27.0	40	65.0
20	29.0	41	66.0
21	31.5	42以上	67.0

別表3　支給率表

勤続年数	一時金	勤続年数	一時金
年	倍	年	倍
1	0.5	22	26.0
2	1.0	23	28.0
3	1.5	24	30.0
4	2.0	25	32.0
5	2.5	26	34.0
6	3.0	27	36.0
7	4.0	28	38.0
8	5.0	29	40.0
9	6.0	30	42.0
10	7.0	31	44.0
11	8.0	32	46.0
12	9.0	33	48.0
13	10.0	34	50.0
14	11.0	35	52.0
15	12.0	36	54.0
16	14.0	37	56.0
17	16.0	38	58.0
18	18.0	39	60.0
19	20.0	40	62.0
20	22.0	41	64.0
21	24.0	42以上	66.0

別表4　残存保証期間別年金現価率表

残存期間	0年	1	2	3	4	5	6	7	8	9	10
0月		11.828	23.039	33.665	43.738	53.285	62.335	70.913	79.044	86.750	94.055
1	1.010	12.785	23.946	34.525	44.553	54.058	63.067	71.607	79.702	87.374	
2	2.016	13.738	24.849	35.382	45.365	54.827	63.797	72.298	80.357	87.995	
3	3.017	14.687	25.749	36.234	46.173	55.593	64.523	72.986	81.009	88.613	
4	4.013	15.631	26.644	37.083	46.977	56.356	65.245	73.672	81.658	89.229	
5	5.005	16.572	27.536	37.928	47.778	57.115	65.965	74.354	82.305	89.842	
6	5.993	17.508	28.423	38.769	48.575	57.871	66.681	75.033	82.949	90.452	
7	6.976	18.440	29.306	39.606	49.369	58.623	67.394	75.709	83.589	91.059	
8	7.955	19.368	30.186	40.440	50.159	59.372	68.104	76.381	84.227	91.664	
9	8.930	20.292	31.062	41.270	50.946	60.118	68.811	77.051	84.862	92.266	
10	9.900	21.212	31.933	42.096	51.729	60.860	69.515	77.718	85.494	92.865	
11	10.866	22.127	32.801	42.919	52.509	61.599	70.215	78.382	86.124	93.461	

ペアとなっている規程の例

実例45-①

退 職 金 規 程

自社（一時金）制度と年金制度併用

（ID電子，電子部品製造・従業員600人）

（目的，適用範囲）
第1条　①この規程は，就業規則の定めに基づき従業員の退職金の支給に関する事項を定める。
　　　②この規程は，当社の従業員に適用する。但し，次の各号の一に該当する者には適用しない。
　　　　1．嘱託員，パートタイマー，臨時雇の従業員
　　　　2．入社後3年未満の者
　　　　3．職級に格付けられていない格外者

（退職事由）
第2条　①退職事由を，定年扱い退職と自己都合退職とに区分する。
　　　②定年扱い退職とは，次の各号の一に該当する場合とする。
　　　　1．15年以上勤務して定年による退職(15年未満勤務の定年退職は自己都合退職扱いとなる)
　　　　2．20年以上勤務して満55歳以後の退職
　　　　3．当社役員就任による退職
　　　　4．死亡による退職
　　　　5．業務上の傷病による退職
　　　　6．会社の都合による解雇
　　　③自己都合退職とは，前項以外の事由による退職とする。

（定年扱い退職金）
第3条　定年扱い退職金は，退職時の退職金算定基礎額に，勤続年数に応じて定められた別表(1)の支給係数を乗じて算出した金額とする。

（自己都合退職金）
第4条　自己都合退職金は，退職時の退職金算定基礎額に，勤続年数に応じて定められた別表(2)の支給係数を乗じて算出した金額とする。

（勤続年数の計算法方法）
第5条　①別表(1)，(2)の支給係数を求める際の勤続年数の計算は，入社日から起算し，退職日または満60歳到達日のいずれか早い日までとする。
　　　②1カ年未満の端数は月単位で計算し，1カ月未満は切り捨てる。
　　　③休職期間は勤続年数から控除する。

（退職金算定基礎額の計算方法）
第6条　①退職金算定基礎額は，退職時の職能給と勤続給の合計金額に退職金算定基礎額係数を乗じた金額とする。

②退職金算定基礎額係数は給与規程の定めにより昇給時に行われる基本給表（職能給表および勤続給表）の更新時に決定する。

（功労金）

第7条　定年扱い退職の場合に，特に功労があった者に対して，功労金を加算して支給することがある。

（懲戒解雇）

第8条　懲戒解雇の場合は退職金を減額しまたは支給しないことがある。

（中小企業退職金共済契約解約に伴う経過措置）

第9条　中小企業退職金共済契約を解約したことに伴い，会社とこの解約手当金について「預かりおよび贈与に関する契約書」を交わした従業員のうち，退職時に会社より預かり金を返還される者についての退職金は，第3条または第4条により計算される額より会社より返還される額を控除した額とする。

（端数処理方法）

第10条　第3条または第4条の計算の最終結果100円未満は100円に切り上げる。

（支払順位）

第11条　本人が死亡した場合の退職金は，本人の配偶者に支払う。配偶者がない場合は，本人の子，父母，孫，及び祖父母で本人の死亡時にその収入によって生計を維持していた者，又は本人の死亡時にこれと生計を一にしていた者とし，支払い順位は本条に掲げる順位とする。

（退職年金規程による支給額との調整）

第12条　別に定める退職年金規程による給付がある場合は，本規程による支給額から退職年金規程による支給額を控除する。

　　　ただし，退職年金規程による給付が年金の場合は，控除する金額は年金現価相当額とし，退職年金規程による支給額が本規程による支給額を超える場合は，本規程による給付は行わない。

附　則

1) この規程は，昭和　年　月　から実施する。
2) 本規程実施時の退職金算定基礎額係数は0.8とする。
3) 本規程実施時に在籍する従業員で退職金共済契約に加入していない者が，勤続1年6カ月以上3年未満内に退職する場合には，従前規定による退職金相当額を退職金として支払う。
4) この規程は昭和　年　月　日から改訂実施する。

別表(1)　定年扱い退職支給率

勤続年数	支給係数	勤続年数	支給係数	勤続年数	支給係数
3年未満	0	14年	10.2	26年	22
3年	1.4	15	11	27	23
4	2.2	16	12	28	24
5	3.0	17	13	29	25
6	3.8	18	14	30	26
7	4.6	19	15	31	27
8	5.4	20	16	32	28
9	6.2	21	17	33	29
10	7.0	22	18	34	30
11	7.8	23	19	35	31
12	8.6	24	20	36	32
13	9.4	25	21	37年以上	33

別表(2)　自己都合退職支給率

勤続年数	支給係数	勤続年数	支給係数	勤続年数	支給係数
3年未満	0	14年	6.52	26年	15.48
3年	0.84	15	7.08	27	16.28
4	1.32	16	7.78	28	17.08
5	1.80	17	8.48	29	17.88
6	2.28	18	9.18	30	18.78
7	2.76	19	9.88	31	19.68
8	3.24	20	10.68	32	20.58
9	3.72	21	11.48	33	21.48
10	4.28	22	12.28	34	22.38
11	4.84	23	13.08	35	23.28
12	5.40	24	13.88	36	24.18
13	5.96	25	14.68	37年以上	25.08

ペアとなっている規程の例

退職年金規程

（ID電子，電子部品製造・従業員600人）

実例45-②

第1章　総　則

（目　的）
第1条　永年勤続した社員の退職後の生活の安定を図る目的で，本規程に定めるところにより，適格退職年金制度（以下，「本制度」という。）を設ける。

（適用範囲）
第2条　本制度は次に該当する者を除いた社員に適用する。
　　1．日々雇い入れられる者
　　2．臨時に期間を定めて雇い入れられる者（臨時雇）
　　3．嘱託員
　　4．パートタイマー，アルバイト
　　5．職級に格付けられていない格外者
　　6．定年までの予定勤続年数が満3年未満の者
　②　役員には本制度を適用しない。

（加入資格）
第3条　前条に該当する者は，勤続満2年に達したときに，本制度への加入資格を取得する。

（加入時期）
第4条　前条の加入資格を取得した者の本制度への加入時期は，加入資格取得直後の毎年の12月1日（資格取得日が12月1日の場合は当該12月1日）とする。
　②　本制度に加入した者を加入者という。

（勤続年数の計算）
第5条　本制度における勤続年数は次の方法により計算する。
　　1．入社の日から退職または死亡の日までとする。
　　2．試用期間は算入する。
　　3．休職期間は算入しない。
　　4．出向期間は算入する。
　　5．定年をすぎて勤務した期間は算入しない。
　　6．1年未満の端数が生じたときは月割計算とし，1カ月未満の端数は切り捨てる。

（基準給与）

第6条　本制度において基準給与とは，会社の賃金規程第　条に定める職能給と勤続給の合計額に0.8を乗じた額とする。
　②　給付額計算の基礎となる基準給与は加入者の退職時または死亡時の基準給与の額とする。
　③　掛金額計算の基礎となる基準給与は毎年12月1日現在の基準給与の額とし，その都市の12月から翌年の11月まで適用する。

第2章　給　付

第1節　給付の通則

（給付の種類）
第7条　本制度による給付は次のとおりとする。
　　　1．退職年金
　　　2．退職一時金
　　　3．遺族一時金
　　　4．選択一時金
　　　5．少額一時金

（支給日及び支給方法）
第8条　年金の支給日は年4回，2月，5月，8月および11月の各月20日とし，それぞれの支給日にその前月分までをまとめて支給する。
　②　一時金は請求手続終了後1カ月以内に支給する。
　③　年金および一時金はあらかじめ加入者または遺族が指定した金融機関の口座に振り込む。

（端数処理）
第9条　本制度の年金月額に10円未満の端数が生じた場合は，これを10円単位に切り上げ，一時金額に100円未満の端数が生じた場合は，これを100円単位に切り上げる。

（遺　族）
第10条　本制度において遺族とは，加入者の配偶者とする。配偶者がいない場合は，加入者の子，父母，孫および祖父母で加入者の死亡時にその収入によって生計を維持していた者または加入者の死亡時にこれと生計を一にしていた者とし，支給順位は本条に掲げる順位とする。
　　　但し，同順位の者が2名以上となる場合には，そのうちの最年長者を代表者としてその者に給付を行う。

（定　年）
第11条　本制度において定年とは次のとおりとする。
　　　　年齢満60歳に達した日

（給付の制限）
第12条　加入者が懲戒解雇されたときは，本制度の給付は行わない。但し，情状により一部を支給することがある。

第2節　退職年金

（退職年金の支給要件）
第13条　本制度の加入者が次に該当したときは，退職年金の受給権を取得するものとし，当該加入者に退職年金を支給する。

1．勤続満15年以上で定年退職したとき
　　　2．勤続満20年以上かつ年齢満55才以上で中途退職したとき
　② 前項により退職年金の受給権を取得した者を退職年金の受給権者という。

（退職年金の月額）

第14条　退職年金の月額は次のとおりとする。
　　　　　基準給与に勤続年数別支給率（別表1）を乗じた額

（退職年金の支給開始日）

第15条　退職年金の支給開始日は退職年金の受給権を取得した日とする。

（退職年金の支給期間および保証期間）

第16条　退職年金の支給期間および保証期間は10年間とする。

（退職年金の転給）

第17条　退職年金の受給権者が死亡した場合は，保証期間中その遺族に引き続き同額の年金を転給する。
　② 年金の転給を受けている者が死亡し，なお保証期間に残余がある場合は，次順位の遺族に引き続き同額の年金を転給する。

第3節　退職一時金

（退職一時金の支給要件）

第18条　本制度の加入者が次に該当したときは，退職一時金の受給権を取得するものとし，当該加入者に退職一時金を支給する。
　　　1．勤続満3年以上15年未満で定年退職したとき
　　　2．勤続満3年以上20年未満または勤続満20年以上かつ年齢満55才未満で中途退職したとき

（退職一時金の額）

第19条　退職一時金の額は次のとおりとする。
　　　1．前条第1号に該当したとき
　　　　基準給与に勤続年数別支給率（別表2）を乗じた額
　　　2．前条第2号に該当したとき
　　　　基準給与に退職事由に応じた勤続年数別支給率を乗じた額

退職事由	適用別表
会社の都合による解雇 役員就任による退職 業務上の傷病による退職	別表1
上記以外の事由による退職	別表2

第4節　遺族一時金

（遺族一時金の支給要件）

第20条　本制度の加入者が次に該当したときは，その遺族に遺族一時金を支給する。
　　　　勤続満3年以上で定年到達前に死亡により退職したとき

（遺族一時金の額）

第21条　遺族一時金の額は次のとおりとする。

基準給与に勤続年数別支給率（別表1）を乗じた額

第5節　選択一時金および少額一時金

（選択一時金）

第22条　年金の受給権者または年金の転給を受けている者が保証期間中に次の事由に該当したことにより，将来の年金の支給に代えて年金の一時払を選択したときは，会社の認定により，年金に代えて一時金（以下，「選択一時金」という。）を支給する。但し，第1号および第2号以外の事由に該当した場合の選択時期は年金支給開始前とする。

　　1．災害
　　2．重疾病，後遺症を伴う重度の心身傷害（生計を一にする親族の重疾病，後遺症を伴う重度の心身傷害または死亡を含む。）
　　3．住宅の取得
　　4．生計を一にする親族（配偶者を除く。）の結婚または進学
　　5．債務の弁済
　　6．その他上記に準ずる場合

② 年金の受給権者または年金の転給を受けている者の保証期間中の死亡に際し，遺族から希望があった場合は選択一時金を支給する。

③ 前②項に定める選択一時金の請求をした者に支給する選択一時金については，選択一時金の選択時期および選択割合に応じて次表に定める額とする。

選択時期	選択割合	選択一時金額
退職時	25%	第14条により算出された年金月額×93.12417×0.25
	50%	第14条により算出された年金月額×93.12417×0.50
	75%	第14条により算出された年金月額×93.12417×0.75
	100%	第14条により算出された年金月額×93.12417×1.00
年金支給開始後	100%	受給中の年金月額×年金支給期間の残余期間に応じ別表3に定める率

④ 前項において選択割合25％，50％または75％の選択を行った者には，選択を行う前に支給されるべき年金と同一の支給期間の年金を支給する。但し，年金月額は，選択を行う前に支給されるべき額に選択割合に応じて次表の率を乗じた額とする。

選択割合	率
25%	0.75
50%	0.50
75%	0.25

（少額一時金）

第23条　年金月額が10,000円以下となる場合は，年金支給に代えて年金現価額を一時金として支給する。

第3章 拠　　出

（通常の掛金）
第24条　本制度の給付の財源にあてるため，適正な年金数理に基づいて算定された通常の掛金は，全額会社が負担する。
　② 　会社は前項の掛金として，加入者の基準給与の2.6％相当額を加入した月から退職または死亡した月まで毎月拠出する。

（過去勤務債務等の額の償却のための掛金）
第25条　会社は本制度実施に伴う過去勤務債務等の額の償却に要する掛金を全額負担する。
　② 　過去勤務債務等の額の計算は一括管理方式による。
　③ 　過去勤務債務等の額の償却は法人税法施行令第159条第6号ロによることとし，同規定に定める100分の20に相当する金額以下の額とは，本制度においては100分の20に相当する額とする。
　④ 　会社は前項の掛金として，加入者の基準給与の1.1％相当額を加入した月から退職または死亡した月まで毎月拠出する。

（本制度運営の費用）
第26条　会社は前2条の掛金のほか保険契約に係る付加保険料を全額負担する。

（拠出の中断）
第27条　会社は加入者が休職した日の属する月の翌月から復職した日の属する月までの期間，第24条および第25条に定める掛金の拠出を中断する。

（拠出の停止）
第28条　会社は加入者が定年に達した日の属する月の翌月から第24条および第25条に定める掛金の拠出を停止する。

第4章 雑　　則

（届出義務）
第29条　本制度の給付を受けようとする者は必要な書類を所定の期日までに提出し，かつ照会のあった事項について遅滞なく回答しなければならない。

（受給権の譲渡または担保の禁止）
第30条　本制度の給付を受ける権利は，これを譲渡し，または担保に供してはならない。

（本制度の運営）
第31条　本制度を運営するために，会社はＮＨ生命保険相互会社，ＤＩ生命保険相互会社およびＳＴ生命保険相互会社と保険契約を締結する。
　② 　本制度が廃止されたときは，保険料積立金のうち法人税法施行令第159条第8号に定める留保すべき金額（保険料積立金が留保すべき金額を下回る場合は，保険料積立金）を，各加入者の勤続年数にそのときの基準給与を乗じた数値で比例計算の上，各加入者に分配する。留保すべき金額を超える額がある場合は，会社が当該超える額の返還を受ける。但し，すでに年金の支給を開始した受給権者および年金の転給を受けている者の保険料積立金は，これを分配することなく当該受給権者および年金の転給を受けている者に継続して年金を支給する。

（財政決算および掛金の改訂要否の定期的検討）
第32条　本制度の財政決算は毎年11月末に行う。

② 会社は本制度の掛金について，給付の状況に照らし，その改訂の要否の検討を平成8年12月1日に行い，以後5年ごとに行う。

（超過積立金の返還）

第33条　前条第2項に定める掛金改訂の定期的検討時において，保険料積立金が法人税法施行令第159条第7号に定める留保すべき金額を超える場合，会社は当該超える部分の返還を受けこれを収受する。

（事情変更による改廃）

第34条　本制度は，会社の経理状況及び賃金体系の大幅な変更，社会保障制度の進展，金利水準の大幅な変動，その他社会情勢の変化により必要と認めたときは改正または廃止することがある。

（中小企業退職金共済契約解約に伴う経過措置）

第35条　中小企業退職金共済契約を解約したことに伴い，会社とこの解約手当金について「預かり及び贈与に関する契約書」を交わした加入者のうち，退職時に会社より預かり金を返還される者についての本制度からの給付額は第14条，第19条および第21条により計算される額より，会社より返還される額の50％相当額（年金の場合は，年金に換算した額）を控除した額とする。

付　　則

（実施期日）

第1条　本制度は昭和　年　月　　日から実施する。
　　②　本制度は平成　年　月　　日から改正する。
　　③　本制度は平成　年　月　　から改正する。

（経過措置）

第2条　昭和　年　月　日に第3条に定める加入資格を有する者は本制度実施期日に加入する。

（過去勤務債務等の額の償却のための掛金の拠出）

第3条　平成　年　月　日以降第31条に定める保険契約について引受割合を変更したことにより，会社はＤＩ生命保険相互会社よりの返還金を法人税法施行令第159条第8号ハの規定に基づき，ＮＨ生命保険相互会社に過去勤務債務等の額の償却のための掛金として直ちに拠出する。

（過去勤務債務等の額の償却のための掛金の拠出）

第4条　平成　年　月　日以降第31条に定める保険契約について引受割合を変更したことにより，会社はＤＩ生命保険相互会社よりの返還金を法人税法施行令第159条第8号ハの規定に基づき，ＮＨ生命保険相互会社およびＳＴ生命保険相互会社に過去勤務債務等の額の償却のための掛金として直ちに拠出する。

別表1 支給率表

勤続年数	一時金	年金（月額）	勤続年数	一時金	年金（月額）
年	倍	%	年	倍	%
3	0.84		21	10.20	10.96
4	1.32		22	10.80	11.60
5	1.80		23	11.40	12.25
6	2.28		24	12.00	12.89
7	2.76		25	12.60	13.54
8	3.24		26	13.20	14.18
9	3.72		27	13.80	14.82
10	4.20		28	14.40	15.47
11	4.68		29	15.00	16.11
12	5.16		30	15.60	16.76
13	5.64		31	16.20	17.40
14	6.12		32	16.80	18.05
15	6.60	7.09	33	17.40	18.69
16	7.20	7.74	34	18.00	19.33
17	7.80	8.38	35	18.60	19.98
18	8.40	9.03	36	19.20	20.62
19	9.00	9.67	37以上	19.80	21.27
20	9.60	10.31			

(注) 月割計算の方法

勤続A年Bカ月の支給率は，次の方法により計算する。

A年の支給率＋｛（A＋1）年の支給率－A年の支給率｝×$\frac{B}{12}$

年金（％）…小数点以下第3位四捨五入，一時金（倍）…小数点以下第3位四捨五入

別表2　支給率表

勤続年数	一時金	勤続年数	一時金
年	倍	年	倍
3	0.504	21	6.888
4	0.792	22	7.368
5	1.080	23	7.848
6	1.368	24	8.328
7	1.656	25	8.808
8	1.944	26	9.288
9	2.232	27	9.768
10	2.568	28	10.248
11	2.904	29	10.728
12	3.240	30	11.268
13	3.576	31	11.808
14	3.912	32	12.348
15	4.248	33	12.888
16	4.668	34	13.428
17	5.088	35	13.968
18	5.508	36	14.508
19	5.928	37以上	15.048
20	6.408		

(注)　月割計算の方法

　　　勤続A年Bカ月の支給率は，次の方法により計算する。

　　　　A年の支給率＋{（A＋1）年の支給率－A年の支給率}×$\frac{B}{12}$

　　　一時金（倍）…小数点以下第4位四捨五入

別表3　年金に代えて支払う一時金の計算のための現価率表

（年金月額1円あたりの残存保証期間別一時金換算率）

年＼月	0	1	2	3	4	5
0	0	0.97588	1.95175	2.92763	3.90350	4.87938
1	11.71050	12.63550	13.56050	14.48550	15.41050	16.33550
2	22.81050	23.68728	24.56405	25.44083	26.31761	27.19438
3	33.33182	34.16289	34.99396	35.82503	36.65609	37.48716
4	43.30464	44.09238	44.88013	45.66787	46.45561	47.24335
5	52.75755	53.50423	54.25090	54.99758	55.74425	56.49093
6	61.71766	62.42541	63.13316	63.84091	64.54866	65.25641
7	70.21065	70.88150	71.55236	72.22321	72.89406	73.56491
8	78.26088	78.89676	79.53264	80.16852	80.80439	81.44027
9	85.89142	86.49415	87.09688	87.69961	88.30234	88.90507
10	93.12417					

年＼月	6	7	8	9	10	11
0	5.85525	6.83113	7.80700	8.78288	9.75875	10.73463
1	17.26050	18.18550	19.11050	20.03550	20.96050	21.88550
2	28.07116	28.94794	29.82471	30.70149	31.57827	32.45504
3	38.31823	39.14930	39.98037	40.81144	41.64250	42.47357
4	48.03110	48.81884	49.60658	50.39432	51.18207	51.96981
5	57.23761	57.98428	58.73096	59.47763	60.22431	60.97098
6	65.96416	66.67190	67.37965	68.08740	68.79515	69.50290
7	74.23577	74.90662	75.57747	76.24832	76.91918	77.59003
8	82.07615	82.71203	83.34791	83.98379	84.61966	85.25554
9	89.50780	90.11052	90.71325	91.31598	91.91871	92.52144

残存保証期間＝10年－（すでに年金が支払われた年月数）

実例46-1

ペアとなっている規程の例

退職金規程

自社（一時金）制度と年金制度併用

（KJ金属，建築用機具製造・従業員350人）

（目　的）
第1条　この規程は就業規則第　条に基づき，社員の退職金の支給について定める。

（受給資格者）
第2条　正社員として満2年以上勤務し，次の各号に該当するときは退職金を支給する。
　　(1)　定年に達したとき
　　(2)　死亡したとき
　　(3)　病気休職期間満了し，退職したとき
　　(4)　公傷病により，不具疾病となり退職したとき
　　(5)　業務上の都合により解雇したとき
　　(6)　自己の都合その他の理由により退職または解雇されたとき
　　　　但し，前号のうち第3号および第6号に該当するものについては，別表4の支給係数により計算された額の8割をもって退職金支給額とする。

（支給の制限）
第3条　前条の受給資格者において，次の各号に該当する者には，退職金を支給しない。
　　(1)　本人の責に帰すべき故意または過失によって会社に重大なる損害を与えた者
　　(2)　懲戒解雇の処分を受けた者
　　(3)　会社の定める退職手続を行わない者
　2　退職後に懲戒解雇事由が発見された場合，支給済みの退職金を返還請求する。

（算定基礎金額）
第4条　退職金の算定基礎金額は，次の各号の合計とする。
　　(1)　退職時における給与年齢に基づき別表1より求められる金額
　　(2)　退職時における満の勤続年数に別表2に定められた金額に乗じた金額
　　(3)　退職時における職能等級及び号数に基づき別表3により求められる金額

（計算基準）
第5条　退職金は，（算定基礎金額）×（支給係数）によって計算する。
　2　支給係数は別表4による。
　3　勤続年数に中途月数がある場合は，次の式により支給係数を算出する。
　　　X年の支給係数＋｛(X＋1)年の支給係数－X年の支給係数｝×Y／12
　　　　＊X：満勤続年数
　　　　＊Y：中途月数

　　　　＊小数点以下3位未満四捨五入
　4　退職金の10円未満は切り上げとする。
（算定基礎金額の改定）
第6条　別表1，別表2および別表3によって定められた算定基礎金額は，諸物価および退職金の世間相場等を勘案し，改定することがある。
　2　前項の算定基礎金額の改定は，常務会の決議によるものとする。
（適格退職年金規定との関係）
第7条　別に定める適格退職年金規定による給付金がある場合は，本規定による支給額から適格退職年金規定による支給額を控除する。ただし，適格退職年金規定による給付が年金の場合，控除する金額は年金現価相当額とし，適格退職年金規定による支給額が，本規定による支給額を超える場合は給付を行わない。
（適用除外）
第8条　嘱託社員についてはこの規定を適用しない。

付　　　則

　平成　年　月　日改正

別表1　＜給与年令算定基礎額＞

(単位：円)

給与年齢	算定基礎額	給与年齢	算定基礎額
18	96,500	40	133,100
19	98,200	41	133,900
20	101,100	42	134,700
21	102,800	43	135,500
22	104,500	44	136,300
23	106,200	45	137,100
24	107,900	46	137,900
25	109,600	47	138,700
26	111,300	48	139,500
27	113,000	49	140,300
28	114,700	50	141,100
29	116,400	51	141,900
30	118,100	52	142,700
31	119,600	53	143,500
32	121,100	54	144,300
33	122,600	55	145,100
34	124,100	56	145,100
35	125,600	57	145,100
36	127,100	58	145,100
37	128,600	59	145,100
38	130,100	60	145,100
39	131,600		

別表2　＜勤続年数算定基礎額＞

満勤続年数に乗じる金額	300円

別表3　<職能等級算定基礎額>

(単位：円)

号数	1級	2級	3級	4級	5級	6級	7級	8級	9級
1	41,500	50,700	60,500	76,400	93,200	117,200	150,200	186,200	229,400
2	43,100	52,600	62,800	79,000	96,200	120,800	154,400	190,400	233,600
3	44,700	54,500	65,100	81,600	99,200	124,400	158,600	194,600	237,800
4	46,300	56,400	67,400	84,200	102,200	128,000	162,800	198,800	242,000
5	47,900	58,300	69,700	86,800	105,200	131,600	167,000	203,000	246,200
6	49,500	60,200	72,000	89,400	108,200	135,200	171,200	207,200	250,400
7	51,100	62,100	74,300	92,000	111,200	138,800	175,400	211,400	254,600
8	52,700	64,000	75,500	93,300	114,200	142,400	179,600	215,600	258,800
9	54,300	65,900	76,700	94,600	117,200	146,000	183,800	219,800	263,000
10	55,100	66,900	77,900	95,900	118,700	149,600	188,000	224,000	267,200
11	55,900	67,900	79,100	97,200	120,200	153,200	192,200	228,200	271,400
12	56,700	68,900	80,300	98,500	121,700	155,000	194,300	232,400	275,600
13	57,500	69,900	81,500	99,800	123,200	156,800	196,400	236,600	279,800
14	58,300	70,900	82,700	101,100	124,700	158,600	198,500	238,700	281,900
15	59,100	71,900	83,900	102,400	126,200	160,400	200,600	240,800	284,000
16	59,900	72,900	85,100	103,700	127,700	162,200	202,700	242,900	286,100
17	60,700	73,900	86,300	105,000	129,200	164,000	204,800	245,000	288,200
18	61,500	74,900	87,500	106,300	130,700	165,800	206,900	247,100	290,300
19	62,300	75,900	88,700	107,600	132,200	167,600	209,000	249,200	292,400
20	63,100	76,900	89,900	108,900	133,700	169,400	211,100	251,300	294,500

別表4　＜基準退職金支給係数表＞

勤　続　年　数	支給係数	勤　続　年　数	支給係数
満2年以上3年未満	1.1	23 〃 24 〃	26.2
3 〃 4 〃	1.5	24 〃 25 〃	27.8
4 〃 5 〃	1.9	25 〃 26 〃	29.4
5 〃 6 〃	2.3	26 〃 27 〃	31.0
6 〃 7 〃	2.9	27 〃 28 〃	32.6
7 〃 8 〃	3.5	28 〃 29 〃	34.2
8 〃 9 〃	4.3	29 〃 30 〃	35.8
9 〃 10 〃	5.1	30 〃 31 〃	37.4
10 〃 11 〃	5.9	31 〃 32 〃	38.2
11 〃 12 〃	7.4	32 〃 33 〃	39.0
12 〃 13 〃	8.9	33 〃 34 〃	39.8
13 〃 14 〃	10.4	34 〃 35 〃	40.6
14 〃 15 〃	11.9	35 〃 36 〃	41.4
15 〃 16 〃	13.4	36 〃 37 〃	42.2
16 〃 17 〃	15.0	37 〃 38 〃	43.0
17 〃 18 〃	16.6	38 〃 39 〃	43.0
18 〃 19 〃	18.2	39 〃 40 〃	43.0
19 〃 20 〃	19.8	40 〃 41 〃	43.0
20 〃 21 〃	21.4	41 〃 42 〃	43.0
21 〃 22 〃	23.0	42 〃 43 〃	43.0
22 〃 23 〃	24.6		

実例46-2

ペアとなっている規程の例

退職年金規程

（KJ金属，建築用機具製造・従業員350人）

第1章 総則

（目　的）
第1条　会社は，本規程に定めるところにより退職年金制度（以下本制度という。）を設け，従業員の退職に際して年金または一時金を支給し，退職後の福祉と生活の安定を図ることを目的とする。

（適用範囲）
第2条　本規程の適用を受ける者は会社に雇用される従業員とする。
　　　　ただし，次の各号に該当する者は除く。
　　　　　ア　役員
　　　　　イ　日々雇い入れられる者
　　　　　ウ　臨時に期間を定めて雇い入れられる者
　　　　　エ　定年までの予定勤続年数が2年未満の者
　　　　　オ　嘱託

（加入資格）
第3条　前条に該当する者は勤続2年以上で本制度に加入する資格を取得する。

（加入時期）
第4条　1　加入資格を取得した従業員の加入時期は加入取得直後の9月1日とする。
　　　　2　前項の規定にかかわらず本制度発足時に加入資格を有する者は，本制度発足時に加入するものとする。（本制度に加入した者を以下加入者という。）

第2章 給付

第1節 通則

（給付の種類）
第5条　給付の種類は次のとおりとする。
　　　　退職年金
　　　　退職一時金

遺族一時金

(継続受取人)

第6条　継続受取人となる者の範囲および順位については，労働基準法施行規則第42条ないし第45条の規定を準用する。

(年金の一時払)

第7条　1　年金の受給資格者，保証期間中の受給資格者または継続受取人が，次の各号の一に該当する事由により年金の一時払の請求をし，会社がこれを認めたときは，将来の年金の支給に代えて一時払の取り扱いをする。ただし，請求の時期はアおよびイに該当する場合以外は年金開始期日までに限るものとする。

　　　　ア　災　　　害
　　　　イ　重疾病，後遺症を伴う重度の心身障害
　　　　　　（生計を一にする親族の重疾病，後遺症を伴う重度の心身障害または死亡を含む。）
　　　　ウ　住宅の所得
　　　　エ　生計を一にする親族（配偶者を除く。）の結婚または進学
　　　　オ　債務の弁済
　　　　カ　その他前各号に準ずる事実

　　2　保証期間中の受給者または遺族年金受給中の継続受取人が死亡し，その継続受取人から年金の一時払の請求があったときは，年金の支給に代えて一時払の取り扱いをする。

　　3　年金月額が5,000円以下の場合には年金の支給に代えて一時払の取り扱いをする。

　　4　年金の支給に代えて支払う一時金の額は，年金月額に残存保証期間に応じ別表4（現価率表）の率を乗じた額とする。

　　5　年金現価の計算に際しては利率は年5.5％とする。

(支給の停止)

第8条　会社に著しい損害を及ぼし就業規則の規定に基づいて懲戒解雇された者には年金または一時金を支給しない。

(給付額の端数処理)

第9条　年金月額および一時金額に10円未満の端数が生じたときはこれを10円単位に四捨五入する。

(年金および一時金の支給期日および支給方法)

第10条　1　年金は，毎年2月，5月，8月および11月の各20日に，年金支給期日以降，当該支給月の前月までの分を支給する。

　　　ただし，第1回支給額は，年金開始期日後，最初に到来する年金支給期日の前月までの分とする。

　　2　一時金は，次条に定める書類を会社が受理した日の属する月の翌月末日までに支給する。

　　3　年金および一時金はあらかじめ加入者が指定した金融機関等に振り込むものとする。

(年金および一時金の受給時の手続)

第11条　年金および一時金を受給しようとする者は次の書類を会社に提出することを要する。

　　　　ア　住民票記載事項証明書
　　　　イ　印鑑証明書
　　　　ウ　その他会社が必要とする書類

第2節　退職年金

（退職年金の支給条件）
第12条　加入者が次に該当したとき，退職年金を支給する。
　　　　勤続20年以上で定年に達し退職したとき

（退職年金の支給額）
第13条　年金月額は次のとおりとする。
　　　　退職時に基準給与に勤続年数別支給率（別表1）を乗じた額

（退職年金の支給期間）
第14条　退職年金の支給期間は10年間とし，年金開始後10年間の保証期間を付する。

第3節　退職一時金

（退職一時金の支給条件）
第15条　加入者が次の各号の一に該当したとき，退職一時金を支給する。
　　　　ア　勤続2年以上20年未満で定年に達し退職したとき
　　　　イ　勤続2年以上で定年に達する前に死亡以外の事由により退職したとき

（退職一時金の支給額）
第16条　一時金額は次のとおりとする。
　　　　退職時の基準給与に勤続年数別支給率を乗じた額
　　　　ア　前条アに該当したときは別表2の率
　　　　イ　前条イに該当したときは別表3の率

第4節　遺族一時金

（遺族一時金の支給条件）
第17条　加入者が次に該当したとき，遺族一時金を支給する。
　　　　勤続2年以上で定年に達する前に死亡したとき

（遺族一時金の支給額）
第18条　一時金額は次のとおりとする。
　　　　死亡時の基準給与に勤続年数別支給率（別表2）を乗じた額

第3章　制度の運営

（制度の運営方法）
第19条　会社は本制度の健全なる運営を計るため，加入者を被保険者としてＤＩ生命保険相互会社，ＡＨ生命保険相互会社，ＨＫ生命保険相互会社およびＳＴ生命保険相互会社と企業年金保険契約を締結し，年金基金の管理運用を各保険会社に行わせ，年金給付の事務はこれをＤＩ生命保険相互会社に行わせる。
　　　　各保険会社の分担割合は次のとおりとする。
　　　　　　ＤＩ生命相互保険会社　　　60％
　　　　　　ＡＨ生命保険相互会社　　　30％
　　　　　　ＨＫ生命保険相互会社　　　 5％
　　　　　　ＳＴ生命保険相互会社　　　 5％

（保険料の負担）
第20条　1　本規程に定める給付の財源にあてるため適正な年金数理に基づいて算定された所要の保険料は，全額会社が負担する。
　　　　2　会社は前項の保険料として各加入者の基準給与合計額の3.21％相当額を加入した月から退職または死亡した月まで毎月拠出する。

（過去勤務債務等）
第21条　1　会社は本制度実施に伴う過去勤務債務等の額の償却に要する保険料を全額負担する。
　　　　2　過去勤務債務等の額の計算方法は洗替一括管理方式とする。
　　　　3　過去勤務債務等の額の償却は法人税法施行令第159条第6号ロによることとし，その償却割合は毎年100分の7.93とする。
　　　　4　会社は前項の定める保険料として，過去勤務債務等の額が償却済となるまでの間，各加入者の基準給与合計額の0.61％相当額を加入した月から退職または死亡した月まで毎月拠出する。

（制度運営の費用）
第22条　会社は前2条に定める保険料のほか，第19条に定める企業年金保険契約に係る付加保険料を全額負担する。

（財政計画の定期的検討）
第23条　会社は企業年金保険契約締結日以降5年ごとに本制度の財政計画を再検討し，必要に応じてその修正を行う。
　　　　　次回再計算日は平成　年　月　日とする。

（規定の改廃）
第24条　1　本制度は社会経済の情勢に応じ改正または廃止できるものとする。
　　　　2　本制度が廃止されたときは年金基金を企業年金保険契約に基づく各加入者の責任準備金に比例して各加入者に配分する。ただし，すでに年金の支給を開始した加入者に対する基金はこれを配分することなく当該加入者に継続して年金を支給する。

第4章　雑　　　則

（譲渡担保の禁止）
第25条　本制度に基づく年金または一時金を受ける権利はこれを譲渡または担保に供することはできない。

（勤続年数の計算）
第26条　1　勤続年数は入社の日から起算し，退職または死亡の日をもって終わる。
　　　　2　定年を超えて勤務した期間は勤続年数に算入しない。
　　　　3　受給資格判定の基準となる勤続年数の1年未満の端数は切り捨てる。
　　　　4　給付額算定の基準となる勤続年数の1年未満の端数は月割とし，月の端数は切り捨てる。
　　　　5　試用期間は勤続年数に算入しない。
　　　　6　休職期間は勤続年数に算入しない。

（基準給与）
第27条　本制度において使用する基準給与は，会社の給与に関する規定に定める算定基礎金額とし，その適用方法は次のとおりとする。
　　　　1　給付額算定の基礎となる基準給与は，加入者の退職時または死亡時の基準給与とする。
　　　　2　保険料算定の基礎となる基準給与は，毎年9月1日現在の基準給与とし，その年の9月

から翌年の8月まで適用する。

付　則

（制度実施期日）

　　本制度は昭和　年　月　日から実施する。
　　本制度は昭和　年　月　日から一部改訂実施する。
　　本制度は平成　年　月　日から一部改訂実施する。

別表1　支　給　率　表
退　職　年　金

勤続年数	支　給　率	勤続年数	支　給　率
20年	0.1252	33年	0.2328
21	0.1345	34	0.2375
22	0.1439	35	0.2421
23	0.1533	36	0.2468
24	0.1626	37	0.2515
25	0.1720	38	0.2515
26	0.1813	39	0.2515
27	0.1907	40	0.2515
28	0.2000	41	0.2515
29	0.2094	42	0.2515
30	0.2188	43	0.2515
31	0.2234	44	0.2515
32	0.2281	45	0.2515

　A年Bか月の支給率は次による。
　　A年の支給率＋｛(A＋1)年の支給率－A年の支給率｝×$\frac{B}{12}$
　　ただし，端数が生じた場合は小数点以下4位に四捨五入する。

別表2 支 給 率 表

退職一時金(定年退職)
遺族一時金

勤続年数	支 給 率	勤続年数	支 給 率
2年	0.605	24年	15.290
3	0.825	25	16.170
4	1.045	26	17.050
5	1.265	27	17.930
6	1.595	28	18.810
7	1.925	29	19.690
8	2.365	30	20.570
9	2.805	31	21.010
10	3.245	32	21.450
11	4.070	33	21.890
12	4.895	34	22.330
13	5.720	35	22.770
14	6.545	36	23.210
15	7.370	37	23.650
16	8.250	38	23.650
17	9.130	39	23.650
18	10.010	40	23.650
19	10.890	41	23.650
20	11.770	42	23.650
21	12.650	43	23.650
22	13.530	44	23.650
23	14.410	45	23.650

A年Bか月の支給率は次による。

A年の支給率＋｛(A＋1)年の支給率－A年の支給率｝×$\frac{B}{12}$

ただし,端数が生じた場合は小数点以下3位に四捨五入する。

別表3 支　給　率　表
退職一時金（中途退職）

勤続年数	支　給　率	勤続年数	支　給　率
2年	0.484	24年	12.232
3	0.660	25	12.936
4	0.836	26	13.640
5	1.012	27	14.344
6	1.276	28	15.048
7	1.540	29	15.752
8	1.892	30	16.456
9	2.244	31	16.808
10	2.596	32	17.160
11	3.256	33	17.512
12	3.916	34	17.864
13	4.576	35	18.216
14	5.236	36	18.568
15	5.896	37	18.920
16	6.600	38	18.920
17	7.304	39	18.920
18	8.008	40	18.920
19	8.712	41	18.920
20	9.416	42	18.920
21	10.120	43	18.920
22	10.824	44	18.920
23	11.528	45	18.920

A年Bか月の支給率は次による。

A年の支給率＋｛(A＋1)年の支給率－A年の支給率｝×$\frac{B}{12}$

ただし，端数が生じた場合は小数点以下3位に四捨五入する。

別表4　年金に代えて支払う一時金の計算のための現価率表

(年金月額1円あたりの残存保証期間別一時金換算率)

年＼月	0	1	2	3	4	5
0	0	0.98564	1.97127	2.95691	3.94254	4.92817
1	11.82761	12.76186	13.69611	14.63036	15.56461	16.49886
2	23.03861	23.92415	24.80970	25.69524	26.58079	27.46633
3	33.66515	34.50452	35.34390	36.18328	37.02266	37.86204
4	43.73769	44.53331	45.32893	46.12455	46.92017	47.71579
5	53.28513	54.03928	54.79342	55.54756	56.30170	57.05584
6	62.33484	63.04967	63.76449	64.47932	65.19415	65.90897
7	70.91276	71.59032	72.26788	72.94544	73.62300	74.30056
8	79.04349	79.68573	80.32796	80.97020	81.61244	82.25468
9	86.75034	87.35910	87.96785	88.57661	89.18537	89.79412
10	94.05541					

年＼月	6	7	8	9	10	11
0	5.91381	6.89944	7.88507	8.87071	9.85634	10.84197
1	17.43311	18.36736	19.30161	20.23586	21.17011	22.10436
2	28.35188	29.23742	30.12297	31.00851	31.89406	32.77960
3	38.70142	39.54080	40.38018	41.21956	42.05894	42.89831
4	48.51141	49.30703	50.10265	50.89827	51.69389	52.48951
5	57.80999	58.56413	59.31827	60.07241	60.82655	61.58070
6	66.62380	67.33863	68.05345	68.76828	69.48311	70.19793
7	74.97812	75.65568	76.33324	77.01081	77.68837	78.36593
8	82.89691	83.53915	84.18139	84.82363	85.46587	86.10810
9	90.40288	91.01163	91.62039	92.22915	92.83790	93.44666

残存保証期間＝10年－（すでに年金が支払われた年月数）

ペアとなっている規程の例

実例 47-①

退 職 金 規 程

自社（一時金）制度と年金制度併用

（GS製作所，金属製品製造・従業員350人）

第1章 総　則

（目　的）
第1条　この規程は就業規則第　条に基づき，社員が死亡または退職した場合の退職金支給に関する事項について定める。
　2　前項における社員とは，就業規則第　条第　項に該当するものをいう。

（受給者）
第2条　退職金の支給を受ける者は，本人またはその遺族で，会社が正当と認めたものとする。
　2　前項の遺族は労働基準法施行規則第42条ないし第45条の遺族補償の順位に従って支給する。

（支給範囲）
第3条　退職金は勤続満3年以上の社員が退職したときに支給する。

（勤続年数の計算）
第4条　勤続年数の計算は，入社の日より退職日（死亡退職の場合は死亡日）までとし，1年未満の端数は月割として，1カ月未満は1カ月として計算する。
　　ただし，
　　① 前項の計算において月の途中入社した場合及びその月を途中退社した場合はその月を各々1カ月とする。
　　② 試用期間中は勤続年数に算入する。
　　③ 就業規則第　条によらない，その他の社員は，本採用になった日を入社日とする。
　　④ 就業規則第　条の休職期間は勤続年数に算入しない。

（端数処理）
第5条　退職金の計算において10円未満の端数が生じたときは，10円単位に四捨五入する。

第2章　支給基準

（退職金計算の基礎額）
第6条　退職金の計算を行う場合の基礎となる額は，退職時の基本給とする。

（自己都合等による算式）
第7条　次の各号の事由により退職したときは，次の算式により算出した金額を退職金として支給

する。
　　　　(1) 事由
　　　　　① ・自己の都合で退職する場合
　　　　　② 私傷病によりその職に耐えず退職する場合
　　　　(2) 算式　本給×別表①（自己都合支給率）
（会社都合等による算式）
第8条　次の各号の事由により退職したときは，次の算式により算出した金額を退職金とする。
　　　　(1) 事由
　　　　　① 会社の都合により解雇する場合
　　　　　② 死亡した場合
　　　　　③ 定年に達した場合
　　　　　④ 業務上の傷病，疾病により退職する場合
　　　　(2) 算式　本給×別表②（会社都合支給率）
（無支給もしくは減額支給）
第9条　社員の退職が懲戒解雇に該当する場合には，行政官庁の認定を受けて，原則として退職金を支給しない。
　　　　ただし，情状によって第7条以下に減じて支給することがある。
（特別退職金の加算）
第10条　在職中とくに功労があった退職者に対しては，別に特別退職金を附加することがある。
（退職金の支給）
第11条　退職金は退職の日より14日以内に支給する。
　　　　ただし，事故あるときは事故解消後とする。

第3章　企業年金との関係

（企業年金の締結）
第12条　この規程による退職金の支給を一層確実にするために，会社は別に定める「退職年金規定」（略）による企業年金（適格年金）をＩＤ生命保険相互会社との間に，社員を被保険者および受給者として締結する。
（退職金と企業年金の関係）
第13条　第7条あるいは第8条の退職金支給額は企業年金の退職社員個人の退職年金原価相当額あるいは退職一時金相当額を差引いた額とする。
　　2　第11条に定める14日以内の支給はＩＤ保険相互会社の事務処理による。

付　則

第14条　この規程は平成　年　月　日より施行する。

別表 1

事由別	自　己　都　合		算定基礎 基　本　給
勤続 年数	支　給　率	勤続 年数	支　給　率
3	1.5	23	18.8
4	2.0	24	19.9
5	2.5	25	21.0
6	3.2	26	22.1
7	3.9	27	23.2
8	4.6	28	24.3
9	5.3	29	25.4
10	6.0	30	26.5
11	6.9	31	27.7
12	7.8	32	28.9
13	8.7	33	30.1
14	9.6	34	31.3
15	10.5	35	32.5
16	11.5	36	33.7
17	12.5	37	34.9
18	13.5	38	36.1
19	14.5	39	37.3
20	15.5	40	38.5
21	16.6	41	39.7
22	17.7	42	40.9

別表 2

事由別	会　社　都　合		算定基礎 基　本　給
勤続 年数	支　給　率	勤続 年数	支　給　率
3	2.0	23	21.0
4	2.7	24	22.2
5	3.4	25	23.4
6	4.2	26	24.6
7	5.0	27	25.8
8	5.8	28	27.0
9	6.6	29	28.2
10	7.4	30	29.4
11	8.4	31	30.6
12	9.4	32	31.8
13	10.4	33	33.0
14	11.4	34	34.2
15	12.4	35	35.4
16	13.4	36	36.6
17	14.4	37	37.8
18	15.4	38	39.0
19	16.4	39	40.2
20	17.4	40	41.4
21	18.6	41	42.6
22	19.8	42	43.8

実例47-2 ペアとなっている規程の例

退職年金規程

（GS製作所，金属製品製造・従業員350人）

第1章 総則

（目的）
第1条　会社は，本規程に定めるところにより退職年金制度（以下本制度という。）を設け，社員の退職に際して年金または一時金を支給し，退職後の福祉と生活の安定を計ることを目的とする。

（適用範囲）
第2条　本規程の適用を受けるものは会社に雇用される社員とする。
　　　　ただし，次の各号に該当する者は除く。
　　　　ア　役員
　　　　イ　日々雇い入れられる者
　　　　ウ　臨時に期間を定めて雇い入れられる者
　　　　エ　定年までの予定勤続年数が3年未満の者
　　　　オ　顧問，嘱託，準社員

（加入資格）
第3条　前条に該当する者はすべて本制度に加入する資格を取得する。

（加入時期）
第4条　1　加入資格を取得した社員の加入時期は加入資格取得直後の6月1日とする。
　　　　2　前項の規定にかかわらず本制度発足時に加入資格を有する者は，本制度発足時に加入するものとする。（本制度に加入した者は以下加入者という。）

第2章 給付

第1節 通則

（給付の種類）
第5条　給付の種類は次のとおりとする。
　　　　退職年金
　　　　退職一時金

（継続受取人）

第6条　継続受取人となる者の範囲および順位については，労働基準法施行規則第42条ないし第45条の規定を準用する。

（年金の一時払）
第7条　1　年金の受給資格者または保証期間中の受給者が，次の各号の一に該当する事由により年金の一時払の請求をし，会社がこれを認めたときは，将来の年金の支給に代えて一時払の取り扱いをする。ただし，請求の時期はアおよびイに該当する場合以外は年金開始期日までに限るものとする。
　　　　ア　災　　　害
　　　　イ　重疾病，後遺症を伴う重度の心身障害
　　　　　　（生計を一にする親族の重疾病，後遺症を伴う重度の心身障害または死亡を含む。）
　　　　ウ　住宅の取得
　　　　エ　生計を一にする親族（配偶者を除く。）の結婚または進学
　　　　オ　債務の弁済
　　　　カ　その他前各号に準ずる事実
　　2　保証期間中の受給者または遺族年金受給中の継続受取人が死亡し，その継続受取人から年金の一時払の請求があったときは，年金の支給に代えて一時払の取り扱いをする。
　　3　年金月額が5,000円以下の場合には年金の支給に代えて一時払の取り扱いをする。
　　4　年金の支給に代えて支払う一時金の額は，年金月額に残存保証期間に応じ別表4（現価率表）の率を乗じた額とする。
　　5　年金現価の計算に際しては利率は年5.5％とする。

（支給の停止）
第8条　会社に著しい損害を及ぼし就業規則の規定に基づいて懲戒解雇された者には年金または一時金を支給しない。

（給付額の端数処理）
第9条　年金月額および一時金額に10円未満の端数が生じたときはこれを10円単位に四捨五入する。

（年金および一時金の支給期日および支給方法）
第10条　1　年金は，毎年2月，5月，8月および11月の各20日に，年金支給期日以降，当該支給月の前月までの分を支給する。
　　　　ただし，第1回支給額，年金開始期日後，最初に到来する年金支給期日の前月までの分とする。
　　2　一時金は，次条に定める書類を会社が受理した日の属する月の翌月末日までに支給する。
　　3　年金および一時金はあらかじめ加入者が指定した金融機関等に振り込むものとする。

（年金および一時金の受給時の手続）
第11条　年金および一時金を受給しようとする者は次の書類を会社に提出することを要する。
　　　　ア　住民票記載事項証明書
　　　　イ　印鑑証明書
　　　　ウ　その他会社が必要とする書類

第2節　退職年金

（退職年金の支給条件）
第12条　加入者が次に該当したとき，退職年金を支給する。
　　　　勤続10年以上で定年に達し退職したとき

（退職年金の支給額）
第13条　年金月額は次のとおりとする。
　　　　退職時の基準給与に勤続年数別支給率（別表1）を乗じた額

（退職年金の支給期間）
第14条　退職年金の支給期間は10年間とし，年金開始後10年間の保証期間を付する。

第3節　退職一時金

（退職一時金の支給条件）
第15条　加入者が次の各号の一に該当したとき，退職一時金を支給する。
　　　ア　勤続3年以上10年未満で定年に達し退職したとき
　　　イ　勤続3年以上で定年に達する前に死亡以外の事由で退職したとき

（退職一時金の支給額）
第16条　一時金額は次のとおりとする。
　　　　退職時の基準給与に勤続年数別支給率を乗じた額
　　　ア　前条アに該当したときは別表2の率
　　　イ　前条イに該当したときは別表3の率

第3章　制度の運営

（制度の運営方法）
第17条　会社は本制度の健全なる運営を計るため，加入者を被保険者としてＤＩ生命保険相互会社と企業年金保険契約を締結し，年金基金の管理運用および年金給付の事務はこれをＤＩ生命保険相互会社に行わせる。

（保険料の負担）
第18条　1　本規程に定める給付の財源にあてるため適正な年金数理に基づいて算定された所要の保険料は，全額会社が負担する。
　　　2　会社は前項の保険料として各加入者の基準給与合計額の2.36％相当額を加入した月から退職または死亡した月まで毎月拠出する。

（過去勤務債務等）
第19条　1　会社は本制度実施に伴う過去勤務債務等の額の償却に要する保険料は全額負担する。
　　　2　過去勤務債務等の額の計算方法は洗替一括管理方式とする。
　　　3　過去勤務債務等の額の償却は法人税施行令第159条第6号ロによることとし，その償却割合は毎年100分の8.33とする。
　　　4　会社は前項に定める保険料として，過去勤務債務等の額が償却済となるまでの間，各加入者の基準給与合計額の4.51％相当額を加入した月から退職または死亡した月まで毎月拠出する。

（制度運営の費用）
第20条　会社は前2条に定める保険料のほか，第17条に定める企業年金保険契約に係る付加保険料を全額負担する。

（財政計画の定期的検討）
第21条　会社は企業年金保険契約締結日以降5年ごとに本制度の財政計画を再検討し，必要に応じてその修正を行う。
　　　　次回再計算日は平成　年　月　日とする。

（規程の改廃）
第22条　1　本制度は社会経済の情勢に応じ改正または廃止できるものとする。
　　　　2　本制度が廃止されたときは年金基金を企業年金保険契約に基づく各加入者の責任準備金に比例して各加入者に配分する。ただし，すでに年金の支給を開始した加入者に対応する基金はこれを配分することなく当該加入者に継続して年金を支給する。

第4章　雑　　則

（譲渡担保の禁止）
第23条　本制度に基づく年金または一時金を受ける権利はこれを譲渡しまたは担保に供することはできない。

（勤続年数の計算）
第24条　1　勤続年数は入社の月から起算し，退職または死亡の月をもって終る。
　　　　2　定年を超えて勤務した期間は勤続年数に算入しない。
　　　　3　受給資格判定の基準となる勤続年数の1年未満の端数は切り捨てる。
　　　　4　給付額算定の基準となる勤続年数の1年未満の端数は月割とし，月の端数は切り上げる。
　　　　5　試用期間，見習期間は勤続年数に算入する。
　　　　6　休職期間は勤続年数に算入しない。

（基準給与）
第25条　本制度において使用する基準給与は，会社の給与に関する規定に定める基本給とし，その適用方法は次のとおりとする。
　　　　1　給付額算定の基礎となる基準給与は，加入者の退職時または死亡時の基準給与とする。
　　　　2　保険料算定の基礎となる基準給与は，毎年6月1日現在の基準給与とし，その年の6月から翌年の5月まで適用する。

（臨時拠出金に関する経過措置）
第26条　会社は昭和　年　月　日付で企業年金保険普通保険約款第　条第　項の規定による保険料──円の払込を行う。

（臨時拠出金に関する経過措置）
第27条　会社は昭和　年　月　日付で企業年金保険普通保険約款第　条第　項の規定による保険料──円の払込を行う。

付　　則

　本制度は昭和　年　月　日から実施する。
　本制度は昭和　年　月　日から一部改訂実施する。
　本制度は昭和　年　月　日から一部改訂実施する。
　本制度は平成　年　月　日から一部改訂実施する。

別表1　支給率表
退職年金

勤続年数	支給率	勤続年数	支給率
10年	0.0473	28年	0.1723
11	0.0536	29	0.1799
12	0.0600	30	0.1876
13	0.0664	31	0.1953
14	0.0728	32	0.2029
15	0.0792	33	0.2106
16	0.0855	34	0.2182
17	0.0919	35	0.2259
18	0.0983	36	0.2335
19	0.1047	37	0.2412
20	0.1110	38	0.2488
21	0.1187	39	0.2565
22	0.1264	40	0.2641
23	0.1340	41	0.2718
24	0.1417	42	0.2795
25	0.1493	43	0.2795
26	0.1570	44	0.2795
27	0.1646	45	0.2795

A年Bか月の支給率は次による。

A年の支給率＋｛(A＋1)年の支給率－A年の支給率｝×$\frac{B}{12}$

ただし，端数が生じた場合は小数点以下5位を四捨五入する。

別表2　支　給　率　表
退職一時金（定年）

勤続年数	支　給　率
3年	1.200
4	1.620
5	2.040
6	2.520
7	3.000
8	3.480
9	3.960
10	4.440

A年Bか月の支給率は次による。

A年の支給率＋｛（A＋1）年の支給率－A年の支給率｝×$\frac{B}{12}$

ただし，端数が生じた場合は小数点以下4位を四捨五入する。

別表3　支　給　率　表

退職一時金（中途退職）

勤続年数	支　給　率	勤続年数	支　給　率
3年	0.900	25年	12.600
4	1.200	26	13.260
5	1.500	27	13.920
6	1.920	28	14.580
7	2.340	29	15.240
8	2.760	30	15.900
9	3.180	31	16.620
10	3.600	32	17.340
11	4.140	33	18.060
12	4.680	34	18.780
13	5.220	35	19.500
14	5.760	36	20.220
15	6.300	37	20.940
16	6.900	38	21.660
17	7.500	39	22.380
18	8.100	40	23.100
19	8.700	41	23.820
20	9.300	42	24.540
21	9.960	43	24.540
22	10.620	44	24.540
23	11.280	45	24.540
24	11.940		

A年Bか月の支給率は次による。

　A年の支給率＋｛（A＋1）年の支給率－A年の支給率｝×$\frac{B}{12}$

　ただし，端数が生じた場合は小数点以下4位を四捨五入する。

別表4　年金に代えて支払う一時金の計算のための現価率表

(年金月額1円あたりの残存保証期間別一時金換算率)

年＼月	0	1	2	3	4	5
0	0	0.98564	1.97127	2.95691	3.94254	4.92817
1	11.82761	12.76186	13.69611	14.63036	15.56461	16.49886
2	23.03861	23.92415	24.80970	25.69524	26.58079	27.46633
3	33.66515	34.50452	35.34390	36.18328	37.02266	37.86204
4	43.73769	44.53331	45.32893	46.12455	46.92017	47.71579
5	53.28513	54.03928	54.79342	55.54756	56.30170	57.05584
6	62.33484	63.04967	63.76449	64.47932	65.19415	65.90897
7	70.91276	71.59032	72.26788	72.94544	73.62300	74.30056
8	79.04349	79.68573	80.32796	80.97020	81.61244	82.25468
9	86.75034	87.35910	87.96785	88.57661	89.18537	89.79412
10	94.05541					

年＼月	6	7	8	9	10	11
0	5.91381	6.89944	7.88507	8.87071	9.85634	10.84197
1	17.43311	18.36736	19.30161	20.23586	21.17011	22.10436
2	28.35188	29.23742	30.12297	31.00851	31.89406	32.77960
3	38.70142	39.54080	40.38018	41.21956	42.05894	42.89831
4	48.51141	49.30703	50.10265	50.89827	51.69389	52.48951
5	57.80999	58.56413	59.31827	60.07241	60.82655	61.58070
6	66.62380	67.33863	68.05345	68.76828	69.48311	70.19793
7	74.97812	75.65568	76.33324	77.01081	77.68837	78.36593
8	82.89691	83.53915	84.18139	84.82363	85.46587	86.10810
9	90.40288	91.01163	91.62039	92.22915	92.83790	93.44666

残存保証期間＝10年－（すでに年金が支払われた年月数）

実例48-① ペアとなっている規程の例

退職金支給規程

自社（一時金）制度と年金制度併用

（KN堂，薬品販売・店舗20・従業員180人）

（目　的）
第1条　この規程は，就業規則第　条にもとづき，社員が退職または死亡した場合の退職金の支給に関する事項について定めたものである。
　　2　前項における社員とは，就業規則第　条第　号に該当する社員をいう。

（受給者）
第2条　退職金の支給を受ける者は，本人または遺族で，会社が正当と認めたものとする。
　　2　前項の遺族は，労働基準法施行規則第42条ないし第45条の遺族補償の順位に従って支給する。

（支給範囲）
第3条　退職金は勤続2年以上の社員が退職したときに支給する。

（勤続年数の計算）
第4条　勤続年数の計算は，入社の日より退職の日（死亡退職の場合は死亡日）までとし，1ヵ年未満の端数は月割とし，1ヵ月未満の日数は15日以上を1ヵ月に繰上げ14日以下は切り捨てる。
　　2　就業規則第　条の「試用期間」は勤続年数に算入する。
　　3　就業規則第　条の「休職期間」は原則として勤続年数に算入しない。

（退職金計算の基礎額）
第5条　退職金の計算を行う場合の基礎となる額は，退職時の基本給とする。

（会社都合等による算式）
第6条　次の各号の事由により退職した場合は，次の算式により算出した金額を退職金として支給する。
　　(1)　事　由
　　　　①　会社の都合により解雇するとき
　　　　②　死亡したとき
　　　　③　定年に達したとき
　　　　④　業務上の傷病，疾病により退職したとき
　　(2)　算　式
　　　　基本給×支給率（別表1号表）

（自己都合等による算式）
第7条　次の各号の事由により退職した場合は，つぎの算式により算出した金額を退職金として支給する。

(1) 事　由
　　　① 自己都合で退職するとき
　　　② 私傷病により，その職に耐えず退職するとき
　　　③ 休職期間満了によるとき
　　　④ 懲戒処分による「諭旨退職」のとき（就業規則第　条第　号）
　　(2) 算　式
　　　　基本給×支給率（別表2号表）

（無支給もしくは減額支給）
第8条　社員の退職が懲戒処分による「懲戒解雇」の場合には，原則として退職金を支給しない。
　　　ただし，情状によって第7条以下に減じて支給することがある。

（役員就任の場合）
第9条　社員が当社の役員に就任した場合は，第6条の規定による退職金を支給する。

（特別退職金の加算）
第10条　社員で，在職中とくに功労のあった退職者に対しては，別に特別功労金を附加することがある。

（企業年金の締結）
第11条　この規程による退職金支給を一層確実にするために，会社は別に定める「退職年金規程」による適格年金（いわゆる「企業年金」という。）をＡＳ生命保険相互会社との間に社員を被保険者および受給者として締結する。（昭和　年　月　日）

（退職金と企業年金の関係）
第12条　第6条3号（定年）の退職金支給額は，企業年金現価相当額あるいは退職一時金を差引いた額とする。
　　　ただし，第6条の退職金支給額より，企業年金の支給額が多い場合は，その額を本人の退職金とする。

（退職金の支給期日）
第13条　退職金は退職の日より1カ月以内に支給する。
　　　ただし，事故ある場合は，事故解消後とする。

付　則

第14条　この規程は，平成　年　月　日より施行する。
　　　　　（制定　　年　月　日）
　　　　　（改定　　年　月　日）

別表　退職金支給率表

勤続年数	支給率 1号表	支給率 2号表	勤続年数	支給率 1号表	支給率 2号表
1未満	0	0%	21	21.0	65%
2	0	〃	22	23.0	〃
3	0.8	30	23	24.0	70
4	1.5	〃	24	25.0	〃
5	2.5	〃	25	26.0	75
6	3.5	35	26	27.0	〃
7	5.0	〃	27	29.0	80
8	6.0	〃	28	30.0	〃
9	7.0	40	29	31.0	85
10	8.5	〃	30	32.0	〃
11	9.5	〃	31	33.0	90
12	10.5	45	32	35.0	〃
13	12.0	〃	33	36.0	95
14	13.0	〃	34	37.0	〃
15	14.0	50	35	40.0	100
16	15.5	〃	36	41.0	〃
17	16.5	55	37	42.0	〃
18	17.5	〃			
19	19.0	60			
20	20.0	〃			

2号表は，1号表計算額に当該比率を乗じた額とする。

実例48-2

ペアとなっている規程の例

退職年金要項

自社（一時払）制度と年金制度併用

（KN堂，薬品販売・店舗20・従業員180人）

I 適用する約款および被保険者
 1 適用する約款および特約
    企業年金保険普通保険約款
    企業年金保険遺族年金特約
    企業年金保険中途脱退年金特約
 2 被保険者
  (1) 被保険者となる者の資格
     甲の使用人は，次の条件をみたしたとき被保険者となる資格を取得する。
        入社したとき
     ただし，次に該当する者を除く。
     ア 日々雇い入れられる者
     イ 臨時に期間を定めて雇い入れられる者
     ウ 嘱託
     エ 定年までの予定勤続年数が満2年未満の者
  (2) 加 入
     ア 昭和　年　月　日に被保険者となる資格を有する者は契約締結日に加入する。
     イ 昭和　年　月　日の翌日以降新たに被保険者となる資格を取得する者は，資格取得後最初に到来する追加加入日に加入する。
  (3) 追加加入日
     追加加入日は1月1日とする
II 給 付
 1 通 則
  (1) 給付の種類
     給付の種類は次のとおりとする。
        退職年金
        退職一時金
        遺族年金
  (2) 継続受取人
     継続受取人となる者の範囲および順位は，労働基準法施行規則第42条ないし第45条の規定を準用する。ただし，同順位の者が2名以上となる場合には，そのうち最年長者を代表者と

してその者に年金または一時金を支払う。
(3) 年金の支払期日

年金は，年金開始期日の属する月の直後の2月，5月，8月，または11月の25日を第1回の支払日とし，以降年4回2月，5月，8月，および11月の各25日に，それぞれ年金月額の3カ月分を支払う。

(4) 年金の一時払

ア　支払条件

(ア) 年金受給権を取得した被保険者が，次の各号の一に該当する事由により年金の一時払の請求をし，甲および乙がこれを認めたときは，将来の年金の支払に代えて一時払の取り扱いをする。

ただし，請求の時期は年金開始期日までに限るものとする。

a．災害
b．重疾病，後遺症を伴う重度の心身障害（生計を一にする親族の重疾病，後遺症を伴う重度の心身障害または死亡を含む。）
c．住宅の取得
d．生計を一にする親族（配偶者を除く。）の結婚または進学
e．債務の弁済
f．その他前各号に準ずる事実

(イ) 年金受給権を取得した被保険者または継続受取人が死亡し，その継続受取人から年金の一時払の請求があったときは，年金の支払いに代えて一時払の取り扱いをする。

イ．支払額

年金の支払に代えて支払う一時金の額は，当該被保険者の年金月額に別表4の率を乗じた額とする。

(5) 給付の制限

甲の退職年金給付に関する内部規程に給付を受ける権利を停止または制限する旨の規定があり，被保険者がこれに該当する旨甲から乙に通知があったときは，乙は，年金もしくは一時金の全部または一部を支払わない。この場合，受取人から異議の申し立てがあったときは甲が責任をもってこれを解決するものとする。

(6) 給付額の端数処理

年金月額および一時金額に1円未満の端数が生じたときは，これを四捨五入して1円単位とする。

2．退職年金

(1) 支払条件

被保険者が勤続満15年以上で定年に達し退職したとき，退職年金の受給権を取得する。

退職年金は，受給権を取得した被保険者の生存を条件として支払う。

(2) 支払額

年金月額は，別表1に定める額とする。

(3) 年金開始期日

退職年金の支払開始期日は，被保険者が退職年金の受給権を取得した日とする。

(4) 支払期間

退職年金の支払期間は10年間とする。

3．退職一時金
 (1) 支払条件
  被保険者が次の各号の一に該当したとき，退職一時金の受給権を取得する。
  ア．勤続満2年以上満15年未満で定年に達したとき
  イ．勤続満5年以上で定年到達前に退職したとき
 (2) 支払額
  退職一時金は，次のとおりとする。
   ア．(1)，アに該当したときは，別表2に定める額
   イ．(2)，イに該当したときは，別表3に定める額
4．遺族年金
 (1) 支払条件
  被保険者が退職年金の受給中に死亡したとき，継続受取人は遺族年金の受給権を取得する。
 (2) 支払額
  年金月額は，受給中の退職年金月額と同額とする。
 (3) 年金開始期日
  遺族年金の支払開始期日は，遺族年金の受給権を取得した日とする。
 (4) 支払期間
  遺族年金の支払期間は，10年から退職年金の支払済の期間を控除した残余の期間とする。

III 基本保険料
1．積立方式
  この契約において使用する積立方式は次のとおりとする。
   到達年令方式
2．計算基礎
  この契約において使用する計算基礎は次のとおりとする。
 (1) 利率
  利率は年5.5%とする。
 (2) 死亡率
  死亡率は，第10回国民生命表と第13回簡速静止人口表のいずれか低い方の85%（男）とする。
3．基本保険料の額
  基本保険料の額は，退職または死亡前の被保険者について，次の各号の規定により計算した額の合計額とする。
 (1) 通常の保険料の額
  通常の保険料の額は，次により計算した額とする。
  被保険者の年金月額（一時金のときは，一時金額を年金現価率で除した額とする。）に年令別の率を乗じた合計額
 (2) 付加保険料の額
  付加保険料は，乙が主務大臣の認可を得た方法により計算した額とする。
4．基本保険料の払込方法
  基本保険料の払込方法は年12回とし，第2回保険料の払込期日は昭和　年　月　日，第3回以降の保険料の払込期日はその毎月の応当日とする。

5．基本保険料の改訂
  (1) 申し出による保険料の改訂
    基本保険料の額が，給付を行うに不足することが明らかとなり，急施を要すると認められたときは，乙はその旨を甲に申し出，双方協議のうえ，これを改訂するものとする。
  (2) 改訂の要否の定期的検討
    (1)によるほか，基本保険料について，給付の状況に照らし，その改訂の要否の検討を契約締結日以降5年ごとに行うものとし，保険料の改訂を要すると乙が認めた場合には，双方協議のうえ，当該契約応当日以降の保険料を改訂するものとする。ただし，保険料改訂の協議が整わない間は，従来の保険料を継続して払い込むものとする。
6．保険料の払込がない場合の取り扱い
    第2回以降の保険料が払い込まれないままで，猶予期間（払込期日後1カ月）を経過したときは，発生順支払による払済年金（受給権取得前の被保険者に係る責任準備金の額を限度として，当該被保険者にこの契約に定める年金または一時金を支払うものをいう。）に変更するものとする。

IV 責任準備金
    乙は，この契約について主務大臣の認可を得た方法で責任準備金を計算する。

V 解　　約
  1．契約の解約
    この契約の被保険者数が15名未満となり，かつ年金受給権取得前の被保険者数が10名を欠き，次の契約応当日までにこれを充足できないと乙が認めたとき，または発生順支払による払済年金変更後2年を経過したときは，乙はこの契約を解約することができるものとする。
  2．解約返戻金
    契約が解約された場合の解約返戻金の額は，年金受給権を取得した被保険者に対する給付に必要な責任準備金，ならびにこの契約の保険料積立金に課せられた租税を控除したのちの責任準備金の額とする。
  3．解約返戻金の支払
    解約返戻金は，解約日に被保険者が退職したものとして計算した退職一時金の額に比例して計算される額を，それぞれに対応する被保険者に支払う。
    ただし，法人税施行令第159条第8号イないしハの規定の適用を受ける場合には，解約返戻金を甲に支払う。

VI 社員配当金
    社員配当金は，金銭による支払によりこれを処分する。

VII 雑　　則
  1．内部規程の了承と協議内容の変更
  (1) 乙は，契約締結の際において，甲の年金等の支給に関する内部規程を了承する。
  (2) 契約の協議内容につき変更を行う場合は，甲，乙いずれか一方の申し出により双方協議するものとし，変更の時期は原則として契約締結日以降1年ごとの契約応当日とする。ただし，甲がその改訂を行う場合には事前に，書面をもって乙に申し出るものとする。
  2．甲から乙に通知を要する事項
    甲は，この契約に基づく年金または一時金の給付を行うに必要な次の事項を，次の事由発生後，遅滞なく乙に通知するものとする。
  (1) 保険料および給付額算定の基礎となる事項

(2)　被保険者の追加加入に関する事項
　(3)　被保険者の退職および死亡等の異動に関する事項
　(4)　給付金および返戻金の支払に必要な事項
　(5)　その他必要な事項
3．保険事務費
　　　この契約に係る保険事務費はⅢ，3．(2)に定める付加保険料のほか，乙が主務大臣の認可を得た方法により計算するものとし，その区分は，次のとおりとする。
　(1)　年金開始後の事務費
　(2)　Ⅲ，6に定める払済年金に変更した場合の事務費
4．保険料積立金に課せられた租税
　　　乙は，この契約の保険料積立金に課せられた租税に相当する額を，この契約の責任準備金（年金受給権を取得した被保険者に対する給付に必要な責任準備金を除く。）より充当するものとし，不足が生じたときは，その不足額を甲が乙の租税納付期日の前日までに，乙に払い込むものとする。
5．留保すべき金額を超える金額の返還
　　　乙は，保険料積立金のうち，法人税法施行令第159条第7号に留保すべき金額を超える金額を毎年甲に返還する。
6．保険料積立金の事業主への返還禁止
　　　この契約にかかわる保険料積立金に相当する額は，法人税法施行令第159条第7号および第8号イないしハに掲げる金額のほか，甲に返還しないものとする。
7．貸付等に関する制限
　　　甲は，この契約を締結することにより，乙から通常の条件に比し有利な条件による貸付その他これに類する利益を受けないものとする。
8．勤続年数の計算
　　　この契約における勤続年数は，次により計算する。
　(1)　入社の日から退職の日までとする。
　(2)　試用期間は通算する。
　(3)　休職期間は通算しない。
　(4)　1年未満の端数は月割とし，1カ月未満の端数は15日以上は1カ月に切り上げ，14日以下は切り捨てる。
　(5)　定年を超えて勤務した期間は通算しない。
　(6)　甲の各社間における出向ならびに転籍期間は相互に通算する。
9．定　　年
　　　この契約における定年は，次のとおりとする。
　　　　年令満60歳に達した日の直後の15日
10．退職の範囲
　　　この契約における退職は，就業規則に定める退職（役員就任を含む。）または解雇とし，死亡によるものを含まない。
11．給付額の計算方法
　　　8 −(4)に該当した場合の給付額は次の算式により計算する。
　　　　$\text{A年B カ月の給付額} = \text{A年の給付額} + \dfrac{\{(A+1)\text{年の給付額} - A\text{年の給付額}\} \times B}{12}$

12. 結合契約に関する事項
    (1) この契約において保険契約者が払い込む保険料に相当する額について，甲の各社は次の規定により計算した額の合計額をそれぞれ負担するものとする。
        ア　保険料払込期日に甲の各々に在籍する被保険者について通常の保険料の額の計算方法に準じて計算した額
        イ　付加保険料に相当する額については，甲の各々が負担すべきアの額に比例した額
    (2) 甲の各社は，留保すべき金額を超える金額について，甲の各々に在籍する被保険者に対して算出した将来法による責任準備金の額に比例した額を，それぞれに受け取るものとする。
    (3) この契約の保険料積立金に課せられた租税に充当するための払込額があるときは，甲の各社が(2)の規定に準じて負担するものとする。
    (4) 甲の各社間で転籍した被保険者については，転籍時には受給権を取得しないものとする。

給付額（率）表

年数	別表 1 勤続（円） 定年	別表 2 勤続（円） 定年	別表 3 勤続（円） 中途退職
0			
1			
2		75,000	
3		150,000	
4		225,000	
5		300,000	100,000
6		420,000	130,000
7		540,000	180,000
8		660,000	230,000
9		780,000	280,000
10		900,000	360,000
11		1,050,000	420,000
12		1,200,000	470,000
13		1,350,000	530,000
14		1,500,000	600,000
15	18,000	1,676,236	670,000
16	20,100		760,000
17	22,200		840,000
18	24,300		930,000
19	26,400		1,020,000
20	28,500		1,120,000
21	31,500		1,220,000
22	34,500		1,320,000
23	37,500		1,440,000
24	40,500		1,560,000
25	43,500		1,680,000
26	47,400		1,810,000
27	51,300		1,940,000
28	55,200		2,080,000
29	59,100		2,220,000
30	63,000		2,370,000
31	68,400		2,540,000
32	73,800		2,720,000
33	79,200		2,900,000
34	84,600		3,090,000
35	90,000 以下同額		3,300,000 以下同額

第2章　退職金・年金規程の実例

別表 4　10年確定年金現価率表

残余保証期間 年\月	0	1	2	3	4	5	6	7	8	9	10	11
0	0.0	1.0000	1.9955	2.9867	3.9734	4.9557	5.9336	6.9072	7.8765	8.8414	9.8020	10.7584
1	11.7105	12.6584	13.6020	14.5415	15.4767	16.4078	17.3348	18.2576	19.1763	20.0910	21.0015	21.9080
2	22.8105	23.7089	24.6034	25.4939	26.3804	27.2629	28.1416	29.0163	29.8871	30.7541	31.6172	32.4764
3	33.3318	34.1834	35.0313	35.8753	36.7156	37.5521	38.3850	39.2141	40.0395	40.8613	41.6794	42.4938
4	43.3046	44.1119	44.9155	45.7155	46.5120	47.3049	48.0944	48.8803	49.6626	50.4416	51.2170	51.9890
5	52.7576	53.5227	54.2844	55.0428	55.7977	56.5493	57.2976	58.0425	58.7841	59.5224	60.2574	60.9892
6	61.7177	62.4429	63.1649	63.8837	64.5993	65.3117	66.0210	66.7271	67.4300	68.1298	68.8265	69.5201
7	70.2106	70.8981	71.5825	72.2638	72.9421	73.6174	74.2896	74.9589	75.6252	76.2885	76.9489	77.6064
8	78.2609	78.9125	79.5612	80.2070	80.8499	81.4900	82.1272	82.7616	83.3932	84.0219	84.6479	85.2710
9	85.8914	86.5090	87.1239	87.7361	88.3455	88.9522	89.5562	90.1575	90.7561	91.3521	91.9454	92.5361
10	93.1242											

(注)　1.　この表は，年金月額1円　予定利率5.5%の値です。
　　　2.　残余保証期間とは，10年からすでに年金を支払済の年月数を控除した残余の期間です。

ペアとなっている規程の例

実例49-①

退職金支給規程

自社（一時金）制度と年金制度併用
厚生年金基金加算上乗制

（TS設備，空調配管・従業員40人）

第1章　総　則

（目　的）
第1条　この規程は，就業規則第　条に基づき，社員が死亡または退職した場合の退職金支給に関する事項について定める。
　2　前項における社員とは，就業規則第　条に該当する者をいう。ただし第　条の嘱託を除く。

（受給者）
第2条　退職金の支給を受ける者は，本人またはその遺族で，会社が正当と認めた者とする。
　2　前項の遺族は，労働基準法施行規則第42条ないし第45条の遺族補償の順位に従って支給する。

（支給範囲）
第3条　退職金は，社員が死亡または退職した場合，次の区分により支給する。
　①　自己都合等の退職の場合（第　条）は，勤続3年以上とする。
　②　会社都合，定年の場合（第　条）は，勤続1年以上とする。

（勤続年数の計算）
第4条　勤続年数の計算は，入社の日より退職日（死亡退職の場合は死亡日）までとし1年未満の端数は月割りとし，1カ月未満は1カ月として計算する。
　2　試用期間は勤続年数に算入する。
　3　就業規則第　条によらないその他の社員は，本採用になった日を入社日とする。
　4　就業規則第　条の休職期間および第　条の育児休業期間は，勤続年数に加算しない。

（端数処理）
第5条　退職金の計算において，100円未満の端数が生じた場合は，100円単位に四捨五入する。

第2章　支給基準

（退職金計算の基礎額）
第6条　退職金の計算を行う場合の算定基礎額は，退職時の基本給とする。

（自己都合等退職による算式）
第7条　(1)の各号の事由により退職した場合は，(2)の算式により算出した金額を退職金として支給

する。
　　(1) 事由
　　　① 自己の都合で退職するとき
　　　② 第　条の休職期間が満了しても復職しないとき
　　　③ 私傷病により，その職に耐えず退職するとき
　　(2) 算式
　　　　基本給×別表（A・自己都合支給率）

（会社都合・定年等退職による算式）
第8条　(1)の各号の事由により退職した場合は，(2)の算式により算出した金額を退職金として支給する。
　　(1) 事由
　　　① 会社の都合により解雇するとき
　　　② 定年に達したとき
　　　③ 死亡したとき
　　　④ 業務上の傷病，疾病により退職したとき
　　(2) 算式
　　　　基本給×別表（B・会社都合支給率）

（無支給または減額支給）
第9条　社員の退職が就業規則第　条第　号の懲戒解雇に該当する場合には，原則として退職金を支給しない。
　　　ただし，情状によって第7条以下に減じて支給することがある。

（特別退職金の加算）
第10条　在職中に功労があった退職者に対しては，別に特別退職金を付加することがある。
　　2　業務上の災害で死亡した場合には，別に付加することがある。

（退職金の支払い）
第11条　退職金は，退職の日より1カ月以内に支給する。
　　　ただし，事故ある場合は事故解消後とする。
　　2　退職金の支払い方法は，第2条の受給者に直接通貨で支給するか，もしくは本人が指定する金融期間の本人口座に振込むものとする。

（企業年金の締結）
第12条　この規程による退職金の支給を一層確実にするために，会社は別に定める「退職年金規程」による退職年金（税制適格年金）をYD生命相互保険会社との間に社員を被保険者および受給者として全額会社負担（無拠出制）として締結する（昭和　年　月　日。）

（給付の種類）
第13条　退職年金の種類は，次の4種類とする。
　　　① 退職年金
　　　② 定年退職一時金
　　　③ 中途退職一時金
　　　④ 遺族一時金

（退職金と退職年金との関係）
第14条　第7条あるいは第8条の退職金支給額は，退職年金の個人退職年金現価相当額あるいは退職一時金を差し引いた額とする。

2　ＹＤ生命から支給される現価相当額もしくは一時金が，この規程の定めで計算した額よりも上回る場合は，その額を本人の退職金の額とする。
　3　第11条の支払いは，ＹＤ生命保険相互会社の事務処理による。

附　則

（管工事厚生年金基金に加入）
第15条　会社は社員を受給者として管工事厚生年金基金に加入する。
　2　この厚生年金基金は加算型（加算部分は退職金に相当・俗に調整年金といわれている）であるので，加算部分は全額会社の負担とする。
　3　加算部分については，年金もしくは一時金の選択制になっているが，基金よりの給付は全額上乗せとする。

（施　　行）
第16条　この規程は，平成　年　月　日より施行する。

別表 退職金支給率

勤続年数	支給率 A（自己都合）	支給率 B（会社都合）	勤続年数	支給率 A（自己都合）	支給率 B（会社都合）
1	—	0.60	21	12.96	16.20
2	—	1.20	22	13.92	17.40
3	0.90	1.80	23	14.88	18.60
4	1.20	2.40	24	15.84	19.80
5	1.50	3.00	25	16.80	21.00
6	1.80	3.60	26	19.98	22.20
7	2.10	4.20	27	21.05	23.40
8	2.40	4.80	28	22.14	24.60
9	2.70	5.40	29	23.22	25.80
10	3.00	6.00	30	24.30	27.00
11	4.14	6.90	31	24.75	27.50
12	4.68	7.80	32	25.20	28.00
13	5.22	8.70	33	25.65	28.50
14	5.76	9.60	34	26.10	29.00
15	6.30	10.50	35	26.55	29.50
16	7.98	11.40	36	27.41	29.80
17	8.61	12.30	37	27.70	30.10
18	9.24	13.20	38	27.97	30.40
19	9.87	14.10	39	28.30	30.70
20	10.50	15.00	40	28.52	31.00

（注）①B（会社都合）の支給率は，勤続年数に応じて次のようにアップする。

勤続年数	アップ率	勤続年数	アップ率
1年以上11年未満	0.60	31年以上36年未満	0.50
11年以上21年未満	0.90	36年以上40年以下	0.30
21年以上31年未満	1.20		

②A（自己都合）の支給率は，勤続年数に応じて次のようにB（会社都合）の一定割合とする。

勤続年数	支給割合	勤続年数	支給割合
3年以上11年未満	50％	21年以上26年未満	80％
11年以上16年未満	60	26年以上36年未満	90
16年以上21年未満	70	36年以上40年以下	92

ペアとなっている規程の例

実例49-②

退職年金規程

（TS設備，空調配管・従業員40人）

第1章 総　則

（目　的）
第1条　この規程は当社の社員として勤続した者の退職後の生活の安定に寄与することを目的とする。
　②　この規程において，特定の者につき不当に差別的な取扱いはしない。

（適用範囲）
第2条　この規程は，すべての社員に適用する。ただし次の各号に該当する者は，この規程にいう社員に含まない。
　　(1)　役　　員
　　(2)　嘱　　託
　　(3)　日々雇い入れられる者
　　(4)　臨時に期間を定めて雇い入れられる者

（譲渡などの禁止）
第3条　この規程により支給を受ける権利は，他に譲渡し，または担保に供することができない。

第2章　加入および脱退

（加入資格）
第4条　加入資格は，入社と同時に取得する。
　　　ただし，定年までの予定勤続年数が満3年未満の者は除く。

（加入時期）
第5条　加入時期は，加入資格を取得した日以後最初に到来する　月　日とする。
　②　前項により加入した社員を加入者という。

（脱　退）
第6条　加入者は退職したときまたは死亡したときは，そのときから加入者たる地位を失う。

第3章 給　付

（給付の種類）
第7条　この規程による給付は次のとおりとする。
　　　(1)　退職年金
　　　(2)　定年退職一時金
　　　(3)　中途退職一時金
　　　(4)　遺族一時金

（退職年金の受給資格）
第8条　加入者が勤続満10年以上で定年に達したときは，退職年金の受給資格を取得する。

（退職年金額）
第9条　退職年金の月額は次のとおりとする。
　　　　勤続年数別定額（別表1）

（退職年金の支給期間および支給方法）
第10条　退職年金は退職した日より10年間支給を保証する。
　　②　退職年金の支給は退職した日の属する翌月以降の最初の年金支給月より開始する。
　　③　退職年金の支給月は毎年3月，6月，9月および12月とし，それぞれ年金月額の3カ月分を支給月の15日に支給する。

（保証期間の年金支給）
第11条　前条第1項の保証期間中に受給者が死亡した場合は，当該保証期間から給付済の期間を差引いた残余の期間中，加入者であった者の遺族に受給者に対すると同額の年金を支給する。
　　②　前項の場合，遺族が希望したときは，残存保証期間の年金現価相当額を一時に支払う。

（遺族の範囲および順位）
第12条　加入者が死亡した場合における遺族の範囲は，労働基準法施行規則第42条ないし第45条の規定を準用する。ただし，同順位の者が2名以上となる場合には，その1人のした請求は全員のため全額についてしたものとみなし，その1人に対してした給付は全員に対してしたものとみなす。

（年金の支給にかえる一時金）
第13条　加入者が次の各号の一に該当する事由により，年金の支給にかえて，一時金を希望し，当社がこれを適当と認めたときは，未支給保証期間分の年金現価相当額を年金支給開始時に一時に支給する。
　　　　ただし，申し出の受給は，(1)，(2)を除き年金支給開始後3年以内に限るものとする。
　　　(1)　災害
　　　(2)　重疾病，後遺症を伴う重度の心身障害（生計を一にする親族の重疾病，後遺症を伴う重度の心身障害または死亡を含む。）
　　　(3)　住宅の所得
　　　(4)　生計を一にする親族（配偶者を除く。）の結婚または進学
　　　(5)　債務の弁済
　　　(6)　その他前各号に準ずる事由

（定年退職一時金の受給資格）
第14条　加入者が勤続満3年以上満10年未満で定年に達したときは，定年退職一時金の受給資格を取得する。
（定年退職一時金額）
第15条　定年退職一時金額は次のとおりとする。
　　　　　勤続年数別定額（別表2）
（定年退職一時金の支給方法）
第16条　加入者が受給資格を取得した日以後，支払に必要な書類が提出されてから，加入者に対し15日以内に定年退職一時金を支給する。
（中途退職一時金の受給資格）
第17条　加入者が勤続満3年以上で死亡以外の事由により定年到達前に中途退職したときは，中途退職一時金の受給資格を取得する。
（中途退職一時金額）
第18条　中途退職一時金額は次のとおりとする。
　　　　　勤続年数別定額（別表3）
（中途退職一時金の支給方法）
第19条　加入者が受給資格を取得した日以後，支払に必要な書類が提出されてから，加入者に対し15日以内に中途退職一時金を支給する。
（遺族一時金の受給資格）
第20条　加入者が勤続満3年以上で定年到達前に死亡により退職したときは，加入者であった者の遺族は遺族一時金の受給資格を取得する。
（遺族一時金額）
第21条　遺族一時金額は次のとおりとする。
　　　　　勤続年数別定額（別表4）
（遺族一時金の支給方法）
第22条　加入者であった者の遺族が受給資格を取得した日以後，支払に必要な書類が提出されてから，その遺族に対し15日以内に遺族一時金を支給する。

第4章　雑　則

（勤続年数の計算）
第23条　この規程における勤続年数の計算方法は次に定めるところによる。
　　(1)　入社の日から起算し退職または死亡の日までとする。
　　(2)　試用期間は算入する。
　　(3)　休職期間は算入する。
　　(4)　1年未満の端数は月割計算とし，1カ月未満の端数日は切り上げる。
（支給の停止）
第24条　当社は加入者が懲戒解雇により退社した場合には，この規程による諸支給を減額するかもしくは停止することがある。
（制度の運営）
第25条　当社は，この規程による年金制度の運営をYD生命保険相互会社との間に締結した企業年金保険契約に基づいて行う。

(解約返戻金の分配)
第26条　前条に規定する企業年金保険契約が解約された場合には，解約された部分に対する解約返戻金を未だ年金受給資格を取得していない各加入者ごとの勤続年数に比例して各加入者に配分する。また，年金受給資格を取得した者については，引続き給付を行うものとする。

(取得の負担)
第27条　当社は，この規程による給付を行うために必要な費用として適正な年金数理に基づいて算定した金額を全額負担する。

(退職年金等の受給手続)
第28条　退職年金等の支給を受ける者は，当社が指定した書類により，印鑑，住所，受領方法等を当社が指定した時までに届け出るものとする。
　②　退職年金等の支給を受ける者は，次の各号に定める書類を当社が指定した期日までに当社に提出するものとする。
　　(1)　加入者もしくは加入者であった者の遺族が退職年金等の受給資格を取得し死亡した場合は，当該死亡を証明する医師の死亡診断書または死体検案書
　　(2)　その他当社が必要と認めた書類

(規程の改廃)
第29条　この規程は，経済情勢の変動等その他やむを得ない事情により改廃することがある。

(支給額の計算方法)
第30条　この規程の支給額の算定にあたって勤続年数に1年未満の端数が生じた場合の計算は次の方法による。

　　　　A年Bカ月の支給額
　　　　　＝A年の支給額＋$\{(A+1)$年の支給額－A年の支給額$\} \times \dfrac{B}{12}$

第31条　この規程における定年は次のとおりとする。
　　　　　満60歳に達した日の翌日

付　　則

(実施期日)
第1条　この規程は昭和　年　月　日から実施する。

(制度発足時の経過措置)
第2条　この規程により制度発足時すでに第4条に定める加入資格を有する者は，この規程実施と同時に加入するものとする。

別表1　退職年金月額表

勤続年数	年金月額	勤続年数	年金月額
年	円	年	円
10	11,000	35	86,000
11	12,000	36	92,000
12	13,000	37	98,000
13	14,000	38	100,000
14	15,000	39	110,000
15	16,000	40	120,000
16	18,000	41	125,000
17	20,000	42	130,000
18	22,000	43	135,000
19	24,000	44	140,000
20	26,000	45	145,000
21	29,000		
22	32,000		
23	35,000		
24	37,600		
25	43,000		
26	47,500		
27	50,000		
28	53,000		
29	56,000		
30	60,000		
31	65,000		
32	69,000		
33	76,000		
34	80,000		

別表2　定年退職一時金額表

勤続年数	定年退職一時金額
年	円
3	330,000
4	413,000
5	517,000
6	624,000
7	724,000
8	827,000
9	931,000
10	1,034,000

別表3　中途退職一時金額表

勤続年数	中途退職一時金額	勤続年数	中途退職一時金額
年	円	年	円
		26	2,815,000
		27	3,010,000
3	157,000	28	3,190,000
4	214,000	29	3,371,000
5	248,000	30	3,611,000
6	324,000	31	3,912,000
7	405,000	32	4,153,000
8	483,000	33	4,575,000
9	560,000	34	4,815,000
10	642,000	35	5,176,000
11	722,000	36	5,538,000
12	783,000	37	5,899,000
13	843,000	38	6,020,000
14	903,000	39	6,621,000
15	963,000	40	7,223,000
16	1,083,000	41	7,524,000
17	1,203,000	42	7,825,000
18	1,324,000	43	8,126,000
19	1,444,000	44	8,427,000
20	1,565,000	45	8,728,000
21	1,746,000		
22	1,926,000		
23	2,107,000		
24	2,263,000		
25	2,588,000		

別表4　遺族一時金額表

勤続年数	遺族一時金額	勤続年数	遺族一時金額
年	円	年	円
		26	4,000,000
		27	4,300,000
3	1,000,000	28	4,500,000
4	1,000,000	29	4,800,000
5	1,000,000	30	5,100,000
6	1,500,000	31	5,500,000
7	1,500,000	32	6,000,000
8	1,500,000	33	6,500,000
9	1,500,000	34	6,800,000
10	1,500,000	35	7,300,000
11	2,000,000	36	7,800,000
12	2,000,000	37	8,300,000
13	2,000,000	38	8,500,000
14	2,000,000	39	9,500,000
15	2,000,000	40	11,000,000
16	2,500,000	41	11,000,000
17	2,500,000	42	11,000,000
18	2,500,000	43	12,000,000
19	2,500,000	44	12,000,000
20	2,500,000	45	13,000,000
21	3,000,000		
22	3,000,000		
23	3,000,000		
24	3,200,000		
25	3,700,000		

実例50

退職金規程で年金規程は省略の例

退職金・年金支給規則

自社（一時金）制度と年金制度併用
自社制度は職能指数方式

（OT技研，精密機器・従業員900人）

（規則の目的）
第1条　この規則は社員就業規則第　条（退職金・退職年金）に基づき，社員の退職金及び退職年金の支給条件および支給基準について定める。

（退職金の性格）
第2条　退職金は功労報奨的な性格とし，在職期間中の職能資格に基づく貢献度に応じて支給する。

（退職金の種類）
第3条　退職金は次の3種類とする。
　　1．普通退職金
　　2．準特別退職金
　　3．特別退職金

（普通退職金の支給条件）
第4条　普通退職金は勤続1年以上の社員が次の各号の一によって退職し，または解雇された場合に支給する。
　　1．自己の都合により退職を願い出て会社が承認したとき
　　　但し，第8条第3号および第10条第1号に該当する場合を除く。
　　2．社員就業規則第　条（普通解雇）に該当するとき
　　　但し，第　号による場合を除く。

（普通退職金の支給額）
第5条　普通退職金の支給額は入社時から退職時までの職能指数の合計に1点当たりの基準額（以下基準額という）を乗じた額とする。

（職能指数）
第6条　職能指数は社員職能資格制度における職能資格ごとに1年を単位とし，下記のとおり定める。

	社　員　職　能　資　格														
	実　務　職				特　務　職				主　務　職				特　別　職				
	1級	2級	3級	4級	1級	2級	3級	4級	1級	2級	3級	主事	副参事1級	副参事2級	参事1級	参事2級	参事3級
職能指数	5	7	12	15	5	7	12	16	12	14	16	20	25	30	35	40	45

（基準額）
第7条　①基準額は指数1点につき12,000円とする。
　　　②　基準額は，必要と認められた場合はこれを調整することがある。
（準特別退職金の支給条件）
第8条　準特別退職金は社員が次の各号の一に該当する場合に支給する。
　　　1．災害補償規定により打切補償を行って解雇されたとき
　　　2．医師の判定により精神または身体の傷害のため業務に耐えないと認められ解雇されたとき
　　　3．満25歳，満30歳，満35歳のものが本人の希望により退職したとき
　　　4．女子が結婚および出産を事由に退職したとき
　　但し，結婚および出産当日（予定日）の前後3カ月間の退職者を準特別退職金支給の該当者とし，支給に当たってはその事実を証明する書類を提出する。
（準特別退職金の支給額）
第9条　準特別退職金の支給額は，第5条（普通退職金の支給額）の規定により算出した額に，1.3を乗じた額とする。
（特別退職金の支給条件）
第10条　特別退職金は社員が次の各号の一に該当する場合に支給する。
　　　1．満40歳以上のものが本人の希望により退職したとき
　　　2．死亡したとき
　　　3．当社の役員に選任されたとき
　　　4．社員就業規則第　条（会社都合による解雇）の規定により解雇されたとき
　　　5．会社のすすめにより円満退職したとき
　　　6．社員就業規則第　条（定年）の規定により退職したとき
（特別退職金の支給額）
第11条　特別退職金の支給額は，第5条（普通退職金の支給額）の規定により算出した額に，1.5を乗じた額とする。
（特別加算金）
第12条　在職中とくに功労があったと認められる者に対しては特別加算金を支給することがある。
（支給制限）
第13条　①　下記の事由によって退職した者は，原則として退職金を支給しない。
　　　1．社員就業規則第　条（懲戒解雇）の規定に該当して解雇されたとき
　　　2．社員就業規則第　条（自己都合による退職）第　項の規定によらず強いて退職したとき
　　　②　前項第1号の規定にかかわらず，社員就業規則第　条（懲戒解雇）但し書により退職勧告に処せられ退職するものには，その情状により退職金の一部または全部を支給することがある。
（退職金の支払）
第14条　退職金は権利者の請求によりその内訳を明示し通貨で1カ月以内に支給する。
（職能指数の計算）
第15条　職能指数の計算は採用の日から退職の日までの期間を下記の各号によって行う。
　　　1．職能資格ごとの在級年数に端数月がある場合は，下記の表により換算する。

端数月	1	2	3	4	5	6	7	8	9	10	11
換算年数	0.08	0.17	0.25	0.33	0.42	0.50	0.58	0.67	0.75	0.83	0.92

2．採用，退職および休職，復職の月は勤務日数の如何にかかわらず1カ月勤務したものとみなす。

3．進級，昇格または降級，降格の発令がなされた月については上級の資格を適用する。

4．社員職能資格制度が発足する以前の期間の職能資格等級の取扱いは発足時の職能資格等級による。

5．○○会社および○○会社より移籍された者について，移籍されるまでの出向期間の職能資格等級は移籍時の職能資格等級を適用する。

6．会社創立の時（昭和　年　月　日）より開局1周年記念日（昭和　年　月　日）まで勤務したものについては，その間を2倍に計算してその労に報いる。

　上の計算に当たって，○○会社および○○会社より移籍された者については，○○会社へ移籍されるまでの出向期間は普通計算を行うほか，移籍後昭和　年　月　日までの期間については2倍に計算する。

7．休職期間は在職年数に算入しない。ただし下記の各号の一に該当する場合はこの限りでない。

　(イ)　会社の都合により社外の職務に専従したとき

　(ロ)　その他，会社が特別の事情があると認めたとき

8．前号但し書に該当する場合，その事情により当該期間の職能指数を増減することがある。

（分割支給，第1種退職年金）

第16条　①　満45歳以上の者が退職金が700万円以上に及ぶ場合，本人の希望に基づき700万円（年金現価）を年金として分割支給することができる。

　②　この場合の年金を第1種退職年金という。

（第2種退職年金）

第17条　満45歳以上でかつ勤続満10年以上の退職者には，別途下表の年金現価額に基づく第2種退職年金を支給する。

退職時年齢	年金現価額	退職時年齢	年金現価額
満45歳	500万円	満51歳	380万円
46	480	52	360
47	460	53	340
48	440	54	320
49	420	55	300
50	400		

（退職年金の支給期間）

第18条　①　第1種および第2種退職年金の支給期間は，受給資格者が満60歳に達した日の属する月の翌月から15年間支給を保証し，死亡時まで支給する。

　②　退職年金の受給資格者が死亡したとき（但し支給開始後15年をこえて死亡した者を除く）は遺族に対して支給する。

(退職年金の月額)
第19条　退職年金の月額は下表のとおりとする。

退職時年齢	第1種退職年金	第2種退職年金	退職時年齢	第1種退職年金	第2種退職年金
満45歳	126,241円	90,172円	満51歳	91,570円	49,709円
46	119,680	82,066	52	86,819	44,650
47	113,458	74,558	53	82,294	39,971
48	107,520	67,584	54	77,996	35,655
49	101,920	61,152	55	73,923	31,681
50	96,604	55,202			

(退職年金の支給方法)
第20条　退職年金は毎年2月，5月，8月および11月の4回，それぞれの前月分までを支給する。

(退職年金の一時払)
第21条　① 第2種退職年金は，本人が希望する場合，退職時に第17条に定める年金現価額を一時払することができる。
② 退職年金の受給資格者が死亡したとき（但し支給開始後15年をこえて死亡した者は除く），遺族が希望する場合には遺族に対し下記の算式および乗率表に基づく額を翌月の末日までに一時払することができる。
(1) 退職年金受給開始前に死亡したとき
　　年金月額×残存保証期間別乗率×死亡時年齢別乗率
(2) 退職年金受給中に死亡したとき
　　年金月額×残存保証期間別乗率

〈残存保証期間別乗率〉

残存保証期間	乗率	残存保証期間	乗率
0年	0	8年	78.1052
1	11.6872	9	85.7206
2	22.7651	10	92.9389
3	33.2655	11	99.7810
4	43.2185	12	106.2663
5	52.6526	13	112.4136
6	61.5949	14	118.2404
7	70.0710	15	123.7634

〈死亡時年齢別乗率〉

死亡時年齢	乗率	死亡時年齢	乗率
45歳	0.4479	53歳	0.6874
46	0.4725	54	0.7252
47	0.4985	55	0.7651
48	0.5259	56	0.8072
49	0.5549	57	0.8516
50	0.5854	58	0.8984
51	0.6176	59	0.9478
52	0.6515	60	1.0000

(死亡による受給者)
第22条　本人死亡の場合，退職金および退職年金は特別の事由のない限り災害補償規則または労働者災害補償保険法施行規則における遺族補償費の受給資格および順位に従って支給する。

(証明書類)
第23条　前条の規定によって退職金および退職年金の支給を受ける者は，戸籍謄本（または抄本）その他会社において必要と認める証明書類を提出しなければならない。

(事情変更と規則の効力)

第24条　社会事情の変動または社会保障制度の改正等，この規則の大綱に重大な影響を及ぼすような事情が発生した場合には，改めて検討の上，これを改廃することがある。

附　　則

（嘱託その他の者の場合の取扱い）
第25条　社員以外の形で当社に勤務し引続き社員に採用された者の社員採用前の期間，および引続き退職まで社員以外の形で勤務した者については別に定める。

（施行日）
第26条　この規則は平成　年　月　日から施行する。

実例51

退職金規程で年金規程は省略の例

退職金規程

自社（一時金）と年金制度併用

（IPHレストラン，飲食業・従業員400人）

第1章 総　則

（目　的）
第1条　この規程は労働協約第　　条に基づき従業員の退職にともなう生活安定のため退職金に関する事項を定める。

（支給条件）
第2条　従業員が満3年以上勤務し，退職，または労働協約第　　条により解雇された場合は，この規程の定めるところにより退職金を支給する。
　②　従業員より会社役員に就任した者は，そのときをもって定年退職したものとする。

（区　分）
第3条　退職金は一時金および年金とする。

（支払方法）
第4条　退職金は原則として退職辞令と共に通貨をもって本人に支払うものとする。ただし，本人死亡の場合は正当受取人たる遺族と認められる者に支払う。
　②　退職金のうち60％は退職一時金として会社より支払う。
　③　退職金のうち40％を年金又は一時金としてNS信託銀行より支払う。但し，本規程第10条(1)の加算分については該当しないものとする。

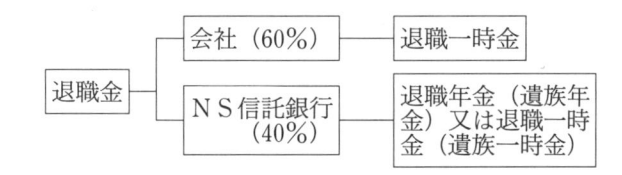

```
                ┌─ 会社（60％） ──── 退職一時金
退職金 ─────────┤
                └─ NS信託銀行  ──── 退職年金（遺族年金）
                    （40％）        又は退職一時金（遺族一時金）
```

（正当受取人）
第5条　前条の正当受取人たる遺族の範囲および順位は，次の各号による。
　　1　配偶者
　　2　子
　　3　父　母
　　4　孫
　　5　祖父母

6 本人死亡時その収入により生計を維持していた者。本条各号の資格要件および順位は，労働基準法施行規則第42条から第45条に定めるところによる。

（譲渡又は担保の禁止）
第6条 退職金の受給権は，これを譲渡し，または債権の担保に供してはならない。

第2章　勤続年数（期間）

（勤続年数）
第7条 勤続年数は採用の月から退職，または解雇の月までとする。
　　　ただし，嘱託者より社員に登用した者については，嘱託者の全期間を勤続年数とする。

（通　算）
第8条 休職期間はその期間を半減する。
　　　ただし，勤続10年以上20年未満の者の休職期間はその期間を3分の2，勤続20年以上の者の休職期間は，その全期間を通算する。

（端数計算）
第9条 勤続年数の算出は1カ年をもって単位とし，端数は1カ月をもって2分の1年とする。

第3章　退職金

（基礎額）
第10条 退職金は次の算式により勤続年数による定数（別表1）を乗じた金額とする。
　　(1) 下記の事由により退職する場合
　　　　(イ) 勤続年数15年以上，かつ満50歳以降の退職（労働協約第　条第　号，第　号により解雇された場合を含む）の場合
　　　　(ロ) 定年退職の場合（但し，勤続満15年以上とする）
　　　　(ハ) 死亡退職の場合

$$（退職時標準給 \times 定数） + \frac{（退職時本給 \times 定数 - 退職時標準給 \times 定数）}{2}$$

　　(2) その他の理由で退職する場合は
　　　　　退職時標準給×定数
　　　　　ただし，社員(B)について本規程の定める退職時標準給は次の算式による。
　　　　　　退職時標準時間給×退職時実働時間×1カ月平均実労働日数

（支給率）
第11条 勤続年数による定数は，別表1の通りとする。
　　　なお，勤続40年以上は勤続1年毎に0.7を加える。

（転換者の取扱い）
第12条 社員より社員(B)に変った場合の退職金の計算は，次の算式により社員在籍期間と社員(B)在籍期間と別々に計算し，その合計額とする。社員在籍期間の基礎額の算定は，退職時の社員(B)の退職時間給をフル勤務に換算し，支給率は社員在籍期間の勤続年数そのままの率を使用する。
　　② 社員(B)より社員に変わった場合は，前項に準じて計算する。

（減　額）
第13条 会社は不都合の行為があって解雇する場合の退職金については，次の通りとする。

1 懲戒解雇の場合は支給しない。
2 諭旨解雇の場合はその事情により第10条の算式の支給額の70％以内の範囲において支給する。

（端数計算）
第14条　一時金の最終計算額が10万円を超えるときは，1,000円単位に，10万円未満のときは，100円単位にして，その端数金額は切り上げる。

第4章　年金及び一時金

（給付の種類）
第15条　本規程第4条第3号に基づくNS信託銀行よりの給付の種類は次の通りとする。
　(1) 年金
　　イ　退職年金　勤続年数20年以上で退職したときは，その者に10年間退職年金を支給する。
　　ロ　遺族年金　退職年金の受給権者が死亡したとき，その者の遺族に10年間からすでに支給された退職年金の支給期間を差し引いた期間遺族年金を支給する。
　(2) 一時金
　　イ　退職一時金　勤続年数20年未満で退職したときは退職一時金を支給する。
　　ロ　遺族一時金　加入者が在職中に死亡したときは，その者の遺族に遺族一時金を支給する。
　(3) 年金に代えて支給する一時金
　　次の各号の一に該当する場合は，年金の支給に代えて一時金の支給を行なうことができる。
　1　退職年金の受給権者が退職後3年以内に災害・疾病・住宅の取得・債務の弁済・子女の結婚または教育・その他これに準ずる理由により，一時金の支給を申し出て会社がこれを認めたとき。
　2　退職年金の受給権者が退職後3年間を経過した後，重大な災害または疾病により，一時金の支給を申し出て，会社がこれを認めたとき。
　3　遺族年金の受給権者が一時金の支給を会社に申し出たとき。

（年金の加入者）
第16条　従業員（役員・社員(B)・嘱託および臨時雇用者を除く）は勤続年数満2年経過後最初に到来する6月1日に本制度の加入者となる。
　加入者が退職し（役員に就任したときを含む）また死亡したときはその翌日から加入者たる地位を失う。

（一時金の支給時期）
第17条　一時金はその受給権が発生した月から原則として1カ月以内に支給する。

（年金の支給時期）
第18条　年金は毎年2月，5月，8月，11月の各20日までにそれぞれ前月までの分を支給する。尚，支給額，方法，手続については会社とNS信託銀行株式会社との締結して規則によるものとする。

付　　則

本規程は平成　年　月　日より実施する。
〔諒解事項〕

1　本規程にいう標準給とは，昭和　　年度の本給表を基礎として作成し，昭和　　年度以降は毎年4月1日現在の物価上昇率を乗じて，標準給表を書き換える。
2　物価上昇率の基準は，前年度（前々年度　12月～前年11月）の東京都区部の指標（総理府統計局調査）に基づくものとする。

(別表1)　　　　　　　　　　　　　退職金定数表

勤続年月数	0月	1月	2月	3月	4月	5月	6月	7月	8月	9月	10月	11月
3	0.700	0.758	0.817	0.875	0.933	0.992	1.050	1.108	1.167	1.225	1.283	1.342
4	1.400	1.458	1.517	1.575	1.633	1.692	1.750	1.808	1.867	1.925	1.983	2.042
5	2.100	2.217	2.333	2.450	2.567	2.683	2.800	2.917	3.033	3.150	3.267	3.383
6	3.500	3.558	3.617	3.675	3.733	3.792	3.850	3.908	3.967	4.025	4.083	4.142
7	4.200	4.258	4.317	4.375	4.433	4.492	4.550	4.608	4.667	4.725	4.783	4.842
8	4.900	4.958	5.017	5.075	5.133	5.192	5.250	5.308	5.367	5.425	5.483	5.542
9	5.600	5.717	5.833	5.950	6.067	6.183	6.300	6.417	6.533	6.650	6.767	6.883
10	7.000	7.117	7.233	7.350	7.467	7.583	7.700	7.817	7.933	8.050	8.167	8.283
11	8.400	8.517	8.633	8.750	8.867	8.983	9.100	9.217	9.333	9.450	9.567	9.683
12	9.800	9.917	10.033	10.150	10.267	10.383	10.500	10.617	10.733	10.850	10.967	11.083
13	11.200	11.317	11.433	11.550	11.667	11.783	11.900	12.017	12.133	12.250	12.367	12.483
14	12.600	12.717	12.833	12.950	13.067	13.183	13.300	13.417	13.533	13.650	13.767	13.883
15	14.000	14.117	14.233	14.350	14.467	14.583	14.700	14.817	14.933	15.050	15.167	15.283
16	15.400	15.517	15.633	15.750	15.867	15.983	16.100	16.217	16.333	16.450	16.567	16.683
17	16.800	16.917	17.033	17.150	17.267	17.383	17.500	17.617	17.733	17.850	17.967	18.083
18	18.200	18.317	18.433	18.550	18.667	18.783	18.900	19.017	19.133	19.250	19.367	19.483
19	19.600	19.717	19.833	19.950	20.067	20.183	20.300	20.417	20.533	20.650	20.767	20.883
20	21.000	21.175	21.350	21.525	21.700	21.875	22.050	22.225	22.400	22.575	22.750	22.925
21	23.100	23.275	23.450	23.625	23.800	23.975	24.150	24.325	24.500	24.675	24.850	25.025
22	25.200	25.375	25.550	25.725	25.900	26.075	26.250	26.425	26.600	26.775	26.950	27.125
23	27.300	27.475	27.650	27.825	28.000	28.175	28.350	28.525	28.700	28.875	29.050	29.225
24	29.400	29.575	29.750	29.925	30.100	20.275	30.450	30.625	30.800	30.975	31.150	31.325
25	31.500	31.675	31.850	32.025	32.200	32.375	32.550	32.725	32.900	33.075	33.250	33.425
26	33.600	33.775	33.950	34.125	34.300	34.475	34.650	34.825	35.000	35.175	35.350	35.525
27	35.700	35.875	36.050	36.225	36.400	36.575	36.750	36.925	37.100	37.275	37.450	37.625
28	37.800	37.975	38.150	38.325	38.500	38.675	38.850	39.025	39.200	39.375	39.550	39.725
29	39.900	40.075	40.250	40.425	40.600	40.775	40.950	41.125	41.300	41.475	41.653	41.825
30	42.000	42.058	42.117	42.175	42.233	42.292	42.350	42.408	42.467	42.525	42.583	42.642
31	42.770	42.758	42.817	42.875	42.933	42.992	43.050	43.108	43.167	43.225	43.283	43.342
32	43.400	43.458	43.517	43.575	43.633	43.692	43.750	43.808	43.867	43.925	43.983	44.042
33	44.100	44.158	44.217	44.275	44.333	44.392	44.450	44.508	44.567	44.625	44.683	44.742
34	44.800	44.858	44.917	44.975	45.033	45.092	45.150	45.208	45.267	45.325	45.383	45.442
35	45.500	45.558	45.617	45.675	45.733	45.792	45.850	45.908	45.967	46.025	46.083	46.142
36	46.200	46.258	46.317	46.375	46.433	46.492	46.550	46.608	46.667	46.725	46.783	46.842
37	46.900	46.958	47.017	47.075	47.133	47.192	47.250	47.308	47.367	47.425	47.483	47.542
38	47.600	47.658	47.717	47.775	47.833	47.892	47.950	48.008	48.067	48.125	48.183	48.242
39	48.300	48.358	48.417	48.475	48.533	48.592	48.650	48.708	48.767	48.825	48.883	48.942
40	49.000	49.058	49.117	49.175	49.233	49.292	49.350	49.408	49.467	49.525	49.583	49.642

実例52 退職金規程で年金規程は省略の例

退職金規程

自社（一時金）と年金制度の併用

（SM商事，商社・従業員2,000人）

第1章 総　則

（目　的）
第1条　この規程は，従業員の退職一時金及び退職年金について定める。ただし，雇用期間の定めのある者については，この規程を適用しない。

第2章　退職一時金

（退職一時金の支給条件）
第2条　① 従業員が退職するときは，退職一時金を支給する。ただし，入社の日から起算し満1年未満で退職する者に対しては支給しない。
② 従業員が就業規則第　条各号に該当する事由により，懲戒解雇され，又は退職するときは前項にかかわらず退職一時金を支給しない。ただし，情状により退職一時金の一部を支給することがある。

（退職一時金の額）
第3条　① 退職一時金の額は退職時の本給に，管理職，一般職及び事務職については別表1，現業担当職及び現業補助職については別表2の退職時年齢に応ずる乗率と入社時年齢に応ずる乗率の差を乗じた額（税込）とする。ただし，乗率の差は管理職，一般職及び事務職については○○，現業担当職及び現業補助職については○○をそれぞれ超えないものとする。
② 退職時年齢又は入社時年齢の端数は月割とし，小数点以下第2位に切り上げる。

（退職一時金の功労加算）
第4条　① 管理職掌の者が，定年若しくは定年に準じて退職するときは，別表3に定めるところにより，退職一時金の増額をする。
② 在職中特に功労があったと認められる退職者については詮議のうえ，別に定めるところにより，退職一時金を増額することがある。

（特別加算金）
第5条　従業員が次の各号に定める場合の一に該当して退職するときは，退職一時金のほか，特別加算金を支給する。
　　1．死亡

2．休職期間満了
3．傷病により業務に耐えられないと認められたとき
4．業務の都合
5．役員に就任するとき
6．その他特にやむを得ない事由があると認められたとき

(特別加算金の額)
第6条　前条第1号ないし第3号，第5号及び第6号に該当するとき特別加算金の額は次表に定めるところによる。ただし，該当者が配偶者または扶養家族である子を有するときは300,000円を，その他のときは150,000円を下回らないものとする。

勤続5年未満の者	退職時の(本給＋資格手当又は加給)×1.8
〃　5年以上の者	〃　2.7
〃　10　〃	〃　3.6
〃　20　〃	〃　4.5

②　前条第4号に該当するときの特別加算金の額は，その都度別途決定する。

(勤続年数の計算)
第7条　①この規程における勤続年数は，入社の日から起算し退職の日までとする。ただし，1カ月未満の端数が生じた場合は1カ月に切り上げる。
②　業務上の災害による場合を除き，休職期間は勤続年数に算入しない。この場合，休職期間は休職を命ぜられた日から復職の日の前日までとし，1カ月未満の端数が生じた場合は切り捨てる。
③　昭和　年　月　日以後の兵役服務期間は休職としない。

(算定額端数の取扱)
第8条　算定した額に100円未満の端数を生じたときは，100円単位に切り上げる。

(遺族に対する支給)
第9条　①　在職中死亡した者に対する退職一時金及び特別加算金は，弔慰金としてその遺族に支給する。
②　遺族の範囲は配偶者，直系卑属及び直系尊属並びに会社が適当と認める兄弟姉妹で，本人の死亡当時その収入によって生計を維持していた者又はこれと生計を一にしていた者とし，その順位はここに掲げた順序による。ただし，事情によりこれらの者以外で会社が適当と認めた者に支給することがある。

(退職年金との調整)
第10条　退職年金規約第　条及び第　条の　により給付される退職年金または繰上年金のうち第二年金を受ける場合又は同規約第　条の　第　項第　号による給付される一時金を受ける場合には，当該年金給付に係わる現価額又は一時金の額は，この規程に基づき算出した退職一時金から控除するものとする。本人死亡のため，遺族が受ける年金又は一時金についても同様とする。

第3章　退職年金

(退職年金規約)
第11条　退職年金については，退職年金規約の定めるところによる。

付　則

1. この規程は平成　年　月　日から実施する。
2. 昭和　年度に退職する者については，この規程による退職一時金の額が昭和　年度定昇後本給に，旧規程による乗率差を乗じて得た額を下回る場合に，その差額を当該退職者の退職一時金に加算するものとする。

別表1

年齢	乗率	年齢	乗率
15歳	0.00	37歳	19.02
16	0.72	38	20.52
17	1.44	39	22.02
18	2.16	40	23.52
19	2.88	41	25.02
20	3.60	42	26.82
21	4.32	43	28.62
22	5.04	44	30.42
23	5.76	45	32.22
24	6.48	46	34.02
25	7.20	47	35.82
26	7.92	48	37.62
27	8.64	49	39.42
28	9.36	50	41.22
29	10.08	51	43.02
30	10.80	52	44.62
31	11.52	53	46.22
32	12.72	54	47.82
33	13.92	55	49.42
34	15.12	56	51.02
35	16.32	57	52.62
36	17.52	58	54.22

別表2

年齢	乗率	年齢	乗率
15歳	0.00	37歳	19.67
16	0.72	38	21.27
17	1.44	39	22.87
18	2.16	40	24.47
19	2.88	41	26.07
20	3.60	42	27.87
21	4.37	43	29.67
22	5.14	44	31.47
23	5.91	45	33.27
24	6.68	46	35.07
25	7.45	47	36.87
26	8.22	48	38.67
27	8.99	49	40.47
28	9.76	50	42.27
29	10.53	51	44.07
30	11.30	52	45.87
31	12.07	53	47.67
32	13.27	54	49.47
33	14.47	55	51.27
34	15.67	56	52.87
35	16.87	57	54.47
36	18.07	58	56.07

別表3

職掌・資格	功労加算
管理職1級	退職時の本給×3.0
〃　2	〃　×2.5
〃　3	〃　×2.0
〃　4	〃　×1.5
〃　5	〃　×1.0
〃　6	〃　×0.5

別表1，2
(注)　1. 乗率は誕生日の午前0時現在に対応する。
　　　2. 年齢の1年未満の端数についての乗率の計算は次の算式による。
　　　　　A歳Bカ月の乗数＝A歳乗率＋〔(A＋1)歳乗率－A歳乗率〕×B/12
　　　　　　(小数点以下第2位に切り上げ)

実例53

退職金規程で年金規程は省略の例

社員退職金規程

自社（一時金）制度と年金制度併用

（KC電子・電子工業・従業員850人）

（退職事由）
第1条　就業規則第　条の退職金については，この規程の定めによるものとし，次の各号に該当する者に支給する。

　　　ただし，勤続3年未満の者には第7条に定める場合を除き支給しない。
　　1．定年により退職した者
　　2．役員に就任した者
　　3．死亡した者
　　4．会社の都合により退職した者
　　5．傷害疾病により勤務に堪えず退職させられた者
　　6．自己の都合により退職した者
　　7．前各号以外の理由により退職した者

（算出方法）
第2条　退職金は勤続3年に到達して以降退職または死亡時まで毎年，当該時点における勤続年数区分および職能系列・等級に応じて加算する退職金加算額累計に第3条から第6条までに定める退職事由別付加金を合計した額とする。ただし，昭和　年　月　日現在在籍者で勤続1年以上の者の退職金は，上記に同日現在の退職金基礎額を合算した金額とする。

　（注）退職金基礎額は，昭和　年　月　日現在退職金算定基礎本給に旧退職金規程による勤続年数別支給率および自己退職加減率を乗じた金額とする。

退職金加算額表　　　　　　　　　　　　　　　　　　　　　（単位：万円）

勤続	系　　　　列　　　・　　　等　　　級											
	一般1	一般Ⅱ-1	一般Ⅱ-2	技・事営・警Ⅰ	技・事営・能・警Ⅱ-1	技・事営・警Ⅱ-2	技・事営・警主-1	管専主-2	管専参1	管専参2	管専参3	理事
3年以上	13	13	14	14	15	18	20	22	24	26	28	30
5年以上	13	14	15	15	16	20	22	24	26	28	30	32
10年以上	24	25	26	27	28	32	36	40	45	50	55	60
15年以上	42	44	47	50	52	56	62	69	79	85	95	100
31年超	19	20	22	26	28	31	33	39	43	47	55	60

　○勤続区分は，入社時（退職金勤続起算年）からの通算勤続による。

（注）1．退職金加算額は，勤続3年に達した時点で勤続3年の該当金額（技・Ⅰ群ならば14万円）を加算することからスタートし，以降勤続を1年増すごとに，当該時点における勤続，職能系列・等級の該当金額を加算する。

2．昇格あるいは系列変更のあった場合の退職金加算額は，昇格・系列変更前後に分けて，それぞれの系列・等級における期間対応分により算出する。
 3．技能系列Ⅱ－2級の者が，系列変更選考を経て，技・事・営系列Ⅱ－1級に格付けされた場合の退職金加算額は，従前どおり技・事・営・能・警系列Ⅱ－2級のものを適用する。

（定年退職の付加金）
第3条　第1条第1号（定年）の事由により退職した場合は，次の付加金を支給する。
　　1．定年時職能系列・等級付加金

系列・等級	付加金	系列・等級	付加金	系列・等級	付加金
一般　Ⅰ	220万円	技・事・営・能・警　Ⅱ-1	260万円	管専参　1	330万円
〃　Ⅱ-1	230	〃　Ⅱ-2	270	〃　2	360
〃　Ⅱ-2	240	技・事・営・警　主-1	280	〃　3	400
技・事・営・警　Ⅰ	240	管専　主-2	300	理事	450

　　2．配偶者付加金
　　　定年時，社員就業規則に定める家族手当の支給対象となる配偶者を有する場合
　　　　　　　　　　　　　　　　　　　　　　　　　　　　　　一律　50万円

（死亡・傷害疾病退職の付加金）
第4条　第1条第3号（死亡）または第5号（傷害疾病による勤務不能）の事由により退職した場合は，次の付加金を支給する。
　　1．世帯主　　　一律　300万円
　　2．その他の者　一律　100万円
　　　（注）1．世帯主とは会社の認めた扶養家族がある者をいう。
　　　　　　　　ただし，次に該当する者も世帯主とみなす。
　　　　　　　(1) 課税額以上の所得ある配偶者を有する男子社員
　　　　　　　(2) 専ら，本人により生計を維持している18歳以上の子女のみを有する者

（会社都合による退職の付加金）
第5条　第1条第4号（会社都合）の事由により退職した場合の付加金は都度決定する。

（勤続3年未満の者の退職金）
第6条　勤続1年以上3年未満の者が，第1条1，3，4，5，6号のいずれかの事由により退職した場合は，第3条から第6条までに定める当該付加金のみを支給する。
　　　ただし，勤続1年未満の者には支給しない。

（定年退職扱い）
第7条　勤続30年以上または満50歳以上の者が，第1条第3号（死亡）または第5号（傷害疾病による勤務不能）の事由により退職した場合は，定年退職扱いとし，退職時までの退職金加算累計額のほか，第3条に定める付加金を支給する。

（死亡・傷害疾病退職付加金と定年退職扱いの調整）
第8条　勤続30年以上または満50歳以上の者が，第1条第3号（死亡）または第5号（傷害疾病による勤務不能）の事由により退職した場合は，第4条に定める付加金を支給するが，当該付加金が第3条に定める付加金を下回る場合は，その差額を加算支給する。

（傷害疾病退職後の再採用者の取扱い）
第9条　第1条第5号（傷害疾病による勤務不能）の事由による退職後，再採用となった者に対しては，第4条および第6条の定めは適用しない。
　　　また，第3条および第8条に定める付加金の額についても都度決定とする。

（増　額）
第10条　業務成績良好また特に功労があったと認めた者に対しては，第2条による算出額の25％以内を増額することがある。

（労働能率劣悪者の退職金）
第11条　労働能率がはなはだしく劣悪と認め退職させられた者（社員就業規則第　条第　号による）に対しては第2条による算出額の90％とする。

（懲戒解雇等の退職金）
第12条　懲戒解雇ならびに退職の理由が悪質と認められた者に対しては支給額以下に減額し，または支給しない。

（勤続年数の算定）
第13条　勤続年数は，退職または死亡の月において社員就業規則第　条によって計算する。
　　　　ただし，次の各号の場合はこの限りではない。
　　　1．起算時点から満3年に達するまでは日をもって計算する。
　　　2．買収，合併その他の事由によって他会社から引継いだ者については引継ぎ当時の条件により他会社の勤続年数を当社の勤続年数に加算することができる。
　　　3．出産休職者の復職後1年未満の退職者は，休職期間を勤続年数に通算しない。

（退職金加算額の月割計算）
第14条　勤続満3年以上の者の勤続年数に1年に満たない端数の月数がある場合，その部分の退職金加算額は12分の月数にして算出する。

（支給額の端数整理）
第15条　社員退職年金規程に定める経過措置該当者が，退職年金の受給資格を得て退職した場合の退職金は，前各号により算出された支給額から，別紙「退職金調整額算定取扱」（省略）により算出される額を差引いた金額とする。

（死亡による退職金の受領者）
第16条　第1条第3号の場合の退職金は，労働基準法施行規則第42条から第45条までに定める遺族補償を受けるべき者の順位により支給する。

（適用除外）
第17条　この規程は，定年退職後の雇用延長者には適用しない。
　　　　付則　（平成　年　月達　号）
　　　この規程は，平成　年　月　日から実施する。

実例54

退職金規程で年金規程は省略の例

退 職 金 規 程

自社（一時金）制度と年金制度併用

（NH工業・水処理・従業員650人）

第1章　総　則

（目　的）
第1条　この規程は，当社社員の退職後の生活と福祉に寄与することを目的とし，就業規則第　条に規定する退職制度について定める。

（適用範囲）
第2条　この規程は，社員に対して適用する。
　　　　ただし，次の各号の1に該当する者には適用しない。
　　　1．顧問および嘱託
　　　2．在職3年未満の者
　　　3．一定の期間を定めて臨時に雇い入れられる者
　　　4．日々雇い入れられる者
　　　5．就業規則による懲戒解雇に処せられた者
　　　前項各号の者については，とくに必要と認められる者に対して詮議のうえ，社長の決裁により適用することがある。

（勤続年数の計算）
第3条　社員の勤続年数は，入社の日から起算し，退職の日または退職したと認められる日をもって終わるものとする。
　　　　勤続期間の1カ月未満の端数については，これを切り捨てる。
　　　　但し，休職者の勤続年数については，就業規則第　条　による。

第2章　給　付

（給付の種類）
第5条　社員が次の各号の1に該当したときは，この規程の定めるところにより退職金を支給する。
　　　1．定年退職
　　　2．業務上の死亡及び傷病による退職
　　　3．会社都合による解雇または退職
　　　4．業務外の死亡及び傷病による解雇または退職，役員昇格時

5．自己都合退職

（退職金の額）
第6条　退職金の額は，社員の退職時基本給月額に別表1の退職金基準支給率と別表2の退職事由支給率に乗じた額とし100円未満を切上げとする。
　　ただし，在職中の功労に対しては退職慰労金を加算することがある。

（退職金の支給期日及び支給方法）
第7条　退職金は社員が退職した日から1カ月以内に直接本人に支給する。※支給の方法は通貨か，本人の同意のある場合は口座振込又は金融機関振出しの小切手で支払う。
　　ただし，死亡退職の場合には労働基準法施行規則第42条から第45条までの規定を準用して権利者の順位を定め，その者に支給する。ただし，在職中に会社から受けた借入金，立替金等の負債のある場合は，この退職金をもって優先弁済し，残額を支給するものとする。

（企業年金との関係）
第8条　企業年金制度上よりの給付金がある場合は，本規定による算定支給額より，当該企業年金よりの給付額（年金受給の場合は年金現価相当額）を控除する。

付　　則

第9条　この規程は平成　年　月　日から施行する。

別表1　退職金基準支給率（T）

勤続年数	退職金基準支給率	勤続年数	退職金基準支給率
1	0	21	26.5
2	0	22	28.0
3	1.1	23	29.5
4	2.0	24	31.0
5	3.0	25	32.5
6	4.2	26	34.0
7	5.5	27	35.5
8	6.9	28	37.0
9	8.4	29	38.5
10	10.0	30	40.0
11	11.5	31	41.5
12	13.0	32	43.0
13	14.5	33	44.5
14	16.0	34	46.0
15	17.5	35	47.5
16	19.0	36	49.0
17	20.5	37	50.5
18	22.0	38	52.0
19	23.5	39	53.5
20	25.0	40以上	55.0

別表2　退職金事由別支給率（R）

勤続年数	①業務上死亡,傷病 ②会社都合 ③定　年	業務外死亡,傷病	自己都合
1年以上	2.0	0	0
3〃	2.0	1.2	1.0
5〃	2.0	1.4	1.2
10〃	2.0	1.6	1.4
15〃	2.0	1.8	1.6
20〃	2.0	2.0	1.8
25〃	2.0	2.0	2.0

（計算式）
　基本給月額×T×R＝退職金

（注）
　勤続年数に1年未満の端数の月数がある場合の基準支給率（T）は次の式によって求める。

$$T = A + (B-A) \times \frac{端数の月数}{12}$$

　ただし，A＝端数を切り捨てた年数のT
　　　　　B＝端数を切り上げた年数のT

退職金規程で年金規程は省略の例

退職金支給規定

自社（一時金）制度と厚生年金基金併用

（YS食品，外食産業・従業員320人）

実例55

第1章　総　則

（目　的）
第1条　この規定は就業規則第　条にもとづき，社員が死亡または退職した場合の退職支給に関する事項について定める。
　　2　前項における社員とは，就業規則　条第　号に該当する者をいう。
　　　　（注；嘱託・パートタイマー・アルバイト・臨時雇・日雇にはこの規定は適応しない。）

（受給者）
第2条　退職金の支給を受ける者は，本人または遺族で，会社が正当と認めたものとする。
　　2　前項の遺族は労働基準法施行規則第42条ないし第45条の遺族補償の順位に従って支給する。

（支給範囲）
第3条　退職金は勤続満1年以上の社員が退職したときに支給する。但し，自己都合等での退職は勤続3年以上とする。

（勤続年数の計算）
第4条　勤続年数の計算は，入社の日より退職日（死亡退職の場合は死亡日）までとし，1年未満の端数は月割とし，1カ月未満は1カ月として計算する。
　　但し，
　　　① 前項の計算において月の途中に入社した場合，及び，その月を途中退社した場合はその月を各々1カ月とする。
　　　② 試用期間中は勤続年数に算入する。
　　　③ 就業規則第　条によらない，その他の社員は，本採用になった日を入社日とする。
　　　④ 就業規則第　条の休職期間は勤続年数に算入しない。

（端数処理）
第5条　退職金の計算において1,000円未満の端数が生じたときは，1,000円に切り上げる。

第2章　支給基準

（退職金の基礎額）
第6条　退職金の計算を行う場合の基礎となる額は，退職時の〔基本給＋調整給＋役付手当〕とす

る。
（会社都合による算式）
第7条　次の各号の事由により退職した場合は，次の算式により算出した金額を退職金とする。
　(1)　事由
　　　① 　会社の都合により解雇するとき
　　　② 　死亡したとき
　　　③ 　定年に達したとき
　　　④ 　業務上の傷病，疾病により退職するとき
　　　⑤ 　会社または，関連企業の役員に就任したとき
　(2)　算式
　　　　基礎額×別表支給率（A該当）〔会社都合支給率〕

（自己都合等による算式）
第8条　次の各号により退職した場合は，次の算式により算出した金額を退職金として支給する。
　(1)　事由
　　　① 　自己の都合で退職するとき
　　　② 　私傷病によりその職に耐えず退職するとき
　(2)　算式
　　　　基礎額×別表支給率（B該当）〔自己都合支給率〕

（無支給もしくは減額支給）
第9条　社員の退職が懲戒解雇に該当する場合には，原則として退職金を支給しない。
　　ただし，情状によって第7条以下に減じて支給することがある。

（特別退職金の加算）
第10条　在職中とくに功労のあった退職者に対しては，別に特別退職金を付加することがある。

（退職金の支給）
第11条　退職金は退職の日より30日以内に支給する。
　　ただし，事故のあるときは事故解消後とする。
　2　退職金は第2条の受給者に通貨で直接支給するかもしくは，本人が指定する金融機関の本人口座に振込むものとする。

第3章　厚生年金基金との関係

（厚生年金基金に加入）
第12条　この規定による退職金の支給を一層確実にするために，会社は社員をOA料飲サービス業厚生年金基金（以下「厚生年金基金」という。）に加入する。

（退職金と厚生年金基金との関係）
第13条　第7条または第8条の退職金支給額は，厚生年金基金規約（以下「基金規約」という。）による加算一時金または，加算年金による支給額（現価相当額）を控除した額とする。
　　但し，この規定の支給額を超える場合は，この額を本人の退職金とする。

（加算年金の選択制）
第14条　基金規約により加算年金の場合は，本人の申出によりまたは選択一時金により給付される。
　2　第11条に定める30日以内の支給は「厚生年金基金」の事務処理による。

付　　則

（施　行）
第15条　この規定は平成　年　月　日より施行する。

〔退職金支給率表〕

勤続	支給率 A	支給率 B	勤続	支給率 A	支給率 B
1	0.60	0	21	16.20	11.34
2	1.20	0 ※	22	17.40	12.18
3	1.80	0.72	23	18.60	13.02
4	2.40	0.96	24	19.80	13.86
5	3.00	1.20	25	21.00	14.70
6	3.60	1.44	26	22.20	17.75
7	4.20	1.68	27	23.40	18.72
8	4.80	1.92	28	24.60	19.68
9	5.40	2.16	29	25.80	20.64
10	6.00	2.40	30	27.00	21.60
11	6.90	3.45	31	27.50	24.75
12	7.80	3.90	32	28.00	25.20
13	8.70	4.35	33	28.50	25.65
14	9.60	4.80	34	29.00	26.10
15	10.50	5.25	35	29.50	26.55
16	11.40	6.84	36	30.00	27.00
17	12.30	7.38	37	30.00	27.00
18	13.20	7.92	38	30.00	27.00
19	14.10	8.46	39	30.00	27.00
20	15.00	9.00	40	30.00	27.00

※〔注意〕支給率B（自己都合）は勤続2年以上は第13条により支給。

> 退職金規程で年金規程は省略の例

退職金支給規定

自社（一時金）制度と厚生年金基金併用

（PS不動産，不動産業・従業員100人）

実例56

第1章 総　則

（目　的）
第1条　この規定は就業規則第　条に基づき，社員が死亡または退職した場合の退職支給に関する事項について定める。
　2　前項における社員とは，就業規則第　条第　号に該当する者をいう。

（受給者）
第2条　退職金の支給を受ける者は，本人または遺族で，会社が正当と認めたものとする。
　2　前項の遺族は労働基準法施行規則第42条ないし第45条の遺族補償の順位に従って支給する。

（支給範囲）
第3条　退職金は勤続満3年以上の社員が退職したときに支給する。

（勤続年数の計算）
第4条　勤続年数の計算は，入社の日より退職日（死亡退職の場合は死亡日）までとし，1年未満の端数は月割とし，1カ月未満は1カ月として計算する。
　ただし，
　① 前項の計算において月の途中に入社した場合，およびその月を途中退社した場合はその月を各々1カ月とする。
　② 試用期間中は勤続年数に算入する。
　③ 就業規則第　条によらない，その他の社員は，本採用になった日を入社日とする。

（端数処理）
第5条　退職金の計算において100円未満の端数が生じたときは，100円単位に四捨五入する。

第2章　支給基準

（退職金の基礎額）
第6条　退職金の計算を行う場合の基礎となる額は，退職時の基本給とする。

（会社都合等による算式）
第7条　次の各号の事由により退職したときは，次の算式により算出した金額を退職金として支給する。

(1)　事　由
　　　　① 会社の都合により解雇する場合
　　　　② 死亡した場合
　　　　③ 定年に達した場合
　　　　④ 業務上の傷病，疾病により退職する場合
　　　(2)　算式
　　　　基本給×別表①Ａ（会社都合支給率）

（自己都合等による算式）
第8条　次の各号の事由により退職したときは，次の算式により算出した金額を退職金として支給する。
　　　(1)　事由
　　　　① 自己の都合で退職する場合
　　　　② 私傷病によりその職に耐えず退職する場合
　　　(2)　算式
　　　　基本給×別表①Ｂ（自己都合支給率）

（無支給もしくは減額支給）
第9条　社員の退職が懲戒解雇に該当する場合には，原則として退職金を支給しない。
　　　ただし，情状によって第7条以下に減じて支給することがある。

（特別退職金の加算）
第10条　在職中とくに功労のあった退職者に対しては，別に特別退職金を付加することがある。

（退職金の支給）
第11条　退職金は退職の日より14日以内に支給する。
　　　ただし，事故のあるときは事故解消後とする。

第3章　厚生年金基金との関係

（厚生年金基金に加入）
第12条　この規定による退職金の支給を一層確実にするため，会社は別に定める「厚生年金基金規程」による年金（加算型調整年金という）を全国住宅分譲厚生年金基金に社員を被保険者および受給者として加入する（昭和　年　月　日加入）。
　　2　前項による退職一時金給付額表は別表②のとおりである。

（退職金と厚生年金基金との関係）
第13条　第7条あるいは第8条の退職金支給額は厚生年金基金より支給される退職一時金を差引いた額を会社が支給するものとする。
　　2　第11条に定める14日以内の支給は，全国住宅分譲厚生年金基金の事務処理による。

（施　行）
第14条　この規定は平成　年　月　日より施行する。

別表①　退職金支給率表

勤続	支給率 A	支給率 B	勤続	支給率 A	支給率 B
1	0	0	21	14.5	10.15
2	0	0	22	15.5	10.85
3	1.5	0.75	23	16.5	11.55
4	2.0	1.00	24	17.5	12.25
5	2.5	1.25	25	18.5	12.95
6	3.0	1.50	26	19.8	13.86
7	3.5	1.75	27	21.1	14.77
8	4.0	2.00	28	22.4	15.68
9	4.5	2.25	29	23.7	16.59
10	5.0	2.50	30	25.0	17.50
11	5.7	3.42	31	25.5	20.40
12	6.4	3.84	32	26.0	20.80
13	7.1	4.26	33	26.5	21.20
14	7.8	4.68	34	27.0	21.60
15	8.5	5.10	35	27.5	22.00
16	9.5	5.70	36	28.0	22.40
17	10.5	6.30	37	28.5	22.80
18	11.5	6.90	38	29.0	23.20
19	12.5	7.50	39	29.5	23.60
20	13.5	8.10	40	30.0	24.00

別表②　退職（遺族）一時金給付額表

加入員期間	給付額	加入員期間	給付額
3 年	94,300 円	25 年	1,747,300 円
4	125,700	26	1,884,000
5	159,800	27	2,031,400
6	197,000	28	2,190,300
7	240,300	29	2,361,700
8	284,800	30	2,546,700
9	328,200	31	2,728,100
10	375,300	32	2,909,400
11	424,700	33	3,090,800
12	476,700	34	3,272,100
13	531,300	35	3,456,000
14	588,500	36	3,577,000
15	651,800	37	3,702,200
16	732,700	38	3,831,800
17	823,700	39	3,965,900
18	926,000	40	4,104,800
19	1,040,900	41	4,248,500
20	1,170,200	42	4,397,200
21	1,267,900	43	4,551,000
22	1,373,800	44	4,710,300
23	1,488,400	45	4,875,200
24	1,612,700		

（注）　加入員期間に1年未満の端数がある場合の給付額は次式による。t 年 m ヵ月の給付額＝ t 年の給付額＋｛（t＋1）年の給付額－ t 年の給付額｝× m/12

実例57 退職金規定で年金規定は省略の例

退職金支給規定

自社（一時金）制度と中退金・企業年金併用
自社制度はポイントおよび職能指数方式

（YH精密・精密機械・従業員200人）

（総　則）
第1条　この規定は就業規則による退職金の支給基準について定める。

（適用範囲）
第2条　この規定は，就業規則第　条に定める社員に適用する。

（支給条件）
第3条　社員が次の一に該当する事由によって退職した場合に退職金を支給する。
　(1)　普通退職の場合
　(2)　自己都合による退職の場合
　(3)　役員に就任した場合

（支給の除外）
第4条　社員が次の各号の一に該当する事由に退職した場合には，原則として退職金は支給しない。
　(1)　勤続3年未満で退職した場合
　(2)　懲戒解雇された場合

（退職金算定の原則）
第5条　この規定に定める退職金は，原則として勤務期間中の功労に応じて支給するものとし，勤続年数，職能等級別在級年数，役職別在位年数及び専門・専任職在位年数に基づき算定するものとする。

（算定方式）
第6条　退職金は次の算式により計算し，算定額は100円未満は切り捨てる。
　　退職金算定額＝〔(勤続基礎単価×勤続累計点)＋(職能基礎単価×職能累計点)＋(役職基礎単価×役職累計点)＋(専門・専任職基礎単価×専門・専任職累計点)〕×事由別係数

（勤続年数と勤続貢献点）
第7条　勤続年数は次により計算する。
　(1)　入社時より退職時までとする。
　(2)　休職期間及び臨時雇を引続き本採用とした場合の臨時雇の期間は，勤続年数に通算する。ただし，業務以外の理由による休職期間は勤続年数に通算しない。
　(3)　業務以外の傷病その他により引続き6カ月欠勤して退職した場合，その超過期間については勤続年数に含めないことがある。
　2　勤続貢献点は，勤続1年を単位として別表－1の通りとする。
　3　勤続年数に1年に満たない端数月（端数日数が生じた時は切り捨てる。以下同じ。）が生じ

たときは，勤続月数を12カ月で除して貢献点を求め，その貢献点に小数点の端数が生じた場合は，小数点第2位を四捨五入し勤続月数分の勤続貢献点とする。

（職能貢献点）
第8条　職能貢献点は，職能等級別に在級年数1年を単位として別表－2の通りとする。
　　2　在級年数に1年に満たない端数月が生じたときは，在級月数を12カ月で除して貢献点を求め，その貢献点に小数点の端数が生じた場合は，小数点第2位を四捨五入し在級月数分の職能貢献点とする。
　　3　休職期間，臨時雇期間，長期欠勤の期間の在級年数への算入については第7条の取扱いと同様に行う。

（役職位貢献点）
第9条　役職貢献点は，役職別に在位年数1年を単位として別表－3の通りとする。
　　2　在位年数に1年に満たない端数月が生じたときは，在位月数を12カ月で除して貢献点を求め，その貢献点に小数点の端数が生じた場合は，小数点第2位を四捨五入し在位月数分の役職位貢献点とする。
　　3　休職期間，臨時雇期間，長期欠勤の期間の在位年数への算入については第7条の取扱いと同様に行う。

（専門・専任職位貢献点）
第10条　専門・専任職位貢献点は，専門・専任職別に在位年数1年を単位として別表－4の通りとする。
　　2　在位年数に1年に満たない端数月が生じたときは，在位月数を12カ月で除して貢献点を求め，その貢献点に小数点の生じた場合は，小数点第2位を四捨五入し在位月数分の専門・専任職位貢献点とする。
　　3　休職期間，臨時雇期間，長期欠勤の期間の在位年数への算入については第7条の取扱いと同様に行う。

（基礎単価）
第11条　基礎単価は，勤続貢献点，職能貢献点，役職位貢献点及び専門・専任職位貢献点とも1点につき別表－5の通りとする。
　　2　基礎単価は，必要と認められた場合はこれを改訂することがある。

（退職事由別支給係数）
第12条　第3条支給条件の各号に基づき，支給係数を別表－6の通りとする。

（退職金共済契約）
第13条　会社は社員に対して中小企業退職金共済契約を結ぶものとする。
　　2　中小企業退職金共済法に定めるところにより支払われる退職金は，本規定によって支給される退職金の一部として計算するものとする。

（企業適格年金契約）
第14条　会社は社員に対して企業適格年金契約を結ぶものとする。
　　2　企業適格年金契約に定めるところにより支払われる退職年金は，本規定によって支給される退職金の一部として計算するものとする。
　　3　企業適格年金は，委託先会社より直接支給される。又，本人の都合により年金を一時金で受給することもできる。

（支給の特例）
第15条　勤続3年未満の社員が退職又は死亡した時は，会社が必要と認めた者については退職金を

支給することがある。
2　社員が懲戒解雇された時，情状により退職金の一部を支給することがある。
（支給期限）
第16条　退職金は原則として，退職の日より2カ月以内に通貨をもって支給する。
（退職金による弁済）
第17条　社員が退職した時，会社に対して弁済すべき債務がある場合には，退職金よりこれに充当する。
（遺族の範囲及び順位）
第18条　死亡により退職した場合の退職金はその遺族に対して支給するものとし，遺族の範囲及び受給権順位は次の通りとする。
　(1)　配偶者
　(2)　社員が死亡した当時その収入によって生計を維持し，又は生計を一にした次の直系卑属及び直系尊属
　　イ　子
　　ロ　父母　但し養父母のあるときは養父母を先にする。
　　ハ　孫
　　ニ　祖父母
　(3)　前各号に該当する者がないときは，生計を異にする直系卑属，直系尊属としてその順位は前号による。
　(4)　前各号に該当する者がないときは，兄弟姉妹とする。
　　但し，社員が死亡した当時，その収入によって生計を維持し，又は生計を一にしていた者を先とする。
　(5)　退職者が遺言又は会社に対して予告で前(3)，(4)に規定する者のうち特定の者を指定した場合は，その指定した者とする。
（付　　則）
第19条　本規定は昭和　年　月　日より施行する。

2 自社（一時金）制度と年金制度併用の例

勤続貢献点（別表—1）

勤続年数	点 数	階 差	勤続年数	点 数	階 差
0			25	465	｜
1			26	510	
2			27	555	45
			28	600	
3	7	7	29	645	｜
4	15	｜	30	680	｜
5	23		31	715	
6	31	8	32	750	35
7	39		33	785	
8	47	｜	34	820	｜
9	55				
			35	840	｜
10	70	｜	36	860	
11	85		37	880	20
12	100	15	38	900	
13	115		39	920	｜
14	130	｜			
			40	930	↑
15	155	｜	41	940	10
16	180		42	950	↓
17	205	25			
18	230				
19	255	｜			
20	288	｜			
21	321				
22	354	33			
23	387				
24	420	｜			

職能貢献点（別表—2）

等 級	点 数
J 1	4
J 2	8
J 3	10
S 4	13
S 5	17
S 6	21
M 7	25
M 8	29
M 9	33

注：点数とは，当該等級での在級1年当りの点数を言う。

役職位貢献点（別表－3）

役職位	点数
主　　　任	2
係　　　長	3
課　長　補　佐	4
課　　　長	6
副　部　長	7
部　　　長	9

専門・専任職位貢献点（別表－4）

専門・専任職位	点数
技　師　補 主　　　査	2
技　　　師 副　調　査　役	3
主　任　技　師 調　査　役	5
副　技　師　長 副　考　査　役	6
技　師　長 考　査　役	8

注：点数とは，当該役職位，専門・専任職位での在位1年当りの点数を言う。

基礎単価（別表－5）

勤続基礎単価	11,000円
職能基礎単価	11,000円
役職基礎単価	11,000円
専門・専任職基礎単価	11,000円

退職事由別係数（別表－6）

勤続年数	普通退職	自己都合
3年以上　5年未満	1.0	0.5
5年以上　15年未満	1.0	0.6
15年以上　20年未満	1.0	0.7
20年以上　25年未満	1.0	0.8
25年以上	1.0	0.9

実例58 退職金規定で年金規定は省略の例

退職金支給規定
自社（一時金）制度と年金基金併用

（KW流通センター，卸売業・従業員150人）

第1章 総則

（目　的）
第1条　この規定は就業規則第　条にもとづき，社員が死亡または退職した場合の退職金支給に関する事項について定める。
　2　前項に関する社員とは，就業規則第　条第　号に該当する者をいう。

（受給者）
第2条　退職金の支給を受ける者は，本人またはその遺族で，会社が正当と認めたものとする。
　2　前項の遺族は労働基準法施行規則第42条ないし第45条の遺族補償の順位に従って支給する。

（支給範囲）
第3条　退職金は勤続満1年以上の社員が退職したときに支給する。

（勤続年数の計算）
第4条　勤続年数の計算は，入社の日より退職日（死亡退職の場合は死亡日）までとし，1年未満の端数は月割とし，1カ月未満は1カ月として計算する。
　①　試用期間中は勤続年数に算入する。
　②　就業規則第　条によらないその他の社員は，本採用になった日を入社日とする。
　③　就業規則第　条の休職期間は勤続年数に算入しない。

（端数処理）
第5条　退職金の計算において100円未満の端数が生じたときは，100円単位に切り上げる。

第2章　支給基準

（退職金計算の基礎額）
第6条　退職金の計算を行う場合の基礎となる額は，退職時の基本給とする。

（会社都合等による算式）
第7条　つぎの各号により退職した場合は，つぎの算式により算出した金額を退職金とする。
　(1)　事　由
　　①　会社の都合により解雇する場合
　　②　死亡した場合

③ 定年に達した場合
④ 業務上の傷病，疾病により退職する場合
(2) 算　式　　基本給×支給率（別表）

（自己都合等による算式）
第8条　次の各号の事由により退職したときは，次の算式により算出した金額を退職金として支給する。
(1) 事　由
① 自己の都合で退職する場合
② 私傷病によりその職に耐えず退職する場合
(2) 算式　基本給×支給率（別表）

（無支給）
第9条　社員の退職が懲戒解雇に該当する場合には，原則として退職金を支給しない。
　　　ただし，情状によって第8条以下に減じて支給することがある。

（特別退職金の付加）
第10条　在職中とくに功労のあった退職者に対しては，別に特別退職金を付加することがある。

（退職金の支給）
第11条　退職金は退職の日より14日以内に支給する。
　　　ただし，事故のあるときは事故解消後とする。

第3章　企業年金との関係

（企業年金の締結）
第12条　この規定による退職金の支給を一層確実にするために，会社は別に定める「退職年金規程」による企業年金（適格年金）を，ＮＳ生命保険相互会社との間に，社員を被保険者及び受給者として締結する。

（退職金と企業年金との関係）
第13条　第7条或いは第8条の退職金支給額は，企業年金の退職社員個人の退職年金現価相当額或いは退職一時金相当額を差引いた額とする。
　2　第11条に定める14日以内の支給は，ＮＳ生命保険相互会社の事務処理とする。

付　則

（廃　止）
第14条　従来の退職金規則（平成　年　月　日施行）は平成　年　月　日をもって廃止する。
（施　行）
第15条　この規定は，平成　年　月　日より施行する。

退職金支給率表

勤続年数	支給率 会社都合	支給率 自己都合	勤続年数	支給率 会社都合	支給率 自己都合
1	0.60	0.30	21	16.20	12.95
2	1.20	0.60	22	17.40	13.92
3	1.80	0.90	23	18.60	14.88
4	2.40	1.20	24	19.80	15.84
5	3.00	1.50	25	21.00	16.80
6	3.60	1.80	26	22.20	19.98
7	4.20	2.10	27	23.40	21.05
8	4.80	2.40	28	24.60	22.14
9	5.40	2.70	29	25.80	23.22
10	6.00	3.00	30	27.00	24.30
11	6.90	4.14	31	27.50	24.75
12	7.80	4.68	32	28.00	25.20
13	8.70	5.22	33	28.50	25.65
14	9.60	5.76	34	29.00	26.10
15	10.50	6.30	35	29.50	26.55
16	11.40	7.98	36	29.80	26.85
17	12.30	8.61	37	30.10	27.15
18	13.20	9.24	38	30.40	27.45
19	14.10	9.87	39	30.70	27.75
20	15.00	10.50	40	31.00	28.05

実例59 退職金規程で年金規定は省略の例

退職金規程

自社（一時金）制度と企業年金併用 定年者のみ上乗せ方式

（MD測器，計測器製造・従業員130人）

第　節　退職金および功労金

（退職金，餞別金）

第　条　社員が満2年以上勤続して，会社都合，もしくはこれに準ずると認められた理由によって退職するときは，退職金を支給する。

　　ただし，満56歳に達した者については到達時に退職金を算出し退職時に支給する。

　2．会社都合退職もしくは自己都合退職にかかわらず，満56歳到達後退職までの勤続1年につき退職時本給の0.5カ月分を餞別金として支給する。

　3．退職金の支給額は，次の算式によって得た金額とする。

　　　　本給×退職金支給率＝退職金支給額

　4．退職金支給率は，次の退職金支給率表に定める。

退職金支給率表

勤続年数	支給率	勤続年数	支給率	勤続年数	支給率
1	—	11	8.5	21	18.8
2	1.9	12	9.5	22	20.1
3	2.6	13	10.5	23	21.4
4	3.3	14	11.5	24	22.7
5	4.0	15	12.5	25	24.0
6	4.7	16	13.5	26	25.3
7	5.4	17	14.5	27	26.6
8	6.1	18	15.5	以下1年を増すごとに1.3を加える。	
9	6.8	19	16.5		
10	7.5	20	17.5		

（退職金の支払い）
第　条　退職金は原則として，退職発令の日から1カ月以内に通貨で支払う。

（退職金の不支給）
第　条　社員が懲戒解雇等不都合な行為によって退職するときは，退職金を支払わない。

（自己都合退職金）
第　条　社員が自己都合によって退職するときは，第　条によって算出された退職金支給額に勤続年数に応じて，次の率を乗じて得た金額を支給する。
　　　　ただし満56歳到達後は支給しない。

勤続年数	率
5年未満	0.5
10年未満	0.6
15年未満	0.7
20年未満	0.8
25年未満	0.9
25年以上	1.0

（功労金）
第　条　社員が，在職中功績とくに顕著であると認めた場合には，退職金のほかに，功労金を支給することがある。

（調整手当）
第　条　給与の均衡上，とくに必要と認めた者に対しては，暫定的に調整手当を支給する。

第　節　退職年金

（目　的）
第　条　会社永年勤続した社員の退職後の生活の安定を計る目的で，この規程の定めるところにより，退職年金制度（以下「年金」という）を設ける。

（適用範囲）
第　条　年金は，次の各号の一に該当するものを除いた社員に対して適用する。
　　　　1．役員。
　　　　2．嘱託，顧問。
　　　　3．試用期間中の者。
　　　　4．臨時に雇い入れた者。

（加入資格）
第　条　年金への加入資格は，勤続年数2年以上で前条の適用を受けない者が取得する。

（加入時期）
第　条　加入資格を取得した者への年金の加入時期は，加入資格を取得した直後の毎年4月1日とする。

（給付の種類）
第　条　年金による給付は，次のとおりとする。
　　　　1．退職年金。
　　　　2．遺族一時金。
　　　　3．中途退職一時金。

（退職年金の受給資格）
第　　条　年金の加入者が勤続年数10年以上で定年退職，または満56歳到達後退職したとき，退職年金を支給する。

（退職年金額）
第　　条　退職年金の月額は，次のとおりとする。
　　一律3,000円に，勤続年数につき300円を加算した額。

（退職年金の支給期間）
第　　条　退職年金の支給期間は，定年退職，または，満56歳到達後退職した日から起算して10年とする。

（退職年金の継続支給）
第　　条　退職年金受給者が前条の支給期間に死亡した場合は，その残存支給期間の退職年金は，その者の遺族に継続して支給する。

（遺族一時金・中途退職一時金の支給）
第　　条　年金の加入者が，定年到達前に死亡により退職したときは，その者の遺族に遺族一時金を支給する。
　　2　本制度の加入者が，勤続10年以上，かつ満56歳以上で定年到達前に死亡以外の事由によって退職したときは，その者に中途退職一時金を支給する。
　　ただし，満56歳到達者は支給しない。

（遺族一時金額・中途退職一時金額）
第　　条　遺族一時金の金額は，一律300,000円とする。
　　中途退職一時金の額は次のとおりとする。

勤続年数	一時金額	勤続年数	一時金額
10年	282,200円	26年	507,900円
11	296,300	27	522,100
12	310,400	28	536,200
13	324,500	29	550,300
14	338,600	30	564,400
15	352,800	31	578,500
16	366,900	32	592,600
17	381,000	33	606,700
18	395,100	34	620,800
19	409,200	35	634,900
20	423,300	36	649,000
21	437,400	37	663,100
22	451,500	38	677,200
23	465,600	39	691,400
24	479,700	40	705,500
25	493,800		

（年金の支給日および支給方法）
第　　条　年金の支給日は年4回，1月，4月，7月および10月の各1日とし，それぞれ前月までの分をまとめて支給する。

（第1回の年金支給日）
第　　条　第1回の年金支給日は，支給事由の発生した日の翌日以後，最初の支給日とする。

（年金にかえて一時金の支給）
第　　条　年金の受給資格者または受給者が，支給期間中に次の各号に該当する事由によって，将来の年金の支給にかえて一時金の請求をしたときは，会社がこれを認めた場合に限り，未支給期間部分の年金現価相当額を一時に支給することがある。ただし，1号および2号以外の事由による場合は，第1回の年金支給日前に請求したときに限る。
　　1．重大な疾病。
　　2．重大な災害。
　　3．住宅および宅地の取得。
　　4．子女の教育および結婚。
　　5．債務の返済。

（一時金の支給方法）
第　　条　一時金は支給事由発生後遅滞なく支給するものとする。

（遺族の範囲および順位）
第　　条　遺族の範囲および順位は，次のとおりとする。ただし，同順位の者が2人以上いるときは，最年長者を代表者として，その者に支給する。
　　1．配偶者。
　　2．子女。
　　3．父母。
　　4．孫。
　　5．祖父母。

（勤続年数の計算方法）
第　　条　年金における勤続年数は，次に定める方法により，これを計算する。
　　1．採用の日から起算し，退職または死亡した日をもって終わる。
　　2．試用期間は勤続年数の計算に算入する。
　　3．定年延長の適用を受けた期間は，勤続年数に算入しない。
　　4．休職期間は第　　条の定めにより取扱う。
　　5．勤続年数1年未満の端数は切り捨てる。

（受給権の譲渡または担保の禁止）
第　　条　年金または一時金を受ける権利は，これを譲渡し，または担保に供してはならない。

（届出義務）
第　　条　年金の給付を受けようとする者は，別に定める方法により，必要な書類を所定の期日までに提出し，かつ照会のあった事項について遅滞なく回答しなければならない。

退職金規程で年金規程は省略の例

実例60

社員退職金・年金支給規則

ポイントシステム制

（BJテレビ，テレビ放送関連・従業員5,000人）

（規則の目的）
第1条 この規則は社員就業規則第83条（退職金・退職年金）に基づき，社員の退職金および退職年金の支給条件および支給基準について定める。

（退職金の性格）
第2条 退職金は巧労報奨的な性格とし，在職期間中の職能資格に基づく貢献度に応じて支給する。

（退職金の種類）
第3条 退職金は次の3種類とする。
  1．普通退職金
  2．準特別退職金
  3．特別退職金

（普通退職金の支給条件）
第4条 普通退職金は勤続1年以上の社員が次の各号の一によって退職し，または解雇された場合に支給する。
  1．自己の都合により退職を願い出て会社が承認したとき
     但し，第8条第3号および第10条第1号に該当する場合を除く
  2．社員就業規則第32条（普通解雇）に該当するとき
     但し，第6号による場合を除く

（普通退職金の支給額）
第5条 普通退職金の支給額は入社時から退職時までの職能指数の合計に1点当たりの基準額（以下基準額という）を乗じた額とする。

（職能指数）
第6条 職能指数は社員職能資格制度における職能資格ごとに1年を単位に下記のとおり定める。

	社　員　職　能　資　格															
	実　務　職				特　務　職				主　務　職			特　別　職				
	1級	2級	3級	4級	1級	2級	3級	4級	1級	2級	3級	主事	副参事1級	副参事2級	参事1級	参事2級	参事3級
職能指数	5	7	12	15	5	7	12	16	12	14	16	20	25	30	35	40	45

（基準額）
第7条

①　基準額は指数1点につき12,000円とする。
　②　基準額は，必要と認められた場合はこれを調整することがある。
（準特別退職金の支給条件）
第8条　準特別退職金は社員が次の各号の一に該当する場合に支給する。
　1．災害補償規程により打切補償を行って解雇されたとき
　2．医師の判定により精神または身体の障害のため業務に耐えないと認められ解雇されたとき
　3．満25歳，満30歳，満35歳のものが本人の希望により退職したとき
　4．女子が結婚および出産を事由に退職したとき
　　　但し，結婚および出産当日（予定日）の前後3カ月間の退職者を準特別退職金支給の該当者とし，支給に当たってはその事実を証明する書類を提出する。
（準特別退職金の支給額）
第9条　準特別退職金の支給額は，第5条（普通退職金の支給額）の規定により算出した額に，1.3を乗じた額とする。
（特別退職金の支給条件）
第10条　特別退職金は社員が次の各号の一に該当する場合に支給する。
　1．満40歳以上の者が本人の希望により退職したとき
　2．死亡したとき
　3．当社の役員に選任されたとき
　4．社員就業規則第33条（会社都合による解雇）の規定により解雇されたとき
　5．会社のすすめにより円満退職したとき
　6．社員就業規則第31条（定年）の規定により退職したとき
（特別退職金の支給額）
第11条　特別退職金の支給額は，第5条（普通退職金の支給額）の規定により算出した額に，1.5を乗じた額とする。
（特別加算金）
第12条　在職中とくに功労があったと認められる者に対しては特別加算金を支給することがある。
（支給制限）
第13条
　①　下記の事由によって退職する者は，原則として退職金を支給しない。
　　　1．社員就業規則第73条（懲戒解雇）の規定に該当して解雇されたとき
　　　2．社員就業規則第30条（自己都合による退職）第2項の規定によらず強いて退職したとき
　②　前項第1号の規定にかかわらず，社員就業規則第73条（懲戒解雇）但し書により退職勧告に処せられ退職するものには，その情状により退職金の一部または全部を支給することがある。
（退職金の支払）
第14条　退職金は権利者の請求によりその内訳を明示し通貨で可及的速やかに支給する。
（職能指数の計算）
第15条　職能指数の計算は採用の日から退職の日までの期間を下記の各号によって行う。
　1．職能資格ごとの在級年数に端数月がある場合は，下記の表により年数に換算する。

端数月	1	2	3	4	5	6	7	8	9	10	11
換算年数	0.08	0.17	0.25	0.33	0.42	0.50	0.58	0.67	0.75	0.83	0.92

2．採用，退職および休職，復職の月は勤務日数の如何にかかわらず1カ月勤務したものとみなす。
3．進級，昇格または降級，降格の発令がなされた月については上級の資格を適用する。
4．社員職能資格制度が発足する以前の期間の職能資格等級の取扱いは発足時の職能資格等級による。
5．Mu放送およびNp放送より移籍された者について，移籍されるまでの出向期間の職能資格等級は移籍時の職能資格等級を適用する。
6．会社創立の時（昭和32年11月18日）より開局1周年記念日（昭和35年3月1日）まで勤務したものについては，その間を2倍に計算してその労に報いる。
　上の計算に当たって，Mu放送およびNp放送より移籍された者については，BJテレビジョンへ移籍されるまでの出向期間は普通計算を行うほか，移籍後昭和35年3月1日迄の期間については2倍に計算する。
7．休職期間は在職年数に算入しない。ただし下記の各号の一に該当する場合はこの限りではない。
　(イ)　会社の都合により社外の職務に専従したとき
　(ロ)　その他，会社が特別の事情があると認めたとき
8．前号但し書に該当する場合，その事情により当該期間の職能指数を増減することがある。

（分割支給，第1種退職年金）
第16条
① 満45歳以上の者の退職金が700万円以上に及ぶ場合，本人の希望に基づき700万円（年金現価）を年金として分割支給することができる。
② この場合の年金を第1種退職年金という。

（第2種退職年金）
第17条　満45歳以上でかつ勤続満10年以上の退職者には，別途下表の年金現価額に基づく第2種退職年金を支給する。

退職時年齢	年金現価額	退職時年齢	年金現価額
満45歳	500万円	満51歳	380万円
46	480	52	360
47	460	53	340
48	440	54	320
49	420	55	300
50	400		

（退職年金の支給期間）
第18条
① 第1種および第2種退職年金の支給期間は，受給資格者が満60歳に達した日の属する月の翌月から15年間支給を保証し，死亡時まで支給する。
② 退職年金の受給資格者が死亡したとき（但し支給開始後15年をこえて死亡した者は除く）は遺族に対して支給する。

（退職年金の月額）
第19条　退職年金の月額は下表のとおりとする。

（退職年金の支給方法）
第20条　退職年金は毎年2月，5月，8月および11月の4回，それぞれの前月分までを支給する。

（退職年金の一時払）

退職時年齢	第1種退職年金	第2種退職年金	退職時年齢	第1種退職年金	第2種退職年金
満45歳	126,241円	90,172円	満51歳	91,570円	49,709円
46	119,680	82,066	52	86,819	44,650
47	113,458	74,558	53	82,294	39,971
48	107,520	67,584	54	77,996	35,655
49	101,920	61,152	55	73,923	31,681
50	96,604	55,202			

第21条

① 第2種退職年金は，本人が希望する場合，退職時に第17条に定める年金現価額を一時払することができる。

② 退職年金の受給資格者が死亡したとき（但し支給開始後15年をこえて死亡した者は除く），遺族が希望する場合には遺族に対し下記の算式および乗率表に基づく額を翌月の末日までに一時払することができる。

(1) 退職年金受給開始前に死亡したとき

　　年金月額×残存保証期間別乗率×死亡時年齢別乗率

(2) 退職年金受給中に死亡してとき

　　年金月額×残存保証期間別乗率

〈残存保証期間別乗率〉

残存保証期間	乗率	残存保証期間	乗率
0年	0	8年	78.1052
1	11.6872	9	85.7206
2	22.7651	10	92.9389
3	33.2655	11	99.7810
4	43.2185	12	106.2663
5	52.6526	13	112.4136
6	61.5949	14	118.2404
7	70.0710	15	123.7634

〈死亡時年齢別乗率〉

死亡時年齢	乗率	死亡時年齢	乗率
45歳	0.4479	53歳	0.6874
46	0.4725	54	0.7252
47	0.4985	55	0.7651
48	0.5259	56	0.8072
49	0.5549	57	0.8516
50	0.5854	58	0.8984
51	0.6176	59	0.9478
52	0.6515	60	1.0000

（死亡による受給者）

第22条 本人死亡の場合，退職金および退職年金が特別の事由のない限り災害補償規則または労働者災害補償保険法施行規則における遺族補償費の受給資格および順位に従って支給する。

（証明書類）

第23条 前条の規定によって退職金および退職年金の支給を受ける者は，戸籍謄本（又は抄本）その他会社において必要と認める証明書類を提出しなければならない。

（事情変更と規則の効力）

第24条 社会事情の変動または社会保険制度の改正等，この規則の大綱に重大な影響を及ぼすような事情が発生した場合には，改めて検討の上，これを改廃することがある。

付　則

（嘱託その他の者の場合の取扱）

第25条 社員以外の形で当社に勤務し引続き社員に採用された者の社員採用前の期間，および引続き退職まで社員以外の形で勤務した者については別に定める。

（施行日）

第26条 この規定は平成　年　月　日から施行する。

実例61

退職年金規程で退職金規程は省略の例

退職年金規約

自社（一時金）制度の上乗せ

（HY精密，精密機械製造・従業員900人）

第1章 総　則

（目　的）
第1条　この規約は，HY精密株式会社（以下「会社」という）の従業員で退職した者またはその遺族に対し年金または一時金の給付を行い，退職後の生活安定をはかることを目的とする。

（差別待遇の禁止）
第2条　この規約による制度（以下「本制度」という）に　おいては特定の者につき不当に差別的な取扱をしない。

（適用範囲）
第3条　本制度は，次の各号に掲げる者を除き，全従業員に適用する。
　　(1)　嘱託
　　(2)　臨時従業員
　2　役員は，本制度へ加入できない。

第2章 加　入

（加入資格）
第4条　前条に定める従業員が勤続期間3年に達したときは本制度への加入資格を取得し，全員本制度へ加入する。ただし，定年退職日までの予定勤続期間が10年未満の者は除く。

（加入時期）
第5条　従業員の本制度への加入時期は，加入資格取得後最初に到来する9月1日とする。

（加入者）
第6条　第4条および第5条により本制度に加入した従業員を加入者という。

（在職脱退の禁止）
第7条　加入者は，退職（役員就任を含む。以下同じ）または死亡するまでは本制度から脱退できない。

第 3 章　給　　付

第 1 節　総　　則

（給付の種類）
第 8 条　本制度の給付の種類は次のとおりとする。
　　(1)　年金
　　　　(イ)　退職年金 $\begin{cases} 定年退職年金 \\ 定年前退職年金 \end{cases}$
　　　　(ロ)　遺族年金
　　(2)　一時金
　　　　(イ)　退職一時金 $\begin{cases} 定年退職一時金 \\ 定年前退職一時金 \end{cases}$
　　　　(ロ)　遺族一時金

（給付の通則）
第 9 条　退職年金または遺族年金は退職または死亡した月の翌月から開始し，給付期間は10年間（以下「保証期間」という）とする。
　2　年金は毎年 3 月， 6 月， 9 月および12月にそれぞれの前月までの分を支給する。
　3　年金または一時金の給付を受けるべき者が，第31条に定める所定の届出をしない場合は，給付を行わない。
　4　一時金の給付は，第31条に定める所定の手続完了後遅滞なく行う。

（年金の転給）
第10条　年金支給中の者が死亡の翌月から保証期間中その遺族に引続き同額の年金を転給する。
　2　年金の転給を受けている者が死亡してなお保証期間に残余がある場合は，死亡の翌月から次順位の遺族に引続き同額の年金を転給する。

（未支給の給付）
第11条　年金または一時金の給付を受けるべき者が死亡したとき，未支給の給付がある場合は，これを遺族に支給する。

（定年延長に関する給付の取扱）
第12条　就業規則第　条ただし書により定年延長された者に対する退職年金または退職一時金の給付は，実際の退職月の翌月から行うものとし，給付額は，実際の退職時までの勤続期間に応じて第14条または第18条により計算される額とする。

第 2 節　年　　金

（退職年金受給資格）
第13条　加入者が勤続期間20年以上かつ50歳以上に達したときは退職年金受給資格を取得する。
　2　前項により退職年金受給資格を取得した加入者を退職年金受給資格者という。

（定年退職年金）
第14条　退職年金受給資格者が定年退職したときは，退職者に対し定年退職年金を支給する。
　2　定年退職年金の給付月額は勤続期間に応じ，退職時の基準給与に別表 1 (イ)に定める給付率を乗じた額とする。

(定年前退職年金)
第15条　退職年金受給資格者が定年に達しないで退職したときは，退職者に対し定年前退職年金を支給する。
　　2　定年前退職年金の給付月額は，勤続期間および退職事由に応じ，退職時の基準給与に下記別表に定める給付率を乗じた額とする。
　　　(1)　休職期間満了により解職するとき……………………………
　　　(2)　傷病のため勤務にたえられないため退職するとき……｝別表1(イ)
　　　(3)　会社の都合により解職するとき………………………
　　　(4)　自己の都合により退職するとき………………………………別表1(ロ)

(遺族年金)
第16条　退職年金受給資格者が死亡したときは，その遺族に対し遺族年金を支給する。
　　2　遺族年金の給付月額は，死亡した加入者の勤続期間に応じ，死亡時の基準給与に別表1(イ)に定める給付率を乗じた額とする。

(年金の一時払についての特例)
第17条　年金の給付を受けるべき者が次の各号の一に該当する場合は，その者の申出により，会社は年金にかえて一時払金を支給することができる。
　　　　なお，給付の時期は，第2号，第3号，第4号および第6号に該当する場合は退職時，第5号に該当する場合は退職年金受給資格者または年金受給中の者の死亡時とする。
　　　(1)　重大な傷病（家族を含む）重大な災害により真にやむを得ない場合
　　　(2)　住宅購入を必要とする場合
　　　(3)　子女の教育，結婚の資金を必要とする場合
　　　(4)　債務の返済資金を必要とする場合
　　　(5)　遺族年金または転給された年金の一時払を希望する場合
　　　(6)　その他前記各号に準ずる場合
　　2　前項による一時払金の給付額は保証期間の残余期間に見合う年金現価とする。
　　3　第14条，第15条または前条による年金の年額が500万円以下と算出される場合は退職時または死亡時において，これをすべて一時払金とし，その給付額は退職時または死亡時の年金現価とする。

第3節　一時金

(定年退職一時金)
第18条　勤続期間10年以上の加入者が退職年金受給資格を取得しないで定年退職したときは，退職者に対し定年退職一時金を支給する。
　　2　定年退職一時金の給付額は，勤続期間に応じ，退職時の基準給与に別表2(イ)に定める給付率を乗じた額とする。

(定年前退職一時金)
第19条　勤続期間10年以上の加入者が退職年金受給資格を取得しないで定年前に退職したときは，退職者に対し定年前退職一時金を支給する。
　　2　定年前退職一時金の給付額は，勤続期間および退職事由に応じ，退職時の基準給与に下記別表に定める給付率を乗じた額とする。

(1)　休職期間満了により解職するとき……………………
　　(2)　傷病のため勤務にたえられないため退職するとき……　｝別表1(イ)
　　(3)　会社の都合により解職するとき……………………………
　　(4)　自己の都合により退職するとき………………………………別表2(ロ)
　（遺族一時金）
第20条　勤続期間10年以上の加入者が退職年金受給資格を取得しないで死亡したときは，その遺族に対し遺族一時金を支給する。
　2　遺族一時金の給付額は，死亡した加入者の勤続期間に応じ，死亡時の基準給与に別表(2)イに定める給付率を乗じた額とする。

第4章　拠　　出

　（拠　　出）
第21条　会社は本制度による給付の財源にあてるための費用を全額拠出する。
　2　前項による拠出金の額は適正な年金数理にもとづき算定する。
　（通常の拠出金）
第22条　会社は，前条に定める拠出金として，加入者の加入の月から退職または死亡の月まで，加入者の基準給与月額の2.3％を毎月拠出する。
　（過去勤務債務等）
第23条　過去勤務債務等の額は，一括管理方式により計上し，その過去勤務債務等にかかる拠出金は，法人税法施行令（以下「施行令」という）159条第6号ロに定めるところに従い拠出する。
　2　前項に定める過去勤務債務等の額の償却割合は年15分の1とする。
　3　会社は，前2項に定める拠出金として，加入者の加入の月から退職または死亡の月まで，加入者の基準給与月額の2.3％を毎月拠出する。
　（休職期間に関する拠出の取扱）
第24条　会社は，加入者の休職期間中は，第22条および第23条の拠出を中断する。
　　　　ただし，次の各号に掲げる場合は，休職期間中にかかわらず，拠出を継続する。
　　(1)　業務上の傷病によるとき
　　(2)　社命により会社外の業務に従うとき
　　(3)　業務上の都合によるとき
　　(4)　刑事事件に関し起訴されたとき
　　(5)　私傷病によるとき
　　(6)　公職就任のため社務に著しく支障があるとき
　（定年延長者にかかる拠出の取扱）
第25条　会社は，定年延長者の当該期間中も第22条および第23条の拠出を継続する。

第5章　制度の運営

　（年金信託契約）
第26条　第22条および第23条によって拠出された原資は，株式会社ＡＳ信託銀行を受託者とする適格退職年金信託契約にもとづいて信託し，その管理，運行および給付事務を同行に委託する。
　（財政計画の再検討）

第27条　会社は，年金財政の健全性を維持するために，5年ごとに財政計画の再検討を行い，必要あると認めたときは，財源率等の修正を行う。
　（超過留保額の返還）
第28条　前条に定める財政計画の再検討時において，年金信託財産のうち，施行令第159条第7号に定める要留保額をこえる部分がある場合には，会社は当該額をこえる部分の金額の返還を受け，これを収受する。
　（制度の改廃）
第29条　本制度は，社会保障制度の改正，経済情勢の変化または会社の経理内容の変化等に応じて，その一部もしくは全部を改訂または廃止することができる。
　（信託財産の帰属）
第30条　本制度を廃止したときは，年金受給中の者に対して制度廃止後受領すべき年金現価を計算し，退職年金受給資格者に対しては，退職とみなして退職年金現価を計算し，それぞれの額に相当する信託財産を分配する。ただし，信託財産に不足をきたす場合は，それぞれの額に比例して信託財産を分配する。
　2　前項本文による分配を行ってなお信託財産に残余がある場合は，退職一時金受給資格者に対し，退職とみなして廃止日における退職一時金額を限度とし，当該金額の割合により信託財産を分配する。
　3　前2項による分配を行ってなお信託財産に残余がある場合は，前2項以外の者に対し，廃止日における責任準備金額を限度とし，当該金額の割合により信託財産を分配する。
　4　第3項による分配を行ってなお信託財産に残余がある場合は，前3項により定まる金額の割合により前3項の者へ信託財産を分配する。

第6章　雑　則

　（届出義務）
第31条　年金または一時金の給付を受けようとする者は，次の届のうち必要とするものを会社に提出しなければならない。
　　　(1)　年金または一時金の受給者届
　　　(2)　年金一時金払選択届
　　　(3)　所得税法に定める必要な申告書
　　　(4)　年金受給者の死亡を証する書類
　　　(5)　遺族であることを証する書類
　　　(6)　その他会社が必要と認める書類
　2　前項により届出を行った事項について会社から変更のあった場合は直ちに会社に届出なければならない。
　3　前2項により届出を行った事項について会社から照会があった場合はすみやかに回答しなければならない。変更のあった場合は直ちに会社に届出なければならない。
　（遺族の範囲および順位）
第32条　本制度にいう遺族の範囲および順位については労働基準法施行規則第42条から第45条までの規定を準用する。
　（受給権の処分禁止）
第33条　本制度により給付を受ける権利はこれを譲渡し，または担保に供することはできない。

(受給権の消滅)
第34条　本制度により給付を受ける権利は，給付事由が生じた日から5年間にこれを行使しない場合は消滅する。ただし，会社が特別の事情があると認めた場合はこの限りではない。

(給付の制限)
第35条　加入者が懲戒解雇された場合は本制度による給付を行わない。ただし，情状により給付することもある。

(勤続期間の計算)
第36条　受給資格の判定および給付額算出のための勤続期間は，入社の日から退職または死亡した日まで（試用期間を含む）を計算し，1年未満の端数は月割計算とし，1カ月未満の端数は切り上げる。
　2　加入者の休職期間は，これを勤続期間に算入しない。ただし，第24条第1号ないし，第4号に定める期間は，これを勤続期間に，全期間算入し，第24条第5号および第6号の期間は2分の1を勤続期間に算入する。

(基準給与)
第37条　本制度における基準給与とは，会社の給与規程による本給とし，拠出額算定にあたっては，毎年3月1日現在の基準給与を翌年の2月末日まで変更しない。ただし，給付額算定にあたっては，退職時または死亡時の基準給与とする。

(端数処理)
第38条　本制度における拠出金の金額の算定について円未満の端数が生じたときはこれを切り捨てる。
　2　給付額の算定について，年金月額で円未満の端数が生じたときは円単位に切り上げ，一時金額（または一時払金額）で100円未満の端数が生じたときは100円に切り上げる。

(利　率)
第39条　本制度において年金現価を計算するための利率は，拠出額算定の基礎とした予定利率による。

付　則

(施行期日)
第1条　本制度は平成　年　月　日から実施する。

(施行細則)
第2条　本制度の実施に必要な事項は別に定める。

(経過措置)
第3条　平成　年　月　日現在において第4条の定める加入資格を有する従業員で本制度発足日に在籍する者は，第5条の規定にかかかわらず本制度発足と同時に加入する。

第2章 退職金・年金規程の実例

別表1 退職年金・遺族年金 給付率表（月額）

勤続期間	給付率(%) (イ)	給付率(%) (ロ)	勤続期間	給付率(%) (イ)	給付率(%) (ロ)
20 年	9.3	8.4	31 年	16.8	同左
21	10.0	9.0	32	17.5	
22	10.8	9.7	33	18.0	
23	11.4	10.3	34	18.5	
24	12.1	10.9	35	19.0	
25	12.8	同左	36	19.6	
26	13.5		37	20.1	
27	14.2		38	20.5	
28	14.8		39	20.9	
29	15.5		40以上	21.2	
30	16.1				

別表2 退職一時金・遺族一時金 給付率表

勤続期間	給付率(倍) (イ)	給付率(倍) (ロ)	勤続期間	給付率(倍) (イ)	給付率(倍) (ロ)
10 年	2.92	2.04	23 年	10.56	9.504
11	3.38	2.32	24	11.20	10.080
12	3.80	2.60	25	11.84	11.884
13	4.26	2.96	26	12.48	同左
14	4.80	3.30	27	13.08	
15	5.36	4.28	28	13.68	
16	5.96	4.78	29	14.28	
17	6.56	5.28	30	14.88	
18	7.20	5.70	31	15.52	
19	7.88	6.34	32	16.16	
20	8.56	7.74	33	16.64	
21	9.24	8.36	34	17.12	左
22	9.92	8.98	35以上	17.60	

年未満の端数月がある場合の給付率算出は下記の算式による（別表1～2共通）。

$$\left\{\begin{array}{l}\text{端数月を切り捨てた}\\\text{年数による給付率}\end{array}\right\} + \left\{\left\{\begin{array}{l}\text{端数月を1年に切り上}\\\text{げた年数による給付率}\end{array}\right\} - \left\{\begin{array}{l}\text{端数月を切り捨てた}\\\text{年数による給付率}\end{array}\right\}\right\} \times \frac{\text{端数月数}}{12}$$

（小数点4位以下切り捨て）

実例62

退職年金規程で退職金規程は省略の例

退職年金規程

自社（一時金）・年金制度併用

（TC精工，精密機械製造・従業員850人）

第1章　総　則

（目　的）
第1条　この規程は，従業員の退職について年金支給制度（以下「この制度」という。）を実施し，その者またはその遺族の生活の安定に寄与することを目的とする。

（差別取扱いの禁止）
第2条　この制度においては，特定の者につき不当に差別的な取扱をしない。

第2章　加　入

第3条　この規程は，次の各号に掲げる者を除く全従業員に適用する。
(1)　役員
(2)　嘱託
(3)　臨時に期間を定めて雇い入れられる者（臨時雇）
(4)　日々雇い入れられる者
(5)　定年までの予定勤続年数が3年未満の者

（加入資格）
第4条　前条の者は，次に掲げる条件を満たしたときこの制度に加入する資格を取得する。
　　勤続満1年に達したとき

（加入時期）
第5条　加入資格を取得した者がこの制度に加入する時期は，加入資格取得後最初に到来する10月1日とする。

第3章　給　付

第1節　通　則

（給付の種類）
第6条　この制度による給付の種類は次のとおりとする。

(1) 退職年金
(2) 退職一時金
(3) 遺族一時金

（給付の時期）
第7条　年金は，毎年2月，5月，8月および11月の各10日に，それぞれの前月分までを支給する。
　2．一時金は，給付事由発生後1カ月以内に支給する。
　3．年金および一時金は，あらかじめ給付を受ける者が指定した金融機関に振り込む。

（未支給の給付）
第8条　この制度により給付を受ける者が死亡した場合に，その者に支給すべき給付でまだ支給しなかったものがあるときは，これをその者の遺族（その者が遺族のときは次順位の遺族。以下同じ。）に支給する。

（過払いの調整）
第9条　年金受給中の者が死亡し，遺族の受給手続きの遅延等により年金の過払いが生じたときは，これを遺族に支払うべき年金から差し引き調整する。

（遺族の範囲と支給順位）
第10条　遺族の範囲および支給順位は，労働基準法施行規則第42条ないし第45条の規定を準用する。ただし，同順位の者が2名以上いる場合には，そのうち最年長者を代表としてその者に給付を支給する。

（給付額の端数処理）
第11条　この規程に定める給付額に100円未満の端数が生じたときは，50円以上はこれを100円に切り上げ，50円以下はこれを切り捨てる。

（年金の一時支給）
第12条　年金の受給資格を取得した者および年金受給中の者（以下「年金受給権者」という。）が次の各号の一に該当する事由により年金の一時支給を請求し，会社がこれを認めたときは，将来の年金の支給に代えて一時金を支給する。ただし，請求の時期は，第1号および第2号に該当する場合を除き年金支給開始後3年以内に限るものとする。
　　(1) 災害
　　(2) 重疾病，後遺症を伴う重度の心身障害（生計を一にする親族の重疾病，後遺症を伴う重度の心身障害または死亡を含む。）
　　(3) 住宅の取得
　　(4) 生計を一にする親族（配偶者を除く。）の結婚または進学
　　(5) 債務の弁済
　　(6) その他前各号に準ずる事実
　2．年金受給権者が死亡し，遺族が年金の一時金支給を請求したときは，年金の支給に代えて一時金の支給をする。
　3．年金月額が10,000円以下の場合には，年金の支給に代えて一時金を支給する。
　4．前各号による一時金の額は，年金月額に，支給期間からすでに年金を支給した期間を控除した期間（以下「残余期間」という。）に応じて付表に定める率を乗じて得た額とする。

第2節　退職年金

（受給資格）
第13条　加入者が次に掲げるところに該当したときは，その者に退職年金を支給する。

勤続20年以上で定年により退職したとき

(給付額)

第14条　退職年金額（月額）は，次のとおりとする。

基準給与に別表1に定める支給率を乗じた額

(支給期間)

第15条　支給期間は，退職した月から10年間とする。

2．前項に定める支給期間が満了する前に年金受給権者が死亡したときは，遺族に残余期間引き続き同額の年金を支給する。

第3節　退職一時金

(受給資格)

第16条　加入者が次に掲げるところに該当したときは，その者に退職一時金を支給する。ただし，退職年金に該当する場合は除く。

(1) 勤続3年以上で定年により退職したとき
(2) 勤続3年以上で定年に達する前に会社都合で退職したとき
(3) 勤続3年以上で定年に達する間に自己都合で退職したとき

(給付額)

第17条　退職一時金は，次のとおりとする。

(1) 前条第1号および第2号に該当したときは，基準給与に別表2に定める支給率を乗じた額
(2) 前条第3号に該当したときは，基準給与に別表2に定める支給率および別表3に定める乗率を乗じた額

第4節　遺族一時金

(受給資格)

第18条　加入者が次に掲げるところに該当したときは，その者の遺族に一時金を支給する。

(1) 勤続3年以上で定年に達する前に業務上死亡退職したとき
(2) 勤続3年以上で定年に達する前に業務外死亡退職したとき

(給付額)

第19条　遺族一時金は，次のとおりとする。

(1) 前条第1号に該当したときは，基準給与に別表2に定める支給率を乗じた額
(2) 前条第2号に該当したときは，基準給与に別表2に定める支給率および別表3に定める乗率を乗じた額

第4章　拠　　出

(掛金の拠出)

第20条　この規程に定める給付の財源に充てるため，会社は，適正な年金数理に基づき算定された掛金を全額負担する。

(通常掛金)

第21条　通常掛金は，各加入者の基準給与の2.5％相当額（月額）とする。

(過去勤務債務等の額の償却に係る掛金)

第22条　過去勤務債務等の額の償却は，一括管理方式による。

　　2．過去勤務債務等の額の償却は，法人税法施行令第159条6号ロの定めるによるものとし，その償却割合は，年100分の10とする。

　　3．前項の掛金は，各加入者の基準給与の1.5％相当額（月額）とする。

（拠出の中断）

第23条　加入者が休職を命ぜられたときは，会社は，休職となった月の翌月から復職した月まで当該加入者に係る掛金の拠出を中断する。

第5章　制度の運営

（制度の運営）

第24条　会社は，この制度を運営するために，法人税法施行第159条に定める要件を備えた企業年金保険契約および年金信託契約を退職年金業務を行う法人との間に締結する。

（企業年金保険契約の締結）

第25条　会社は，前項に基づき，この規程に定める金額の50％相当の給付に充てるため，次に掲げる法人と企業年金保険契約を締結し，第21条および第22条に基づく掛金の50％相当額を払い込む。

　　　　ＤＹ生命保険相互会社

　　2．会社は，企業年金保険契約に係る付加保険料を全額負担する。

（年金信託契約の締結）

第26条　会社は第24条に基づき，この規程に定める金額の50％相当の給付に充てるため次に掲げる法人と年金信託契約を締結し，第21条および第22条に基づく掛金の50％相当額を払い込む。

　　　　ＮＳ信託銀行株式会社

（財政計画の再検討）

第27条　会社は，少なくとも5年ごとにこの制度の財政計画を再検討し，必要に応じてその修正を行う。

（留保すべき金額を超える額の処理）

第28条　前条に定める財政計画の再検討時において，保険料積立金および信託財産のうち法人税法施行令第159条第7号に定める留保すべき金額を超える部分がある場合には，会社は当該超える部分の金額の返還を受けてこれを収受する。

第6章　雑　則

（受給権の処分禁止）

第29条　この制度により給付を受ける権利は，これを譲渡し，または担保に供することはできない。

（届　出）

第30条　この制度による給付を受ける者は，次の各号に掲げる書類を提出しなければならない。

　　(1)　住所，氏名および印鑑についての届
　　(2)　年金または一時金受領方法についての届
　　(3)　受給権者であることを証明する書類
　　(4)　所得税法に定める必要な申告書類
　　(5)　その他会社が必要と認めた書類

2．前項により届け出た事項に変更があったときは，すみやかにその旨を届け出なければならない。

（期間の計算）

第31条　この規程における勤続年数は，次に定める方法により計算する。
  (1) 受給資格算定のための勤続年数は，入社した日から退職した日までのうち，1年未満の端数月を切り捨てた年数とする。
  (2) 給付額算定のための勤続年数は，入社した日から退職した日までのうち，1カ月未満の端数を1カ月に切り上げた年月数とする。
2．次に掲げる期間は，前項の勤続年数に算入しない。
  (1) 定年を超えて勤務する場合その期間
  (2) 休職期間
3．次に掲げる期間は第1項の勤続年数に算入する。
  (1) 試用期間

（基準給与）

第32条　この規程において基準給与とは，賃金規程第　条に定める基本給および加給の合計額とする。
2．掛金額算定の基礎となる基準給与は，毎年10月1日現在のものを翌年の9月末日まで適用し，給付額算定の基礎となる基準給与は，退職時のものとする。

（制度の改廃）

第33条　この制度は，社会保障制度の状況，経済情勢等の変動に応じて，その一部または全部を改訂または廃止することができる。
2．この制度が廃止された場合，第24条に定める退職年金契約に基づく保険料積立金および信託財産は次に定めるところにより配分する。
  (1) 企業年金保険契約に基づく保険料積立金は，制度廃止日に加入者が退職したものとしたときの勤続年数に比例して，各加入者に配分する。
     ただし，年金受給権者に対する給付に必要な積立金は，これを配分することなく当該年金受給権者に継続して年金の支給を行う。
  (2) 年金信託契約による部分については，年金受給権者に対して制度廃止後支給すべき年金の現価額を限度としてその割合に比例した信託財産を配分し，なお残余がある場合は，残余の信託財産を制度廃止日に加入者が退職したものとしたときの勤続年数に比例して各加入者に配分する。

付　則

（制度実施日）

第1条　この制度は，平成　年　月　日から実施する。

（経過措置）

第2条　この制度実施日にこの規程第4条に定める加入資格を有する者は，第5条にかかわらず，この制度実施日に加入するものとする。

別表1

勤続年数	支給率	勤続年数	支給率	勤続年数	支給率
20年	12.7%	27年	18.3%	34年	23.9%
21	13.5	28	19.1	35	24.7
22	14.3	29	19.9	36	25.5
23	15.1	30	20.7	37	26.3
24	15.9	31	21.5	38	27.1
25	16.7	32	22.3	39	27.9
26	17.5	33	23.1	40	28.7

(注) 1年未満の端数月がある場合は支給率の計算方法
　　A年Bカ月の支給率＝A年の支給率｛(A＋1)年の支給率－A年の支給率｝×B/12ただし、小数点以下第2位はこれを4捨5入し、小数点以下第1位まで算出するものとする。

別表2

勤続年数	支給率	勤続年数	支給率	勤続年数	支給率
3年	1.50倍	16年	8.75倍	29年	18.50倍
4	2.00	17	9.50	30	19.25
5	2.50	18	10.25	31	20.00
6	3.00	19	11.00	32	20.75
7	3.50	20	11.75	33	21.50
8	4.00	21	12.50	34	22.25
9	4.50	22	13.25	35	23.00
10	5.00	23	14.00	36	23.75
11	5.60	24	14.75	37	24.50
12	6.20	25	15.50	38	25.25
13	6.80	26	16.25	39	26.00
14	7.40	27	17.00	40	26.75
15	8.00	28	17.75		

(注) 1年未満の端数月がある場合の支給率の計算方法
　　A年Bカ月の支給率＝A年の支給率｛(A＋1)年の支給率－A年の支給率｝×B/12ただし、小数点以下第3位はこれを4捨5入し、小数点以下第2位まで算出するものとする。

別表3

勤続年数	乗率（％）	勤続年数	乗率（％）
3年以上5年未満	20	15年以上25年未満	60
5年以上10年未満	30	25年以上	100
10年以上15年未満	50		

❷ 自社(一時金)制度と年金制度併用の例

付表　年金に代える一時金算出のための年金現価率

月数＼年数	0	1	2	3	4	5	6	7	8	9	10	11
0	0	0.9966	1.9931	2.9897	3.9730	4.9564	5.9397	6.9099	7.8802	8.8504	9.8078	10.7651
1	11.7225	12.6671	13.6117	14.5563	15.4883	16.4204	17.3525	18.2722	19.0918	20.1115	21.0189	21.9264
2	22.8338	23.7292	24.6245	25.5199	26.4034	27.2868	28.1703	59.0420	29.9138	30.7855	31.6456	32.5057
3	33.3658	34.2145	35.0632	35.9119	36.7493	37.5867	38.4241	39.2504	40.0767	70.9030	41.7183	42.5335
4	43.3488	44.1533	44.9577	45.7622	46.5559	47.3497	48.1434	48.9266	49.7098	50.7930	51.2658	52.0386
5	52.8114	53.5740	54.3365	55.0990	55.8513	56.6037	57.3651	58.0984	58.8408	59.5832	60.3157	61.0482
6	61.7807	62.5034	63.2261	63.9489	64.6621	65.3752	66.0884	66.7921	67.4957	68.1994	68.8937	69.5880
7	70.2823	70.9674	71.6525	72.3376	73.0135	73.6895	74.3665	75.0324	75.6994	76.3664	77.0246	77.6827
8	78.3408	78.9901	79.6394	80.2889	80.9296	81.5703	82.2110	82.8432	83.4775	84.1077	84.7315	85.3553
9	85.9791	86.5946	87.2101	87.8256	88.4330	89.0403	89.6476	90.2469	90.8461	91.4453	92.0367	92.6279
10	93.2192											

(注) 年月数は10からすでに年金を支給した期間を控除した期間(残余期間)。

実例63

退職年金規程で退職金規程は省略の例

退職年金規程

自社（一時金）制度と年金制度併用

（TK光学，光学機器・従業員730人）

第1章 総 則

（目　的）
第1条　TK株式会社（以下「会社」という。）は，本規程に定めるところにより退職年金制度（以下「本制度」という。）を設け，従業員の退職に際して年金または一時金を支払い，退職後の生活の安定を図ることを目的とする

（差別待遇の禁止）
第2条　本制度において特定の者につき不当に差別的な取扱をしない。

（適用範囲）
第3条　本制度の適用を受ける者は，会社に在職する勤続1年以上の者のうち次の各号に該当する者を除くすべての従業員とする。
　　　ア　役員
　　　イ　日々雇い入れられる者
　　　ウ　臨時に期間を定めて雇い入れられる者
　　　エ　嘱託

（加入資格）
第4条　前条に該当する者はすべて本制度に加入する資格を取得する。

（加入日）
第5条　1．昭和　年　月　日に加入資格を有する者は，本制度発足時に加入するものとする。（本制度に加入した者を，以下「加入者」という。）
　　　2．昭和　年　月　日の翌日以降新たに加入資格を有する者は，加入資格取得直後に到来する追加加入日に加入する。
　　　3．追加加入日は　月　日とする。

第2章 給 付

第1節 通 則

(給付の種類)
第6条　給付の種類は次のとおりとする。
　　　　　退職年金

(継続受取人)
第7条　継続受取人となる者の範囲および順位は，労働基準法施行規則第42条から第45条までを準用する。
　　ただし，同順位の者が2名以上となる場合には，そのうち最年長者を代表者としてその者に年金または一時金を支払う。また，加入者より退職前にあらかじめ申出があれば，その順位に従うものとする。

(年金の支給期日)
第8条　年金は，毎年3月，6月，9月および12月の各25日に，年金支払期日以降，当該支払月の前月までの分を支払う。ただし，第1回支払額は，年金開始期日後最初に到来する年金支払期日の前月までの分とする。

(年金の一時払)
第9条　1．年金受給権を取得した加入者または継続受取人が，次の各号の一に該当する事由により年金の一時払の請求をし，会社がこれを認めたときは，将来の年金の支払に代えて一時払の取扱をする。
　　ただし，請求の時期は，aおよびbに該当する場合以外は，年金開始期日後5年以内に限るものとする。
　　　　a．災害
　　　　b．重疾病，後遺症を伴う重度の心身障害（生計を一にする親族の重疾病，後遺症を伴う重度の心身障害または死亡を含む。）
　　　　c．住宅の取得
　　　　d．生計を一にする親族（配偶者を除く。）の結婚または進学
　　　　e．債務の弁済
　　　　f．その他前各号に準ずる事実
　2．年金受給権を取得した加入者が死亡し，その継続受取人から年金の一時払の請求があったときは，年金の支払いに代えて一時払の取扱をする。
　3．年金月額が10,000円以下の場合には，年金の支払に代えて一時払の取扱をする。
　4．年金の支払に代えて支払う一時金の額は，当該加入者の保証期間中の未支払年金の現価相当額とする。
　5．年金現価の計算に際しては，利率は年5.5％とする。

(支払の停止)
第10条　会社に著しい損害を及ぼし就業規則の規定に基づいて懲戒解雇された者には年金または一時金の全部または一部を支払わない。

(給付額の端数処理)
第11条　1．年金月額に円未満の端数が生じたときは，これを四捨五入する。

2．一時金額に円未満の端数が生じたときは，これを四捨五入する。

（年金および一時金の受給時の手続）
第12条　年金および一時金を受給しようとする者は，次の書類のうち必要とするものを会社に提出しなければならない。
　　　　ア　年金または一時金請求書
　　　　イ　受取人の印鑑証明書
　　　　ウ　受取人の戸籍抄本
　　　　エ　所得税法に定める必要な書類
　　　　オ　その他会社が必要とする書類

（一時金の支払期日）
第13条　一時金は，前条に定める書類を会社に受理した後遅滞なく支払う。

（給付の支払方法）
第14条　年金および一時金は，あらかじめ受取人が指定した金融機関に振り込むものとする。

第2節　退職年金

（支払条件）
第15条　加入者が次に該当したとき，退職年金の受給権を取得する。退職年金の受給権を取得した日を年金開始期日とする。
　　　　　　勤続1年以上で定年に達し生存退職したとき

（支払額）
第16条　年金月額は，次により計算された額の合計額とする。
　　　　1．第1退職年金
　　　　　　定年到達時の基準給与に別表1に定める率を乗じた額
　　　　2．第2退職年金
　　　　　　別表2に定める額

（支払期間）
第17条　退職年金の支払期間は10年間，保証期間は10年間とする。

第3章　制度の運営

（制度の運営方法）
第18条　1．本制度に定める給付の財源にあてるため適正な年金数理に基づいて算定された所要の保険料は，新企業年金保険契約協定書に基づき全額会社が負担する。
　　　　2．会社は前項の保険料として，加入者が加入した月から退職した月まで毎月拠出する。
　　　　3．会社は新企業保険契約協定書に定める付加保険料を全額負担する。

第4章　制度の運営

（制度の運営方法）
第19条　会社は本制度の健全なる運営を図るため，加入者を被保険者としてＤＩ生命保険株式会社と新企業年金保険契約を締結し，年金基金の管理運用および年金給付の事務は，これをＤＩ生命保険株式会社に行わせる。

(制度の改廃)
第20条　本制度は社会経済の情勢に応じて従業員代表の同意を得て、会社が必要と認めたときは改正または廃止できるものとする。

(年金基金の分配)
第21条　本制度を廃止したときは、次により年金基金を分配する。
　　　新企業年金保険契約協定書に定めるところに従い、制度廃止日における年金基金を、各加入者の将来法による責任準備金の額に比例して計算された額を、それぞれ対応する加入者に支払う。ただし、すでに年金の支払いを開始した加入者に対応する基金は、これを配分することなく当該加入者に継続して年金を支払う。

(超過保留額の返還)
第22条　会社は、新企業年金保険契約に係る保険料積立金のうち、法人税法施行令第159条第7号に定める留保すべき金額を超える部分がある場合には、新企業年金保険契約協定書に定めるところに従い、当該超える部分の金額の返還を受ける。

第5章　雑　　則

(譲渡担保の禁止)
第23条　本制度により給付を受ける権利は、これを譲渡しまたは担保に供することはできない。

(休職期間中の保険料の中断)
第24条　加入者が休職し、会社の退職年金規定によりその休職期間を勤続年数に通算しない場合には、その休職期間に係る保険料の払込を中断するものとする。

(勤続年数の計算)
第25条　本制度の勤続年数は、次により計算する。
　　　1．入社の日から定年退職日までとする。
　　　2．1年未満の端数は月割とし、1カ月未満の端数は15日以上は1カ月とし、15日未満は切り捨てる。
　　　　（例　…　4／1入社、4／14退職のとき0カ月とする
　　　　　　　　　4／1入社、4／15退職のとき1カ月とする
　　　3．定年を超えて勤務した期間は算入しない
　　　4．休職期間は、算入しない。

(年齢の計算)
第26条　この制度の保険料の計算に際して使用する年齢は満年で計算し、1年未満の端数が生じた場合は6カ月以下は切り捨て、6カ月超は1年に切り上げる保険年齢方式による。

(基準給与)
第27条　本制度の第1退職年金において使用する基準給与は、会社の退職金規定に定める基本給とし、その適用方法は次のとおりとする。
　　　1．給付額計算の基礎となる基準給与は、加入者の定年退職時の基準給与の額とする。
　　　2．保険料計算の基礎となる基準給与は、毎年10月1日現在の基準給与の額とし、その年の10月から翌年の9月まで適用する。

(時　効)
第28条　本制度により受給の事由が発生してから、満5年以内に支払の請求をしないときは、その権利を失うものとする。

（退職金の支払いとの調整）

第29条　本制度により退職年金の支払を受ける者については，退職年金の年金現価相当額を退職金規定による総支払額から控除する。

付　則

1．本制度は昭和　　年　　月　　日より実施する。
1．本制度は昭和　　年　　月　　日より改訂実施する。
1．本制度は平成　　年　　月　　日より改訂実施する。
1．本制度は平成　　年　　月　　日より改訂実施する。

別表2　勤続年数別年金月額表
（第2退職年金）　　　　　　（単位：円）

勤続年数	年金月額	勤続年数	年金月額
1年	0	21年	8,215
2	0	22	8,698
3	0	23	9,181
4	0	24	9,665
5	483	25	10,148
6	966	26	10,631
7	1,450	27	11,114
8	1,933	28	11,597
9	2,416	29	12,564
10	2,899	30	13,530
11	3,383	31	15,946
12	3,866	32	18,363
13	4,349	33	20,779
14	4,832	34	23,195
15	5,315	35	25,611
16	5,799	36	28,027
17	6,282	37	30,443
18	6,765	38	32,859
19	7,248	39	35,275
20	7,732	40以上	37,692

［注］勤続年数1年未満の端数を生じた場合の支給率は，次のとおりとする。
　　1年未満の端数を切り捨てた年数に応じた支給率……A
　　1年未満の端数を切り上げた年数に応じた支給率……B
　　年金月額＝A＋（B－A）×端数月数÷12
　ただし，円未満を四捨五入して円単位とする。

別表1　勤続年数別支給率表
（第1退職年金）

勤続年数	年金支給率	勤続年数	年金支給率
1年	0.0048	16年	0.0580
2	0.0072	17	0.0628
3	0.0097	18	0.0677
4	0.0121	19	0.0725
5	0.0145	20	0.0773
6	0.0169	21	0.0821
7	0.0193	22	0.0870
8	0.0217	23	0.0918
9	0.0242	24	0.0966
10	0.0290	25	0.1015
11	0.0338	26	0.1063
12	0.0387	27	0.1111
13	0.0435	28	0.1160
14	0.0483	29	0.1208
15	0.0532	30以上	0.1256

［注］勤続年数1年未満の端数を生じた場合の支給率は，次のとおりとする。
　　1年未満の端数を切り捨てた年数に応じた支給率……A
　　1年未満の端数を切り上げた年数に応じた支給率……B
　　支給率＝A＋（B－A）×端数月数÷12
　ただし，小数点以下第5位を四捨五入する。

実例64

退職年金規程で退職金規程は省略の例

退 職 年 金 規 定

自社（一時金）制度と年金制度併用

（GK出版，出版・従業員90人）

第1章　総　　則

（目　的）
第1条　会社は本規定に定める所により退職年金制度（以下本制度という）を設け，従業員の退職に際して年金又は一時金を支給し，退職後の福祉と生活の安定を図ることを目的とする。

（適用範囲）
第2条　本規定の適用を受ける者は会社に雇用される従業員とする。但し次の各号に該当する者は除く。
　　　　イ．役員　　ロ．嘱託　　ハ．臨時雇用者

（加入資格）
第3条　前条に該当する者はすべて本制度に加入する資格を取得する。

（加入時期）
第4条　1．加入資格を取得した従業員の加入時期は加入資格取得直後の11月1日とする。
　　　　2．前項の規定に拘らず本制度発足時に加入資格を有する者は本制度発足時に加入するものとする。（本制度に加入した者を以下加入者という）

第2章　給　　付

（給付の種類）
第5条　本制度に基づく給付は次の通りとする。
　　　　イ．退職年金　　ロ．遺族一時金

（退職年金）
第6条　加入者が勤続10年以上で定年により退職したときは退職年金を支給する。

（退職年金の支給額）
第7条　退職年金の月額は勤続年数1年につき1,000円とする。

（退職年金の支給期間）
第8条　退職年金の支給期間は10年とし年金開始後10年間の保証期間を付ける。

（遺族一時金）
第9条　加入者が定年に達する前に死亡したときはその遺族に遺族一時金を支給する。

（遺族一時金の支給額）
第10条　遺族一時金の支給額は一律100,000円とする。

第3章　給付の方法

（年金の支給開始）
第11条　年金は年金を支給すべき事由が発生した月の翌月以降最初に到達する支払期日から支給を開始する。

（年金の支給期日及び支給方法）
第12条　1．年金支給期日は毎年2月，5月，8月，11月の各月の20日とする。
　　　　2．各支給期日にはそれぞれ支給月の前月までの年金月額を一括して支給する。

（保証期間中の継続支給）
第13条　年金受給中の者が保証期間中に死亡したときは，保証期間中の年金はその遺族に継続して支給する。

（年金の支給にかえる一時金の支給）
第14条　1．年金の受給資格者又は保証期間中の受給者から次の各号の事由の一つに該当する事によって将来の年金の支給にかえ一時金支給の申し出があったときは，会社が認めた場合に限り未支給保証期間分の年金現価を一時金で支給する。但しイ，及びロ，の事由以外の場合は第1回年金支給期日前に申し出たときに限る。
　　　　　イ．災害　　ロ．重疾病　　ハ．住宅の取得　　ニ．子女の教育結婚
　　　　　ホ．債務の返済　ヘ．前記各号の事由に準ずる場合
　　　　2．保証期間中の年金受給者の死亡に際しその遺族から申し出があった場合は，未支給保証期間分の年金現価を一時金で支給する。
　　　　3．年金現価の計算に際しては利率は年5.5％とする。

（一時金の支給方法）
第15条　一時金の受給手続終了後遅滞なく支給する。

（給付額の端数の取扱）
第16条　給付額に10円未満の端数のある場合は，10円単位に四捨五入する。

（支給の停止）
第17条　会社に著しい損害を及ぼし就業規則の規定に基づいて懲戒解雇された者には年金又は一時金を支給しない。

（年金及び一時金の受給時の手続）
第18条　年金及び一時金を受給しようとする者は次の書類を会社に提出する事を要する。
　　　　　イ．住民票記載事項証明書　　ロ．印鑑証明書　　ハ．その他会社が必要とする書類

第4章　制度の運営

（制度の運営方法）
第19条　会社は本制度の健全なる運営を計るため，加入者を被保険者としてＹＤ生命保険相互会社と企業年金保険契約を締結し年金基金の管理運用及び年金給付の事務はこれをＹＤ生命保険相互会社に行わせる。

（保険料の負担）

第20条　前条の企業年金保険契約に基く保険料は全額会社が負担する。
　（規定の改廃）
第21条　本制度は社会経済の情勢に応じ改正又は廃止できるものとする。

第5章　雑　則

　（譲渡担保の禁止）
第22条　本制度に基く年金又は一時金を受ける権利はこれを譲渡し又は担保に供することはできない。
　（遺族の順位と範囲）
第23条　本規定における遺族の順位と範囲は，労働基準法施行規則第42条ないし第45条に定める遺族補償を受くべき者の順位と範囲による。
　（勤続年数の計算）
第24条　1．勤続年数は入社の日から起算し退職する日をもって終わる。
　　　　2．勤続年数の1年未満は切り捨てる。
　　　　3．見習臨時期間は勤続年数に算入する。
　　　　4．休職期間は勤続年数に算入しない。
　（退職金規定との関係）
第25条　会社の別に定める退職金規定に基く支給の上乗せとする。

附　則

　本規定は平成　年　月　日から実施する。

実例65 退職年金規程で退職金規程は省略の例

退職年金規程
自社（一時金）制度と拠出金・上乗せ型年金制度併用
（SY病院，病院・従業員180人）

第1章 総　則

（目　的）
第1条　この規程は，職員の退職または死亡ついて年金または一時金の給付を行い，もって退職後における職員またはその遺族の生活の安定に寄与することを目的とする。

（差別待遇の禁止）
第2条　この規程の適用にあたり職員のうち特定の者につき不当に差別的な取扱をしない。

（適用範囲）
第3条　この規程は，病院のすべての職員に適用する。ただし，次の各号の一に該当する者は，この規程にいう職員に含まない。
　　1．役員　法人税法第35条第5項に規定する使用人としての職務を有する役員（以下「使用人兼務役員」という）を除く。以下同じ）
　　2．嘱託
　　3．レジデント
　　4．日々雇い入れられる者
　　5．臨時に期間を定めて雇い入れられる者
　　6．パートタイマー

（加入資格）
第4条　職員は，採用された日に加入資格を取得する。
　　ただし，定年までの予定加入期間(使用人兼務役員については，職員の定年までの予定期間)が1年未満のものは加入資格を取得できない。

（加入時期）
第5条　加入時期は，加入資格を取得した日以降最初に到来する月の1日とする。
　②　KHサービス株式会社（以下「K．H．S」という）から転籍した職員で当該会社の退職年金規程による加入者であった者の加入時期は前項にかかわらず加入資格を取得した日とする。
　③　加入した職員を加入者という

第2章 給　付

（給付の種類）

第6条　この規程による給付（以下「給付」という）は次のとおりとする。

　　　1．退職年金
　　　2．退職一時金
　　　3．遺族一時金

（退職年金の支給要件）

第7条　退職年金は，加入期間20年以上の加入者が定年退職（使用人兼務役員が病院の就業規則に定める職員の定年年令に達したときを含む。以下同じ）したとき，その者に支給する。

（退職年金の支給期間）

第8条　退職年金の支給期間は，前条により退職年金を受ける権利を取得した日の属する月の翌月から10年とする。

（退職年金の月額）

第9条　退職年金の月額は，次の算式により計算される金額とする。

　　　　　退職前1カ年平均給与月額×加入期間別乗率

　　②　前項の加入期間別乗率は別表1による。

（退職年金の一時払）

第10条　退職年金は，第7条により退職年金を受ける権利を取得した者が退職時に次の各号に掲げる理由により希望したときは，将来の年金の支給に代えて当該年金の現価相当額を一時に支払う。ただし第1号に該当する場合は退職時に限らないものとする。

　　　1．災害または重大な疾病のため必要なとき
　　　2．住宅の建築または購入
　　　3．子女の教育または結婚
　　　4．債務の弁済
　　　5．その他前各号に準ずる事由のため必要なとき

（退職一時金の支給要件）

第11条　退職一時金は，加入期間1年以上の加入者が退職年金の支給要件を満たさないで退職したときその者に支給する。

　　　ただし，加入期間1年未満の加入者が退職した場合には，当該加入者の掛金累計額を支給する。

　　　K．H．Sへ転籍し，当該会社の退職年金規程による加入者となった者には前項の支給を行わない。

（退職一時金の額）

第12条　退職一時金の額は，次の算式により計算される金額とする。

　　　　　退職前1カ年平均給与月額×加入者期間別乗率

　　②　前項の加入者期間別乗率は，別表2による。

（遺族一時金の支給要件）

第13条　遺族一時金は，次の各号の一に該当したとき遺族に支給する。ただし，加入期間1年未満の加入者が死亡した場合は，当該加入者の掛金累計額を遺族に支給する。

　　　1．加入期間1年以上の加入者が死亡したとき

2．退職年金を受ける権利を有する者が死亡したとき

(遺族一時金の額)
第14条　遺族一時金の額は，次の各号の一に掲げる額とする。
1　前条第1号の場合
死亡前1カ年平均給与月額×加入者期間乗率
2　前条第2号の場合
10年から退職年金の支給開始月より死亡した日の属する月までの期間を控除した期間に対応する退職年金の現価相当額
②　前項第1号の加入期間別乗率は，別表3による。

(退職年金の支払時期)
第15条　退職年金は，毎年2月，5月，8月および11月の4期にそれぞれの前月分までを支払う。

(未支給の年金)
第16条　退職年金受給中の者が死亡したとき，その者に支給すべき年金に未支給分があるときは，これを遺族に支給する。

(一時金の支払時期)
第17条　一時金は，一時金を支給すべき事由が生じた日の属する月の末日までに支払う。
②　退職年金の一時払いの時期は前項を準用する。

(遺族の範囲および順位)
第18条　この規程にいう遺族の範囲は，加入者または加入者であった者の配偶者，子，父母，孫，祖父母または兄弟姉妹とし，その順位は前段の順序による。
②　加入者または加入者であった者が病院に対してした予告で前項に規定する者のうち特定の者を指定した場合においては前項にかかわらず，遺族はその指定した者とする。
③　給付を受ける権利を有する遺族が死亡した場合，その者に係る権利は，消滅するものとし，前2項の規定により死亡者を除く第1順位の遺族を給付を受ける権利を有する遺族とする。

(同順位の遺族が2人以上あるときの処理)
第19条　給付を受ける権利を有する同順位の遺族が2人以上あるときは，その1人のした請求は全員のためその全額につきしたものとみなし，その1人に対してした支給は，全員に対してしたものとみなす。

第3章　拠　　出

(通常掛金)
第20条　病院および加入者は，給付に要する費用に充てるため掛金を負担するものとし，加入者の加入した月（第5条第2項による加入のための加入日がその月に2日以降である場合は翌月）から退職または死亡した月まで，毎月それぞれ次の各号に定める金額を拠出する。
1．病院　　加入者の標準給与月額に$\frac{27.25}{1,000}$を乗じて得た額
2．加入者　加入者の標準給与月額に$\frac{8.75}{1,000}$を乗じて得た額

(過去勤務債務等の額に係る掛金)
第21条　病院は，前条の掛金のほか，過去勤務債務等の額に係る掛金を負担するものとし，毎月その月の1日現在における加入者の標準給与月額の総額に$\frac{x}{1,000}$を乗じて得た額を拠出する。
②　前項の過去勤務債務等の額は，一括管理方式により算出するものとし，その償却割合は年$\frac{20}{100}$とする。

(適正な年金数理)
第22条　前2条の掛金の額は，適正な年金数理に基づいて算定する。
　　(拠出の中断)
第23条　加入者が就業規則第　条により休職となったときは，第20条および第21条の掛金の拠出をその翌月から中断する。
　　(拠出の復活)
第24条　前条の拠出の中断事由が消滅したときは，その翌月から当該掛金の拠出を復活する。
　　(掛金の源泉控除)
第25条　病院は，加入者の負担すべき掛金を毎月の給与から控除することができる。

第4章　制度の運営

　　(年金信託契約の締結)
第26条　病院は，K．H．Sと共同してYD信託銀行株式会社（以下「信託銀行」という。）と年金信託契約を締結し，第20条および第21条により拠出された掛金を拠出月の26日に給付を行うための基金（以下「年金基金」という）として信託する。
　　(事務の委託)
第27条　病院は，前条により締結した年金信託契約に基づき年金基金の管理・運用および支給事務を信託銀行に委託する。
　　(年金財政の再検討)
第28条　病院は，3年ごとに掛金率およびその計算基礎の再検討を行うものとし，必要があると認められたときは適正な修正を行う。
　　(給付に充てるため留保すべ金額を超える額の処理)
第29条　前条の年金財政の再検討時に年金基金にこの規定およびK．H．Sの退職年金規程による給付に充てるため留保すべき金額を超える額がある場合には，当該金額をこの規程およびK．H．Sの退職年金規程による給付に充てるため留保すべき金額に比例して分配し病院は配分された金額の返還を受け，これを収受するものとする。
　　(規程の改廃)
第30条　この規程は，経済情勢の変化または社会保障制度の改正などにより改廃することがある。
　　(基金の分配)
第31条　前条によりこの規程を廃止したときは，年金基金はこの規程およびK．H．Sの退職金規程による給付に充てるため留保すべき金額に比例して配分する。
　②　前項により，この規程による給付に充てるため配分された金額は退職年金を受ける権利を有する者に退職年金の現価相当額に達するまで，当該現価相当額に比例して分配するものとし，なお，残余があるときは，加入者にその者の掛金累計額に比例して分配する。

第5章　雑　　則

　　(受給権の処分禁止)
第32条　給付を受ける権利は，これを譲渡しまたは担保に供することはできない。
　　(受給権の制限)
第33条　加入者は就業規則第　条により懲戒解雇されたときは，第11条にかかわらず，当該加入者

の掛金累計額しか給付しない。
（時　効）
第34条　給付を受ける権利は，5年を経過したときは時効によって消滅する。
（給与月額）
第35条　この規程において給与月額とは，給与規程による基本給（使用人兼務役員については，法人税基本通達9－2－7の例により算定した使用人分の適正額）をいう。
（標準給与月額）
第36条　この規程において標準給与月額とは，毎年10月1日現在の給与月額につき500円未満の端数は切り捨て500円以上，1,000円未満の端数は1,000円に切り上げた金額をいう。
　②　前項により決定された標準給与月額は，その年の10月から翌年の9月までの各月の標準給与月額とする。
　③　新たに加入者となった者に係る加入者となった月からその年（11月から12月までの加入については翌年）の9月までの各月の標準給与月額は加入者となった日現在の給与月額につき第1項の規定の例により端数処理を行った金額とする。
（加入期間の計算）
第37条　加入期間の計算は，加入した月から退職または死亡した月までとする。ただし，第5条第2項による加入の場合は加入日が1日である場合を除き加入した月はこの規程の加入期間に算入しない。
　②　前項の計算において第23条に規定する拠出の中断の期間は，加入期間に算入しない。
　③　K．H．Sより転籍した職員については，当該会社の退職年金規程による加入期間を通算する。
（年金現価の計算）
第38条　この規程において退職年金の現価相当額とは，次の算式により計算される金額をいう。
　　　退職年金の月額×残余支給期間別乗率
　②　前項の残余支給期間は，特に定める場合を除き10年から当該年金の支給済みの期間を控除した期間をいうものとし，乗率は別表3による。
（端数処理）
第39条　給付額に1円未満の端数が生じたときは，これを切り捨てるものとする。
（届出義務）
第40条　給付を受ける権利を有する者は，次の各号に定めるものを病院に提出するものとする。
　　　1．住所，氏名および印鑑についての届
　　　2．年金または一時金の受領方法についての届
　　　3．その他病院が必要と認める書類
　②　前項により提出したものについて変更があったときは，すみやかに病院に届け出るものとする。
　③　給付を受ける権利を有する者が死亡したときは遺族は死亡を証明する書類を病院に提出するものとする。
（過払いの調整）
第41条　退職年金を受ける権利を有する者が死亡したとき，遺族からの死亡の届出が遅れたことなどの事由により年金の過払いが生じたときは，第13条の遺族一時金から差し引き調整する。

付　則

（施行期日）
第1条　この規程は平成　年　月　日から実施する。

（経過措置）
第2条　平成　年　月　日に第4条に定める加入者資格を有する者は第5条にかかわらず，この規程実施の日をもって加入時期とする。

別表1　年金の支給率

加入年数	支給率	加入年数	支給率
年		年	
20	0.136	33	0.395
21	0.146	34	0.437
22	0.157	35	0.484
23	0.169	36	0.536
24	0.182	37	0.592
25	0.195	38	0.627
26	0.210	39	0.653
27	0.227	40	0.674
28	0.243	41	0.690
29	0.262	42	0.700
30	0.287	43	0.710
31	0.319	44	0.718
32	0.354	45	0.728

備　考

n年mか月の乗率
＝n年の乗率＋
$\dfrac{（n＋1）年の乗率－n年の乗率}{12} \times m$

小数点以下第5位四捨五入

別表2　一時金の支給率

加入年数	支給率	加入年数	支給率
年		年	
1	0.6	24	16.5
2	0.8	25	17.7
3	1.3	26	19.1
4	1.8	27	20.6
5	2.3	28	22.1
6	2.8	29	23.8
7	3.3	30	26.1
8	3.8	31	29.0
9	4.3	32	32.2
10	4.8	33	35.9
11	5.3	34	39.7
12	5.8	35	44.0
13	6.3	36	48.7
14	6.9	37	53.8
15	7.5	38	57.0
16	8.2	39	59.4
17	8.9	40	61.3
18	9.6	41	62.7
19	10.4	42	63.6
20	12.3	43	64.5
21	13.2	44	65.3
22	14.2	45	66.2
23	15.3		

備　考

n年mか月の乗率
＝n年の乗率＋
$\dfrac{（n＋1）年の乗率－n年の乗率}{12} \times m$

小数点以下第3位四捨五入

別表3　残余支給期間別乗率

(計算利率　年6.0％)

年＼月数	0	1	2	3	4	5	6	7	8	9	10	11
0	0.0000	0.9717	1.9434	2.9151	3.8868	4.8585	5.8302	6.8019	7.7736	8.7453	9.7170	10.6887
1	11.6604	12.5771	13.4938	14.4105	15.3272	16.2439	17.1606	18.0772	18.9939	19.9106	20.8273	21.7440
2	22.6607	23.5255	24.3903	25.2551	26.1199	26.9847	27.8496	28.7144	29.5792	30.4440	31.3088	32.1736
3	33.0384	33.8543	34.6701	35.4860	36.3018	37.1177	37.9336	38.7494	39.5653	40.3811	41.1970	42.0128
4	42.8287	43.5984	44.3681	45.1377	45.9074	46.6771	47.4468	48.2164	48.9861	49.7558	50.5255	51.2951
5	52.0648	52.7909	53.5170	54.2431	54.9692	55.6953	56.4215	57.1476	57.8737	58.5998	59.3259	60.0520
6	60.7781	61.4631	62.1481	62.8331	63.5181	64.2031	64.8882	65.5732	66.2582	66.9432	67.6282	68.3132
7	68.9982	69.6444	70.2907	70.9369	71.5832	72.2294	72.8757	73.5219	74.1681	74.8144	75.4606	76.1069
8	76.7531	77.3628	77.9724	78.5821	79.1917	79.8014	80.4110	81.0207	81.6303	82.2400	82.8496	83.4593
9	84.0689	84.6441	85.2192	85.7944	86.3695	86.9447	87.5198	88.0950	88.6701	89.2453	89.8204	90.3956
10	90.9707											

退職金支給規程

> ※退職年金規程は退職金支給規程の上乗せであるが，念のため退職金支給規程を掲載する。

就業規則第　条に基づき退職金支給規程を次のとおり定める。

（支給条件）

第1条　職員が退職または解雇されたときは，本規程により退職金を支給する。

　　ただし，次の各号に該当する者を除く。

　　(1)　勤続年数1年未満の者。ただし，第6条第2号，3号に該当するものは1年未満の場合でも支給することができる。

　　(2)　懲戒解雇の規程条項に該当し解雇されたもの。ただし，情状によりその一部を支給することができる。

　　(3)　嘱託ならびに臨時雇用人

（退職金の計算）

第2条　退職金は次の計算により計算した金額とする。

　　　（第3条による算定基礎額）×（第4条に基づく支給率）×勤続年月数

第3条　退職金の算定基礎額は退職時の本給とする。

　　2．昭和　年　月以前に看護助手（准看養成所又は准看学院在籍者）として当院に在職した期間については，その身分の最終の本給によるものとする。

（支給率）

第4条　支給率は勤続期間の年月数を基準として別表の定めるところによる。

（勤続期間）

第5条　この規程でいう勤続期間とは，採用の日から退職の日までとする。

　　1．試用期間は勤続年数に通算する。

　　2．休職期間は勤続年数に通算しない。ただし，出向の場合は除く。また育児休業のときは育児休業制度取扱内規第　条の取り扱いによる。

　　3．通常の勤務時間を勤務しない期間については，その勤務に比例した割合を乗ずるものとする。

（退職金の増額）

第6条　次の各号の一に該当するもので，特に必要を認めたときは退職金を増額し，又は慰労金を支給することができる。

　　(1)　在職中の功労が特に顕著であったもの

　　(2)　業務上の事由により死亡したもの

　　(3)　業務上の事由により傷病のため勤務に耐えず退職したもの

　　(4)　在職年数が20年を超える者が退職する際には1号の特別昇給を行うものとする。

（退職金の特例）

第7条　職員が在職中死亡したときは，退職金は弔慰金として遺族に贈与する。ただし，遺族の範囲および順位については労働基準法施行細則第42条より第45条までの規定を準用する。

（支払）

第8条　退職金は，退職事由の発生した日から2週間以内に，本人又は第7条に定める者に通貨で支払う。

別　表

勤　続　年　数	支　給　率
満1年以上2年未満	20%
〃2年　〃　4年　〃	40〃
〃4年　〃　6年　〃	60〃
〃6年　〃　8年　〃	80〃
〃8年　〃　10年　〃	100〃
〃10年　〃　15年　〃	120〃
〃15年　〃　20年　〃	140〃
〃20年　〃　25年　〃	160〃
〃25年　〃　30年　〃	180〃
〃30年　〃	200〃

　（企業年金協定による保険金との調整措置）
第9条　前条までの規程によって支給する退職金は，別にＹＤ生命保険会社と契約した企業年金協定の保険金を含むものとする。
　（退職年金規程による退職一時金または年金との関係）
第10条　前条までの規程によって支給する退職金は，別にＮＳ信託銀行と契約した適格退職年金は含まれない。

実例66

退職年金規程で退職金規程は省略の例

退職年金規約

自社（一時金）制度と
拠出制上乗せ年金制度併用

（SF建材，住宅設備業・従業員120人）

第1章 総　則

（目　的）
第1条　この規約による制度（以下この制度という）は，社員の退職又は死亡について年金又は一時金を給付し，もって社員の退職後の生活安定及びその遺族の生活安定に寄与することを目的とする。

（この制度への加入）
第2条　社員（嘱託，臨時に期間を定めて雇い入れられる者，試用期間中の者及び日々雇い入れられる者を除く。以下同じ）は入社した日以降最初に到来する4月1日にこの制度へ加入する。
　　但し，この制度に加入しても定年退職するまで在職した場合の勤続期間が1年を満たさない者は加入しない。
　②　役員はこの制度へ加入しない。

（加入者）
第3条　この制度に加入している社員を加入者という。

（勤続期間）
第4条　この制度における勤続期間は入社した月から退職（役員就任を含む。以下同じ）又は死亡した日が属する月までの期間とする。

（拠出基準給与及び給付基準給与）
第5条　会社の退職金規則により定められる毎年4月1日現在の算定基礎額を各加入者のその年の4月より翌年の3月までの拠出基準給与とし，その間は4月1日にさかのぼって算定基礎額の変更があっても，拠出基準給与の改訂は行わない。
　②　加入者の退職時若しくは死亡時の算定基礎額を給付基準給与とする。

第2章 給　付

第1節　退職年金

（給付事由）
第6条　加入者が勤続期間20年以上且つ満55歳以上で退職したときは退職年金を給付する。但し，

懲戒解雇された者には給付しない。

（金　　額）
第7条　退職年金の金額は，給付基準給与に勤続期間に応じて別表第1に定める率を乗じた金額を月額とする。

（給付期間）
第8条　退職年金は退職した月の翌月から15年間給付する。但し，給付開始後15年未満で死亡した場合は，死亡した月まで給付したとき，その給付を終了する。

第2節　一時金

（給付事由）
第9条　加入者が勤続期間1年以上（但し，自己都合による退職の場合には勤続期間3年以上）且つ勤続期間20年未満で退職したとき又は勤続期間20年以上且つ満55歳未満で退職したときは，退職一時金を給付する。

　　但し，懲戒解雇された者には給付しない。

② 　加入者が，勤続期間1年以上で死亡したとき又は退職年金の給付を受けている者が給付開始後15年未満で死亡したときは，その遺族に遺族一時金を給付する。

（金　　額）
第10条　退職一時金の金額は，給付基準給与に勤続期間及び退職事由に応じて別表第2に定める率を乗じた額とする。

② 　遺族一時金の金額は，次の各号に定める金額とする。

　　1．加入者が死亡したときは，給付基準給与に勤続期間に応じて別表第2に定める率を乗じた額

　　2．退職年金の給付を受けている者が死亡したときは，その年金の月額にすでに給付を受けた期間に応じて別表第3に定める率を乗じた額

第3節　給付細則

（年金の一時払）
第11条　退職年金の給付事由が生じた者が，次の各号のいずれかの事由によって年金の一時払いを必要とするときは，年金委員会の承認を得て，年金に代る一時金（以下選択一時金という）を選択することができる。

　　1．災害
　　2．重疾病，後遺症を伴う重度の心身障害
　　3．生計を一にする親族の重疾病，後遺症を伴う重度の心身障害又は死亡
　　4．住宅の取得
　　5．生計を一にする親族（配偶者を除く）の結婚又は進学
　　6．債務の弁済
　　7．その他前各号に準ずる事実

② 　選択一時金は，退職後3年以内にのみ選択できる。

　　但し，前項第1号から第3号までの場合は給付期間中常時選択できる。

③ 　選択一時金の金額は，年金の月額にすでに給付を受けた期間に応じて別表第3に定める率を乗じた額とする。

（年金の支払時期）

第12条　年金は，毎年3，6，9及び12の各月にそれぞれ前月までの分を支払う。
　（一時金及び選択一時金の支払時期）
第13条　一時金は，給付事由が生じた日以後，選択一時金は選択した日以後それぞれ2カ月以内に支払う。
　（未払給付の処理）
第14条　この制度における給付を受けるべき者が死亡したため，その者に給付すべき給付額の全部又は一部を給付していない場合は，これを遺族に給付する。
　（過払の調整）
第15条　遺族一時金の給付事由が発生した場合に，遺族からの届出がないことなどの事情により退職年金に過払が生じたときは，その過払分は遺族に給付すべき遺族一時金と調整する。
　（端数処理）
第16条　第7条，第10条及び第11条第3項の規定に基づき算出した給付金額に100円未満の端数が生ずる場合は，100円に切り上げるものとする。
　（遺　　族）
第17条　遺族に対する給付を受けることができる遺族の範囲は，加入者又は加入者であった者の死亡時におけるその者の配偶者(内縁関係の者を含む)，子，養父母，実父母，孫，祖父母及び兄弟姉妹とする。
　②　遺族に対する給付は前項の範囲の遺族のうち，加入者または加入者であった者が，あらかじめ会社に対して指定した順位による先順位者1名に給付する。但し，加入者又は加入者であった者が，あらかじめ順位の指定をしなかった場合は，前項の順位（同順位者が複数いるときは年長者を先とする）による先順位者1名に給付する。
　（書類の提出及び諸届出義務）
第18条　この制度における給付の給付事由が発生した者及び年金の給付を受けている者は，会社が指示する書類を会社が指定する期日までに提出しなければならない。
　②　年金の給付を受けている者は，住所の変更，その他会社の指定する事項が生じたときは，すみやかに会社に届出を行わなければならない。
　③　第1項の書類の提出又は前項の届出が遅れた場合に生じた損害については，会社は責任を負わない。

第3章　拠　　出

　（拠　　出）
第19条　この制度における給付を行うため，会社は必要な拠出を行う。
　②　前項に定める拠出の額は，適正な年金数理に基づいて算定する。
　（第1拠出金）
第20条　会社は，この制度における給付を行うための財源として，全加入者の拠出基準給与合計額に3.5%を乗じた額を毎月拠出する。
　②　前項の拠出は，毎月1日現在の加入者について行う。
　（第2拠出金）
第21条　会社は，過去勤務債務等の額の償却のために，全加入者の拠出基準給与の合計額に0.4%を乗じた額を毎月拠出する。（償却の割合は，過去勤務債務等の額に対して年15.6%）
　②　前項において過去勤務債務等の額は，この制度の発足，変更，第26条に定める年金財政の

決算時及び第27条に定める財政計画の再検討時に評価計上するものとし，その計算方法は，一括管理方式とする。

③　第1項の拠出は，毎月1日現在の加入者について行う。

（付加保険料）

第22条　会社は前2条に定める拠出金のほか，企業年金保険契約に係る付加保険料を毎月拠出する。

第4章　制度の運営

（年金基金の設定）

第23条　会社はこの制度について，会社の選択した金融機関との間に，年金信託契約及び企業年金保険契約を締結し，この制度における年金基金を設定し，その管理運用並びに給付の事務を委託する。

（年金信託契約の締結）

第24条　会社は，前条に基づき，第7条及び第10条に定める給付金額の100分の70に相当する給付に充てるため，ＭＩ信託銀行株式会社，ＹＴ信託銀行株式会社及びＳＴ信託銀行株式会社と年金信託契約を締結し，必要な資金を信託契約の信託金として払込むものとする。

②　前項の年金信託契約当事者並びに信託関係人は，次の各号に掲げるとおりとする。

1．委託者　　ＳＦ建材株式会社
2．受託者　　ＭＩ信託銀行株式会社，ＹＴ信託銀行株式会社及びＳＴ信託銀行株式会社
3．受益者　　この制度における受給権者（給付又は分配を受ける事由の発生した者）
4．信託管理人　ＳＦ建材株式会社年金委員会

（企業年金保険契約の締結）

第25条　会社は，第23条に基づき，第7条及び第10条に定める給付金額の100分の30に相当する給付に充てるため，ＮＨ生命保険相互会社，ＳＳ保険相互会社，ＡＳ保険相互会社，ＤＳ保険相互会社及びＭＳ保険相互会社と企業年金保険契約を締結し，必要な資金を保険契約の保険料として払込むものとする。

②　前項の企業年金保険契約当事者は，次の各号に掲げるとおりとする。

1．保険契約者　ＳＦ建材株式会社
2．保険者　　　ＮＨ保険相互会社，ＤＳ保険相互会社及びＡＳ保険相互会社，ＳＳ保険相互会社及びＭＳ保険相互会社
3．被保険者　　この制度における加入者及び受給権者（受給又は分配を受ける事由の発生した者）

（年金財政の決算）

第26条　会社は，基金の現状を把握するため，毎年7月に年金財政の決算を行う。

（財政計画の再検討）

第27条　会社は5年ごとに，年金財政の決算並びにその他の事情を考慮して，財政計画を再検討し，必要あるときはその修正を行う。

（超過留保額の返還）

第28条　前条に定める財政計画の再検討時において，年金信託財産及び保険料積立金のうち，法人税法施行令に定めるこの制度の給付に充てるため，留保すべき金額を超える部分がある場合には，会社は，当該超える部分の金額の返還を受け，これを収受する。

（差別扱いの禁止）

第29条　この制度における拠出金の額，給付の額，その他給付の要件については，特定の者に対して，不当に差別的な取扱いはしない。
　（年金委員会）
第30条　この制度の適正な運営をはかるために，年金委員会を設置する。
　②　年金委員会は，会社委員2名並びに加入者委員2名，合計4名をもって構成する。
　③　年金委員会は，次の各号に掲げる事項について，会社の諮問に応じて審議し答申する。
　　1．年金財政に関する事項
　　2．受給権に関し，疑義を生じた場合の裁定に関する事項
　　3．この規約の改廃並びに疑義の解釈
　　4．その他，この制度の適正な運営に必要な事項
　④　年金委員会は，会社の協議に応じて，この規約において年金委員会の承認を必要とされた事項について審議し，承認する。
　⑤　会社は，年金委員会の審議の結果を尊重しなければならない。
　（規約の改廃）
第31条　この規約は，経済情勢の変化等に応じて，これを改廃することがある。
　（年金基金の分配）
第32条　この制度が廃止されたときの年金基金は，次の各号により分配する。但し，企業年金保険契約において，すでに年金の給付事由が生じている者については，その責任準備金相当額を留保し，引続き年金を給付する。
　　1．退職年金の給付事由が生じている者に対して，制度廃止日現在の未給付年金現価相当額を分配する。
　　　但し，年金基金に不足をきたす場合は，未給付年金現価相当額の割合に応じて，年金基金の分配をする。
　　2．前号による分配を行って，なお年金基金に残余がある場合には，制度廃止日現在の各人の責任準備金の額の割合に応じて，加入者に分配するものとする。
　（運用及び運営費用の負担）
第33条　年金基金の運用費用その他年金基金に関する費用は，年金基金から支払う。
　②　年金委員会の費用その他制度運営に関する費用は，会社が負担する。
　（受給権の処分禁止）
第34条　この制度による給付又は分配を受ける権利は，譲渡し，又は担保に供してはならない。
　（受給権の消滅）
第35条　この制度による給付又は分配の支払を受ける権利は，5年間これを行使しないときは消滅する。但し，年金委員会の審議を経て，会社が特別の事情があると認めたときは，この限りでない。

別表1　年金支給率表

勤続期間	支給率	勤続期間	支給率
18年	10.9%	31年	22.1%
19	11.9	32	22.7
20	12.9	33	23.3
21	13.8	34	23.9
22	14.7	35	24.5
23	15.6	36	24.9
24	16.5	37	25.4
25	17.4	38	25.8
26	18.2	39	26.2
27	19.0	40	26.6
28	19.9	41	27.0
29	20.7	42	27.4
30	21.5	43	27.8

(注) 1. 適用条項：第7条
2. 勤続期間に1年未満の端数月がある場合の支給率は次式による。
t年mカ月の支給率＝t年の支給率＋｛(t＋1)年の支給率－t年の支給率｝×$\frac{m}{12}$
（但し，小数点以下第2位を四捨五入する。）
3. 上表の勤続期間算定上，満58歳到達日の属する月の翌月以降は通算しないものとする。

別表2　退職一時金並びに遺族一時金支給率表

勤続期間＼退職事由	定年 会社都合 業務上の傷病死亡	私結出 傷病婚産	自己都合	勤続期間＼退職事由	定年 会社都合 業務上の傷病死亡	私結出 傷病婚産	自己都合
1年	0.320	0.040	—	23年	19.150	19.150	19.150
2	0.680	0.170	—	24	20.250	20.250	20.250
3	1.080	0.405	0.216	25	21.350	21.350	21.350
4	1.520	0.760	0.406	26	22.350	22.350	22.350
5	2.000	1.250	0.667	27	23.350	23.350	23.350
6	2.600	1.950	1.040	28	24.350	24.350	24.350
7	3.200	2.800	1.494	29	25.350	25.350	25.350
8	3.800	3.800	2.027	30	26.350	26.350	26.350
9	4.400	4.400	2.640	31	27.100	27.100	27.100
10	5.000	5.000	3.334	32	27.850	27.850	27.850
11	5.900	5.900	4.327	33	28.600	28.600	28.600
12	6.800	6.800	5.440	34	29.350	29.350	29.350
13	7.700	7.700	6.674	35	30.100	30.100	30.100
14	8.600	8.600	8.027	36	30.600	30.600	30.600
15	9.600	9.600	9.600	37	31.100	31.100	31.100
16	10.850	10.850	10.850	38	31.600	31.600	31.600
17	12.100	12.100	12.100	39	32.100	32.100	32.100
18	13.350	13.350	13.350	40	32.600	32.600	32.600
19	14.600	14.600	14.600	41	33.100	—	—
20	15.850	15.850	15.850	42	33.600	—	—
21	16.950	16.950	16.950	43	34.100	—	—
22	18.050	18.050	18.050		—	—	—

(注) 1. 適用条項：第10条第1項，同条第2項第1号
2. 勤続期間に1年未満の端数月がある場合の支給率は次式による。
$$t年mカ月の支給率＝t年の支給率＋\frac{(t＋1)年の支給率－t年の支給率}{12}×m$$
（但し，小数点以下第4位を四捨五入する。）
3. 上表の勤続期間算定上，満58歳到達日の属する月の翌月以降は通算しないものとする。

❷ 自社（一時金）制度と年金制度併用の例

別表3 遺族一時金並びに選択一時金支給率表

経過年数＼経過月数	0カ月	1	2	3	4	5	6	7	8	9	10	11
0年	122.894	122.449	122.001	121.551	121.099	120.645	120.189	119.731	119.271	118.809	118.344	117.878
1	117.410	116.940	116.467	115.993	115.516	115.037	114.556	114.073	113.587	113.100	112.610	112.118
2	111.634	111.128	110.630	110.129	109.626	109.120	108.613	108.103	107.591	107.077	106.560	106.041
3	105.520	104.997	104.471	103.943	103.412	102.879	102.343	101.805	101.265	100.723	100.177	99.630
4	99.080	98.528	97.973	97.416	96.856	96.294	95.729	95.161	94.591	94.019	93.444	92.866
5	92.286	91.704	91.119	90.531	89.940	89.347	88.751	88.152	87.551	86.947	86.340	85.731
6	85.119	84.505	83.887	83.266	82.644	82.018	81.389	80.757	80.123	79.486	78.846	78.203
7	77.557	76.909	76.257	75.603	74.945	74.285	73.622	72.955	72.286	71.614	70.939	70.260
8	69.579	68.896	68.208	67.517	66.824	66.127	65.427	64.724	64.018	63.309	62.597	61.881
9	61.163	60.441	59.716	58.987	58.306	57.521	56.783	56.041	55.296	54.548	53.796	53.041
10	52.283	51.522	50.757	49.988	49.216	48.441	47.662	46.880	46.094	45.305	44.514	43.714
11	42.915	42.112	41.305	40.494	39.680	38.862	38.040	37.215	36.386	35.553	34.716	33.876
12	33.032	32.185	31.333	30.478	29.619	28.756	27.889	27.018	26.143	25.265	24.382	23.496
13	22.605	21.712	20.813	19.911	19.004	18.094	17.179	16.260	15.338	14.411	13.480	12.545
14	11.605	10.671	9.723	8.771	7.815	6.854	5.889	4.920	3.947	2.969	1.987	1.000
15	0	—	—	—	—	—	—	—	—	—	—	—

(注) 1. 適　用　条　項：第10条第2項第2号，第11条第3項
　　 2. 支給率算定の基礎：利率5分5厘の年金現価率の100％
　　 3. 経 過 年 月 数：すでに給付した年月数の意味

全面退職年金制度の例

退職年金規則

退職年金制度と厚生年金基金制度併用

（MS電機，電気機器製造・従業員6,000人）

実例67

（通　則）
第1条　当社の社員として当社に永年勤続し，退職した者の在職中の労に報い，その退職後の生活を補助するため，本規則により年金支給制度を設ける。ただし，引き続き当社役員となった者については，本規則によることなく別に定めるところによる。

（資　格）
第2条　年金受領資格は，勤続満20年以上に達した場合に生じる。（資格の生じた者を年金資格者という）

（終身年金）
第3条　年金資格者が退職した場合，その退職の月の翌月より本人死亡の月に至るまで退職時本給に受給時年齢に応じ別表1に定める支給係数を乗じた額に，退職時年齢に応じ別表2に定める年齢率及び勤続年数に応じ別表3に定める勤続率を乗じた金額を終身年金として本人に支給する。

②　自己の都合による退職の場合は，前項にかかわらず退職時本給に別表4（略）に定める自己都合修正率を乗じた額を退職時本給とする。

（功労付加金）
第4条　定年・社命による他社転属・死亡および業務上の事由による傷病のため退職する者に対しては，在籍中の功労度に応じ第8条により算出した一時金額の1割以上5割程度を功労付加金として支給する。

　　　ただし勤続30年以上の者に対しては2割以上6割程度とする。

②　前項に定める功労付加金に勤続25年未満の者に対して25万円，同25年以上30年未満の者に対し45万円，同30年以上の者に対し70万円をそれぞれ基準として加算する。ただし退職時の諸種の条件を勘案し特別に加算することがある。

（懲戒解雇）
第5条　懲戒解雇の場合は，第2条の規定にかかわらず，年金受領資格はなくなるものとする。ただし事情によっては所定額の5割の範囲内において特に年金または一時金を支給することがある。

（遺族年金）
第6条　年金資格者が死亡により退職した場合または終身年金受領者が別表5に示す退職年齢に応ずる支給期間に到達する以前に死亡した場合は，前者については別表5に示す退職時年齢に応ずる支給期間，後者の場合は，退職時年齢に応ずる支給期間よりすでに本人に対して終身年金

として支給済みの年月数を控除した期間について，死亡の翌月よりその遺族に対して終身年金額と同額の金額を遺族年金として支給する。ただし50歳未満の年金資格者が死亡した場合は遺族年金を支給することなく年金一時金を支給する。

② 遺族年金を支給する遺族は，次の者のうち会社が適当と認めた者とする。ただし適当と認める者がいない場合は支給しない。

  (1) 配偶者 (2) 直系尊卑属 (3) その他適当の者

③ 遺族年金受領者が死亡した場合は，残余支給期間について，前項の遺族のうち会社が適当と認めた者に対して継続して支給する。

(一時金の支給)

第7条 第3条または第6条の規定にかかわらず，終身年金または遺族年金ともに，その受領者の希望および事由によっては，第8条ないし第10条の規定に基づきその後の年金の支給を打ち切り，あるいは減額して一時金を支給する。ただし，終身年金受領者については別表5に示す退職時の年齢に応ずる支給期間を終え，遺族年金受領者については遺族年金の支給期間を終えた場合は，一時金の支給はしない。

(一時金即時全額支給)

第8条 退職(死亡による退職を含む。以下同じ)時に，その年金資格者が年金の支給を受けることなく直ちに一時金の支給を受ける場合，その一時金は，第3条の終身年金または第6条第1項の遺族年金の額に別表5に示す退職時の年齢に応じた支給期間に基づき別表6に示す現価率を乗じて算出した金額とする。

(一時金即時一部支給)

第9条 退職(死亡による退職を含む)時に前条の一時金の一部を直ちに受領し，他を年金として受ける場合は，一時金として受領しうる割合は次表のとおりとし，その後はそれぞれ次表に示す金額を第3条または第6条に示す支給終了の年月まで年金として支給する。

一時金として受領し得る金額	その後の年金額
前条の金額の　7割	第3条または第6条の年金額の　3割
〃　　　　　　5割	〃　　　　　　　　　　　　　5割
〃　　　　　　3割	〃　　　　　　　　　　　　　7割

(一時金中途全額支給)

第10条 現に年金を受領している者が，中途よりその後の年金の支給を受けることなく一時金の支給を受ける場合，その一時金は，別表5に示す退職時年齢に応ずる支給期間よりすでに年金として支給済みの年月数を控除した残余の期間について年金額(受給時年齢61歳以上の場合は60歳以前の年金額)1円につき別表6に示す現価率を乗じて算出した金額とする。ただし昭和49年9月30日現在において年金を受領中であった者については，本条によらず退職時の規則の定めるところによる。

(貸与金)

第11条 年金資格者が次の事由により希望し，会社がその必要を認めた場合は，その在職中に必要と認める金額を，その予定年金額中から貸与する。ただし貸与金額は貸与の年月日におけるその年金資格者の勤続年数・年齢および本給を基とし，第8条を準用して算出した一時金の半額をこえることはできない。

  (1) 子女の結婚 (2) 子女の学費 (3) 本人または家族の病気 (4) 住居関係

(5) 家族死亡　(6) 不慮の災害　(7) その他特にやむを得ざる場合

（貸与金利子）
第12条　前条の貸与金に対しては，年8分の利子を課する。
　② 前項の利息は，毎月賃金支払日に会社に納めなければならない。

（貸与金返済）
第13条　貸与金はこれを在職中，自発的に返済する場合を除き退職時に返済するものとする。
　② 年金の支給を第8条の一時金即時全額支給による場合は，第8条による一時金額より返済金額を控除し，これを前項の返済に充当する。
　③ 前項以外の場合は，第4条による功労付加金の支給がある場合はその金額より，第4条による功労付加金の支給がない場合あるいはあっても返済額に満たない場合は第9条の即時一部一時金として受領し得る割合のうち返済金額を上回るいずれかの割合を選択しその一時金額より返済金額を控除し，これを第1項の返済に充当する。

（勤続年数の算定）
第14条　勤続年数は社員として雇い入れた日より起算する。

（届　　出）
第15条　年金受領者は，その住所と受領印を会社に届け出なければならない。
　② 年金受領者は，家庭の状況・生活の状況等についての会社からの照会に対しては，すべて誤りなく回答しなければならない。
　③ 前2項について変更のあった場合は，年金受給所はすみやかにその旨を，会社に届け出なければならない。
　④ 年金受領者が死亡した場合は，すみやかにその旨を，証明書を付し会社に届け出なければならない。

（年金の支払）
第16条　終身年金または遺族年金は，その年金額を12で除した金額を毎月一定期日に本人または遺族に対して支給する。
　② 年金授受の方法は，原則として会社の示すところによる。

（支給取止め）
第17条　次のいずれかに該当する場合は，前各条の規定にかかわらず，年金の支給を打ち切り，あるいは一定期間支給しないことがある。
　(1) 第15条に定める義務を怠り，または不正の届出・回答をなした場合
　(2) 会社の体面を汚損する行為をなした場合
　(3) 会社の機密をもらし，その他会社の利益に反する行為をなした場合
　(4) その他不正の行為をなした場合
　(5) 遺族が遺族年金を受領するのに適さなくなった場合

（権利の処分）
第18条　年金を受ける権利は，これを譲渡し，または担保に供することはできない。

（改変・廃止）
第19条　本規則は経済情勢の変動・会社の都合または社会保障制度の進展によって改変または廃止することがある。
　② 前項の場合は，その内容によって支給継続中の年金額または取り扱いについても改変し，あるいはこれを廃止する。
　③ 前項の場合は，会社はできうる限り早急にこれを年金受領者に通知する。

(満50歳以上社員の特例)
第20条　社員が満50歳に達した後退職する場合は，第3条第2項にかかわらず定年退職とて取扱こ
　　　とがある。
(経過措置)
第21条　旧日給者より旧月給者へ転換し，転換手当の支給を受けた者については，転換手当の2分
　　　の1額ならびにその金額に対する年4分の利息を加算した合計額を年金または一時金より控除
　　　して支給する。
(MS電機厚生年金基金との関係)
第22条　本規則に基づき年金または一時金を受給すべき社員またはその遺族がMS電機厚生年金基
　　　金（以下基金という）より給付を受けるときは，本規則に基づく年金または一時金の額より基
　　　金からの加算給付相当額（拠出制にかかる第2加算部分を除く）を控除して支給する。

付　　　則

第23条　本規則は，平成　年　月　日より実施する。

別表1　受給時年齢別支給係数表

受給時年齢	支給係数	受給時年齢	支給係数
35以上 61歳未満	4.86	66歳以上 67歳未満	6.58
61 〃 62 〃	5.11	67 〃 68 〃	6.94
62 〃 63 〃	5.36	68 〃 69 〃	7.33
63 〃 64 〃	5.63	69 〃 70 〃	7.76
64 〃 65 〃	5.92	70 〃 71 〃	8.23
65 〃 66 〃	6.23	71 〃	8.73

(注)　受給時年齢は退職時満年齢を基準とし以後1年
　　経過するごとに1歳加算する。

別表2　年齢率表

退職時年齢	年齢率	退職時年齢	年齢率
満50歳以上	1.00	満42歳以上 満43歳未満	0.75
〃49 〃 満50歳未満	0.90	〃41 〃 〃42 〃	0.74
〃48 〃 〃49 〃	0.87	〃40 〃 〃41 〃	0.73
〃47 〃 〃48 〃	0.84	〃39 〃 〃40 〃	0.72
〃46 〃 〃47 〃	0.81	〃38 〃 〃39 〃	0.71
〃45 〃 〃46 〃	0.79	〃37 〃 〃38 〃	0.70
〃44 〃 〃45 〃	0.77	〃36 〃 〃37 〃	0.69
〃43 〃 〃44 〃	0.76	〃35 〃 〃36 〃	0.68

第2章 退職金・年金規程の実例

別表3　勤続率表

退職時勤続年数	勤続率
満30年以上	1.00
〃29年 〃 満30年未満	0.97
〃28年 〃 〃29年 〃	0.94
〃27年 〃 〃28年 〃	0.91
〃26年 〃 〃27年 〃	0.88
〃25年 〃 〃26年 〃	0.85
〃24年 〃 〃25年 〃	0.82
〃23年 〃 〃24年 〃	0.79
〃22年 〃 〃23年 〃	0.76
〃21年 〃 〃22年 〃	0.73
〃20年 〃 〃21年 〃	0.70

別表5　支給期間表

退職時年齢	支給期間	退職時年齢	支給期間
満35歳以上 満36歳未満	37年	満46歳以上 満47歳未満	26年
〃36 〃 〃37 〃	36〃	〃47 〃 〃48 〃	25〃
〃37 〃 〃38 〃	35〃	〃48 〃 〃49 〃	24〃
〃38 〃 〃39 〃	34〃	〃49 〃 〃50 〃	23〃
〃39 〃 〃40 〃	33〃	〃50 〃 〃51 〃	22〃
〃40 〃 〃41 〃	32〃	〃51 〃 〃52 〃	21〃
〃41 〃 〃42 〃	31〃	〃52 〃 〃53 〃	20〃
〃42 〃 〃43 〃	30〃	〃53 〃 〃54 〃	19〃
〃43 〃 〃44 〃	29〃	〃54 〃 〃55 〃	18〃
〃44 〃 〃45 〃	28〃	〃55 〃 〃56 〃	17〃
〃45 〃 〃46 〃	27〃	〃56 〃 〃57 〃	16〃

別表6　現価率表

支給期間	現価	支給期間	現価	支給期間	現価	支給期間	現価
37年	10.70円	27年	10.36円	17年	9.61円	7年	7.39円
36	10.68	26	10.31	16	9.49	6	6.81
35	10.65	25	10.25	15	9.37	5	6.10
34	10.63	24	10.19	14	9.24	4	5.25
33	10.60	23	10.12	13	9.10	3	4.24
32	10.56	22	10.05	12	8.95	2	3.04
31	10.53	21	9.98	11	8.78	1	1.64
30	10.49	20	9.90	10	8.55		
29	10.45	19	9.81	9	8.25		
28	10.40	18	9.71	8	7.87		

(注)　残余の支給期間に年未満の端数がある場合の現価率の計算はつぎのとおりとする。

$$現価率 = A + (B - A) \times \frac{端数月}{12}$$

ただし、Aは端数月を切捨てた支給期間に対応する現価率
　　　　Bは　　〃　切上げた　　〃　　　　〃
とする。

実例68

全面退職年金制度の例

退職年金規程

（RK電器・電気機器・従業員800人）

第1章 総則

（目　的）
第1条　この規程は，職員の退職または死亡について年金または一時金の給付を行い，もって退職後における職員またはその遺族の生活の安定に寄与することを目的とする。

（差別扱いの禁止）
第2条　この規程の適用にあたり，職員のうち特定の者につき不当に差別的な取扱いはしない。

（適用範囲）
第3条　この規程は，会社のすべての職員に適用する。ただし，次の各号の一に該当する者はこの規程にいう職員に含まない。
　　1．役　　員
　　2．嘱　　託
　　3．日々雇い入れられる者
　　4．臨時に期間を定めて雇い入れられる者
　　5．特別職員

（加入資格）
第4条　職員は，入社した日に加入資格を取得する。ただし，定年までの予定勤続期間が3年未満の者は，加入資格を取得できない。

（加入時期）
第5条　加入時期は，加入資格を取得した日以降最初の7月1日とする。
　　2．加入した職員を加入者という。

第2章 給付

（給付の種類）
第6条　この規程による給付（以下「給付」という。）は，次のとおりとする。
　　1．退職年金
　　2．遺族一時金

（退職年金の支給要件）

第7条　退職年金は，勤続期間3年以上の加入者が定年退職したとき，その者に支給する。
　（退職年金の支給期間）
第8条　退職年金の支給期間は，前条により退職年金を受ける権利を取得した者が，退職時に次の各号の一より選択した年齢に達した日の属する月の翌月から10年とする。
　　　　1．満55歳　2．満58歳　3．満59歳　4．満60歳
　（退職年金の月額）
第9条　退職年金の月額は，次の算式により計算される金額とする。
　　　　退職時基準給与月額×勤続期間別乗率×繰延期間別乗率
　2．前項の勤続期間別乗率は別表1，繰延期間別乗率は別表2による。
　（退職年金の一時払い）
第10条　退職年金は，第7条により退職年金を受ける権利を取得した者が退職時，繰延期間中または支給開始後3年以内に次の各号に掲げる理由により希望したときは，将来の年金の支給に代えて当該年金の現価相当額の一定割合を一時に支払う。ただし第1号または第2号に該当する場合はいつでも一時払いを希望できるものとする。
　　　1．災　　害
　　　2．重疾病，後遺症を伴う重度の心身障害（生計を一にする親族の重疾病，後遺症を伴う重度の心身障害または死亡を含む。）
　　　3．住宅の取得
　　　4．生計を一にする親族（配偶者を除く。）の結婚または進学
　　　5．債務の弁済
　　　6．その他前各号に準ずる事由
　2．前項の一時払いの割合は，次の各号より選択するものとする。ただし，第1号以外の割合を選択する場合は退職時に限るものとする。
　　　1．退職年金の現価相当額の100％
　　　2．　　〃　　　　　　75％
　　　3．　　〃　　　　　　50％
　　　4．　　〃　　　　　　25％
　3．前号の各号により一時払いを選択した後の退職年金の月額は，次の各号の一に掲げる金額とする。
　　　1．前項第1号の場合　支給しない
　　　2．　〃　第2号　〃　　退職時基準給与月額×勤続期間別乗率×繰延期間別乗率×0.25
　　　3．　〃　第3号　〃　　　　　　　　　〃　　　　　　　　　　　×0.50
　　　4．　〃　第4号　〃　　　　　　　　　〃　　　　　　　　　　　×0.75
　4．退職時に退職年金の原価相当額の一部について一時払いを受けた者が，その後第1項各号の事由により，再度一時払いを希望するときは，そのときにおける退職年金の現価相当額の全額を一時に支給するものとする。
　（遺族一時払金の支給要件）
第11条　遺族一時金は，次の各号の一に該当したとき，遺族に支給する。
　　　1．第7条により退職年金を受ける権利を取得した者が，当該年金の支給開始月の前月までに死亡したとき。
　　　2．退職年金受給中の者が死亡したとき。
　（遺族一時金の額）

第12条　遺族一時金の額は，次の各号の一に掲げる金額とする。
　　1．前条第1号の場合　退職年金の月額×87,239×死亡時年齢別乗率
　　2．前条第2号の場合　10年から退職年金の支給開始月より死亡した日の属する月までの期間を控除した期間に対応する退職年金の現価相当額
　2．前項第1号の死亡時年齢別乗率は，別表3による。

（退職年金の支払時期）
第13条　退職年金は，毎年2月，5月，8月および11月の4期に，それぞれその前月分までを支払う。

（未支給の年金）
第14条　退職年金受給中の者が死亡したとき，その者に支給すべき年金に未支給分があるときは，これを遺族に支給する。

（一時金の支払時期）
第15条　一時金は，一時金を支給すべき事由が生じた日の属する月の翌月の末日までに支払う。
　2．退職年金の一時払いの時期は，前項に準用する。

（遺族の範囲および順位）
第16条　この規程にいう遺族の範囲は，加入者または加入者であった者の配偶者，子，父母，孫，祖父母または兄弟姉妹とし，その順位は前段の順序による。
　2．加入者または加入者であった者が会社に対してした予告で，前項に規定する者のうち特定の者を指定した場合においては，前項にかかわらず，遺族は，その指定したものとする。
　3．給付を受ける権利を有する遺族が死亡した場合，その者に係る権利は，消滅するのもとし，前2項の規定により死亡者を除く第1順位の遺族を給付を受ける権利を有する遺族とする。

（同順位の遺族が2人以上あるときの処理）
第17条　給付を受ける権利を有する同順位の遺族が2人以上あるときは，その1人のした請求は全員のためその全額につきしたものとみなし，その1人に対してした支給は，全員に対してしたものとみなす。

第3章　拠　　出

（通常掛金）
第18条　会社は，給付に要する費用に充てるため，掛金を負担するものとし，毎月その月の1日現在における加入者の標準給与月額の総額に$\frac{64}{1,000}$を乗じて得た額を拠出する。

（過去勤務債務等の額に係る掛金）
第19条　会社は前条のほか一括方式により算出される過去勤務債務等の額に係る掛金を負担するものとし，毎年7月1日現在における過去勤務債務等の現在額に$\frac{2.5}{100}$を乗じて得た額を，その年の7月から翌年の6月まで拠出する。
　　ただし，過去勤務債務等の現在額が会社の当該事業年度の前条に定める掛金の額以下となるときは，当該過去勤務債務等の現在額に相当する金額の$\frac{1}{12}$をその年の7月から翌年の6月まで拠出するのもとする。

（適正な年金数理）
第20条　前2条の掛金の額は，適正な年金数理に基づいて算定する。

（拠出の中断）
第21条　加入者が職員就業規則第　条により休職となったときは，会社は，第18条の掛金の拠出を

その翌月から中断する。
（拠出の復活）
第22条　前条の拠出の中断事由が消滅したときは，会社は，その翌月から当該掛金の拠出を復活する。

第4章　制度の運営

（年金信託契約の締結）
第23条　会社は，NS信託銀行株式会社および株式会社TK銀行（以下「信託銀行」という。）と年金信託契約を締結し，第18条および第19条により拠出された掛金の拠出月の25日に，給付を行うための基金（以下「年金基金」という。）として信託する。
（事務の委託）
第24条　会社は，前条により締結した年金信託契約に基づき年金基金の管理・運用および支給事務を信託銀行に委託する。
（年金財政の再検討）
第25条　会社は，5年ごとに掛金率およびその計算基礎の再検討を行うものとし，必要があると認めたときは，適正な修正を行う。
（給付に充てるため留保すべき金額を超える額の処理）
第26条　会社は，前条の年金財政の再検討時に年金基金にこの規程による給付に充てるため留保すべき金額を超える額がある場合には，当該金額の返還を受け，これを収受するものとする。
（規程の改廃）
第27条　この規程は，経済情勢の変化または社会保障制度の改正などにより改廃することがある。
（基金の分配）
第28条　前条によりこの規程を廃止したときは，年金基金は，退職年金を受ける権利を有する者に，退職年金の現価相当額に達するまで当該現価相当額に比例して分配するものとし，なお残余があるときは，加入者に，規程廃止日における責任準備金の額に比例して分配する。

第5章　雑　則

（受給権の処分禁止）
第29条　給付を受ける権利は，これを譲渡し，または担保に供することはできない。
（時　効）
第30条　給付を受ける権利は，5年を経過したときは，時効によって消滅する。
（基準給与月額）
第31条　この規程において基準給与月額とは，賃金規程による基本賃金月額をいう。
（標準給与月額）
第32条　この規程において標準給与月額は，毎年7月1日現在の基準給与月額につき50円未満の端数は切り捨て，50円以上100円未満の端数は100円に切り上げた金額をいう。
　2．前項により決定された標準給与月額は，その年の7月から翌年の6月までの各月の標準給与月額とする。
（勤続期間の計算）
第33条　勤続期間の計算は，入社した日から退職（役員就任を含む。）または死亡した日までとし，

　　　　1カ月に満たない端数日はこれを1カ月に切り上げるものとする。
　　2．前項の計算において職員就業規則第　条による休職の期間は，勤続期間に算入しない。
　　3．第1項の計算において見習として試用された期間は，勤続期間に算入する。
　（繰延期間の計算）
第34条　繰延期間の計算は，退職年金を受ける権利を取得した日の属する月の翌月から当該年金の支給開始月の前月までとする。
　（年金現価の計算）
第35条　この規程において退職年金の現価相当額とは，次の算式により計算される金額をいう。
　　　　退職年金の月額×残余支給期間別乗率×選択時年齢乗率
　　2．前項の残余支給期間は，特に定めのある場合を除き10年から当該年金の支給済みの期間を控除した期間をいうものとし，乗率は，別表4による。
　　3．第1項の選択時年齢別乗率は，別表3による。
　（端数処理）
第36条　給付額に1円未満の端数が生じたときは，これを1円に切り上げるものとする。
　　2．掛金額に1円未満の端数が生じたときは，これを切り捨てるものとする。
　（届出義務）
第37条　給付を受ける権利を有する者は，次の各号に定めるものを会社に提出するものとする。
　　　1．住所，氏名および印鑑についての届
　　　2．年金または一時金の受領方法についての届
　　　3．その他会社が必要と認める書類
　　2．前項により提出したものについて変更があったときは，すみやかに会社に届け出るものとする。
　　3．給付を受ける権利を有する者が死亡したときは，遺族は，死亡を証明する書類を会社に提出するものとする。
　（過払いの調整）
第38条　退職年金を受ける権利を有する者が死亡したとき，遺族から死亡の届出が遅れたことなどの事由により年金の過払いが生じたときは，第11条の遺族の一時金から差し引き調整する。

付　　則

　（施行期日）
第1条　この規程は，平成　年　月　日から実施する。
　（経過措置）
第2条　昭和　年　月　日に第4条に定める加入者資格を有する者は，第5条にかかわらず，この規程の実施の日をもって加入時期とする。
　（年金財政の再検討時期の特例）
第3条　会社は，規程第25条にかかわらず，最初の年金財政の再検討を平成　年　月　日に行う。

別表1　年金の支給乗率

年＼月	0	1	2	3	4	5	6	7	8	9	10	11
3	0.035	0.036	0.037	0.038	0.039	0.040	0.041	0.041	0.042	0.043	0.044	0.045
4	0.046	0.048	0.049	0.051	0.052	0.054	0.055	0.057	0.058	0.060	0.061	0.063
5	0.064	0.065	0.067	0.068	0.070	0.071	0.073	0.074	0.075	0.077	0.078	0.080
6	0.081	0.082	0.084	0.085	0.087	0.088	0.090	0.091	0.092	0.094	0.095	0.097
7	0.098	0.099	0.101	0.102	0.104	0.105	0.107	0.108	0.109	0.111	0.112	0.114
8	0.115	0.116	0.118	0.119	0.121	0.122	0.124	0.125	0.126	0.128	0.129	0.131
9	0.132	0.134	0.136	0.138	0.140	0.142	0.144	0.145	0.147	0.149	0.151	0.153
10	0.167	0.169	0.171	0.173	0.175	0.177	0.179	0.180	0.182	0.184	0.186	0.188
11	0.190	0.192	0.194	0.196	0.198	0.200	0.202	0.203	0.205	0.207	0.209	0.211
12	0.213	0.215	0.217	0.219	0.221	0.223	0.225	0.226	0.228	0.230	0.232	0.234
13	0.236	0.238	0.240	0.242	0.243	0.245	0.247	0.249	0.251	0.253	0.254	0.256
14	0.258	0.260	0.262	0.264	0.266	0.268	0.270	0.271	0.273	0.275	0.277	0.279
15	0.281	0.283	0.285	0.287	0.289	0.291	0.293	0.294	0.296	0.298	0.300	0.302
16	0.304	0.306	0.308	0.310	0.312	0.314	0.316	0.317	0.319	0.321	0.323	0.325
17	0.327	0.329	0.331	0.333	0.335	0.337	0.339	0.340	0.342	0.344	0.346	0.348
18	0.350	0.352	0.354	0.356	0.358	0.360	0.362	0.363	0.365	0.367	0.369	0.371
19	0.373	0.375	0.377	0.379	0.381	0.383	0.385	0.386	0.388	0.390	0.392	0.394
20	0.396	0.398	0.400	0.402	0.404	0.406	0.408	0.409	0.411	0.413	0.415	0.417
21	0.419	0.421	0.423	0.425	0.427	0.429	0.431	0.432	0.434	0.436	0.438	0.440
22	0.442	0.444	0.446	0.448	0.450	0.452	0.454	0.455	0.457	0.459	0.461	0.463
23	0.465	0.467	0.469	0.471	0.473	0.475	0.477	0.478	0.480	0.482	0.484	0.486
24	0.488	0.490	0.492	0.494	0.496	0.498	0.500	0.501	0.503	0.505	0.507	0.509
25	0.511	0.513	0.515	0.517	0.519	0.521	0.523	0.524	0.526	0.528	0.530	0.532
26	0.534	0.536	0.538	0.540	0.541	0.543	0.545	0.547	0.549	0.551	0.552	0.554
27	0.556	0.558	0.560	0.562	0.564	0.566	0.568	0.569	0.571	0.573	0.575	0.577
28	0.579	0.581	0.583	0.585	0.587	0.589	0.591	0.592	0.594	0.596	0.598	0.600
29	0.602	0.604	0.606	0.608	0.610	0.612	0.614	0.615	0.617	0.619	0.621	0.623
30	0.625	0.627	0.629	0.631	0.633	0.635	0.637	0.638	0.640	0.642	0.644	0.646
31	0.648	0.650	0.652	0.654	0.656	0.658	0.660	0.661	0.663	0.665	0.667	0.669
32	0.671	0.673	0.675	0.677	0.679	0.681	0.683	0.684	0.686	0.688	0.690	0.692
33	0.694	0.696	0.698	0.700	0.702	0.704	0.706	0.707	0.709	0.711	0.713	0.715
34	0.717	0.719	0.721	0.723	0.725	0.727	0.729	0.730	0.732	0.734	0.736	0.738
35	0.740	0.742	0.744	0.746	0.748	0.750	0.752	0.753	0.755	0.757	0.759	0.761
36	0.763	0.765	0.767	0.769	0.771	0.773	0.775	0.776	0.778	0.780	0.782	0.784
37	0.786											

別表2　繰延期間別乗率

年	乗率	年	乗率
0	1.0000	3	1.2250
1	1.0700	4	1.3108
2	1.1449	5	1.4026

別表3 死亡時・選択時年齢別乗率

1. 第8条第1号（満55歳）を選択した者

歳＼月	0	1	2	3	4	5	6	7	8	9	10	11
55以上	1.0000											

2. 第8条第2号（満58歳）を選択した者

	0	1	2	3	4	5	6	7	8	9	10	11
55	0.8163	0.8211	0.8258	0.8306	0.8353	0.8401	0.8449	0.8496	0.8544	0.8592	0.8639	0.8687
56	0.8734	0.8785	0.8836	0.8887	0.8938	0.8989	0.9040	0.9091	0.9142	0.9193	0.9244	0.9295
57	0.9346	0.9400	0.9455	0.9509	0.9564	0.9618	0.9673	0.9727	0.9782	0.9836	0.9891	0.9945
58以上	1.0000											

3. 第8条第3号（満59歳）を選択した者

	0	1	2	3	4	5	6	7	8	9	10	11
55	0.7629	0.7673	0.7718	0.7762	0.7807	0.7851	0.7896	0.7940	0.7985	0.8029	0.8074	0.8118
56	0.8163	0.8211	0.8258	0.8306	0.8353	0.8401	0.8449	0.8496	0.8544	0.8592	0.8639	0.8687
57	0.8734	0.8785	0.8836	0.8887	0.8938	0.8989	0.9040	0.9091	0.9142	0.9193	0.9244	0.9295
58	0.9346	0.9400	0.9455	0.9509	0.9564	0.9618	0.9673	0.9727	0.9782	0.9836	0.9891	0.9945
59以上	1.0000											

4. 第8条第4号（満60歳）を選択した者

	0	1	2	3	4	5	6	7	8	9	10	11
55	0.7130	0.7171	0.7213	0.7255	0.7296	0.7338	0.7379	0.7421	0.7463	0.7504	0.7546	0.7587
56	0.7629	0.7673	0.7718	0.7762	0.7807	0.7851	0.7896	0.7940	0.7985	0.8029	0.8074	0.8118
57	0.8163	0.8211	0.8258	0.8306	0.8353	0.8401	0.8449	0.8496	0.8544	0.8592	0.8639	0.8687
58	0.8734	0.8785	0.8836	0.8887	0.8938	0.8989	0.9040	0.9091	0.9142	0.9193	0.9244	0.9295
59	0.9346	0.9400	0.9455	0.9509	0.9564	0.9618	0.9673	0.9727	0.9782	0.9836	0.9891	0.9945
60以上	1.0000											

別表4 残余支給期間別乗率

年＼月	0	1	2	3	4	5	6	7	8	9	10	11
0	0.0000	0.9673	1.9346	2.9019	3.8692	4.8365	5.8038	6.7710	7.7383	8.7056	9.6729	10.6402
1	11.6075	12.5115	13.4155	14.3195	15.2235	16.1275	17.0316	17.9356	18.8396	19.7436	20.6476	21.5516
2	22.4556	23.3005	24.1453	24.9902	25.8351	26.6799	27.5248	28.3697	29.2145	30.0594	30.9043	31.7491
3	32.5940	33.3836	34.1732	34.9628	35.7524	36.5420	37.3316	38.1212	38.9108	39.7004	40.4900	41.2796
4	42.0692	42.8071	43.5451	44.2830	45.0209	45.7589	46.4968	47.2347	47.9727	48.7106	49.4485	50.1865
5	50.9244	51.6141	52.3037	52.9934	53.6831	54.3727	55.0624	55.7521	56.4417	57.1314	57.8211	58.5107
6	59.2004	59.8450	60.4895	61.1341	61.7786	62.4232	63.0677	63.7123	64.3568	65.0014	65.6459	66.2905
7	66.9350	67.5374	68.1398	68.7421	69.3445	69.9469	70.5493	71.1516	71.7540	72.3564	72.9588	73.5611
8	74.1635	74.7265	75.2895	75.8524	76.4154	76.9784	77.5414	78.1043	78.6673	79.2303	79.7933	80.3562
9	80.9192	81.4453	81.9715	82.4976	83.0238	83.5499	84.0761	84.6022	85.1283	85.6545	86.1806	86.7068
10	87.2329											

実例69

全面退職年金制度の例

退職年金規定

（TK工業，プラスチック製造・従業員200人）

第1章　総　則

（目　的）
第1条　この規定は，従業員の退職について年金支給制度（以下「この制度」という）を実施し，その者またはその遺族の生活の安定に寄与することを目的とする。

（差別取扱いの禁止）
第2条　この制度において特定の者につき不当に差別的な取扱いをしない。

第2章　加　入

（適用範囲）
第3条　この規定は，次の各号に掲げる者を除く全従業員に適用する。
　(1)　役員
　(2)　嘱託，顧問
　(3)　臨時に期間を定めて雇い入れられる者（臨時雇用，定期間雇用された者）
　(4)　日々雇い入れられる者
　(5)　定年までの予定勤続年数が3年未満の者
　(6)　試みに雇用された者

（加入資格）
第4条　前条の者は，次に掲げる条件を満たしたときにこの制度に加入する資格を取得する。
　　入社したとき

（加入時期）
第5条　加入資格を取得した者がこの制度に加入する時期は，加入資格取得後最初に到来する8月1日とする。

第3章 給　付

第1節 通　則

（給付の種類）
第6条　この制度による給付は，次のとおりとする。
　　(1)　退職年金
　　(2)　退職一時金
　　(3)　遺族年金
　　(4)　遺族一時金

（給付時期）
第7条　年金は，毎年2月，5月，8月および11月の各1日に，それぞれその前月までの分を支給する。
　2．一時金は，給付事由発生後すみやかに支給する。

（未支給の給付）
第8条　この制度により給付を受ける者が死亡した場合に，その者に支給すべき給付でまだ支給しなかったものがあるときは，これをその者の遺族（その者が遺族のときは次順位の遺族。以下同じ）に支給する。

（過払いの調整）
第9条　年金受給中の者が死亡し，遺族の受給手続きの遅延等により年金の過払いが生じたときは，これを遺族に支払うべき年金から差し引き調整する。

（遺族の範囲と支給順位）
第10条　遺族の範囲および支給順位は，労働基準法施行規則第42条ないし第45条の規定を準用する。
　　　ただし，同順位の者が2名以上となる場合には，そのうち最年長者を代表者としてその者に給付を支給する。

（給付の制限）
第11条　懲戒解雇された者には，この規定による給付を行わない。

（給付額の端数処理）
第12条　この規定に定める給付額に100円未満の端数が生じたときは，50円未満にこれを切り捨て，50円以上は100円に切り上げる。

（年金の一時支給）
第13条　年金の受給資格を取得した者および年金受給中の者（以下「年金受給権者」という）が次の各号の一に該当する事由により年金の一時支給を請求し，会社がこれを認めたときは，将来の年金の支給に代えて一時金を支給する。ただし，請求の時期は，第1号および第2号に該当する場合を除き年金支給開始後3年以内に限るものとする。
　　(1)　災害
　　(2)　重疾病，後遺症を伴う重度の心身障害（生計を一にする親族の重疾病，後遺症を伴う重度の心身障害または死亡を含む）
　　(3)　住宅の取得
　　(4)　生計を一にする親族（配偶者を除く）の結婚または進学
　　(5)　債務の弁済

(6)　その他前各号に準ずる事実
　２．年金受給権者が死亡し，遺族が年金の一時支給を請求したときは，年金の支給に代えて一時金を支給する。
　３．年金月額が10,000円以下の場合には，年金の支給に代えて一時金を支給する。
　４．前各号による一時金の額は，年金月額に，支給期間からすでに年金を支給した期間を控除した期間（以下「残余期間」という）に応じて付表に定める率を乗じて得た額とする。

第2節　退職年金

（受給資格）
第14条　加入者が次に掲げるところに該当したときは，その者に退職年金を支給する。
　　勤続15年以上で定年により退職したとき

（給付額）
第15条　退職年金額（月額）は，次のとおりとする。
　　基準給与に別表1に定める支給率を乗じた額

（支給期間）
第16条　支給期間は，退職した月から10年間とする。
　２．前項に定める支給期間が満了する前に年金受給権者が死亡したときは，遺族に，残余期間引き続き同額の年金を支給する。

第3節　退職一時金

（受給資格）
第17条　加入者が次に掲げるところに該当したときは，その者に退職一時金を支給する。ただし，退職年金に該当する場合を除く。
　　(1)　勤続3年以上で定年により退職したとき
　　(2)　勤続3年以上で定年に達する前に生存退職したとき

（給付額）
第18条　退職一時金額は，次のとおりとする。
　　基準給与に別表2に定める支給率を乗じた額

第4節　遺族年金

（受給資格）
第19条　加入者が次に掲げるところに該当したときは，その者の遺族に遺族年金を支給する。
　　勤続15年以上で定年に達する前に死亡退職したとき

（給付額）
第20条　遺族年金額（月額）は，次のとおりとする。
　　基準給与に別表1に定める支給率を乗じた額

（支給期間）
第21条　支給期間は，死亡した月から10年間とする。
　２．前項に定める支給期間が満了する前に年金受給権者が死亡したときは，他の遺族に，残余期間引き続き同額の年金を支給する。

第5節　遺族一時金

（受給資格）
第22条　加入者が次に掲げるところに該当したときは，その者の遺族に遺族一時金を支給する。ただし，遺族年金に該当する者は除く。
　　　　勤続3年以上で定年に達する前に死亡退職したとき
（給付額）
第23条　遺族一時金は，次のとおりとする。
　　　　基準給与に別表2に定める支給率を乗じた額

第4章　拠　　出

（掛金の拠出）
第24条　この制度による給付の財源に充てるため，会社は適正な年金数理に基づき算定された掛金を全額負担する。
（通常掛金）
第25条　前条に定める掛金のうち通常掛金は，各加入者の基準給与の4.8％相当額（月額）とする。
（過去勤務債務等の額の償却に係る掛金）
第26条　過去勤務債務等の額の計算は，一括管理方式による。
　2．過去勤務債務等の額の償却は，法人税法施行令第159条第6号ロの定めによるものとし，その償却割合は，年10分の1とする。
　3．前項の掛金は，各加入者の基準給与の4.3％相当額（月額）とする。
（拠出の中断）
第27条　加入者が休職を命ぜられたときは，休職月の翌月から復職月まで会社は当該加入者に係る掛金の拠出を中断する。

第5章　制度の運営

（制度の運営）
第28条　会社は，この制度の運営をするために，法人税法施行令第159条の定める要件を備えた企業年金保険契約および年金信託契約を退職年金業務を行なう法人との間に締結する。
（企業年金保険契約の締結）
第29条　会社は，前条に基づき，この規定に定める金額の50％相当の給付に充てるため，次に掲げる法人と企業年金保険契約を締結し，第25条および第26条に基づく掛金の50％相当額を払い込む。
　　　　ＭＧ生命保険相互会社
　2．会社は，企業年金保険契約に係る付加保険料を全額負担する。
（年金信託契約の締結）
第30条　会社は，第28条に基づき，この規定に定める金額の50％相当の給付に充てるために次に掲げる銀行と年金信託契約を締結し，第25条および第26条に基づく掛金の50％相当額を払い込む。
　　　　ＮＨ信託銀行株式会社
（財政計画の再検討）
第31条　会社は，少なくとも5年ごとにこの制度の財政計画を再検討し，必要に応じてその修正を

(留保すべき金額を超える額の処理)

第32条　前条に定める財政計画の再検討時において，保険料積立金および信託財産のうち法人税法施行令第159第7号に定める留保すべき金額を超える部分がある場合には，会社は当該超える部分の金額の返還を受けこれを収受する。

第6章　雑　　則

(受給権の処分禁止)

第33条　この制度により給付を受ける権利は，これを譲渡し，または担保に供することはできない。

(届出)

第34条　この制度により給付を受ける者は，次の各号に掲げる書類を提出しなければならない。
　(1)　住所，氏名および印鑑についての届
　(2)　年金または一時金受領方法についての届
　(3)　受給権者であることを証明する書類
　(4)　所得税法に定める必要な申告書類
　(5)　その他会社が必要と認めた書類

　2．前項により届け出た事項に変更があったときは，すみやかにその旨を届け出なければならない。

(期間の計算)

第35条　この規定における勤続年数は，次に定める方法により計算する。
　(1)　受給資格算定のための勤続年数は，入社した月から退職した月までのうち1年未満の端数月を切り捨てた年数とする。
　(2)　給付額算定のための勤続年数は，入社した月から退職した月までの年月数とする。

　2．次に掲げる期間は，前項の勤続年数に算入しない。
　(1)　定年を超えて勤務する場合その期間
　(2)　休職期間

　3．次に掲げる期間は，第1項の勤続年数に算入する。
　(1)　見習，試用期間

(基準給与)

第36条　この規定において基準給与とは，賃金規定第　条に定める基本給とする。

　2．預金額算定の基礎となる基準給与は，毎年7月1日現在のものを翌年の6月末日まで適用し，給付額算定の基礎となる基準給与は，退職時のものとする。

(制度の改廃)

第37条　この制度は，社会保障制度の状況，経済情勢の変動に応じてその一部または全部を改訂または廃止することができる。

(積立金の配分)

第38条　前条によりこの制度を廃止したときは，積立金は次の各号により取扱うものとする。
　(1)　企業保険契約に相当する部分は，積立金を制度廃止日における各加入者の勤続年数に比例して，加入者に配分する。
　　　ただし，すでに年金の支給を開始した年金受給者に対応する責任準備金はこれを配分することなく，当該年金受給者に継続して年金の支給を行う。

(2) 年金信託契約に相当する部分については，年金受給者に対して制度廃止後支給すべき年金現価を限度として，その割合に比例して按分した金額を配分し，なお残余がある場合には加入者に制度廃止日における各加入者の勤続年数に比例して配分する。

付　　則

（制度実施日）
第1条　この制度は，昭和　年　月　日から実施する。

（経過措置）
第2条　この制度実施日にこの規定第4条に定める加入資格を有する者は，第5条にかかわらず，この制度実施日に加入するものとする。

（変更実施期日）
第3条　この制度は昭和　年　月　日から変更実施する。

（変更に伴う経過措置）
第4条　この制度の変更日前にすでに受給資格を取得した者については，従前の規定の定めるところによる。

（過去勤務債務等の掛金等の払込み）
第5条　昭和　年　月　日にこの規定第28条，第29条および第30条に定める企業年金保険契約および年金信託契約の委託割合を変更したことに伴い，会社は法人税法施行令第159条第8号ハの規定に基づきMG生命保険相互会社より返還された金額をNH信託銀行株式会社に過去勤務債務等の掛金等としてただちに払い込むものとする。

別表　1

勤続年数	支給率(倍)	勤続年数	支給率(倍)
15年	0.151	31年	0.451
16	0.161	32	0.467
17	0.183	33	0.483
18	0.194	34	0.499
19	0.215	35	0.515
20	0.237	36	0.532
21	0.247	37	0.548
22	0.269	38	0.564
23	0.290	39	0.580
24	0.312	40	0.596
25	0.333	41	0.612
26	0.365	42	0.628
27	0.387	43	0.644
28	0.403	44	0.660
29	0.419	45	0.676
30	0.435		

（注）　1年未満の端数月がある場合の支給率の計算方法
A年Bヵ月の支給率＝A年の支給率＋｛(A＋1)年の支給率－A年の支給率｝×$\frac{B}{12}$
ただし小数点以下第4位はこれを4捨5入し，小数点以下第3位まで算出するものとする。

別表　2

勤続年数	支給率(倍)	勤続年数	支給率(倍)
3年	1.6	25年	31.0
4	2.0	26	34.0
5	3.0	27	36.0
6	4.0	28	37.5
7	4.5	29	39.0
8	5.5	30	40.5
9	6.0	31	42.0
10	7.0	32	43.5
11	8.5	33	45.0
12	10.0	34	46.5
13	11.0	35	48.0
14	12.5	36	49.5
15	14.0	37	51.0
16	15.0	38	52.5
17	17.0	39	54.0
18	18.0	40	55.5
19	20.0	41	57.0
20	22.0	42	58.5
21	23.0	43	60.0
22	25.0	44	61.5
23	27.0	45	63.0
24	29.0		

（注）　1年未満の端数月がある場合の支給率の計算方法
A年Bヵ月の支給率＝A年の支給率＋｛(A＋1)年の支給率－A年の支給率｝×$\frac{B}{12}$
ただし小数点以下第2位はこれを4捨5入し，小数点以下第1位まで算出するものとする。

実例70

全面退職年金制度の例

退職年金規程

（MR電子，電子部品・従業員160人）

第1章　総　則

（目　的）
第1条　この規程は，従業員の退職または死亡について年金または一時金の給付を行い，もって退職後における従業員またはその遺族の生活の安定に寄与することを目的とする

（差別扱いの禁止）
第2条　この規程の適用にあたり，従業員のうち特定の者につき不当に差別的な取扱いをしない。

（適用範囲）
第3条　この規程は，会社のすべての従業員に適用する。ただし次の各号の一に該当する者はこの規程にいう従業員に含まない。
　　　1．役員
　　　2．嘱託
　　　3．顧問
　　　4．臨時雇
　　　5．日雇
　　　6．定年まで勤続10年に満たないもの

（加入資格）
第4条　従業員は，入社資格を取得した日に加入資格を取得する。

（加入時期）
第5条　加入時期は，加入資格を取得した日以降最初の6月1日とする。
　　2　加入した従業員を加入者という。

第2章　給　付

（給付の種類）
第6条　この規程による給付（以下（給付」という）は，次のとおりとする。
　　　1．退職年金
　　　2．遺族年金
　　　3．退職一時金

　　　　4．遺族一時金
（退職年金の支給要件）
第7条　退職年金は，勤続20年以上，かつ50歳以上の加入者が退職したとき，その者に支給する。
（退職年金の支給期間）
第8条　退職年金の支給期間は，前条により退職年金を受ける権利を取得した日の属する月の翌月から全期間保証付10年有期とする。ただし，定年後引続き再雇用される者または役員昇格による退職者については，それぞれ再雇用期間満了による退職日または役員退任日の属する月の翌月から全期間保証付10年有期とする。
（退職年金月額）
第9条　退職年金の月額は，次の算式により計算される額とする。
　　　　1．前条本分の場合
　　　　　　退職時本給月額×別表1による乗率
　　　　2．前条ただし書きの場合
　　　　　　退職時本給月額×別表1による乗率×別表2による乗率
　2　前項において57歳以上で退職したときの「退職時本給月額」とは，「57歳到達時本給月額」とする。以下この規程において同じ取扱いとする。
（退職年金の一時払）
第10条　退職年金は，第7条により退職年金を受ける権利を取得した者が次の各号の1に掲げる理由により希望したときは，当該年金の現価相当額を一時に支払う。
　　　　1．退職時に，住宅の建築または購入，子女の教育または結婚，債務の弁済その他これに準ずる事由のため必要なとき。
　　　　2．災害または重大な疾病のため必要なとき。
（退職年金の継続支給）
第11条　退職年金受給中の者が保証期間内に死亡したときは，残存期間中遺族に継続して年金を支給する。
　2　前項の場合，遺族が希望したときは，残存保証期間の年金の現価相当額を一時に払う。
（遺族年金の支給要件）
第12条　遺族年金は，次の各号の一に該当したとき，遺族に支給する。
　　　　1．勤続期間20年以上，かつ，50歳以上の加入者が死亡したとき。
　　　　2．第七条により退職年金を受ける権利を取得した者が当該年金の支給開始月の前月までに死亡したとき。
（遺族年金の支給期間）
第13条　遺族年金の支給期間は，前条により遺族が遺族年金を受ける権利を取得した日の属する月の翌月から全期間保証付10年有期とする。
（遺族年金月額）
第14条　遺族年金の月額は，次の各号の一に掲げる金額とする。
　　　　1．第12条第1号の場合　　死亡時本給月額×別表1による乗率
　　　　2．第12条第2号の場合　　退職時本給月額×別表1による乗率×別表2による乗率
　2　前項において，57歳以上で死亡したとき，「死亡時本給月額」とは，「57歳到達時本給月額」とする。
　　　　以下この規程において同じ扱いとする。
（遺族年金の一時払）

第15条　遺族年金は，遺族が当該年金の支給開始前に希望したときは，当該年金の現価相当額を一時に支払う。

（遺族年金の継続支給）
第16条　遺族年金受給中の者が死亡したときは，第11条を準用する。

（退職一時金の支給要件）
第17条　退職一時金は，次の各号の一に該当したとき，その者に支給する。
　　　1．勤続期間10年以上20年未満の加入者が退職したとき
　　　2．勤続期間20年以上，かつ，50歳未満の加入者が退職したとき

（退職一時金の額）
第18条　退職一時金の額は，次の算式により計算される金額とする。
　　　　退職時本給月額×別表3による乗率

（遺族一時金の支給要件）
第19条　遺族一時金は，次の各号の一に該当したとき，遺族に支給する。
　　　1．勤続期間10年以上20年未満の加入者が死亡したとき
　　　2．勤続期間20年以上，かつ，50歳未満の加入者が死亡したとき。

（遺族一時金の額）
第20条　遺族一時金の額は，次の算式により計算される金額とする。
　　　　死亡時本給月額×別表3による乗率

（年金の支払時期）
第21条　年金は毎年2月，5月，8月および11月の4期に，それぞれその前月分まで支払う。

（未支給の年金）
第22条　年金受給中のものが死亡したとき，その者に支給すべき年金に未支給分があるときは，これを遺族に支給する。

（一時金の支払時期）
第23条　一時金は，一時金を支給すべき事由が生じた日の属する月の翌月末日までに支払う。
　2　年金の一時払の時期は，前項を準用する。

（遺族の範囲および順位）
第24条　この規程にいう遺族の範囲および順位は，労働基準法施行規則第42条ないし第45条の規定を準用する。

（同順位の遺族が2人以上あるときの処理）
第25条　給付を受ける権利を有する同順位の遺族が2人以上あるときは，その1人のした請求は全員のためその全額につきしたものとみなし，その1人に対してした支給は，全員に対してしたものとみなす。

第3章　拠　　出

（平準掛金）
第26条　会社は，給付に要する費用に充てるため，掛金を負担するものとし毎月加入者の標準給与月額に60／1000を乗じて得た額を拠出する。

（過去勤務債務等の額に係る掛金）
第27条　会社は，前条の掛金のほか，この規程の実施に伴う過去勤務債務等の額に係る掛金を負担するものとし，毎月加入者の標準給与月額に91／1000を乗じて得た額を拠出する。

2　前項の過去勤務債務等の額は，一括管理方式により算出するものとし，その償却割合は年1／10とする。

（適正な年金数理）

第28条　前2条の掛金の額は，適正な年金数理に基づいて算定する。

（拠出の中断）

第29条　加入者が就業規則第　条により休職となったときは，次の各号の一に該当する場合を除き会社は，第26条および第27条の掛金の拠出をその翌月から中断する。
　　1．業務上の傷病による休職
　　2．私傷病による休職
　　3．事業上の都合により会社外の職務に従事する場合の休業
　　4．専従協定による組合専従期間
　　5．止むを得ない事業上の都合による休職

（拠出の復活）

第30条　前条の拠出の中断事由が消滅したときは，会社は，その翌月から当該掛金の拠出を復活する。

第4章　制度の運営

（運　　営）

第31条　会社は，この規程により制度の運営にあたるものとし，その適正をはかるため，次の事項を行う。
　　1．年金財政に関する事項。
　　2．受給権の裁定に関する事項。
　　3．その他制度運営上必要と認められる事項。

（年金信託の締結）

第32条　会社は，ＮＳ信託銀行（以下「信託銀行」という）と年金信託契約を締結し，第26条および第27条により拠出された掛金を拠出月の翌月5日までに，給付を行うための基金（以下「年金基金」という）として信託する。

（事務の委託）

第33条　会社は，前条により締結した年金信託契約に基づき年金基金の管理，運用および支給事務を信託銀行に委託する。

（年金財政の再検討）

第34条　会社は，5年ごとに掛金率および計算基礎の再検討を行うものとし，必要があるときは，適正な修正を行う。

（超過保留額の処理）

第35条　会社は，前条の年金財政の再検討時に年金基金に給付に充てるため保留すべき金額を超える額がある場合には，当該金額の返還を受けこれを収受するものとする。

第5章　規程の改廃

（規程の改廃）

第36条　この規程は，組合と協議の上改廃することがある。

（基金の分配）
第37条　前条によりこの規程を廃止したときは，年金基金は，給付を受ける権利を有する者に，年金現価相当額に達するまで当該金額に比例して分配するものとし，なお残金があるときは，加入者に，規程廃止日における責任準備金の額に比例して分配する。

第6章　雑　　則

（受給権の処分禁止）
第38条　給付を受ける権利は，これを譲渡し，または担保にすることはできない。

（受給権の制限）
第39条　加入者が就業規則第　　条により懲戒解雇されたときは，第七条または第十七条にかかわらず，給付を減額し，または給付しないことがある。

（時　効）
第40条　給付を受ける権利は，5年を経過したときは，時効によって消滅する。

（本給月額）
第41条　この規程において，本給月額とは，賃金規則第　　条による本給月額という。ただし，57歳以上の加入についての57歳以降の本給月額は，57歳到達時本給月額とする。

（標準給与月額）
第42条　この規程において標準給与月額とは，毎年6月1日現在の本給月額につき500円未満の端数は切り捨て，500円以上の端数は1,000円に切り上げた金額をいう。
　2　前項により決定された標準給与月額は，その年の6月から翌年の5月までの各月の標準給与月額とする。

（勤続期間の計算）
第43条　勤続期間の計算は，入社した日から退職または死亡した日までとし，1カ月未満の端数は1カ月に切り上げる。ただし55歳以上の退職または死亡の場合は60歳までの勤続期間により計算する。
　2　拠出の中断期間は，勤続期間に算入しない
　3　私傷病による休職期間は，勤続期間に算入しない。ただし，復職した場合には，その$\frac{1}{2}$を算入する。

（据置期間の計算）
第44条　据置期間の計算は，退職年金を受ける権利を取得した日の属する月の翌月から当該年金または遺族年金の支給開始月の前月までとする。

（年金現価の計算）
第45条　年金の現価相当額は，次の計算により計算される金額とする。
　　　年金の月額×別表4により乗率
　2　退職年金の据置中に本条を適用する場合，第1項算式中の年金の月額は，本条の適用を必要となった日の属する月の翌月を支給開始月とてし第九条により計算された金額とする。

（端数処理）
第46条　退職年金および遺族年金の給付額に10円未満の端数が生じたときは，これを10円に切り上げるものとする。
　2　退職一時金および遺族一時金の給付額に100円未満の端数が生じたときは，これを100円に切り上げるものとする。

（届出義務）
第47条　給付を受ける権利を有する者は，次の各号に定めるものを会社に提出するものとする。
　　　　１．住所，氏名および印鑑についての届
　　　　２．年金または一時金の受領方法についての届
　　　　３．その他会社が必要と認める書類
　２　前項により提出したものについて変更があったときは，すみやかに会社に届け出るものとする。
　３　給付を受ける権利を有する者が死亡したときは，遺族は，死亡を証明する書類を提出するものとする。

（支払の差し止め）
第48条　給付を受ける権利を有する者が正当な事由なしに前条による届出をしないときは，給付の支払いを一時差し止めることがある。

附　　則

（施行期日）
第1条　この規程は昭和　年　月　日から実施する。

（経過措置）
第2条　昭和　年　月　日に第4条に定める加入資格を有する者は，第5条にかかわらず，この実施の日をもって加入時期とする。

（勤続期間の計算の特例）
第3条　昭和　年　月　日にH合名会社から会社に引き継がれた従業員についての勤続期間の計算には，H合名会社における勤続期間を通算する

別表1　勤続期間別退職年金支給乗率

勤続年数	乗率	勤続年数	乗率
20	0.310	33	0.620
21	0.332	34	0.636
22	0.354	35	0.652
23	0.376	36	0.668
24	0.401	37	0.684
25	0.427	38	0.691
26	0.452	39	0.699
27	0.478	40	0.707
28	0.509	41	0.715
29	0.541	42	0.723
30	0.573	43	0.731
31	0.588	44	0.739
32	0.604	45	0.747

別表2　据置期間別乗率

据置期間	乗率	据置期間	乗率
0	1.000	6	1.379
1	1.055	7	1.455
2	1.113	8	1.535
3	1.174	9	1.619
4	1.239	10	1.708
5	1.307		

（注）　n年mヶ月の乗率
　　　　＝n年の乗率＋｛(n＋1)年の乗率－n年の乗率｝×m/12
　　　　小数第4位四捨五入

（注）　1．n年mヶ月の乗率
　　　　＝n年の乗率＋｛(n＋1)年の乗率－n年の乗率｝×m/12
　　　　小数第4位四捨五入
　　　2．満55歳以上の退職は60歳到達時（60歳到達日の属する賃金締切日）の勤続期間に対応する乗率による。

別表3　勤続期間別退職一時金支給乗率

勤続期間	第1号	第2号	勤続期間	第1号	第2号
10	11.34	7.28	28	44.94	44.94
11	12.74	8.26	29	47.74	47.74
12	14.14	9.38	30	50.54	50.54
13	15.54	10.50	31	51.94	51.94
14	16.94	11.62	32	53.34	53.34
15	18.62	13.02	33	54.74	54.74
16	20.30	15.40	34	56.14	56.14
17	21.98	18.06	35	57.54	57.54
18	23.66	20.86	36	58.94	58.94
19	25.34	23.80	37	60.34	60.34
20	27.30	27.30	38	61.04	61.04
21	29.26	29.26	39	61.74	61.74
22	31.22	31.22	40	62.44	62.44
23	33.18	33.18	41	63.14	63.14
24	35.42	35.42	42	63.84	63.84
25	37.66	37.66	43	64.54	64.54
26	39.90	39.90	44	65.24	65.24
27	42.14	42.14	45	65.94	65.94

(注)　1．第1号適用事由
　　　①　精神または身体に障害があるかまたは虚弱，老衰，疾病のため業務に堪え得ないと認めたとき（指定医師診断）
　　　②　在職中に死亡したとき
　　　③　傷病による休職期間が満了して退職したとき
　　　④　会社役員に就任したとき
　　　⑤　会社業務上の都合により解雇したとき
　　　⑥　満55歳以上で退職したとき
　　　⑦　その他全各号に準じ止むを得ないと会社が認め退職したとき
　　　　第2号適用事由
　　　　　第1号適用以外の事由
　　2．満55歳以上の退職は，60歳到達時（60歳到達日の属する賃金締切日）の勤続期間に対応する乗率による

全面退職年金制度の例

退 職 年 金 規 程

実例 71

（FE商会，外食産業・従業員70人）

第1章 総　則

（目　的）
第1条　この規程は当会社の従業員として勤続した者の退職後の生活の安定に寄与することを目的とする。
　②　この規程において，特定の者につき不当の差別的な取扱いはしない。

（適用範囲）
第2条　この規程は，すべての従業員に適用する。ただし次の各号に該当する者は，この規程にいう従業員に含まない。
　(1)　役員（使用人兼務役員は含まない。）
　(2)　嘱託
　(3)　日日雇い入れられる者
　(4)　臨時に期間を定めて雇い入れられる者

（譲渡などの禁止）
第3条　この規程により支給を受ける権利は，他に譲渡し，または担保に供することはできない。

第2章　加入および脱退

（加入資格）
第4条　加入資格は，入社と同時に取得する。
　　　　ただし，定年までの予定勤続年数が満2年未満となる者は除く。

（加入時期）
第5条　加入時期は，加入資格を取得した日以後最初に到来する5月1日とする。
　②　前項により加入した従業員を加入者という。

（脱　退）
第6条　加入者は退職したときまたは死亡したときは，その時から加入者たる地位を失う。

第3章 給　　付

（給付の種類）
第7条　この規程による給付は次のとおりとする。
　　　(1)　退職年金
　　　(2)　定年退職一時金
　　　(3)　中途退職一時金
　　　(4)　遺族一時金

（退職年金の受給資格）
第8条　加入者が勤続満10年以上で定年に達したときは，退職年金の受給資格を取得する。

（退職年金額）
第9条　退職年金の月額は次のとおりとする。
　　　　　勤続年数別定額（別表1）

（退職年金の支給期間および支給方法）
第10条　退職年金は退職した日より10年間支給を保証する。
　②　退職年金の支給は退職した日の属する翌月以降の最初の年金支給月より開始する。
　③　退職年金の支給月は毎年2月，5月，8月および11月とし，それぞれ年金月額の3カ月分を支給月の15日に支給する。

（保証期間の年金支給）
第11条　前条第1項の保証期間中に受給者が死亡した場合は，当該保証期間から給付済の期間を差し引いた残余の期間中，加入者であった者の遺族に受給者に対するのと同額の年金を支給する。
　②　前項の場合，遺族が希望したとき，残余保証期間の年金現価相当額を一時に支払う。

（遺族の範囲および順位）
第12条　加入者が死亡した場合における遺族の範囲は，次の各号に定める者とし，その順位は次に掲げる順序によるものとする。
　　　(1)　加入者であった者の配偶者（婚姻の届出はしていないが，事実上婚姻関係と同様の事情にある者を含む）。
　　　(2)　加入者であった者の直系卑属
　　　(3)　加入者であった者の直系尊属
　　　(4)　加入者であった者の死亡当時その者によって生計を維持していた者で，当社の認めた者
　②　前項の場合において，同順位が2人以上あるときは，その1人のした請求は全員のためにしたものとみなし，その1人に対してした給付は全員に対してしたものとみなす。
　③　第1項第1号に定める婚姻の届出はしていないが，事実上婚姻関係と同様の事情にある者については，当社の認めた者とする。
　④　年金受給中の遺族が死亡した場合は，その者にかかる権利は消滅し，第1項の規定による死亡者を除く第1順位の遺族を年金を受ける権利を有する遺族とする。

（年金の支給にかえる一時金）
第13条　加入者が次の各号の一に該当する事由により，年金の支給にかえて，一時金を希望し，当社がこれを適当と認めたときは，未支給保証期間分の年金現価相当額を年金支給開始に一時に支給する。
　　　ただし，申し出の時期は，(1), (2)を除き年金支給開始後3年以内に限るものとする。

(1) 災害
(2) 重疾病，後遺症を伴う重度の心身障害または死亡（生計を一にする親族の重疾病，後遺症を伴う重度の心身障害または死亡を含む。）
(3) 住宅の取得
(4) 生計を一にする親族（配偶者を除く。）の結婚または進学
(5) 債務の弁済
(6) その他前各号に準ずる事実

② 加入者であった者が，保証期間中に死亡し，その継続受取人である遺族が，年金の支給にかえて一時金を希望したときは，その遺族に未支給保証期間の年金現価相当額を一時に支給する。

（定年退職一時金の受給資格）
第14条 加入者が勤続満2年以上10年未満で定年に達したときは，定年退職一時金の受給資格を取得する。

（定年退職一時金額）
第15条 定年退職一時金額は次のとおりとする。
　　　　勤続年数別定額（別表2）

（定年退職一時金の支給方法）
第16条 加入者が受給資格を取得した日以後，支払に必要な書類が提出されてから，加入者に対し15日以内に定年退職一時金を支給する。

（中途退職一時金の受給資格）
第17条 加入者が勤続満2年以上で死亡以外の事由により定年到達前に中途退職したときは，中途退職一時金の受給資格を取得する。

（中途退職一時金額）
第18条 中途退職一時金額は次のとおりとする。
　　　　勤続年数別定額（別表3）

（中途退職一時金の支給方法）
第19条 加入者が受給資格を取得した日以後，支払に必要な書類が提出されてから，加入者に対して15日以内に中途退職一時金を支給する。

（遺族一時金の受給資格）
第20条 加入者が勤続満2年以上で定年到達前に死亡により退職したときは，加入者であった者の遺族は遺族一時金の受給資格を取得する。

（遺族一時金額）
第21条 遺族一時金額は次のとおりとする。
　　　　勤続年数別定額（別表4）

（遺族一時金の支給方法）
第22条 加入者であった者の遺族が受給資格を取得した日以後，支払に必要な書類が提出されてから，その遺族に対し15日以内に遺族一時金を支給する。

第4章　雑　　則

（勤続年数の計算）
第23条 この規程における勤続年数の計算方法は次に定めるところによる。

(1) 入社の日から起算し，退職または死亡の日までとする。
(2) １年未満の端数は月割とし，１カ月未満の端数は切り捨てる。
(3) 試用期間は算入する。
(4) 休職期間は算入しない。

（支給の停止）
第24条　当社は，加入者が懲戒解雇により退社した場合には，この規程による諸支給を減額するかもしくは停止することがある。

（制度の運営）
第25条　当社は，この規程による年金制度の運営をＹＤ生命保険相互会社との間に締結した企業年金保険契約に基づいて行う。

（解約返戻金の分配）
第26条　前条に規定する企業年金保険契約が解約された場合には，解約された部分に対する解約返戻金を未だ年金受給資格を取得していない各加入者ごとの勤続年数に比例して各加入者に配分する。また，年金受給資格を取得した者については，引続き給付を行うものとする。

（費用の分担）
第27条　当社は，この規程による給付を行うために必要な費用として適正な年金数理に基づいて算定した金額を全額負担する。

（退職年金等の受給手続）
第28条　退職年金等の支給を受ける者は，当社が指定した書類により，印鑑，住所，受領方法等を当社が指定した時までに届出るものとする。
　②　退職年金等の支給を受ける者は，次の各号に定める書類を当社が指定した期日までに当社に提出するものとする。
(1) 所得税法による扶養控除等の適用を受ける者については，給与所得者の「扶養控除申告書」等
(2) 加入者もしくは加入者であった者の遺族が退職年金等の受給権を取得した場合は，当該死亡を証明する医師の死亡診断書または死体検案書
(3) その他当社が必要と認めた書類

（規程の改廃）
第29条　この規程は経済情勢の変動やその他やむを得ない事情により改廃することがある。

（支給額の計算方法）
第30条　この規程の支給額の算定に当たって年数に１年未満の端数が生じた場合の計算は次の方法による。

$$\text{A年Bカ月の支給額} = \text{A年の支給額} + \{(A+1)\text{年の支給額} - \text{A年の支給額}\} \times \frac{3}{12}$$

（定　年）
第31条　この規程における定年は次のとおりとする。
　　　　満60歳に達した日の月末日

付　則

（実施期日）
第１条　この規程は平成　年　月　日から実施する。
（制度発足時の経過措置）

② 自社（一時金）制度と年金制度併用の例

第2条　この規程により制度発足時すでに第4条に定める加入資格を有する者は，この規程実施と同時に加入するものとする。

期間	別表 1	別表 2	別表 3	別表 4
02		207,200	95,100	105,000
03		311,000	146,500	162,200
04		414,600	201,200	222,300
05		518,200	258,900	286,100
06		636,900	319,800	353,500
07		755,300	384,300	424,700
08		873,900	452,400	499,900
09		992,300	524,500	579,600
10	11,700	1,106,000	601,000	663,800
11	13,200		681,600	752,900
12	14,500		767,000	847,000
13	16,000		857,100	946,600
14	17,400		952,500	1,052,100
15	18,900		1,053,300	1,163,400
16	20,400		1,159,900	1,281,200
17	22,000		1,272,700	1,405,800
18	23,600		1,392,000	1,537,500
19	25,300		1,518,300	1,677,000
20	27,100		1,651,900	1,824,400
21	29,000		1,793,200	1,980,500
22	31,100		1,943,000	2,146,000
23	33,100		2,101,700	2,321,200
24	35,300		2,269,800	2,506,800
25	37,500		2,447,800	2,703,400
26	39,700		2,636,900	2,912,200
27	42,200		2,837,800	3,134,000
28	44,500		3,051,000	3,369,500
29	47,000		3,277,600	3,619,700
30	49,500		3,518,800	3,886,100
31	52,200		3,775,500	4,169,700
32	55,100		4,049,400	4,472,100
33	58,000		4,341,600	4,794,900
34	61,200		4,654,100	5,139,900
35	64,500		4,988,300	5,509,100
36	68,000		5,347,100	5,905,300
37	71,600		5,732,700	6,331,100
38	75,300		6,148,500	6,790,200
39	79,300		6,597,100	7,285,900
40	83,100		7,082,200	7,821,500

全面退職年金制度の例

退職年金規程

実例72

（FK建設，建設業・従業員60人）

第1章 総則

（目的）
第1条　この規程は就業規則第　条によるものである。永年勤続した社員の退職後の生活の安定を図る目的で，この規程を定める。退職金は，退職年金制度（以下「本制度」という。）による。

（適用範囲）
第2条　本制度は次の各号の一に該当する者を除いた社員に対して適用する。
　　① 日日雇い入れられる者
　　② 臨時に期間を定めて雇い入れられる者
　　③ 嘱託
　　④ 役員（使用人としての職務を有する役員を除く）
　　⑤ 定年までの予定勤続年数が3年未満の者

（加入資格）
第3条　本制度への加入資格は，入社と同時に前条の者が取得する。

（加入時期）
第4条　加入資格を取得した者の本制度への加入時期は，加入資格を取得した直後の毎年8月1日とする。
　2　本制度に加入した者を加入者という。

第2章 給付

第1節 給付の種類

（給付の種類）
第5条　本制度による給付は，次の各号に定めるとおりとする。
　　① 退職年金
　　② 退職一時金
　　③ 中途退職一時金

第2節　退職年金

（退職年金支給要件）
第6条　本制度の加入者が，勤続5年以上で定年退職したとき，その者に退職年金を支給する。
（退職年金額）
第7条　退職年金の月額は，次のとおりとする。
　　　　勤続年数1年につき3,100円
（退職年金の支給期間）
第8条　退職年金の支給期間は，退職した日から起算して，10年とする。
（退職年金の継続支給）
第9条　退職年金の受給者が，前条の支給期間中に死亡した場合は，その残存支給期間の退職年金は，その者の遺族に継続して支給する。

第3節　退職一時金

第10条　本制度の加入者が，勤続3年以上で退職したとき，その者に退職一時金を支給する。
（退職一時金額）
第11条　退職一時金の金額は，次のとおりとする。
　　　　勤続1年につき234,000円

第4節　中途退職一時金

（中途退職一時金の支給要件）
第12条　本制度の加入者が，勤続3年以上で定年到達前に死亡以外の事由により退職したとき，その者に中途退職一時金を支給する。
（中途退職一時金額）
第13条　中途退職一時金の額は，次のとおりとする。
　　　　勤続年数1年につき126,000円

第3章　雑　　則

（年金の支給日および支給方法）
第14条　年金の支給日は，年4回，2月，5月，8月および11月の各1日とし，それぞれの前月までの分をまとめて支給する。
（第1回の年金支給日）
第15条　第1回の年金支給日は，支給事由の発生した日の翌日以後，最初の支給日とする。
（退職年金にかえての一時払の特例）
第16条　退職年金の受給権者が支給期間中に，次の各号の一に該当する事由によって，将来の年金の支給にかえて，一時払の請求をしたときは，会社がこれを認めた場合に限り，未支給期間部分の年金現価相当額を一時に支給することがある。
　　　　ただし，請求の時期は，①および②以外の事由による場合は，第1回の年金支給期日前に限るものとする。
　　　①　災害

② 重疾病，後遺症を伴う重度の心身障害または死亡（生計を一にする親族の重疾病，後遺症を伴う重度の心身障害または死亡を含む）
③ 住宅の取得
④ 生計を一にする親族（配偶者を除く）の結婚または進学
⑤ 債務の弁済
⑥ その他前各号に準ずる事実

2 退職年金の受給権者が，保証期間中に死亡し，その継続受取人から当該退職年金の支給にかえて，一時払の請求があった場合は，一時払の取扱をするものとする。

3 年金月額が10,000円以下の場合は，その年金現価相当額を第1回の年金支給期日に一時に支給する。

4 年金現価の計算に際しては利率5.5%とする。

（一時金の支給方法）
第17条 一時金は，支給事由発生後遅滞なく支給する。

（遺族の範囲および順位）
第18条 遺族の範囲および順位については，労働基準法施行規則第42条ないし第45条の規定を準用する。ただし，同順位の者が2人以上となる場合には，そのうち最年長者を代表者としてその者に支給する。

（勤続年数の計算方法）
第19条 本制度における勤続年数は，次の各号に定める方法により，これを計算する。
① 入社の日より起算し，退職の日までとする
② 休職期間は算入する
③ 定年をすぎて勤務する期間は通算しない
④ 勤続1年未満の端数は切り捨てる

（届出義務）
第20条 本制度により給付を受けようとする者は，必要な書類を所定の期日までに提出しかつ照会のあった事項について遅滞なく回答しなければならない。

（受給権の譲渡または担保の禁止）
第21条 本制度により年金または一時金を受ける権利は，これを譲渡し，または担保に供してはならない。

（給付の制度）
第22条 本制度の加入者が，懲戒解雇されたときは，本制度による給付の支給は行わない。ただし，情状によりその一部を支給することがある。

（事情変更による改廃）
第23条 この規程は，会社の経理状況および賃金体系の大幅な変更，社会保障制度の進展，金利水準の大幅な変動，その他社会情勢の変化により不適当と認められた場合には改訂または廃止することがある。

（本制度の運営）
第24条 本制度を運営するために，会社はＮＳ保険相互会社と企業年金保険契約を締結するものとする。

2 本制度が廃止されたときは，年金基金を企業年金保険契約に基づく加入者の責任準備金に比例して各加入者に配分する。ただし，すでに年金の支給を開始した加入者に対応する基金はこれを配分することなく，当該加入者に継続して年金を支給する。

付　則

（実施期日）
第1条　本制度は平成　年　月　日から実施する。
　（経過措置）
第2条　平成　年　月　日に第3条に定める加入資格を有する者は，本制度実施期日に加入する。
第3条　平成　年　月　日一部改正

中退金・特退共加入の例

実例73 退職金支給規程

中退金併用

（KF工業，工作機械・従業員170人）

第1章 総則

（目的）
第1条 会社は本規程に定めるところにより，退職金支給制度を設け，社員の退職または死亡に際して，その者または遺族に年金または一時金を支給し，もって生活の安定に寄与することを目的とする。

（適用範囲）
第2条 本規程は就業規則第 条に定める社員に適用し，次に掲げる者には適用しない。
　　1　役　員
　　2　試用社員
　　3　嘱託社員
　　4　臨時雇用社員

（受給資格）
第3条 退職金は，社員が3年以上継続して勤務し，次の各号の一に掲げる事由によって退職または死亡した場合に支給する。
　　1　定年に達し退職
　　2　当社の役員に就任した場合の退職
　　3　会社都合による解雇
　　4　業務上の傷病で業務に堪え得ないことによる退職
　　5　在職中の死亡
　　6　私傷病による退職。ただし，私傷病欠勤による休職期間満了の場合の解雇を含む
　　7　自己都合による退職。ただし，事故欠勤による休職期間満了の場合の解雇を含む

（支給制限）
第4条 社員が懲戒解雇された場合は退職金を支給しない。諭旨解雇の場合は原則として，自己都合による退職金の額か，またはさらに減額することがある。

（退職金の算出方法）
第5条　1　退職金は退職時に在級した職能資格等級制度における資格等級により，次の資格給を基準とし，さらに主任職以上については別表1の通り加算し，その者の勤続年数別及び退職事由別乗数を乗じた金額とする。

$$退職金支給額＝資格等級別固定額（勤続年数別加算）×勤続年数別支給乗率$$
$$×退職事由別乗数＋功労金$$

2　上記の算定方式における資格等級別勤続年数別支給金額，並びに退職事由別勤続年数支給率については，別表1の通りとする。

3　管理職の課長職以上は，資格給がないため一律に初級資格給として130,000円とする。

4　勤続年数に応じて，支給金額一定の金額を加算するが，11年以上または21年以上の2区分とする。

（退職金支給率）

第6条　退職金支給率は，次の区分による別表1の通りとする。

　1　Aの支給率に該当する者
　　(1)　定年退職の者
　　(2)　業務上の事由で死亡した者
　　(3)　業務上の負傷疾病で職務に堪えられず退職した者
　2　Bの支給率に該当する者
　　　会社都合により解雇された者
　3　Cの支給率に該当する者
　　　自己都合により退職した者

（勤続年数の算定）

第7条　勤続年数の算定は次の通りとする。

　(1)　雇用の日より起算し解雇，退職または死亡の日までとし，1カ月未満は切り捨てるものとする。
　　　なお，勤続1年とは，1カ年労働日数の80％以上出勤した事実を言う。
　(2)　次の期間は勤続年数に通算する。
　　ア　就業規則，または労働協約に定める休職期間
　　イ　社命により他に勤務した期間
　　ウ　試用期間
　(3)　次の期間は勤続年数に通算しない。
　　ア　公職選挙法によって選出された議員の休職期間
　　イ　刑事訴訟法によって起訴された休職期間
　　ウ　育児休業期間中

（功労金の処置）

第8条　会社は退職者の在職中における業績貢献度，技量抜群，勤務態度の優秀度などを評価し，所定の支給額に増額し功労金として支給することがある。
　　その金額については，退職者によってその都度決定する。

（支給時期）

第9条　退職金は退職の日から2週間以内に支給する。

（退職金共済契約との関係）

第10条　1　会社は退職金の支給を確実にするために，社員を被共済者として中小企業退職金共済事業団（以下事業団という）退職金共済契約を締結する。
　2　退職金共済契約の掛金の月額は別契約書の通りとし，毎年4月に調整する。

（退職金支給との関係）

第11条　事業団から支給される退職金の額が第5条の算定方式によって算出された額より少ない場

合は，その差額を会社が直接支給し，事業団から支給される退職金額が多い場合は，その額を本人の退職金とする。

（事業団への請求）

第12条　事業団から支給される退職金は，社員の請求によって事業団が支給する。

（受給者の順位）

第13条　1　この規程による退職金は，本人に支給するものとし，本人が死亡した場合は，遺族に支給する。

　　　　2　この規程による遺族範囲及び順位については，労働基準法施行規則第42条，第43条，第45条などに準拠する。

（資格等級別固定額の見直し）

第14条　資格等級別の固定額については，平成　年を起点として3年ごとに見直しをし，会社が改定を必要と認めた場合は，改定する。

（移行措置）

第15条　1　この規程と旧規程による算定方式が異なるため，旧規程による平成3年3月31日現在における社員一人ひとりの各退職事由別の退職金支給金額は本人の権利として保障する。

　　　　2　新規程による本人の退職金支給額が，新規程実施の平成3年4月1日以降何かの事由により退職した場合に旧規程の金額を上回るまでは，旧規程による前項保証額を支払うものとする。

第16条　この規程は，関係法規の改正及び社会情勢の変化などにより必要が生じた場合は，社員代表と協議の上改正する。

附　　則

（施行期日）

第17条　この規程は，平成　年　月　日から実施する。

退職金算定方式

1. 退職金算定基礎額を『資格給』とし，勤続年数及び資格等級によって次のとおり加算する。
   (1) 勤続年数3年以上10年まで，1，2，3等級社員については資格給の金額をそのまま算定基礎額とするが，4，5等級社員についてはそれぞれ資格給2,000円，また5,000円を加算する。課長職は資格給が設定されていないため130,000円とし新たに定める。
   (2) 勤続年数11－20年までは，前期の資格給に勤続功労分を下表の通り加算する。
   (3) 勤続年数20年以上はさらに勤続加算分として，同じく下表の通り加算する。
   (4) 課長職は20年以上同額とする。

資格等級	勤続年数別支給金額表		
	3－10年	11－20年	21年以上
1等級	84,000円	89,000円 (84,000＋5,000)	92,000円 (84,000＋8,000)
2等級	86,000円	92,000円 (86,000＋6,000)	94,000円 (86,000＋8,000)
3等級	88,000円	95,000円 (88,000＋7,000)	97,000円 (88,000＋9,000)
4等級 主任職	92,000円 (90,000＋2,000)	100,000円 (92,000＋8,000)	110,000円 (92,000＋18,000)
5等級 係長職	97,000円 (92,000＋5,000)	110,000円 (92,000＋18,000)	117,000円 (92,000＋25,000)
6等級 課長職	130,000円	140,000円 (130,000＋10,000)	140,000円 (130,000＋10,000)

退職事由別勤続年数支給率

2. それぞれの等級別退職事由別支給金額については下表の通りに定める。
   (1) 支給率については，退職事由に定めるが，従来の規程どおりに『定年退職また業務上死亡，業務上の傷病による退職』を100％としての基本率とする。
   (2) 勤続年数は下表の通り，6段階とし，各段階ごとに支給率を増加させる。

退職事由別	勤続年数別支給率					
	3－10年	11－20年	21－30年	31－35年	36－38年	39年以上
定年退職 業務上死傷病	100％	100％	100％	100％	100％	100％
会社都合解雇	80％	85％	90％	95％	100％	100％
自己都合退職	60％	70％	80％	85％	90％	100％

3. その他の事項については，退職金支給規程を参照すること。

別表1－1　退職金支給額（定年・業務上）

勤続年数	資格等級 支給率	1等級	2等級 習熟職	3等級 熟練職	4等級 主任職	5等級 係長職	6等級 課長職
3	3.00	252,000	258,000	264,000	276,000	291,000	390,000
4	3.50	294,000	301,000	308,000	322,000	339,500	455,000
5	4.10	344,400	352,600	360,800	377,200	397,700	533,000
6	4.80	403,200	412,800	422,400	441,600	465,600	624,000
7	5.60	470,400	481,600	492,800	515,200	543,200	728,000
8	6.40	537,600	550,400	563,200	588,800	620,800	832,000
9	7.20	604,800	619,200	633,600	662,400	698,400	936,000
10	8.00	672,000	688,000	704,000	736,000	776,000	1,040,000
11	10.00	890,000	920,000	950,000	1,000,000	1,100,000	1,400,000
12	12.30	1,094,700	1,131,600	1,168,500	1,230,000	1,353,000	1,722,060
13	14.60	1,299,400	1,343,200	1,387,000	1,460,000	1,606,000	2,044,000
14	16.90	1,504,100	1,554,800	1,605,500	1,690,000	1,859,000	2,366,020
15	19.20	1,708,800	1,766,400	1,824,000	1,920,000	2,112,000	2,688,000
16	21.50	1,913,500	1,978,000	2,042,500	2,150,000	2,365,000	3,010,000
17	23.80	2,118,200	2,189,600	2,261,000	2,380,000	2,618,000	3,332,000
18	26.10	2,322,900	2,401,200	2,479,500	2,610,000	2,871,000	3,654,000
19	28.40	2,527,600	2,612,800	2,698,000	2,840,000	3,124,000	3,976,000
20	30.70	2,732,300	2,824,400	2,916,500	3,070,000	3,377,000	4,298,000
21	33.00	3,036,000	3,102,000	3,201,000	3,630,000	3,861,000	4,620,000
22	35.50	3,266,000	3,337,000	3,443,500	3,905,000	4,135,500	4,970,000
23	38.00	3,496,000	3,572,000	3,686,000	4,180,000	4,446,000	5,320,000
24	40.50	3,726,000	3,807,000	3,928,500	4,455,000	4,738,500	5,670,000
25	43.00	3,956,000	4,042,000	4,171,000	4,730,000	5,031,000	6,020,000
26	46.00		4,324,000	4,462,000	5,060,000	5,382,000	6,440,000
27	49.00		4,606,000	4,753,000	5,390,000	5,733,000	6,860,000
28	52.00		4,888,000	5,044,000	5,720,000	6,084,000	7,280,000
29	55.00		5,170,000	5,335,000	6,050,000	6,435,000	7,700,000
30	58.00		5,452,000	5,626,000	6,380,000	6,786,000	8,120,000
31	61.00			5,917,000	6,710,000	7,137,000	8,540,000
32	64.00			6,208,000	7,040,000	7,488,000	8,960,000
33	64.50			6,256,500	7,095,000	7,546,500	9,030,000
34	65.00			6,305,000	7,150,000	7,605,000	9,100,000
35	65.50			6,353,500	7,205,000	7,663,500	9,170,000
36	66.00			6,402,000	7,260,000	7,722,000	9,240,000
37	66.50				7,315,000	7,780,500	9,310,000
38	67.00				7,370,000	7,839,500	9,380,000
39	67.50				7,425,000	7,897,500	9,450,000
40	68.00				7,480,000	7,956,000	9,520,000

別表1－2　退職金支給額（会社都合）

勤続年数	資格等級 支給率	1等級	2等級 習熟職	3等級 熟練職	4等級 主任職	5等級 係長職	6等級 課長職
3	2.40	201,600	206,400	211,200	220,800	232,800	312,000
4	2.80	235,200	240,800	246,400	257,600	271,600	364,000
5	3.28	275,520	282,080	288,640	301,760	318,160	426,000
6	3.84	322,560	330,240	337,920	353,280	372,480	499,200
7	4.48	376,320	385,280	394,240	412,160	434,560	582,400
8	5.12	430,080	440,320	450,560	471,040	496,640	665,600
9	5.76	483,840	495,360	506,880	529,920	558,720	748,800
10	6.40	537,600	550,040	563,200	588,800	620,800	832,000
11	8.50	756,500	782,000	807,500	850,000	935,000	1,190,000
12	10.46	930,940	962,320	993,700	1,046,000	1,150,600	1,464,400
13	12.41	1,104,490	1,141,720	1,178,950	1,241,000	1,365,100	1,737,400
14	14.37	1,278,930	1,322,040	1,365,150	1,437,000	1,580,700	2,011,800
15	16.32	1,452,480	1,501,440	1,550,400	1,632,000	1,795,200	2,284,800
16	18.28	1,626,920	1,681,760	1,736,600	1,828,000	2,010,800	2,559,200
17	20.23	1,800,470	1,861,160	1,921,850	2,023,000	2,225,300	2,832,200
18	22.19	1,974,910	2,041,480	2,108,050	2,219,000	2,440,900	3,106,600
19	24.14	2,148,460	2,220,880	2,293,300	2,414,000	2,655,400	3,379,600
20	26.10	2,322,900	2,401,200	2,479,500	2,610,000	2,871,000	3,654,000
21	29.70	2,732,400	2,791,800	2,880,900	3,267,000	3,474,900	4,158,000
22	31.95	2,939,400	3,003,300	3,099,150	3,514,500	3,738,150	4,473,000
23	34.20	3,146,400	3,214,800	3,317,400	3,762,000	4,001,400	4,788,000
24	36.45	3,353,400	3,426,300	3,535,650	4,009,500	4,265,000	5,103,000
25	38.70	3,560,400	3,637,800	3,753,900	4,257,000	4,527,900	5,418,000
26	41.40		3,891,600	4,015,800	4,554,000	4,843,800	5,796,000
27	44.10		4,145,400	4,277,700	4,851,000	5,159,700	6,174,000
28	46.80		4,399,200	4,539,600	5,148,000	5,475,600	6,552,000
29	49.50		4,653,000	4,801,500	5,445,000	5,791,500	6,930,000
30	52.20		4,906,800	5,063,400	5,742,000	6,107,400	7,308,000
31	57.95			5,621,150	6,374,500	6,780,150	8,113,000
32	60.80			5,897,600	6,688,000	7,113,600	8,512,000
33	61.28			5,944,160	6,740,800	7,169,760	8,579,200
34	61.75			5,989,750	6,792,500	7,224,750	8,645,000
35	62.23			6,036,310	6,845,300	7,280,910	8,712,200
36	66.00			6,402,000	7,260,000	7,722,000	9,240,000
37	66.50				7,315,000	7,780,500	9,310,000
38	67.00				7,370,000	7,839,000	9,380,000
39	67.50				7,425,000	7,897,500	9,450,000
40	68.00				7,480,000	7,956,000	9,520,000

別表1－3　退職金支給額（自己退職）

勤続年数	資格等級 支給率	1等級	2等級 習熟職	3等級 熟練職	4等級 主任職	5等級 係長職	6等級 課長職
3	1.80	151,200	154,800	158,400	165,600	174,600	234,000
4	2.10	176,400	180,600	184,800	193,200	203,700	273,000
5	2.46	206,640	211,560	216,480	226,320	238,620	319,800
6	2.88	241,920	247,680	253,440	264,960	279,360	374,400
7	3.36	282,240	288,960	295,680	309,120	325,920	436,800
8	3.84	322,560	330,240	337,920	353,280	372,480	499,200
9	4.32	362,880	371,520	380,160	397,440	419,040	561,600
10	4.80	403,200	412,800	422,400	441,600	465,600	624,000
11	7.00	623,000	644,000	665,000	700,000	770,000	980,000
12	8.61	766,290	792,120	817,950	861,000	947,100	1,205,400
13	10.22	909,580	940,240	970,900	1,022,000	1,124,200	1,430,800
14	11.83	1,052,870	1,088,360	1,123,850	1,183,000	1,301,300	1,656,200
15	13.44	1,196,160	1,236,480	1,276,800	1,344,000	1,478,400	1,881,600
16	15.05	1,339,450	1,384,600	1,429,750	1,505,000	1,655,500	2,107,000
17	16.66	1,482,740	1,532,720	1,582,700	1,666,000	1,832,600	2,332,400
18	18.27	1,626,030	1,680,840	1,735,650	1,827,000	2,009,700	2,557,800
19	19.88	1,769,320	1,828,960	1,888,600	1,988,000	2,186,600	2,783,200
20	21.49	1,912,610	1,977,080	2,041,550	2,149,000	2,363,900	3,008,600
21	26.40	2,428,800	2,481,600	2,560,800	2,904,000	3,088,800	3,696,000
22	28.40	2,612,800	2,669,600	2,754,800	3,124,000	3,322,800	3,976,000
23	30.40	2,796,800	2,857,600	2,948,800	3,344,000	3,556,800	4,256,000
24	32.40	2,980,800	3,045,600	3,142,800	3,564,000	3,790,800	4,536,000
25	34.40	3,164,800	3,233,600	3,336,800	3,784,000	4,024,800	4,816,000
26	36.80		3,459,200	3,569,600	4,048,000	4,305,600	5,152,000
27	39.20		3,684,800	3,802,400	4,312,000	4,586,400	5,488,000
28	41.60		3,910,400	4,035,200	4,576,000	4,867,200	5,824,000
29	44.00		4,136,000	4,268,000	4,840,000	5,148,000	6,160,000
30	46.40		4,361,600	4,500,800	5,104,000	5,428,800	6,496,000
31	51.85			5,029,450	5,703,500	6,066,450	7,259,000
32	54.40			5,276,800	5,984,000	6,364,800	7,616,000
33	54.83			5,318,510	6,031,300	6,415,100	7,676,200
34	55.25			5,359,250	6,077,500	6,464,250	7,735,000
35	55.68			5,400,960	6,124,800	6,514,560	7,795,200
36	59.40				6,534,000	6,949,800	8,316,000
37	59.85				6,583,500	7,002,450	8,379,000
38	60.30				6,633,000	7,055,100	8,442,000
39	67.50				7,425,000	7,897,500	9,450,000
40	68.00				7,480,000	7,956,000	9,520,000

別表1−4　退職金支給額（定年・業務上）

勤続年数	資格等級 支給率	7等級 次長職	8等級 部長・工場長職	勤続年数	資格等級 支給率	7等級 次長職	8等級 部長・工場長職
3	3.00	435,000	465,000	26	46.00	7,820,000	8,740,000
4	3.50	507,500	542,500	27	49.00	8,330,000	9,310,000
5	4.10	594,500	635,500	28	52.00	8,840,000	9,880,000
6	4.80	696,000	744,000	29	55.00	9,350,000	10,450,000
7	5.60	812,000	868,000	30	58.00	9,860,000	11,020,000
8	6.40	928,000	992,000				
9	7.20	1,044,000	1,116,000	31	61.00	10,370,000	11,590,000
10	8.00	1,160,000	1,240,000	32	64.00	10,880,000	12,160,000
				33	64.50	10,965,000	12,255,000
11	10.00	1,600,000	1,750,000	34	65.00	11,050,000	12,350,000
12	12.30	1,968,000	2,152,500	35	65.50	11,135,000	12,445,000
13	14.60	2,336,000	2,555,000				
14	16.90	2,704,000	2,957,500	36	66.00	11,220,000	12,540,000
15	19.20	3,072,000	3,360,000	37	66.50	11,305,000	12,635,000
16	21.50	3,440,000	3,762,500	38	67.00	11,390,000	12,730,000
17	23.80	3,808,000	4,165,000	39	67.50	11,475,000	12,825,000
18	26.10	4,176,000	4,567,500	40	68.00	11,560,000	12,920,000
19	28.40	4,544,000	4,970,000				
20	30.70	4,912,000	5,372,500				
21	33.00	5,610,000	6,270,000				
22	35.50	6,035,000	6,745,000				
23	38.00	6,460,000	7,220,000				
24	40.50	6,885,000	7,695,000				
25	43.00	7,310,000	8,170,000				

算定方式

勤続年数	次長職 相当職	部長・工場長職
3−10年	145,000	155,000
11−20年	160,000	175,000
21年以上	170,000	190,000

別表1－5　退職金支給額（会社都合）

勤続年数	資格等級 支給率	7等級 次長職	8等級 部長・工場長職	勤続年数	資格等級 支給率	7等級 次長職	8等級 部長・工場長職
3	2.40	348,000	372,000	26	41.40	7,038,000	7,866,000
4	2.80	406,000	434,000	27	44.10	7,497,000	8,379,000
5	3.28	475,600	508,400	28	46.80	7,956,000	8,892,000
6	3.84	556,800	595,200	29	49.50	8,415,000	9,405,000
7	4.48	649,600	694,400	30	52.20	8,874,000	9,918,000
8	5.12	742,400	793,600				
9	5.76	835,200	892,800	31	57.95	9,851,500	11,010,500
10	6.40	928,000	992,000	32	60.80	10,336,000	11,552,000
				33	61.28	10,417,600	11,643,200
11	8.50	1,360,000	1,487,500	34	61.75	10,497,500	11,732,500
12	10.46	1,673,600	1,830,500	35	62.23	10,579,100	11,823,700
13	12.41	1,985,600	2,171,750				
14	14.37	2,299,200	2,514,750	36	66.00	11,220,000	12,540,000
15	16.32	2,611,200	2,856,000	37	66.50	11,305,000	12,635,000
16	18.28	2,924,800	3,199,000	38	67.00	11,390,000	12,730,000
17	20.23	3,236,800	3,540,250	39	67.50	11,475,000	12,825,000
18	22.19	3,550,400	3,883,250	40	68.00	11,560,000	12,920,000
19	24.14	3,862,400	4,224,500				
20	26.10	4,176,000	4,567,500				
21	29.70	5,049,000	5,643,000				
22	31.95	5,431,500	6,070,500				
23	34.20	5,814,000	6,498,000				
24	36.45	6,196,500	6,925,500				
25	38.70	6,579,000	7,353,000				

算定方式

勤続年数	次長職相当職	部長・工場長職
3－10年	145,000	155,000
11－20年	160,000	175,000
21年以上	170,000	190,000

別表1－6　退職金支給額（自己退職）

勤続年数	資格等級 支給率	7等級 次長職	8等級 部長・工場長職	勤続年数	資格等級 支給率	7等級 次長職	8等級 部長・工場長職
3	1.80	261,000	279,000	26	36.80	6,256,000	6,992,000
4	2.10	304,500	325,500	27	39.20	6,664,000	7,448,000
5	2.46	356,700	381,300	28	41.60	7,072,000	7,904,000
6	2.88	417,600	446,400	29	44.00	7,480,000	8,360,000
7	3.36	487,200	520,800	30	46.40	7,888,000	8,816,000
8	3.84	556,800	595,200				
9	4.32	626,400	669,600	31	51.85	8,814,500	9,851,500
10	4.80	696,000	744,000	32	54.40	9,248,000	10,336,000
				33	54.83	9,321,100	10,417,700
11	7.00	1,120,000	1,225,000	34	55.25	9,392,500	10,497,500
12	8.61	1,377,600	1,506,750	35	55.68	9,465,600	10,579,200
13	10.22	1,635,200	1,788,500				
14	11.83	1,892,800	2,070,250	36	59.40	10,098,000	11,286,000
15	13.44	2,150,400	2,352,000	37	59.85	10,174,500	11,371,500
16	15.05	2,408,000	2,633,750	38	60.30	10,251,000	11,457,000
17	16.66	2,665,600	2,915,500	39	67.50	11,475,000	12,825,000
18	18.27	2,923,200	3,197,250	40	68.00	11,560,000	12,920,000
19	19.88	3,180,800	3,479,000				
20	21.49	3,438,400	3,760,750				
21	26.40	4,488,000	5,016,000				
22	28.40	4,828,000	5,396,000				
23	30.40	5,168,000	5,776,000				
24	32.40	5,508,000	6,156,000				
25	34.40	5,848,000	6,536,000				

算定方式

勤続年数	次長職相当職	部長・工場長職
3－10年	145,000	155,000
11－20年	160,000	175,000
21年以上	170,000	190,000

実例74 退職金支給規程

中退金併用

（ＴＰ電子，電子部品製造・従業員90人）

第1条　従業員が1年以上勤続して退職したときは，この規程により退職金を支給する。

第2条　退職金は，従業員の退職時の基本総月額に，別表第1に定める勤続期間に応じた支給率を乗じて得た額とする。

第3条　会社都合（業務上の傷病を含む）または10年以上勤続して定年に達したことにより退職した場合には，前条の規定によって算出した額の3割以内を増額支給する。

第4条　この規程による退職金の支給を一層確実にするために，会社は，従業員を被共済者として中小企業退職金共済事業団（以下「事業団」という。）と退職金共済契約を締結する。

第5条　退職金共済契約の掛金の月額は，別表第2のとおりとし，毎年4月に調整する。

第6条　新たに雇い入れた従業員については，見習期間を経過し，本採用となった月に事業団と退職金共済契約を締結する。

第7条　事業団から支給される退職金の額が第2条および第3条の規定によって算出された額より少ないときは，その差額を会社が直接支給し，事業団から支給される額が多いときは，その額を本人の退職金の額とする。

第8条　事業団から支給される退職金は，従業員の請求によって，事業団が支給する。

第9条　従業員が懲戒解雇を受けた場合には，退職金を減額することができる。この場合，事業団から支給される退職金については，その減額を申出ることがある。

第10条　第2条および第3条の勤続期間の計算は，本採用となった月から退職発令の月までとし，1年に満たない端数は，5カ月以下は切捨て，6カ月以上は1年とする。

第11条　休職期間および業務上の負傷または疾病以外の理由による欠勤が6カ月をこえた期間は，勤続年数に算入しない。

第12条　この規程による退職金は，本人に支給するものとし，本人が死亡した場合は，遺族に支給する。

第13条　この規程は，関係法規の改正および社会事情の変化などにより必要がある場合には，従業員代表と協議のうえ改廃することができる。

付　則

1　この規程は，平成　年　月　日から実施する。

別表第1　退職金支給率

勤続年数	支給率	勤続年数	支給率	勤続年数	支給率
1年	0.5	11	6.5	21	16.5
2	0.7	12	7.5	22	17.5
3	1.5	13	8.5	23	18.5
4	2.0	14	9.5	24	19.5
5	2.5	15	10.5	25	21.0
6	3.0	16	11.5	26	22.0
7	3.5	17	12.5	27	23.0
8	4.0	18	13.5	28	24.0
9	4.5	19	14.5	29	25.0
10	5.5	20	15.5	30	26.0

（注）　30年をこえる年数1年をますごとに1.0を加える。

別表第2　掛金月表

基本給月額	掛金月額
150,000円未満	5,000円
150,000円以上200,000円未満	7,000円
200,000円以上250,000円未満	10,000円
250,000円以上	14,000円

実例75 退職金規程

中退金併用

（MTスーパー，小売業・従業員60人）

（適用範囲）
第1条　この規程は，就業規則第　条に基づき従業員の退職金について定めたものである。
　②　この規程による退職金制度は，会社に雇用され勤務するすべての従業員に適用する。ただし，勤続年数1年未満の者またはパートタイマー若しくは日雇その他の臨時職員については本規程を適用しない。

（支給額その1）（A欄）
第2条　従業員が次の事由により退職する場合は，退職時における基本給の月額に勤続年数に応じて別表の支給基準率のA欄に定める率を乗じて算出した退職金を支給する。
　　1　死　亡
　　2　業務上の事由による傷病
　　3　やむを得ない業務上の都合による解雇
　　4　定　年

（支給額その2）（B欄）
第3条　従業員が次の事由により退職する場合は，退職時における基本給の月額に勤続年数に応じて別表の支給基準率のB欄に定める率を乗じて算出した退職金を支給する。
　　1　自己都合
　　2　業務外の事由による傷病
　　3　就業規則第　条第　号から第　号までの事由による解雇

（退職金の不支給・減額）
第4条　次の各号の一に該当する者については，退職金を支給しない。ただし，事情により支給額を減額して支給することがある。
　　1　就業規則第　条に定める懲戒規定に基づき懲戒解雇された者
　　2　退職後，支給日までの間において在職中の行為につき懲戒解雇に相当する事由が発見された者

（勤続年数の算出）
第5条　勤続年数は入社日から起算し，退職の日までとする。
　②　勤続年数の1年未満の端数は月割りで計算し，1カ月未満の日数は切り捨てる。
　③　就業規則第　条による試用期間中は勤続年数に算入する。
　④　就業規則第　条第　号の出向による休職期間は，勤続年数に算入し，その他の休職期間は勤続年数に算入しない。

(金額の端数計算)
第6条　退職金の最終計算において，円未満の端数があるときはこれを切り上げる。
(支払の時期および方法)
第7条　退職金の支給は退職または解雇の日から30日以内にその全額を通貨で支払う。ただし，従業員の同意があるときは口座振込み又は金融機関振出しの小切手等により支払うことがある。
(退職慰労金)
第8条　在職中に勤務成績が優秀であった者，および特に功労のあった者に対しては慰労金を支給することがある。
　　　なおその額についてはその都度定める。
(受給権者)
第9条　従業員が死亡した場合の退職金又は退職慰労金は，死亡当時，本人の収入により生計を維持していた遺族に支給する。
　　②　前項の遺族の範囲および支給順位については，労働基準法施行規則第42条から第45条の定めるところを準用する。
(退職金共済契約の適用)
第10条　賃金の支払の確保等に関する法律により退職手当の保全措置を要しないものとされる，中小企業退職金共済法による退職金共済契約等に基づいて，退職金の支給をうける場合には，その金額を第2条又は第3条に定める退職金の額より控除するものとする。

付　　則

1　この規程は平成　年　月　日から改定実施する。
2　この規程を改廃する場合には，従業員代表者の意見を聞いて行う。

別表　退職金支給基準率表

勤続年数	支給基準率 A	支給基準率 B	勤続年数	支給基準率 A	支給基準率 B
1	0.25	0	21	24.0	19.2
2	0.5	0	22	25.0	20.0
3	1.0	0.7	23	26.0	20.8
4	2.0	1.4	24	27.0	21.6
5	3.0	2.1	25	28.0	22.4
6	4.0	2.8	26	29.0	24.6
7	5.0	3.5	27	30.0	25.5
8	6.0	4.2	28	31.0	26.4
9	7.0	4.9	29	32.0	27.2
10	8.0	6.0	30	33.0	28.1
11	9.5	7.1	31	33.5	28.6
12	11.0	8.3	32	34.0	29.1
13	12.5	9.4	33	34.5	29.6
14	14.0	10.5	34	35.0	30.1
15	15.5	11.6	35	35.0	30.6
16	17.0	13.6	36	36.0	31.1
17	18.5	14.8	37	36.5	31.6
18	20.0	16.0	38	37.0	32.1
19	21.5	17.2	39	37.5	32.6
20	23.0	18.4	40	38.0	33.1

勤続41年以上は勤続1年増すごとに支給率0.3を加算する。

実例76

退職金支給規程

中退金併用

（ＡＴメタル，貴金属製品販売・従業員40人）

（総　則）
第1条　この規程は就業規則第　条により，従業員の退職金支給について定めたものである。
　　　ただし，嘱託・臨時雇・パートタイマー・アルバイトには適用しない。
（適用の範囲）
第2条　退職金の支給を受けるものは，本人またはその遺族で，会社が正当と認めたものとする。
　　2　死亡による退職金は労働基準法施行規則第42条ないし第45条の遺族補償の順位にしたがって支給する。
（支給範囲）
第3条　退職金は勤続1年以上の従業員が退職または死亡したときに支給する。
（勤続年数の計算）
第4条　この規則における勤続年数の計算は，入社の日より退職日（死亡退職の場合は死亡日）までとし，1年未満の端数は月割りで計算し，1カ月未満の日数は切り捨てる。
　　　ただし，
　　　① 就業規則第　条による試用期間中は勤続年数に算入する。
　　　② 就業規則第　条による休職期間中は勤続年数に算入しない。
（端数処理）
第5条　退職金の支給計算において，100円未満の端数を生じたときは，100円単位に切り上げる。
（退職金計算の基礎額）
第6条　退職金支給の計算基礎額は，退職時の基本給とする。
（退職金支給基準）
第7条　退職金は前条の計算基礎額に，別表①の勤続年数による支給率を乗じて算出した金額を基準とする。
（退職事由と支給率①）
第8条　従業員の退職事由が，次の各号に該当する場合は，前条の基準額の120％を支給する。
　　　① 業務上の傷病で退職する場合
　　　② 業務上の死亡の場合
（退職事由と支給率②）
第9条　従業員の退職事由が，次の各号に該当する場合は，第30条の基準額の100％を支給する。
　　　① 定年による退職の場合
　　　② 在職中に死亡の場合

③　私傷病による退職の場合
④　会社都合による退職の場合
⑤　休職満了による解雇の場合

（退職事由と支給率③）
第10条　従業員が自己の都合により退職する場合は，勤続年数に応じて，次の各号のとおりとする。
　　　　①　勤続1年未満　　　　　　　　　0％
　　　　②　勤続1年以上5年未満　　　　　60％
　　　　③　勤続5年以上10年未満　　　　 70％
　　　　④　勤続10年以上15年未満　　　　80％
　　　　⑤　勤続15年以上20年未満　　　　90％
　　　　⑥　勤続20年以上　　　　　　　　100％

（無支給もしくは減額支給）
第11条　従業員が就業規則第　条の懲戒解雇に該当するときは退職金を支給しない。
　　　ただし，情状によって前条以下を減じて支給することがある。

（特別退職金の加給）
第12条　従業員が在職中，とくに功労のあった者と認められるときは，第8条～第10条の規定による退職金の外に特別退職金を加給することがある。

（中小企業退職金共済制度に加入）
第13条　この規程による退職金を一層確実にするために，会社は従業員を被共済者として，中小企業退職金共済事業団（以下「中退金」という）と退職金共済契約を締結する。

（中退金との関係）
第14条　第8条ないし第10条の退職金支給額は，第14条の中退金より支給される額を差引いた額とする。ただし，第8条ないし第10条の退職金支給額より，中退金の支給額が多い場合は，その額を本人の退職金とする。
　　2　前項の毎月の掛金は別表②のとおりとする。

（退職金の支給期日）
第15条　退職金は退職の日より2週間以内に支給する。
　　　ただし，第13条関係は中退金より支給される日とする。

付　　則

　　この規程は平成　年　月より施行する。

別表①　退職金支給率

勤続年数	支給率	勤続年数	支給率	勤続年数	支給率
1	0.8	13	11.6	25	28.2
2	1.5	14	12.8	26	29.8
3	2.2	15	14.0	27	31.4
4	3.0	16	15.2	28	33.2
5	3.8	17	16.4	29	35.0
6	4.6	18	17.8	30	36.8
7	5.4	19	19.2	31	38.6
8	6.4	20	20.6	32	40.4
9	7.4	21	22.0	33	42.4
10	8.4	22	23.4	34	44.4
11	9.4	23	25.0	35	46.4
12	10.4	24	26.6	36	48.4

(注)　① 勤続36年以上は1年につき乗率1.0を加算する。
　　　② 勤続40年、51.4を以って最高とする。

別表②　掛金月額表

基　本　勤　続　年　数	掛　　金　　月　　額
3年未満	5,000円
3年以上7年未満	7,000円
8年以上15年未満	10,000円
15年以上25年未満	14,000円
25年以上	18,000円

実例77 退職金支給規程

中退金併用の場合

（SKランドリー，クリーニング・従業員30人）

（適用範囲）
第1条 この規程は，就業規則第 条により社員が1年以上勤続して退職したときは，この規程により退職金を支給する。

（算定基礎額・支給率）
第2条 退職金は，従業員の退職時の基本給月額に，別表1に定める勤続期間に応じた支給率を乗じて得た額とする。

（会社都合等退職金）
第3条 会社都合（業務上の傷病を含む）または10年以上勤務した定年に達したことにより退職した場合には，前条の規定によって算出した額の3割以内を増額支給する。

（中退金と共済契約）
第4条 この規程による退職金の支給を一層確実にするために，会社は，社員を被共済者として中小企業退職金共済事業団（以下「事業団」という。）と退職金共済契約を締結する。

（掛金の調整）
第5条 退職金共済契約の掛金の月額は，別表2のとおりとし，毎年7月に調整する。

（新規採用者の契約）
第6条 新たに雇い入れた社員については，見習期間を経過し，本採用となった月に事業団と退職金共済契約を締結する。

（退職金額の調整）
第7条 事業団から支給される退職金の額が第2条および第3条の規程によって算出された額より少ないときに，その差額を会社が直接支給し，事業団から支給される額が多いときは，その額を本人の退職金の額とする。

（支給方法）
第8条 事業団から支給される退職金は，社員の請求によって，事業団が支給する。

（退職金の減額）
第9条 社員が懲戒解雇を受けた場合には，退職金を減額することができる。
　　　この場合，事業団から支給される退職金については，その減額を申出ることがある。

（勤続期間の計算）
第10条 第2条および第3条の勤続期間の計算は，本採用となった月から退職発令の月までとし，1年に満たない端数は，5カ月以下は切り捨て，6カ月以上は1年とする。

（勤続期間不算入）

第11条　休職期間および業務上の負傷または疾病以外の理由による欠勤が6カ月を超えた期間は，勤続年数に算入しない。
（受給者）
第12条　この規程による退職金は，本人に支給するものとし，本人が死亡した場合は，遺族に支給する。
　2　遺族の支給範囲は，労働基準法第42条より第45条の順位による。
（会社からの支給時期および方法）
第13条　会社から支給する分は，本人退職後1カ月以内とする。
　2　支給方法は通貨とする。ただし，本人の同意のある場合は金融機関の本人名義の口座に振込むことがある。
（規程の改廃）
第14条　この規程は，関係法規の改正および社会事情の変化などにより必要がある場合には，社員代表と協議のうえ改廃することができる。

附　則

（施　行）
第15条　この規程は，平成　年　月　日から施行する。

別表1　退職金支給率

勤続年数	支給率	勤続年数	支給率	勤続年数	支給率
1年	0.5	11	6.7	21	20.8
2	0.8	12	7.9	22	22.6
3	1.5	13	9.1	23	24.4
4	2.0	14	10.3	24	26.2
5	2.5	15	11.5	25	28.0
6	3.0	16	13.0	26	29.6
7	3.5	17	14.5	27	31.4
8	4.0	18	16.0	28	33.2
9	4.5	19	17.5	29	35.0
10	5.5	20	19.0	30	36.8

（注）　30年をこえる年数1年を増すごとに0.7を加える。

別表2　掛金月額表

基　本　給　月　額	掛金月額
150,000円未満	5,000円
150,000円以上250,000円未満	7,000円
250,000円以上350,000円未満	9,000円
350,000円以上	12,000円

退職金支給規程

中退金および企業年金併用

（AD物産，商社・従業員120人）

実例78

（総　則）
第1条　この規程は，就業規則第　条により退職金支給について定めたものである。
　　　　ただし，嘱託，臨時雇，パートタイマー，アルバイトには適用しない。

（退職金受領者）
第2条　退職金の支給を受ける者は，本人またはその遺族で，会社が正当と認めた者とする。
　　　　死亡による退職金は，労働基準法施行規則第42条ないし第45条の遺族補償の順位に従って支給する。

（支給の範囲）
第3条　退職金は勤続1年以上の社員が退職または死亡したときに支給する。

（勤続年数の計算）
第4条　この規程における勤続年数の計算は，入社の日より退職日（死亡退職の場合は死亡日）までとし，1年未満の端数は月割り計算でし，1カ月未満の日数は切り捨てる。
　　　　ただし，
　　　　①　就業規則第　条の試用期間中は勤続年数に算入する。
　　　　②　就業規則第　条により，休職期間中は原則として勤続年数に算入しない。

（端数処理）
第5条　退職金の計算において，100円未満の端数が生じたときは，100円単位に切り上げる。

（退職金計算の基礎額）
第6条　退職金の計算基礎額は，退職時の基本給とする。

（退職金支給基準）
第7条　退職金は前条の計算基礎額の基本給に，別表の支給率を乗じた額とする。

（会社都合・定年の場合）
第8条　会社の都合または10年以上勤続した者が定年で退職した場合は，前条の規定によって算出した額の30％以内を増額支給することがある。

（無支給もしくは減額支給）
第9条　社員が就業規則第　条第　号の懲戒解雇に該当するときは，所轄の労働基準監督署長の認定を受けて退職金を支給しない。
　　　　ただし，情状によって第7条の支給額を減じて支給することがある。

（役員就任の場合）
第10条　社員より会社役員になった場合，役員に選任された日をもって退職したものとして取扱う。

ただし，この場合は第8条を適用する。
（退職金支給期日）
第11条　退職金は，退職の日より2週間以内に支給する。
（中退金との関係）
第12条　この規程による退職金の支給を一層確実にするために，会社は社員を被共済者として中小企業退職金共済事業団に退職共済契約して（昭和　年　月　日契約・以下「中退金」という。）加入する。
（適格年金との関係）
第13条　前条のほかに，会社は別に定める「退職年金規定」による適格年金（ぞくに「企業年金」と呼ばれている。）を，ＭＧ生命相互会社との間に，社員を被保険者および受給権者として協定を締結する（以下「適格年金」という。）これに要する掛金は会社負担とする（昭和　年　月　日協定）。
（退職金支給額）
第14条　第7条および第8条の退職金の支給額は，第12条の「中退金」支給額および第13条の「適格年金」支給額の原資相当額あるいは退職一時金を差引いた額とする。
　　ただし，「中退金」および「適格年金」の支給額が，第7条および第8条の算出の支給額よりも，その額が多いときはその額を本人の退職金とする。
（施　　行）
第15条　この規程は昭和　年　月　日より施行する。

別表　退職金支給率

勤続	支給率	勤続	支給率
1	0.6	21	16.2
2	1.2	22	17.4
3	1.8	23	18.6
4	2.4	24	19.8
5	3.0	25	21.0
6	3.6	26	22.2
7	4.2	27	23.4
8	4.8	28	24.6
9	5.4	29	25.8
10	6.0	30	27.0
11	6.9	31	28.1
12	7.8	32	29.2
13	8.7	33	30.3
14	9.6	34	31.4
15	10.5	35	32.5
16	11.4	36	33.6
17	12.3	37	34.7
18	13.2	38	35.8
19	14.1	39	36.9
20	15.0	40	38.0

（1～10：0.6ずつ増、11～20：0.9ずつ増、21～30：1.2ずつ増、31～40：1.1ずつ増）

実例79 退職金規定

特退共併用

（SWプレス，金属製品製造・従業員50人）

（目　的）
第1条　従業員が退職したときは，この規定によって退職一時金を支給する。
　　　　日々雇い入れる者には，これを支給しない。ただし，常勤嘱託については，この規定を準用することがある。

（退職一時金の計算基礎）
第2条　退職一時金は，退職時の基本給（月額），日給者は基本給の23日分を計算の基礎とし，勤続年数および退職事由別によって支給する。

第3条　つぎの各号の1つに該当する場合には，会社都合によって計算した額とする。（別表1）
　　1　定年により退職した者
　　2　死亡
　　3　会社都合（企業の整備，合理化，縮小，閉鎖）によって解雇，またはこれにより希望退職した者
　　4　傷病のため勤務に堪えず退職した者
　　5　当社の役員に就任したため退職した者

（自己都合の場合）
第4条　自己都合により退職した者および第3条による退職者を除き解雇された者に対しては，自己都合によって計算した額とする。（別表2）

（退職金共済契約）
第5条　この規定による退職金支給のために，会社は東京商工会議所との間に，日々雇い入れる者を除き，すべての従業員を被共済者として，退職金共済契約を締結する。

（新採用者の退職金共済契約の時期）
第6条　新たに採用された従業員については，試用期間が終り，本採用となる月の前月に東京商工会議所に退職金共済契約の申し込みをおこなう。
　　　　この者は，申し込みをした翌月の1日から東京商工会議所特定退職金共済制度の被共済者となる。

（掛　金）
第7条　退職金共済契約の掛金は，次の通りとする。

〔掛金額表〕

本人給100,000円未満の者	月額 5,000円
本人給100,000円以上150,000円未満の者	月額 8,000円
本人給150,000円以上200,000円未満の者	月額10,000円
本人給200,000円以上300,000円未満の者	月額15,000円
本人給300,000円以上の者	月額20,000円

（掛金増口の時期）
第8条　掛金増口の時期は，毎月1日とする。
第9条　退職一時金は，当該従業員が退職したとき退職金共済から支払われる。
　（不足額の支給）
第10条　退職金共済から支払われる退職一時金の額が，第3条，第4条の定めるところによって計算された額に満たない場合には，会社はその不足額を別途支給するものとする。
　　　なお，退職金共済から支給される額の方が多い場合には，その額をもって，当該従業員の退職一時金とする。
（減額支給）
第11条　つぎの各号に該当する者については，東京商工会議所に退職一時金の全部または一部の減額を申し出て，退職一時金の全部または一部を減額して支給する。
　　　なお，第10条に定める不足額についても，その全部または一部を減額して支給する。
　　　1　懲戒解雇された者
　　　2　在職中に懲戒解雇に該当する行為のあった者
　　　3　会社の不利益をはかり，その意に反して退職した者
（加　　給）
第12条　在職中とくに功績のあった者には，第3条または第4条によるほか，加給することがある。永年勤続し，功績顕著な者に対しても，その都度審査して加給することがある。
（勤続期間の計算）
第13条　勤務期間の計算は，つぎの各号による。
　　　1　入社の日より起算し，退職，解雇または死亡の日までとする。
　　　2　勤続が1年に満たないときは，月により計算し，1カ月は1年の12分の1とし，15日未満は切捨て，15日以上は1カ月に切りあげる。
　　　3　休職期間は，勤続期間に計算しない。ただし，傷病による休職期間は，2分の1を勤続期間に計算する。
（従業員が死亡した場合）
第14条　従業員が死亡した場合に，権利者の要求に対しては，労働基準法施行規則第42条ないし第45条の規定を準用して，権利者の順位を定めるものとする。
（改　　廃）
第15条　この規定は，関係法規に改正があった場合，あるいは社会事情に著しい変更があった場合には従業員代表と協議の上，改廃することがある。

附　則

この規定は，平成　年　月　日より実施する。

別表1

勤続年数	本人給指数	勤続年数	本人給指数	勤続年数	本人給指数
1	0.50	11	10.56	21	21.82
2	1.32	12	11.68	22	22.97
3	2.32	13	12.80	23	24.12
4	3.32	14	13.92	24	25.27
5	4.32	15	15.04	25	26.47
6	5.32	16	16.16	26	27.67
7	6.32	17	17.28	27	28.87
8	7.32	18	18.40	28	30.07
9	8.32	19	19.52	29	31.27
10	9.44	20	20.67	30	32.77

別表2

勤続年数	本人給指数	勤続年数	本人給指数	勤続年数	本人給指数
1	0	11	8.84	21	20.04
2	0	12	9.94	22	21.24
3	0.82	13	11.04	23	22.44
4	1.64	14	12.14	24	23.64
5	2.64	15	13.24	25	24.86
6	3.64	16	14.34	26	26.08
7	4.64	17	15.44	27	27.30
8	5.64	18	16.54	28	28.52
9	6.64	19	17.64	29	29.74
10	7.74	20	18.84	30	31.00

実例80 退職金規定

特退共制度のみ

（YW電子，電子部品販売・従業員40人）

（目　的）
第1条　社員が退職した場合には，この規定により退職金を支給する。
（退職金共済契約）
第2条　会社は，次の各号に掲げる者を除き，すべての社員について東京商工会議所との間に退職金共済契約を締結する。
　　①　期間を定めて雇用される者
　　②　季節的な仕事のために雇用される者
　　③　試用期間中の者
　　④　非常勤の者
　　⑤　労働時間の特に短い者
　　⑥　休職中の者
（新採用者の退職金共済契約の時期）
第3条　新たに採用された社員については，試用期間を終り本採用となる月の前月に東京商工会議所に退職金共済契約の申し込みをおこなう。
　　　この者は，申し込みをした翌月の1日から，東京商工会議所特定退職金共済制度の被共済者となる。
（掛　金）
第4条　退職金共済契約の掛金は，基本給の額によって決定し，次の表の通りとする。

〔掛金額表〕

基本給100,000円未満の者	月額　5,000円
基本給100,000円以上150,000円未満の者	月額　8,000円
基本給150,000円以上200,000円未満の者	月額10,000円
基本給200,000円以上250,000円未満の者	月額15,000円
基本給250,000円以上300,000円未満の者	月額18,000円
基本給300,000円以上の者	月額20,000円

（掛金増口の時期）
第5条　掛金増口の時期は，毎月1日とする。
　（退職一時金の額）
第6条　退職一時金の額は，掛金の口数と納入年月数に応じ，退職金共済が算出した額とする。
　（経過措置）
第7条　この規定実施以前から勤続している者の退職一時金は，その者が本採用となった月から退職金共済契約の被共済者であるものとし，第4条の掛金を納付したものと仮定して算出された額とする。なお，この規定実施後の勤続について退職金共済から実際に支払われる金額との差額は，別途支給する。
　2　過去勤務期間の均衡を図るために過去勤務掛金の払込みを行うものとする。
　（退職一時金の減額）
第8条　従業員がその責に帰すべき次の各号の1つに該当する事由により退職した場合には，東京商工会議所に退職一時金の減額を申し出て，退職一時金を減額して支給する。
　　① 窃取，横領，傷害その他刑罰法規にふれる行為により，会社に重大な損失を加え，その名誉もしくは信用を著しく損し，または職場規律を著しく乱したこと。
　　② 秘密の漏えいその他の行為により職務上の義務に著しく違反したこと。
　　③ 正当な理由がない欠勤その他の行為により，職務規律を乱し，または雇用契約に関し著しく信義に反する行為があったこと。
　（遺族一時金）
第9条　退職金共済契約をしている従業員が死亡したときには，掛金の口数と納入の年月数に応じ，退職金共済が算出した遺族一時金を退職金共済契約の定めるところにより遺族に支給する。
　2　遺族とは労働基準法施行規則第42条より第45条を適用する。
　（年金の支給）
第10条　10年以上にわたり退職金共済に加入し退職したときは，その者に対して本人の申し出により退職一時金に代え，10年を支給期間とした年金を支給する。
　2　前項による年金受給者が，当該年金受給中に死亡した場合には，第9条に定める遺族に対して，未支払年金現価を一時金で支給する。
　（規定の改正）
第11条　この規定は，特定退職金共済に関する法規の改正その他社会情勢に変化があった場合には，従業員代表との間で協議して改正することができる。

附　　則

　この規定は，平成　　年　月　日より実施する。

実例81 退職金支給規程

特退共制度のみ

（HR商店，卸売業・従業員40人）

（東商特定退職金共済）
第1条　就業規則第　条により社員が退職したときは，この規程により退職金支給する。
　2　前項の退職金の支給は，会社が社員について東京商工会議所の東商特定退職金共済制度（以下「東商特退共」という。）との間に退職金共済契約を締結することによって行うものとする。

（適用範囲）
第2条　新たに雇い入れた社員については，試用期間を経過し，本採用となった月に東商特退共と退職金共済契約を締結する。

（掛　　金）
第3条　東商特退共退職金共済契約は，社員ごとに，職能資格等級に応じ，別表に定める掛金月額によって締結し，毎年7月に掛金を調整する。

（退職金の額）
第4条　退職金の額は，掛金月額と納付月数に応じ東商特退共に定められた額とする。

（退職金の減額）
第5条　社員が懲戒解雇を受けた場合には，東京商工会議所に退職金の減額を申出ることがある。

（退職金受給者）
第6条　この規程による退職金は本人に支給するものとし，本人が死亡した場合には，東商特退共の定めるところにより遺族に支給する。

（年金の支給）
第7条　10年以上にわたり退職金共済に加入し退職したときは，その者に対して本人の申出により退職一時金に代え，10年を支給期間とした年金を支給する。
　2　前項による年金受給者が，当該年金受給中に死亡した場合には，遺族に対して，未支払年金現価を一時金で支給する。

（過去勤務の申出）
第8条　東商特退共と退職金共済契約を締結以前より在籍する者には，過去勤務掛金を行うものとする。

（不足額支給）
第9条　東商特退共から支給される退職金の額が，第3条，第4条，第8条の計算の額に満たない場合は，会社はこの不足額を別途支給する。

（特別功労金）
第10条　在職中とくに功労のあった者には，特別功労金を加給することがある。

(改　廃)
第11条　この規程は，関係諸法規の改正および社会事情の変化などにより必要がある場合には，社員代表と協議のうえ改廃することができる。

附　則

(施　行)
第12条　この規程は，平成　年　月　日

別表　掛金月額表

職能給資格等級	掛金月額
1等級	4,000円
2等級	5,000円
3等級	7,000円
4等級	9,000円
5等級	12,000円
6等級	15,000円
7等級	20,000円

実例82

退職金支給規程

中退金制度のみの場合

（SC商店，小売業・従業員18人）

（中小企業退職金共済事業団と契約）
第1条　会社は，就業規則第　条により社員が退職したときは，この規程により退職金を支給する。
　2　前項の退職金の支給は，会社が社員について中小企業退職金共済事業団（以下「事業団」という。）との間に退職金共済契約を締結することによって行うものとする。

（適用範囲）
第2条　新たに雇い入れた社員については，試用期間を経過し，本採用となった月に事業団と退職金共済契約を締結する。

（掛　　金）
第3条　退職金共済契約は，社員ごとに，その基本給の順に応じ，別表に定める掛金月額によって締結し，毎年7月に掛金を調整する。

（退職金の額）
第4条　退職金の額は，掛金月額（別表）と掛金納付月数（略）に応じ中小企業退職金共済法に定められた額とする。

（退職金の減額）
第5条　社員が懲戒解雇を受けた場合には，事業団に退職金の減額を申出ることがある。

（退職金受給者）
第6条　この規程による退職金は本人に支給するものとし，本人が死亡した場合には，中小企業退職金共済法の定めるところにより遺族に支給する。

（経過措置）
第7条　この規程実施以前から勤続している者の退職一時金は，その者が本採用となった月から退職金共済契約の被共済者であるものとし，第4条の掛金を納付したものと仮定して算出された額とする。
　2　この規程実施後の勤続について退職金共済から実際に支払われる金額との差額は，別途支給する。

（改　　廃）
第8条　この規程は，関係諸法規の改正および社会事情の変化などにより必要がある場合には，社員代表と協議のうえ改廃することができる。

附　　則

第1条　この規程は，平成　年　月　日から実施する。

第2条　この規程の実施前から在籍している社員については，勤務年数に応じ過去勤務期間通算の申出を事業団に行うものとする。

別表　掛金月額表

基 本 給 月 額	掛金月額
100,000円未満	5,000円
100,000円以上120,000円未満	6,000円
120,000円以上150,000円未満	7,000円
150,000円以上200,000円未満	9,000円
200,000円以上250,000円未満	12,000円
250,000円以上300,000円未満	14,000円
300,000円以上400,000円未満	16,000円
400,000円以上	18,000円

# その他の退職金制度の例

実例83 早期退職特別慰労金支給規程

その他の退職金規程例

（MR化成，化学工業・従業員800人）

（目　的）
第1条　高年者対策の一環として，従業員の定年後における生活設計を早期に立てることを奨励し，その計画を助成するために，一定年齢に達した者に対し，永年勤続に対する功労に酬いるとともに，計画の奨励を行い，将来生活の安定と向上を図ることを目的とする。

（適用範囲）
第2条　独立自営または，他社へ再就職のため，50歳以上56歳未満で退職する者のうち，次の要件を満たす者に対して特別慰労金を支給する。
　　1．退職時点での勤続年数が10年以上であること。
　　2．退職が会社の意向に反しないものであること。
　　3．他社就職の場合，その就職先が関係会社でないこと。

（金　額）
第3条　特別慰労金の金額は次の通りとする。

退職時年齢	特別慰労金
50歳	（基本給＋加給）×1／2×65
51歳	〃　　　　　　　×1／2×63
52歳	〃　　　　　　　×1／2×62
53歳	〃　　　　　　　×1／2×60
54歳	〃　　　　　　　×1／2×55
55歳	〃　　　　　　　×1／2×50
56歳	〃　　　　　　　×1／2×45

（制定・改廃）
第4条　この規程の制定・改廃は人事部長が起案し社長が決定する。

付　則

　1．この規程は平成　年　月　日から実施する。
　2．平成　年　月　日改正。

その他の退職金規程例

割増退職金支給規程

実例84

(TK電鉄, 鉄道・従業員1,000人)

(目　的)
第1条　この規程は, 社員自ら転職, 独立自営の転進を希望する場合, 割増退職金を支給し, 転進の援助を図るものとする。

(支給基準)
第2条　割増退職金は, 年齢満45歳以上・勤続15年以上の社員が前条の主旨に基づき自己の選択に於て退職する場合に次の基準により支給する。

年　　齢	45～50歳	51	52	53	54	55	56
割増退職金	350万円	300	250	200	150	100	100

(勤続期間の算定)
第3条　勤続期間の算定については就業規則第　条, 退職金支給規程第　条および第　条を準用する。

(懲戒解雇者に対する取扱)
第4条　懲戒解雇により退職した者には割増退職金を支給しない。

(施　　行)
第5条　この規程は平成　年　月　日より施行する。

その他の退職金規程例

実例85 管理職退職功労金支給規定

（KN病院，病院・従業員230人）

（総　則）
第1条　管理職が退職しまたは解雇される場合はこの規定によって退職手当を支給する。
　(2)　この規定以外の取扱いについては職員退職手当支給規定を準用する。

（支給額の算式）
第2条　退職手当は基本給を基礎として計算する。
　　　　　　支給額＝基本給×勤続別支給額
　(2)　基本給は退職時のものとする
　(3)　勤続年数は年を単位とし，1年未満は1年に切上げる。
　(4)　勤続別支給率は別表（省略）による（職員退職手当規定）。

（定年退職）
第3条　管理職が定年に達して退職するときは退職時の役職区分により，次の範囲で査定した額を功労金として支給する。
　　　　　部長　　　200万円～500万円の範囲
　　　　　科・課長　100万円～250万円の範囲

（役員の功労金）
第4条　役員の功労金は第3条によらず理事長が決定するものとする。

（施　行）
第5条　この規定は平成　年　月　日より施行する。

嘱託等の退職金規程例

実例86 常勤嘱託退職手当支給規程

※ポイント方式

（YS流通，商社・従業員700人）

（規程の目的）
第1条　この規程は嘱託就業規程第　条にもとづき会社の通常の経営の存続を前提とし，常勤嘱託が退職する場合の退職手当について規定するものとする。

（支給事由）
第2条　退職手当は勤続満1年以上の者が退職したときに支給する。ただし，次の各号の一に該当する場合には，勤続満1年未満の者も勤続満1年とみなして支給する。
　1．定年により退職したとき
　2．傷病により勤務にたえないとの会社の認定を得て退職したとき
　3．死亡したとき
　4．会社の都合（法令等により会社の解散・合併・分離・独立・その他を命ぜられたときを含む）で退職たとき
　5．そのほかやむを得ないと会社の認定した事由により退職したとき

（基準退職手当額）
第3条　退職手当は次により算出した金額（以下基準退職手当額という）とする。
　　　　基礎額×勤続係数×資格係数
②　前項の基礎額は8,400円とする。
③　第1項の勤続係数は退職の日における勤続期間に応じて，社員退職手当支給規程中の勤続係数を準用し，決定する。
④　第1項の資格係数は0.9以上1.45以下の間で個々に査定して決定する。

（社員から常勤嘱託となった者の扱い）
第4条　社員から常勤嘱託となった者で，社員であった期間に対する社員としての退職手当の支給を受けていない者の退職手当の算出は，次の算式による。
　　　　（勤続期間に対する常勤嘱託としての退職手当）＋｛(社員であった期間に対する社員としての退職手当)－(社員であった期間に対する常勤嘱託としての退職手当)｝
②　前項の算式において，常勤嘱託であった期間に1カ月未満の端数があるときは，その端数日数は切捨てるものとし，端数日数を切捨てた常勤嘱託であった期間を勤続期間から差引いたものを以て社員であった期間とする。

（その他の規程）
第5条　第1条～第4条により定めた常勤嘱託の退職手当支給条件以外の事項については，業務の性質，勤務の態様によりその取扱いを異にする必要があるものを除き，退職手当支給規程を準

用する。
　（支給時期）
第6条　退職手当は退職後14日以内に支給する。
　（支給の方法）
第7条　退職手当の支給の方法は通貨で直接本人に支給する。
　　　　ただし，本人の了解のもとに，金融機関の本人名義の口座に振込むことがある。

付　　　則

　（施　　行）
第8条　この規程は平成　年　月　日より施行する。

実例87

嘱託等の退職金規程例

常勤嘱託退職金規則

（FS商会，商社・従業員350人）

第1条　常勤嘱託（以下単に「嘱託」という）の退職金については，本規則の定めるところによる。この規則に定めのないものについては，退職金規則を準用する。

第2条　退職金は，嘱託が次の各号の一に該当したときに支給する。
　(1)　会社の都合により退職した場合
　(2)　業務上の傷病により在職中死亡しまたはその職に耐えないで退職した場合
　(3)　勤続2年以上の者が自己の都合により退職した場合
　(4)　勤続2年以上の者が業務外の傷病により在職中死亡しまたはその職に耐えないで退職した場合
　(5)　勤務成績が良くないかまたは適格性を欠き解雇された場合。ただし1年未満のものについてはその者の責に帰すべき事由により労働基準監督署長の承認を経て解雇された場合または30日前に解雇予告がなされた場合を除く。

第3条　第2条第1号および第2号に該当する者の退職金支給額は嘱退別表の勤続年数別乗率1号を退職当時の嘱託給の8割に乗じてえた額とする。

別表　常勤嘱託退職金勤続年数別乗率

勤続年数	乗率	
	1号	2号
1年	0.3	0.2
2年	0.6	0.4
3年	0.9	0.6
4年	1.2	0.8
5年	1.5	1.0
ただし，5年をこえる場合は1年につき1号については1号乗率に0.3，2号については2号乗率に0.2を加算するものとする。		

第4条　第2条第3号から第5号までに該当する者の退職金支給額は嘱退別表の勤続年数別乗率2号を退職当時の嘱託給の8割に乗じて得た額とする。

第5条　前2条の支給額は，嘱託在職中の成績により3割以内の増減をすることがある。

　　　　　　　　　　　　　　附　則

　この規則は，平成　年　月　日から実施する。

嘱託等の退職金規程例

嘱託慰労金規程

実例88

（GS女子大学，教育・職員90人）

第1条　この規程は定年退職後の労務嘱託以外の嘱託に対して適用する。

第2条　前条の嘱託がその嘱を解かれた場合は，解嘱時の給料（基本給＋扶養手当）月額に次の倍率を乗じた慰労金を支給する。

ただし，懲戒による解嘱の場合はこれを支給しない

2　年数計算において，15日以上の月は1カ月に繰上げる。

3　休職期間（公務上の傷病を除く。）の2分の1及び停職期間はこれを在職年数から控除する。

附　則

1．この規程は，平成　年　月　日から施行する。
2．平成　年　月　日一部改訂

委嘱継続年数	倍率	委嘱継続年数	倍率	委嘱継続年数	倍率
2年未満	0	6年以上7年未満	2.8	11年以上12年未満	5.3
2年以上3年未満	0.8	7年以上8年未満	3.3	12年以上13年未満	5.8
3年以上4年未満	1.3	8年以上9年未満	3.8	13年以上14年未満	6.3
4年以上5年未満	1.8	9年以上10年未満	4.3	14年以上15年未満	6.8
5年以上6年未満	2.3	10年以上11年未満	4.8	15年以上	1年毎に0.5増

実例89 嘱託等の退職金規程例

準社員嘱託者の退職慰労金規定

（FR，情報機器・従業員450人）

（総　則）
第1条　この規定は，60歳前採用の準社員嘱託者の取扱いについて定めたものである。

（ベースアップ）
第2条　基本給のベースアップは，55歳から1割減とし，年齢1歳増すごとに減率を1割減ずつ加算する。ただし，5割減を越えないものとする。

（賞　与）
第3条　賞与は，55歳から1割減とし，年齢1歳増すごとに減率を1割減ずつ加算する。ただし，5割減を越えないもの。

（退職慰労金）
第4条　60歳到達時には，次の算式により退職慰労金を支給する。

　　　　慰労金算定基礎額×（55歳までの勤続年数×0.1＋55歳を越え60歳到達時までの勤続年数に応じた支給率）

2．慰労金は，勤続年数満3年以上勤務の者に支給する。
3．慰労金算式の用語および取扱いは，次のとおりとする。
　(1)　慰労金算定基礎額は，60歳到達時の基本給の85％とする。
　　　ただし，勤続年数3年以上で60歳到達以前の退職者は，退職時の基本給の85％とする。
　(2)　55歳までの勤続年数に1年未満の端数が生じたときは，これを切り捨てる。
　(3)　55歳を越え60歳到達時までの勤続年数に応じた支給率は次のとおりとする。ただし，支給率は勤続年数3年以上とする。

勤続年数	3年	4年	5年
支給率	1.0	1.35	1.75

　(4)　支給額に円未満の端数が生じたときは，これを切り上げる。

付　則

第1条　本規定は，平成　年　月　日より施行する。

嘱託等の退職金規程例

実例90 非常勤講師退職餞別金規程

（GS女子大学，教育・職員90人）

第1条　この規程は，本法人の各部において非常勤講師として引き続き毎年度勤務していた者がその職を解かれた場合に適用する。但し，就業規則第　条に該当する事由による解職の場合は支給しない。

第2条　前条の非常勤講師に対し次のとおり退職餞別金を支給する。

委嘱年数	支給額	委嘱年数	支給額
3年以上5年未満	100,000	15年以上18年未満	300,000
5 〃 8 〃	120,000	18 〃 20 〃	400,000
8 〃 10 〃	150,000	20 〃 23 〃	500,000
10 〃 13 〃	200,000	23 〃 25 〃	600,000
13 〃 15 〃	250,000	25 年 以 上	700,000

2　併設部非常勤講師にあっては，引き続き在職年数が10年未満の場合は10％，20年未満の場合は20％，20年以上の場合は30％を支給額に加算することができる。

3　年度中，前期あるいは後期のみの授業を担当した場合は2分の1年と計算する。

附　則

この規程は，平成　年　月　日から施行する

実例91 嘱託等の退職金規程例

キャディ退職金規程

（KKゴルフ，ゴルフ場，従業員182人・キャディ40人）

（目　的）
第1条　この規程は，キャディ就業規則第　条に基づき，キャディが死亡または退職した場合の退職金の支給に関する事項について定める。

（適用範囲）
第2条　この規程の適用を受けるキャディとは，会社と所定の手続きを経て，雇用契約を締結した者をいう。
　　　但し，次の者は適用しない。
　　　　①　パートタイマー・キャディ
　　　　②　アルバイト・キャディ

（支給範囲）
第3条　退職金の支給は，勤続満1年以上のキャディが退職した場合に支給する。
　　　但し，自己都合退職の場合は，満3年以上とする。

（受給者死亡の場合）
第4条　キャディが死亡した場合においては，その退職金は，労働基準法施行令第42条から第45条の定めに従って支払う。

（支払方法及び支払時期）
第5条　退職金は，原則として退職の日から14日以内にその全額を通貨で本人に支給する。
　　　但し，本人の希望により，本人指定の金融機関の本人口座に振込むことができる。

（支給事由）
第6条　退職金は，次の各号の一に該当する場合，別表退職金支給額表により支給する。
　　　　①　定年に達したとき（A欄）
　　　　②　死亡したとき（A欄）
　　　　③　会社の都合で退職したとき（A欄）
　　　　④　自己の都合で退職したとき（B欄）
　　　　⑤　休職期間満了により復職しないとき（B欄）

（勤続年数の計算）
第7条　勤続年数の計算は，入社の日より退職の日（死亡の場合は死亡日）までとし，1カ月未満は月割りとし，1カ月未満の日数が14日以内は切り捨て，15日以上は1カ月として計算する。
　　2．就業規則第　条の試用期間は，勤続年数に算入する。

第3章 退職金規程の実例

（退職金支給額）

第8条　退職金の支給額はA欄，B欄に分ける。

　　① A欄は会社都合等退職
　　② B欄は自己都合等退職

　　上記各号の区分は，第6条各号のカッコ内のとおりとする。

（無支給もしくは減給支給）

第9条　キャディの退職が，キャディ就業規則第　条第　号（懲戒解雇）に該当する場合には，原則として退職金は支給しない。

　　但し，状況によってB欄以下に減じて支給することがある

（功労加算）

第10条　キャディがとくに，功労のあった場合には第8条の退職金に加算することがある。

（施　行）

第11条　この規程は平成　年　月　日より施行する。

別表　退職金支給額（勤続別・退職事由別）

勤続	A（会社都合）	B（自己都合）	勤続	A（会社都合）	B（自己都合）
1	20,000		16	382,000	336,000
2	40,000		17	410,000	362,000
3	60,000	40,000	18	438,000	388,000
4	82,000	60,000	19	466,000	414,000
5	104,000	80,000	20	494,000	440,000
6	128,000	102,000	21	518,000	462,000
7	152,000	124,000	22	542,000	484,000
8	176,000	146,000	23	566,000	506,000
9	200,000	168,000	24	590,000	528,000
10	224,000	190,000	25	614,000	550,000
11	250,000	214,000	26	634,000	570,000
12	276,000	238,000	27	654,000	590,000
13	302,000	262,000	28	674,000	610,000
14	328,000	286,000	29	694,000	630,000
15	354,000	310,000	30	704,000	650,000

※勤続31年以上は勤続1年につき7,000円増

実例92 パートタイマー退職金規程例

パートタイマー退職慰労金規定

（TB生活共同組合，従業員230人，内パート140人）

（目　的）
第1条　この規定は，パートタイマーの退職の際の慰労金について定めたものである。

（適用範囲）
第2条　この規定は，連続して2年以上，週3日以上の雇用契約に基づき勤務した者が退職する際に適用する。

　　ただし，本人の重大な責務により解雇された場合は，常務理事会の判断により支給しない場合もある。

（退職慰労金の額）
第3条　退職慰労金の額は，勤続年数に17,000円を乗じて得た額とする。

（支給日）
第4条　退職慰労金の支給は，退職の日より2週間以内とする。

付　　則

この規定は，平成　年　月　日より施行する。

実例93 パートタイマー退職金規程

パートタイマー退職金規程例

（BG食品，食品製造・従業員160人，内パート70人）

第1条　パートタイマーが退職したときは，この規程により退職金を支給する
　2．前項の退職金の支給は，会社がパートタイマーについて中小企業退職金共済事業団（以下「事業団」という。）との間に退職金共済契約を締結することによって行うものとする。
　3．この規程の適用のパートタイマーとは，正規社員より1週間の所定労働時間を33時間以内で雇用した者をいい，雇用保険に加入している者をいう。
第2条　新たに雇い入れたパートタイマーについては，試用期間を経過し，雇用保険に加入した月に事業団と退職金共済契約を締結する。
第3条　退職金共済契約は，パートタイマーごとに勤続年数に応じ，別表に定める掛金月額によって締結し，毎年7月に掛金を調整する。
第4条　退職金の額は，掛金月額と掛金納付月数に応じ中小企業退職金共済法に定められた額とする。
第5条　パートタイマーが懲戒解雇を受けた場合には，事業団に退職金の減額を申し出ることがある。
第6条　この規程による退職金は本人に支給するものとし，本人が死亡した場合には，中小企業退職金共済法の定めるところにより遺族に支給する。
第7条　この規程は，関係諸法規の改正及び社会事情の変化などにより必要がある場合には，従業員代表（パートタイマーも含む）と協議のうえ改廃することができる。
第8条　この規程実施前から勤続しているパートタイマーは，雇用保険加入時点より掛金を納付した者と仮定して算出された額の差額は会社が支給する。

附　則

第1条　この規程は，平成　年　月　日から実施する
第2条　この規程の実施前から在籍しているパートタイマーについては，勤務年数に応じ過去勤務期間通算の申出を事業団に行うものとする。

〈別表　掛金額表〉

①	雇用掛金加入時より3年間は　月額2,000円
②	雇用保険加入時より3年以上は月額3,000円

第3章

役員退職慰労金・役員年金規程作成の手引

第9节

1　役員退職慰労金の趣旨

役員が退任するときに支給される金銭を一般に「役員退職慰労金」という。

退任する役員に対して，退職慰労金を支給する目的は，
- 在任中の功労に報いること
- 退任後の生活の安定に役立てること

である。

退任する役員に対して退職慰労金を支給する制度を実施するか実施しないかは，それぞれの会社の自由である。商法によって支給が義務づけられているわけではない。しかし，ほとんどすべての会社が実施しているといわれる。

役員退職慰労金は，一時金で支給されることもあれば，年金で支給されることもある。現状を見ると，一時金形式が多い。

2　役員退職慰労金の算定方法

役員退職慰労金の算定方法には，さまざまな方式がある。主な方式を紹介すると，次のとおりである。

(1) Σ（役位別報酬×役位別倍率×役位別在任期間）

これは，本人が歴任した役位（取締役，常務，専務，副社長，社長，会長，監査役）ごとに，「報酬」と「倍率」と「在任期間」の3つを乗じて役位別退職慰労金を計算し，それぞれの役位別退職金を合算することにより，総退職慰労金とするというものである。

役位別倍率は，会長，社長，副社長，専務，常務，取締役という役位ごとに，果たすべき役割，責任の重さを勘案して決める。例えば，次のとおりである。

会長	3.0
社長	3.0
副社長	2.5
専務	2.3
常務	2.1
取締役	1.8
監査役	1.6

この計算方式の特色は，役位ごとに退職金を計算し，その合計額をもって総退職金とすることにある。

例えば，取締役，常務，専務，副社長，社長，会長を歴任し，最終的に会長で役員を退任する役員の場合，次のように役位ごとの退職金を計算する。

　　取締役分＝取締役報酬×取締役倍率×取締役在任年数
　　常務分＝常務報酬×常務倍率×常務在任年数
　　専務分＝専務報酬×専務倍率×専務在任年数
　　副社長分＝副社長報酬×副社長倍率×副社長在任年数
　　社長分＝社長報酬×社長倍率×社長在任年数
　　会長分＝会長報酬×会長倍率×会長在任年数

そして，取締役分，常務分，専務分，副社長分，社長分および会長分を合算して役員退職慰労金とする。

同じ「役員」といっても，ポストによって責任の度合い，期待される役割が異なる。また，「役員

を4年務めた」といっても，取締役としての4年と社長としての4年とでは，会社への貢献度が異なる。この算定方式は，そうした事情を確実に反映することができるので，合理的，説得的であるといえる。

(2) Σ（役位別報酬×役位別在任期間）

これは，取締役，常務，専務，副社長，社長，会長，会長という役位ごとに，「報酬」と「在任期間」を乗じて役位別退職慰労金を計算し，それぞれの役位別退職金を合算することにより，総退職慰労金とするというものである。

(3) 退任時報酬×Σ（役位別倍率×役位別在任期間）

これは，まず，役位ごとに「倍率」と「在任期間」を乗じたものを積み上げ計算する。そして，その数値に退任時の報酬を乗じて退職慰労金とするというものである。

この計算方式は，
・退任時の報酬をベースとしている
・役位ごとの責任の重さを反映できる
・役位ごとの在任年数を反映できる

という特色がある。

(4) 退任時報酬×役員全期間×退任時役位倍率

これは，「退任時報酬月額」「役員在任全期間」および「退任時役位倍率」の3つを乗じたものを退職慰労金とするというものである。

(5) 退任時報酬×役員全期間

これは，退任時の報酬月額に役員在任全期間を乗じたものを退職慰労金とするというものである。きわめて単純明快な方式である。

例えば，退任時点の報酬が月額200万円，役員在任年数が20年であれば，退職慰労金は，次のように計算される。

（退職慰労金）　200×20＝4,000万円

(6) 退任時報酬×在任年数別支給率

これは，退任時の報酬月額に在任年数別の支給率を乗じて退職慰労金を計算するという方式である。支給率は，例えば，次のように決める。

　　　在任1年　　2.4
　　　在任2年　　4.8
　　　在任3年　　7.0
　　　在任4年　　9.2
　　　在任5年　　11.2
　　　在任6年　　13.2
　　　　（以下省略）

支給率の決め方には，
・役位にかかわりなく一律に定める
・役位ごとに定める

の2つがある。

3　役員退職慰労金制度の運用

(1) 功労加算

役員の中には，在任中，会社の発展に著しく貢献した者がいる。このように在任中特に功労のあ

った役員については，退職慰労金を上積み支給するのがよい。
　上積みする額は「退職慰労金の30％以内」とする。
(2) 減額の条件
　役員は次のいずれかに該当するときは，退職慰労金を減額することにする。
- 在任中，会社に著しい損害を与えたとき
- 在任中，会社の信用を低下させ，名誉を傷つける行為をしたとき
- 任期途中で自己の都合で退任するとき
- その他，会社に不都合な行為をしたとき

(3) 支払日
　退職慰労金は，できる限り速やかに支払うことが望ましい。ただし，次のいずれかに該当するときは，支払いを延期するのが当然であろう。
- 会社が指定した後任者との間で業務の引き継ぎを行わないとき
- 会社に返済すべき債務があるのに，その債務を返済しないとき

(4) 死亡したときの取り扱い
　退職慰労金を支給されるべき役員が死亡したときは，退職金はその遺族に支払う。この場合，遺族の範囲とその順位は，労働基準法施行規則第42条から第45条までの規定を適用することにするのがよい。
　ちなみに，労働基準法施行規則を適用すると，役員が死亡した場合に退職金を受け取る者の範囲とその順位は，次のとおりである。

　　　第１順位　　　配偶者
　　　第２順位　　　子
　　　第３順位　　　父母
　　　第４順位　　　祖父母
　　　第５順位　　　兄弟姉妹

(5) 社員出身役員の取り扱い
　日本の会社の場合，役員は，社員の中から選任するのが一般的である。もちろん，社外から役員を登用するというケースもあることはあるが，全体としてみると，少ないのが現状である。
　社員出身の役員については，
- 役員に登用する時点で，「社員退職金規程」の定めるところにより，社員分の退職金を支払う
- 役員分については，役員を退任した時点で「役員退職慰労金規程」の定めるところにより支払う

という取り扱いをするのがよい。

(6) 兼務役員の取り扱い
　社員の身分と役員の身分とを兼ねている者（兼務役員）については，
- 社員分については，「社員退職金規程」の定めるところにより支払う
- 役員分については，「役員退職慰労金規程」の定めるところにより支払う

という取り扱いをするべきである。

(7) 非常勤役員の取り扱い
　取引先の関係者や学識経験者などを「非常勤役員」として迎えている会社がある。非常勤役員については，在任中の功労や在任期間などを総合的に考慮して，その都度決定することにするのが現実的，合理的である。
　非常勤役員の退職慰労金を，例えば，「報酬月額×在任年数」とか，「１年当たり○○万円」など

という形で一律に計算する方法も考えられないわけではないが，一律処理はあまり適切でない。

4　商法の定め

商法は，「取締役ガ受クベキ報酬ハ定款ニ其ノ額ヲ定メザリシトキハ，株主総会ノ決議ヲ以テ之ヲ定ム」（第269条）と定めている。役員退職慰労金も「報酬」である。したがって，この規定に示されているように，定款で定めるか，あるいは，株主総会で決議することが必要である。

どちらの方法を採用するかはそれぞれの会社の自由であるが，現在のところ，定款で定めている会社はほとんどない。ほとんどすべての会社が株主総会の決議を得たうえで退任役員に慰労金を支給するという方法を採っている。

退職慰労金の支給について株主総会の決議が必要であるといっても，「誰にいくら支給するか」を決議する必要があるというわけではない。退職慰労金規程で支給基準が定められていれば，「会社の定めるところにより支給すること」について株主総会の決議を得，具体的な取り扱いは，取締役会に一任してもらえばそれでよい。

このため，退職慰労金規程に，次のような条項を盛り込んでおくのが適切である。

「第○条　退職慰労金は，次のいずれかに定める金額の範囲内とする。
　(1)　この規程に基づいて計算し，取締役会において決定の上，株主総会において承認された額
　(2)　この規程に基づいて計算すべき旨の株主総会の決議にしたがい，取締役会が決定した額」

5　役員退職慰労金規程の作成

(1)　規程作成の意義

役員の人数は，一般社員の人数に比べると少ない。したがって，その異動の頻度も少ない。多くの役員が毎年のように入れ替わるということは，通常はありえない。このため，役員退職慰労金については，その計算方法などを規定化せず，退職者が発生した都度，社長あるいは常務会が，「退職金を支払うか支払わないか」「支払うとすれば，いくら支払うか」を判断しているところがある。

創業後日の浅い会社の場合は，退職する役員が出ることが決まった段階で，慰労金の取り扱いを議論するというケースもある。

一定の基準を作成しておかないと，その取り扱いがルーズとなるとともに，不公平になるおそれがある。同じ役職を同じ程度の期間務めたのに，役員によって退職慰労金に差がついたりする。

役員を退職したときに，退職金が支払われるのか支払われないのか，支払われるとしてもその金額がいくらになるのかが，社長や常務会のさじ加減一つで決まるというのでは，真面目に働いている役員に大きな不安を与える。

このため，合理的，常識的な支給基準を決定し，それを簡潔明瞭な「役員退職慰労金規程」として取りまとめ，退職者が出たときは，その規程に従って公正明朗に処理することにするのがよい。

(2)　規程に盛り込む内容

規程に盛り込むべき主な項目は，次のとおりである。
① 支払い決定の手順（株主総会の決議を経て支給する）
② 退職慰労金の計算の方法
③ 特別功労金の支給限度
④ 減額の条件
⑤ 支払いの時期
⑥ 死亡のときの取り扱い
⑦ 非常勤役員の取り扱い

⑧ 兼務役員の取り扱い

6 役員退職慰労金と税務処理

　退職慰労金は，損金処理することができる。しかし，その全額が無条件で損金として認められるわけではない。適正額のみが損金として認められる。そのためにも，客観的，社会通念的に妥当性のある算定方法を決定した上で，その算定方法を具体的に明確にした規程を作成するのがよい。

第4章

役員退職慰労金・年金規程の実例

役員退職慰労金規程の実例

実例1 役員退職慰労金内規

（SW商事，商社・資本金35億円）

（目　的）
第1条　SW商事株式会社の取締役または監査役（以下役員という）が退任したときに当該役員またはその遺族に対して支給すべき退職慰労金は，この内規の定めるところによる。

（決定基準）
第2条　役員退職慰労金は，次の各号のいずれかに定める金額の範囲内とする。
　　(1)　この内規にもとづき計算し，取締役会において決定の上，株主総会において承認された確定額。
　　(2)　この内規にもとづき計算すべき旨の株主総会決議にしたがい，取締役会が決定した額。

（算定方法）
第3条　退職慰労金の基準額は，当該役員の退職時において，現に使用されている役位別役員報酬月額に役位ごとの在任期間の年数を乗じて計算した金額の合計額を基礎額とし，これに3.0を乗じた金額とする。
　2　在任期間に1年に満たない端数がある場合には，月割で計算する。1カ月未満の端数は，1カ月に切り上げる。
　3　現に使用されている役位に，当該役員の歴任役位と同一の役位がないときは，歴任役位の直近上位および直近下位にある現に使用されている役位の役員報酬月額の中位を，当該役員の歴任役位の報酬月額とする。

（功労金）
第4条　在任中，特に功労があった者については，前条第1項に定める退職慰労金基礎額の50％の範囲内で別に功労金を支給する。

（特別功労金）
第5条　会社創立再建等，格別の時期に具体的功労があり，功績顕著と認められる者については，前条功労金に加えて第3条第1項に定める退職慰労金基礎額の30％の範囲内で特別功労金を支給することがある。

（相談役または顧問）
第6条　この内規は，退任した役員を相談役または顧問等の名義をもって任用し，相当額の報酬を支給することを妨げない。

（規定の改定）
第7条　この内規は，取締役会の決議をもって改正することができる。
　2　前項にかかわらず，株主総会において決議を得た特定の役員に対して支給する退職慰労金

は，決議のときに効力を有する内規による。
（報酬および社員兼務役員）
第8条　この内規により支給する役員退職慰労金の計算の基礎となる役員報酬月額には，賞与相当額を含まないものとし，役員退職慰労金には，社員兼務役員に対し社員として支給すべき退職給与金を含まないものとする。
（退職慰労金の支給）
第9条　当社の退職慰労金は，当該役員が常勤役員から非常勤役員になったこと，分掌変更等の後における報酬の激変，取締役を退任し，監査役に就任したこと等，その職務の内容または役員の地位が変化したときは，そのときを退職したときとみなして支給することができる。
　　2　退職慰労金の支給日，その方法等は，株主総会の委任により取締役会が決定する。
（死亡による退任）
第10条　役員が死亡による退任の場合は，退職慰労金を遺族に支給する。
　　2　前項の遺族とは，労働基準法施行規則第42条ないし第45条の順位を準用する。
（施　　行）
第11条　この内規は昭和　年　月　日より施行する。

実例2 退職慰労金算定基準内規

（MMS，金属製品製造・資本金22億円）

（目　的）
第1条　この内規は株式会社MMSの取締役及び監査役（以下役員という）が死亡又は退職したときに株主総会の決議により支給する退職慰労金はこの基準の定めによる。

（算　式）
第2条　退職慰労金は次の算式によって算定する。
  1　算式　Σ（役位別最終報酬月額×役位別在任年数×役位別係数）
  2　役位別係数
       常勤役員一律　　3.0
       非常勤役員　　　2.5
    但し，会長職は常勤取締役の率とする。

（算式の説明）
第3条　役位別最終報酬月額が退任時点と在任時点で金額変動が大きいときは，役位別現任者の現在報酬月額を参考にして相応の額を決定する。
  2　従業員兼務取締役の報酬月額は，役員報酬月額と従業員分本給月額の合計額とする。
  3　在任年数は就任の月から退任の月までとする。
    在任年数に1年未満があるときは，月割りで計算する。
  4　役位異動があったときは，異動の翌月から異動後の役位を適用する。

（残存期間）
第4条　任期中に死亡し，または止むを得ない事由によって退職したときは，任期中の残存期間分を加算することがある。

（功労加算）
第5条　功労加算の必要あるときは，第2条により算定した金額の30%以内を加算することがある。

（特別減額）
第6条　特別に事情あるときは，相当額を減額することがある。

（支給時期・方法）
第7条　退職慰労金は原則として株主総会決議後1カ月以内に一時金で支給する。

（遺族支給）
第8条　任期中の死亡については，退職慰労金のほかに会社で加入している団体定期保険金を遺族に支給する。
　　退職慰労金及び団体定期保険金を遺族に支給するときは，労働基準法施行規則第42条ないし

第45条の規定を準用する。
（改　廃）
第9条　この基準の改廃は取締役会決議によって行う。

付　則

1　この基準は昭和　年　月　日から施行する。
2　昭和　年　月　日改定施行
3　平成　年　月　日改定施行

実例3 取締役退任慰労金規程

(KW精機,商社〈機械〉・資本金20億円)

(総　則)
第1条　本規程は取締役の退任慰労金について定める。
(適　用)
第2条　本規程は退任慰労金の金額,贈呈の時期および方法等を本規程の基準により決定すべきことを株主総会の決議により取締役会に一任された場合に適用する。
(算定方法)
第3条　取締役の退任慰労金は次の計算による。
　　　計算式
　　　　基本額＋Σ(役位別定額×役位別在任支給率)＋代表者加算
(算定基礎額)
第4条　歴任役位のうち最高の役位により別表1を適用する。
(役位別定額)
第5条　取締役会において各役位ごとに決定する。
(役位別在任支給率)
第6条　同一役位の在任年数に応じて別表2に定める「役位別在任支給率」を適用する。
(代表者加算)
第7条　代表取締役については代表取締役として在任したそれぞれの役位別定額にその在任年数を乗じた額の累加額の25％の額とする。
(在任年数)
第8条　1カ年を単位とし,1カ年に満たない場合は別表3(略)を適用する。
(特別加減)
第9条　次の場合は特別加減を行うことがある。
　　① 取締役が業務中の災害により死亡,または傷害を受けて退任した場合には取締役会の決議により第3条の(算定方法)で算出した額にその25％以内の額を加算することができる。
　　② 会社に損害を与えた場合は,取締役会の決議により第3条(算定方法)で算出した額を減額,または支給しないでおくことができる。
　　③ 商法254条の2により取締役を退任した場合には前②に準ずるものとする。
(支給時期・方法)
第10条　退職慰労金の支給時期・方法等は株主総会承認後の取締役会において決定するものとし,

原則として1カ月以内に支給するものとする。ただし，会社の特別の事情により本人の同意のもとに別の支給時期・方法によることができる。

(控　除)

第11条　退任慰労金支給の際には退職所得にかかわる源泉税および住民税，ならびに本人が会社に対して負担する債務の全額を控除するものとする。

別表1　基　本　額

会長・社長	700万円	取締役および監査役の在任期間の累計が4年に満たない場合は左の50％の額とする。(但し死亡による退任はこの限りでない。)
副　社　長	650	
専務取締役	600	
常務取締役	550	
平 取 締 役	500	
非常勤取締役	350	

別表2　役位別在任支給率

在任年数	平取締役	常務取締役	専務取締役	副社長	会長・社長
満 1 年	2.4	2.5	2.6	2.7	2.8
満 2 年	4.8	5.0	5.2	5.4	5.6
満 3 年	7.0	7.3	7.6	7.9	8.2
満 4 年	9.2	9.6	10.0	10.4	10.8
満 5 年	11.2	11.7	12.2	12.7	13.2
満 6 年	13.2	13.8	14.4	15.0	15.6
満 7 年	15.0	15.7	16.4	17.1	17.8
満 8 年	16.8	17.6	18.4	19.2	20.0
満 9 年	18.2	19.1	20.0	20.9	21.8
満10年	19.6	20.6	21.6	22.6	23.6

摘　要
① 在任年数10年以上は1年を増すごとに次を加える。
　　取締役1.0　常務1.1　専務1.2　副社長1.3
　　会長・社長1.4
② 在任年数1年未満の端数ある場合は次の式による。
　　　端数を切り捨てた在任年数支給率……A
　　　端数を切り上げた在任年数支給率……B
　　　　A＋(B－A)×別表3「月割換算率」(略)
③ 常勤監査役を退任後，引続いて平取締役に就任した場合の平取締役の在任支給率は次の式による。
　　　常勤監査役と平取締役との累計在任年数による支給率　……………………C
　　　常勤監査役の在任年数支給率　………………………………………………D
　　　　平取締役の在任年数支給率＝C－D
④ 非常勤取締役の在任支給率については上記別表の70％とする。
⑤ 降昇格により過去の同一役位に就任した場合の在任年数は前後通算する。

実例4 役員退職慰労金支給規程

（ＡＩ電子，電子工業・資本金10億円）

（目　的）
第1条　この規程は，役員の退職または死亡について一時金の給付を行い，もって役員在任期間中の功労にむくい，退職後における役員または遺族の生活の安定に寄与するを目的とする。

（適用の範囲）
第2条　この規程は取締役・監査役の全役員に適用する。
　　　役員退職慰労金は役員として円満に勤務し，死亡，定年退職または自己都合による退職をした者に支給する。

（常勤役員から非常勤役員になった役員の取扱い）
第3条　常勤役員が非常勤役員となり，その後における役員報酬が激変（おおむね5割以上）し，かつ分掌変更後の役員としての勤務が相談役，嘱託等に準ずるようなものであって，実質的には退職と同様の事情にあると認められるときは，前条にかかわらず退職金を支給することができる。

（役員退職慰労金の支給算定基準額）
第4条　役員退職慰労金の支給算定額は歴任した各役位ごとの報酬月額に役位別倍率と役位別在任年数を乗じて得た額の累計額とする。

〈役位別倍率〉

役　位	倍　率
取締役会長，取締役社長（代表）	2.5
取締役副会長	2.3
専務取締役	2.0
常務取締役	1.7
常勤取締役，常勤監査役	1.5
非常勤取締役，非常勤監査役	1.0

退職慰労金＝役位別報酬月額×役位別倍率×役位別在任年数

　2　前項の歴任した各役位ごとの報酬月額は，役員退職時の役位別報酬月額の実態から旧歴任役位については，役員退職時に在籍したものとしてその額を推定するものとする。ただし退職時の役位については退職時の報酬月額とする。

　3　自己の都合による退職した者については，第1項算定額の8割とする。

（役員退職慰労金の減額または不支給）
第5条　次の各号の1に該当する場合には前条の役員退職慰労金を減額または支給しないことがある。

① 退職に当たり所定の手続きおよび事務処理をなさず会社業務の運営に支障をきたす場合。
② 退職に当たり会社の信用を傷つけ，または在任中知り得た会社の機密をもらすことによって会社に損害を与えるおそれのある場合。
③ 在任中不都合な行為があり，役員を解任された場合。
④ その他，前各号に準ずる行為があり，役員会で減額ないし不支給を適当と認めた場合。

（功労加算金）
第6条　役員会は退職役員の功績を評価し第4条で定めた役員退職慰労金の他に功労加算金を支給することができる。

（非常勤役員の取扱い）
第7条　非常勤役員についてはその実情に基づき本規程以外の取扱いをすることができる。

（在任期間の計算）
第8条　在任年数は就任の月から起算し，死亡または退任の月までとする。
2　在任年数の計算において1年未満は月割計算とする。
3　就任後改選により役位に異動の生じたときは異動の月から新しい役位を適用する。

（役員退職慰労金の支払いおよび債務の償還）
第9条　役員退職慰労金は死亡の場合を除き，完全に引継ぎを完了し，かつ会社に対して本人の負担すべき債務のある場合には，その負債を返済した者に対し事後1カ月以内に一時金として支払うを原則とする。
2　前項の場合本人の負担すべき債務のある場合には会社は役員退職慰労金をもってその債務の償還に充当することができる。

（役員退職慰労金の引当て）
第10条　会社は役員退職慰労金の準備のため引当てを行うものとする。

（役員就任時従業員退職金の給付を受けなかった場合の措置）
第11条　役員就任の際に従業員退職金の給付を受けなかった者に対しては，従業員の最終時の役職地位を現在の同一役職者に当てはめた推定給与額から基礎額を算出し，従業員退職一時金の勤続年数別乗率を乗じて得た額を別途算定して支給する。ただし所得税法上は役員退職慰労金と合算して勤続による基礎控除の手続きをとるものとする。

（遺族の範囲および順位）
第12条　この規程にいう遺族の範囲は当該役員の配偶者，子，父母，孫，祖父母または兄弟，姉妹とし，その順位は前段の順序による。
2　当該役員が会社に対してした予告で前項に規定する者のうち特定の者を指定した場合においては前項にかかわらず遺族はその指定したものとする。

（同順位の遺族が2人以上あるときの処理）
第13条　給付を受ける権利を有する同順位の遺族が2人以上あるときは，その1人のした請求は全員のためその全額につきしたものとみなし，その1人に対してした支給は全員に対してしたものとみなす。
2　前項の場合支給対象とする遺族の選定は役員会で行う。

付　則

（施行期日）
第14条　この規程は平成　年　月　日から実施する。

実例5 役員退職慰労金支給規程

(FS建設，ゼネコン・資本金10億円)

（目　　的）
第1条　この規程は，当会社の取締役または監査役（以下「役員」という）が退職した際に，株主総会の決議を経て支給する役員退職慰労金について定める。

（支　　給）
第2条　退職した役員に対しては，株主総会の決議に基づき，この規程の定めに従って，取締役会の決議により退職慰労金を支給する。

（退職慰労金の額）
第3条　役員の退職慰労金の額は，退任当時の賞与を含まない年額報酬に，次項の役付係数を乗じ，これに役員在職年数を乗じて算出する。
　　2　役付係数は，退任当時の役位区分に従い，次の各号のとおりとする。
　　　　(1)　取締役会長　　　　60％
　　　　(2)　取締役社長　　　　60％
　　　　(3)　取締役副社長　　　55％
　　　　(4)　専務取締役　　　　50％
　　　　(5)　常務取締役　　　　45％
　　　　(6)　取締役（常勤）　　40％
　　　　　〃　　（非常勤）　　35％
　　　　(7)　監査役（常勤）　　40％
　　　　　〃　　（非常勤）　　35％

（加　　算）
第4条　特に功績の顕著であった役員に対しては，前条により計算した額にその30％以内の金額を加算した額を支給する。

（死亡役員の退職慰労金）
第5条　役員がその任期中に死亡により退職したときは，任期の残存期間の有無にかかわらず，死亡当時の賞与を含む年額報酬に，第3条第2項の役付係数を乗じ，これに役員在職年数を乗じて算出した額の退職慰労金を，その遺族に対して支給する。

（使用人兼務取締役の使用人退職金）
第6条　この規程により支給する退職慰労金には，使用人兼務取締役に対する使用人分の退職金は含まれないものとする。

（適用除外）
第7条　株主総会において役員の退職慰労金の額を決議したときは，この規程は適用しない。
　（規程の改正）
第8条　この規程は，取締役会の決議により，改正することができる。

付　　則

1　この規程は，平成　年　月　日から施行する。
2　この規程施行前の株主総会において退職慰労金の支給額を決議したときは，それによる。

実例6 役員退職慰労金支給規程

（MJ薬品，製薬・資本金5億5,000万円）

（目　的）

第1条　この規程は，役員の退職または死亡について一時金の給付を行い，もって役員在任期間中の功労にむくい，退職後における役員または遺族の生活の安定に寄与するを目的とする。

（適用の範囲）

第2条　この規程は取締役・監査役の全役員に適用する。

　　　役員退職功労金は役員として円満に勤務し，死亡，定年退職または自己都合による退職をした者に支給する。

（常勤役員から非常勤役員になった役員の取扱い）

第3条　常勤役員が非常勤役員となり，その後における役員報酬が激変（概ね5割以上）し，かつ分掌変更後の役員としての勤務が相談役，嘱託等に準ずるようなものであって，実質的には退職と同様の事情にあると認められるときは，前条にかかわらず退職金を支給することができる。

（役員退職慰労金の支給算定基準額）

第4条　役員退職慰労金の支給算定額は歴任した各役位ごとの報酬月額に役位別倍率と役位別在任年数を乗じて得た額の累計額とする。

〈役位別倍率〉

役　位	倍率
取締役会長，取締役社長（代表）	2.5
取締役副社長	2.3
専務取締役	2.0
常務取締役	1.7
常勤取締役，常勤監査役	1.5
非常勤取締役，非常勤監査役	1.0

（役位別報酬月額×役位別倍率×役位別在任年数）

　2　前項の歴任した各役位ごとの報酬月額は，役員退職時の役位別報酬月額の実態から旧歴任役位については，役員退職時に在籍したものとしてその額を推定するものとする。ただし退職時の役位については退職時の報酬月額とする。

　3　自己の都合による退職をした者については，第1項算定額の8割とする。

（役員退職慰労金の減額または不支給）

第5条　次の各号の一に該当する場合には前条の役員退職慰労金を減額または支給しないことがあ

る。
　　　1　退職に当たり所定の手続および事務処理をなさず会社業務の運営に支障をきたす場合。
　　　2　退職に当たり会社の信用を傷つけ，または在任中知り得た会社の機密をもらすことによって会社に損害を与えるおそれのある場合。
　　　3　在任中不都合な行為があり，役員を解任された場合。
　　　4　その他，前各号に準ずる行為があり，役員会で減額ないし不支給を適当と認めた場合。
　（功労加算金）
第6条　役員会は退職役員の功績を評価し第4条で定めた役員退職慰労金の他に功労加算金を支給することが出来る。
　（非常勤役員の取扱い）
第7条　非常勤役員についてはその実情にもとづき本規程以外の取扱いをすることが出来る。
　（在任期間の計算）
第8条　在任年数は就任の月から起算し，死亡または退任の月までとする。
　　2　在任年数の計算において1年未満は月割計算とする。
　　3　就任後改選により役位に異動の生じたときは異動の月から新しい役位を適用する。
　（役員退職慰労金の支払いおよび債務の償還）
第9条　役員退職慰労金は死亡の場合を除き，完全に引継ぎを完了し，かつ会社に対して本人の負担すべき債務のある場合には，その負債を返済した者に対し事後1カ月以内に一時金として支払うを原則とする。
　　2　前項の場合本人の負担すべき債務のある場合には会社は役員退職慰労金をもってその債務の償還に充当することが出来る。
　（役員退職慰労金の引当て）
第10条　会社は役員退職慰労金の準備のため引当てを行うものとする。
　（役員就任時従業員退職金の給付を受けなかった場合の措置）
第11条　役員就任の際に従業員退職金の給付を受けなかった者に対しては，従業員の最終時の役職地位を現在の同一役職者にあてはめた推定給与額から基礎額を算出し，従業員退職一時金の勤続年数別乗率を乗じて得た額を別途算定して支給する。ただし所得税法上は役員退職慰労金と合算して勤続による基礎控除の手続をとるものとする。
　（遺族の範囲および順位）
第12条　この規程にいう遺族の範囲は当該役員の配偶者，子，父母，孫，祖父母または兄弟，姉妹とし，その順位は前段の順序による。
　　2　当該役員が会社に対してした予告で前項に規定する者のうち特定の者を指定した場合においては前項にかかわらず遺族はその指定したものとする。
　（同順位の遺族が2人以上あるときの処理）
第13条　給付を受ける権利を有する同順位の遺族が2人以上あるときは，その1人のした請求は全員のためその全額につきしたものとみなし，その1人に対してした支給は全員に対してしたものとみなす。
　　2　前項の場合支給対象とする遺族の選定は役員会で行う。

付　　則

　（施行期日）
第14条　この規程は平成　年　月　日から実施する。

実例7 役員退職慰労金規程

（KR化成，化学工業・資本金3億5,000万円）

（目　的）
第1条　この規程は，退任（死亡を含む）した取締役または監査役（以下役員という）の退職慰労金について定める。

（退職慰労金の額の決定）
第2条　退任した役員に支給すべき退職慰労金は，本規程を勘案のうえ計算すべき旨の株主総会の決議に従い，取締役会が決定した額とする。

（弔慰金）
第3条　役員が死亡退任した場合は，退職慰労金の他に別に定める役員慶弔見舞金規程（略）により弔慰金を支給する。

（社員兼務役員の扱い）
第4条　この規程により支給する退職慰労金は，社員兼務役員に使用人として支給すべき退職金を含まない。

（退職慰労金の算定方法）
第5条　退職慰労金は次の方法により算定する。
　　　　（第6条に定める報酬月額）×（第7条に定める役員在任年数）×（第10条に定める役位係数）＝退職慰労金
　2　支給額に10万円未満の端数が生じた場合は，10万円に切り上げるものとする。

（報酬月額）
第6条　報酬月額とは，名目のいかんを問わず，毎月定まって支給されるものの総額をいう。
　2　社員兼務役員の場合は，使用人分給与を含むものとする。

（役員在任年数）
第7条　役員在任年数は，1か年を単位として，端数は月割とする。ただし，1か月未満は1か月に切り上げる

（在任年数の特例）
第8条　役員が在任中に死亡し，またはやむを得ない事由により退任したときは，残存期間を在任年数に加算することができる。

（非常勤期間）
第9条　役員の非常勤期間については，退職慰労金算定の際の役員在任年数から除く。
　　　　ただし，特段の事情がある場合は，取締役会で別途に決めることができる。

（役位係数）
第10条　役位係数は，次のとおりとする。
　　　　代表取締役会長　　2.0
　　　　代表取締役社長　　2.5
　　　　副社長　　　　　　2.2
　　　　専務取締役　　　　2.0
　　　　常務取締役　　　　1.3
　　　　取締役・監査役　　1.0
　　2　前項の規定にかかわらず，特段の事情がある場合は，取締役会で別途に役位係数を決めることができる。

（功労加算）
第11条　取締役会は，退任役員のうち，在任中とくに功労のあった者に対しては，第5条により算定した金額に，その30％を超えない範囲で加算することができる。

（特別減額）
第12条　取締役会は，退任役員のうち，在任中とくに重大な損害を会社に与えた者に対しては，第5条により算定した金額を減額することができる。

（支給時期および方法）
第13条　退職慰労金は，株主総会の決議後2か月以内にその全額を支給する。
　　2　経済界の景況，会社の業績などにより，当該役員と協議のうえ，支給時期，分割支給回数で，支給方法などについて別に定めることができる。

（退職慰労金よりの控除）
第14条　退職慰労金を支給する場合には，法令に基づく源泉税および会社に対して負う債務の全額を控除する。

付　　則

（その他）
第15条　取締役または監査役を退任したときは，そのつど退職慰労金を支給する。
　　2　取締役を退任し監査役に就任したとき，または監査役を退任し取締役に就任したときは任期の通算をしない。

（改　訂）
第16条　この規程の全部または一部を改訂する場合は，取締役会において，全取締役の3分の2以上の承認を得ることを要する。

（実施日）
第17条　この規程は，平成　年　月　日より実施する。

役員退職慰労金支給規程

実例8

（FH衣料，繊維加工・資本金3億円）

（目　的）
第1条　この規程は，FH衣料株式会社（以下「会社」という）の取締役および監査役（以下「役員」という）の退職慰労金の支給に関し，その基準を定めるものである。
　2　この規程に定めのない事項については取締役会においてその都度定める。

（役員の種類と適用範囲）
第2条　役員とは，株主総会で選任された取締役および監査役という。
　2　この規程は取締役・監査役の全役員に適用する。役員退職慰労金は役員として誠実に勤務し，死亡，定年，または円満に退職した者に支給する。
　3　非常勤役員には，この規程は適用しない。ただし，取締役会で定めた場合は功労金および特別功労付加金を支給することができる。
　4　役員待遇の相談役，顧問などについては，非常勤の場合は本条3項を適用し，常勤の場合は，本規程を準用し，取締役会で定めるが，功労金および特別功労付加金を支給することができる。

（減額または不支給）
第3条　次の各号の一に該当する場合には，役員退職慰労金を減額または支給しないことがある。
　　①　退職にあたり，所定の手続きおよび事務処理等をなさず，会社業務の運用に支障をきたす場合。
　　②　退職にあたり，会社の信用を傷つけ，または会社の機密を漏らすこと等によって，会社に損害を与え，または与えるおそれのある場合。
　　③　在任中不都合な行為があり役員を解任された場合。
　　④　その他前各号に準ずる行為があり，役員会で減額ないし，不支給が適当と認めた場合。

（退職慰労金等の決定基準）
第4条　役員の退職慰労金，功労金，特別功労付加金は役員が退任する場合に，その在任中の功労に報いるために，株主総会の承認を得て支給する。

（退職慰労金の算定方法）
第5条　退職慰労金は，役員在任期間中の最高報酬月額に役位別在任年数および役位別系数を乗じた額とする。
　2　役位別系数は下記による。
　　　　社長　　　　　　1.20
　　　　会長・副社長　　1.15
　　　　専務　　　　　　1.10

常務	1.05
平取締役・監査役	1.00

(在任期間の計算)
第6条　役員としての在任期間に1年未満の端数があるときは，月割で計算し，1カ月未満の端数は1カ月に切上げる。

(功労金および特別功労付加金)
第7条　在任中特に功績が著しい者には，退職慰労金のほかに功労金を支給することができる。
　　2　本条1項の功労金の額は，退職慰労金に0.3を乗じた額を越えない範囲で，取締役会において定める。
　　3　前項の功労金のほかに，会社の創設あるいは会社再建にあたり特別の功績があった者には，特別功労付加金を支給することができる。
　　4　特別功労付加金の額は，退職慰労金に0.5を乗じた額を越えない範囲で，取締役会において定める。
　　5　本条1項の功労金および本条3項の特別功労付加金の支給は，非常勤役員，顧問，嘱託にも適用することができる。
　　　この場合本条2項，4項は適用させない。

(常勤・非常勤の異動)
第8条　常勤役員から非常勤役員または顧問，嘱託等となる場合は，その時点で退職慰労金を支給する。

(債務の償還)
第9条　役位退職慰労金は，死亡または廃失等の場合を除き，完全に引継ぎを完了し，かつ会社に対して，本人の負担すべき債務のある場合は，その負債を返済した者に対し，支払うことを原則とする。
　　2　前項の場合，本人の負担すべき債務のある場合には，会社は本人に支払うべき役員退職慰労金をもって，その債務の償還に充当することができる。

(遺族の範囲と順位)
第10条　遺族の範囲は，役員であった者の配偶者，子，父母，孫，祖父母，兄弟姉妹とし，その順位は，前段記入の順位による。
　　2　役員であった者が，会社に対して予告で前項に規定する者のうち，特定の者を指定した場合は前項にかかわらず遺族はその指定した者とする。
　　3　給付を受ける権利を有する遺族が，受給前に死亡した場合，その者にかかる権利は消滅し，前二項の規定により死亡者を除く第1順位の遺族を給付を受ける権利を有する遺族とする。
　　4　給付を受ける権利を有する同順位の遺族が2人以上あるときはその1人のした請求は全員のために，その金額につき，したものとみなし，その1人に対してした支給は全員に対して，したものとみなす。
　　　前項の場合，支給対象とする遺族の選定は取締役会で行なう。

(子会社関係)
第11条　本規程は会社役員等のみを適用範囲とし，子会社関係の役員等については別に定める。

(適用期間)
第12条　この規程は平成　年　月　日より適用する。
　　(制定　昭和　年　月　日)
　　(改定　平成　年　月　日)

実例9 取締役・監査役退任慰労金内規

（AC商事，商社・資本金3億円）

1　取締役退任慰労金
　取締役退任の場合の慰労金は株主総会の決議にもとづき，この内規の定めにしたがって取締役会の決議により支給する。
2　慰労金の種類
　慰労金の種類は一般慰労金，在任年数加算金，並びに特別功労金の3種類とする。
　(1)　一般慰労金
　　①　就任，退任の月度は15日未満は月数に算入せず15日以上は1カ月として計算する。
　　②　慰労金は最終基本報酬の月割額に在任年月数を乗じて算出する。
　(2)　在任年数加算金
　　　一般慰労金に在任年数による加算金を加える事ができる。その計算は別表による。
　(3)　特別功労金
　　　会社に対し，特に顕著な功労ありと認めた場合は一般慰労金，在任年数加算金の外に特別功労金を加算する事ができる。その支給額はその都度功績を勘案して定める。
3　死亡の場合の取扱い
　取締役がその期間中に死亡又は已むを得ない理由によって退職した時は任期中の残存期間を在職した月数に加算して計算する事ができる。
4　その他
　前各項に定めのない事項についてはその都度必要に応じ取締役会の決議による。
5　制定
　平成　年　月　日

監査役退任慰労金内規

1　監査役退任慰労金
　監査役退任の場合の慰労金は株主総会の決議にもとづき，この内規の定めにしたがって支給する。
2　慰労金の種類
　慰労金の種類は一般慰労金，在任年数加算金，並びに特別功労金の3種類とする。
　(1)　一般慰労金
　　①　就任，退任の月度は15日未満は月数に算入せず15日以上は1カ月として計算する。
　　②　慰労金は最終基本報酬の月割額に在任年月数を乗じて算出する。

(2) 在任年数加算金
　一般慰労金に在任年数による加算金を加える事ができる。その計算は別表による。
(3) 特別功労金
　会社に対し，特に顕著な功労ありと認めた場合は一般慰労金，在任年数加算金の外に特別功労金を加算する事が出来る。その支給額はその都度功績を勘案して定める。
3　監査役がその期間中に死亡又は止むを得ない理由によって退職した時は任期中の残存期間を在職した月数に加算して計算する事ができる。
4　前各項に定めのない事項についてはその都度必要に応じ決定する。

別表　在任年数加算金

1．最終基本報酬月割額（A）に対し，期間に応じ下記割合を乗じて算出する。但し，期間は取締役2年の任期の外，特に在任月数ある場合はその月数も加算する。
　　　　就任より2年以下の年月数×3％×（A）
　　　　2年を超え4年以下年月数×6％×（A）
　　　　4年を超え6年以下年月数×9％×（A）
　　　　6年を超え8年以下年月数×12％×（A）
　　　　8年を超え10年以下年月数×15％×（A）
　　　　10年を超え12年以下年月数×18％×（A）
　　　　12年を超え14年以下年月数×21％×（A）
　　　　14年を超え16年以下年月数×24％×（A）
　　　　16年を超え18年以下年月数×27％×（A）
　　　　18年を超え20年以下年月数×30％×（A）
　　　上記以上の場合は更に2年毎に3％ずつ加算する。
2．自己都合による休任期間ある場合は，その2分の1を在任期間とみなして計算する。

実例10 役員退職慰労金内規

(KMB，情報処理・資本金2億円)

(目　的)
第1条　この内規は役員の退職慰労金について定めることを目的とする。
(資　格)
第2条　この内規で役員とは取締役および監査役をいう。
(慰労金の額の決定)
第3条　退職した役員に支給すべき退職慰労金は次の各号のうちいずれかの額とする。
　　(1)　本内規等を勘案の上，計算すべき旨の株主総会の決議に従い，取締役に対しては取締役会の決議により，監査役に対しては監査役の協議により決定した額。
　　(2)　株主総会において，役員の退職慰労金の額を決議したときは，その額。
(慰労金の額の算定)
第4条　退職慰労金は各役位別に段階的に下記の算式により算出した額の合計額とする。なお，この合計額に10万円未満の端数が生じた場合は10万円単位に切り上げる。
　　　(算式)
　　　　(報酬月額×0.7)×当該役位在任年数×当該役位係数
(報酬月額)
第5条　報酬月額とは毎月定まって支給される報酬額をいい，前条の算出には次により適用する。
　　(1)　退職時役位分………退職時報酬月額
　　(2)　その他の役位分………退職時の役員報酬算定基準に定める該当役位区分による
(役員在任年数)
第6条　役員在任年数は，1カ年を単位とし，端数は月割とする。ただし，1カ月未満は1カ月に切り上げる。
(在任期間の特例)
第7条　役員がその任期中に死亡し，また，やむをえない事由により退任したときは，任期中の残存期間を在任年数に加算して基準額を計算することができる。
(非常勤期間)
第8条　役員の非常勤期間については，原則として退職慰労金算出の際の役員在任年数から除く。ただし，特別の場合は，取締役については取締役会で，監査役については監査役の協議により，別にきめることができる。
(役位の係数)
第9条　役位係数は次のとおりとする。

役　位	係　数
社　　　長	4.0
副　社　長	3.2～3.4
専　　　務	2.8～3.1
常　　　務	2.5～2.7
取　締　役	2.0～2.4
常任監査役	2.5～2.7
監　査　役	2.0～2.4

　　なお，前項以外の役位および役位在任期間が特殊の場合は，別に取締役会および監査役の協議においてきめる。

（功労加算等）

第10条　退任役員のうち在任中特に功労その他の事情のあったものに対しては，取締役会の決定および監査役の協議によって，第4条により算出した金額にその50％を超えない範囲で加算することができる。

（特別減額）

第11条　退任役員のうち在任中特に重大な損害を会社に与えたものに対し，取締役会の決定および監査役の協議によって，第4条により算出した金額を減額することができる。

（出向役員の特例）

第12条　株式会社ＦＢ等から在籍のまま出向して当社役員に就任しているものについては，その期間の役員退職慰労金は原則として支給しない。

　　ただし，特別の場合は，取締役会および監査役の協議により別にきめることができる。

　　なお，前項の役員が出向元の会社を退職した場合は，その時点をもって当社退職慰労金の算定起点とする。

（支給時期および方法）

第13条　退職慰労金の支給時期は，原則として原案上程，可決直後の取締役会および監査役の協議による決定後2カ月以内とする。

（退職慰労金よりの控除）

第14条　退職慰労金を支給する場合には，所得税法に基づく源泉税および本人が会社に対して負う債務の金額を控除する。

付　　則

（疑　義）

第15条　この内規の解釈に疑義を生じたとき，およびこの内規に定めていない事項については取締役会および監査役の協議により決定する。

（施　行）

第16条　この内規は平成　年　月　日より施行する。

　　　制定　昭和　年　月　日
　　　改定　平成　年　月　日

実例11 役員退職金規定

（ＡＩ，食品製造・資本金１億8,000万円）

（目　的）
第１条　ＡＩ株式会社の取締役または監査役（以下，役員と称する）が退職した際に，株主総会の決議にもとづき支給すべき退職金は，この規定の定めるところによる。

（退職金の種類）
第２条　退職した役員に対しては，株主総会の決議にもとづき，この規定の定めにしたがって，取締役に対しては取締役会の決議により，監査役に対しては監査役の協議により，それぞれ退職金を一時金及び年金，若しくは一時金又は年金によって，支給する。

（退職金支給率）
第３条　一時金として支給する退職金の額は，各役員の職別基本額に，各職別在任月数（１カ月未満は１カ月とし，同月内に職別の変更があったときは，上級の職別による）を乗じて得た額の累計額とする。
　　２　退職金の職別基本額は，次の区分により，退職時における各職別報酬月額の60％とする。
　　　(1)　取締役会長
　　　(2)　取締役社長
　　　(3)　取締役副社長
　　　(4)　専務取締役
　　　(5)　常務取締役
　　　(6)　社員兼務取締役
　　　(7)　取締役（非常勤取締役）
　　　(8)　常勤監査役
　　　(9)　非常勤監査役

（残存加算）
第４条　役員がその任期中に死亡又は已むを得ない事由によって退職したときは，任期中の残存期間を在職した月数に加算して，基準額を計算することができる。

（功労加算）
第５条　特に功績が顕著な役員に対しては，第３条により計算した額の30％の範囲内の金額を，同条の額に加算した額を以て，一時金として支給する退職金の額とすることができる。

（総会の決議の場合）
第６条　株主総会において，役員の退職金の額を決議したときは，この規定は適用されない。

（規定の改正）

第7条　この規定は，取締役会の決議によって，随時，改正することができる。但し，株主総会において既に退職金の支給を決議した役員に対しては，改正後もなお総会決議当時の規定による。

（兼務取締役の取扱い）

第8条　この規定により支給する退職金中には，社員兼務取締役に対し社員として支給すべき退職金を含まない。

（年金の取扱い）

第9条　年金として支給すべき退職金の額及び支払方法については，取締役会が定める役員年金規定による。

（施　行）

第10条　この規定は，昭和　年　月　日より施行し，同日以後に退職する役員に対して適用する。

実例12 役員退職慰労金内規

(ISF，電子部品・資本金1億7,000万円)

(1) 退職取締役慰労金贈呈基準に関する内規

（目　的）
第1条　この内規は，取締役の退任に際し贈呈する退職慰労金の額について，株主総会からその決定を取締役会に一任された場合に適用すべき，当該慰労金額の算定基準について定める。

（倍　率）
第2条　退職慰労金の贈呈基準は別表－1のとおりとする。ここに在任年数とは，就任の日から退任の日までの年数（端数切上）をいう。

別表－1　退任取締役慰労金贈呈基準（倍率）

在任年数	倍　率	在任年数	倍　率	在任年数	倍　率	在任年数	倍　率
1	0.13	11	1.61	21	3.50	31	6.05
2	0.26	12	1.79	22	3.75	32	6.35
3	0.39	13	1.98	23	4.00	33	6.65
4	0.52	14	2.16	24	4.25	34	6.95
5	0.65	15	2.34	25	4.50	35	7.25
6	0.81	16	2.52	26	4.75	36	7.55
7	0.96	17	2.70	27	5.00	37	7.85
8	1.12	18	2.89	28	5.25	38	8.15
9	1.27	19	3.07	29	5.50	39	8.45
10	1.43	20	3.25	30	5.75	40	8.75

（計　算）
第3条　退職慰労金は退任時の報酬額（最終月額に12を乗じた額）に倍率を乗じた金額とする。

（特別な場合）
第4条　特別な場合には前条により算出された金額に100％を限度として加算，または50％を限度として減額することがある。

（社員兼務取締役の場合）
第5条　本基準により贈呈する退職慰労金中には，社員兼務取締役に対する社員分退職金を含むものとする。
（基準の改訂）
第6条　この内規は，取締役会の決議によって随時改訂することができる。ただし，株主総会において既にその贈呈について決議のあった退任取締役に対する退職慰労金は，当該総会決議当時の基準による。

付　　則

（施　　行）
第7条　この内規は，平成　年　月　日から施行する。

(2) 退職監査役慰労金贈呈基準に関する内規

（目　　的）
第1条　この内規は，監査役の退任に対し贈呈する退職慰労金の額について，株主総会からその決定を監査役の協議に一任された場合等に適用すべき，当該慰労金額の算定基準について定める。
（算定基準）
第2条　退職慰労金の算定基準については，別に定める「退職取締役慰労金贈呈基準に関する内規」の第2条（倍率），第3条（計算）および第4条（特別な場合）を準用する。
（基準の改訂）
第3条　この内規は，取締役会の決議によって随時改訂することができる。ただし，株主総会において既にその贈呈について決議のあった退任監査役に対する退職慰労金は，当該総会決議当時の基準による。

付　　則

（施　　行）
第4条　この内規は，平成　年　月　日から施行する。

実例13 役員退職金贈与規程

(HH機械，機械器具製造・資本金1億6,000万円)

(総　則)
第1条　この規程は退任した取締役または監査役(以下役員という)の退職慰労金の贈与について定める。

(慰労金の額の決定)
第2条　退任した役員に支給すべき退職慰労金は従業員退職金の基準を斟酌して相当額を計算すべき旨の株主総会の決議に従い，取締役会が決定した額とする。

(慰労金計算方法)
第3条　慰労金は役員退任時の報酬月額中の本人給に役員通算在任年数と支給乗率とを乗じた額とする。

　　　　本人給×役員通算在任年数×支給乗率

②　社員兼務役員及び社員兼務役員を経て役員に就任した役員に対する退職慰労金は役員退任時の報酬月額中の本人給に社員としての勤続年数と社員兼務役員通算在任年数及び役員通算在任年数とを合算した年数と合算年数に応じた支給乗率とを乗じた額とする。

　　　　本人給×(社員勤続年数＋社員兼務役員通算在任年数＋役員通算在任年数)×支給乗率

(役員報酬)
第4条　役員報酬は毎月決まって支給するもので本人給と調整給に分けられる。
　　　本人給，調整給は夫々従業員給与規程に準ずるものとする。

(役員在任年数)
第5条　役員在任年数は1カ年を単位とする。

(非常勤期間)
第6条　役員の非常勤期間については原則として退職慰労金算出の際の役員在任年数から除く。
　　　ただし，特別の場合は取締役会で別に決めることができる。

(支給時期及び方法)
第7条　退職慰労金の支給時期は原則として株主総会に原案上程可決の直後での取締役会での決定後2カ月以内とする。ただし経済界の景況，会社の業績いかん等により当該役員又はその遺族と協議の上，支給の時期，回数，方法等について別に定めることができる。

(退職慰労金よりの控除)
第8条　前条の規程にかかわらず退職慰労金を支給する場合には所得税法に基づく源泉税及び本人が会社に対して負う債務の全額を控除する。

（役員死亡による退職慰労金の贈与）
第9条　役員が任期中に死亡した場合の退職慰労金はその遺族に贈与する。遺族の順位は法の定める処による。

（支給乗率）
第10条　本規程第3条の退職慰労金計算の支給乗率は次のとおりとする。

役員在任年数	9年まで	10年	11年	12年	13年	14年
支給乗率	1.00	1.03	1.07	1.11	1.15	1.19

役員在任年数	15年	16年	17年	18年	19年	20年
支給乗率	1.23	1.28	1.33	1.38	1.43	1.48

（規程の改廃）
第11条　規程の改廃は取締役会の決議によるものとする。

（実　施）
第12条　この規程は平成　年　月　日より実施する。

役員退職慰労金規程

実例14

（KM流通センター，商社・資本金1億5,000万円）

（総　則）
第1条　本規程は，退職した取締役または監査役（以下「役員」という）の退職慰労金について定める。

（退職慰労金額の決定）
第2条　退職した役員に支給すべき退職慰労金は，次の各号のうち，いずれかの額の範囲内とする。
　　①　本規程に基づき取締役会が決定し，株主総会において承認された額
　　②　本規程に基づき計算すべき旨の株主総会の決議に従い，取締役会が決定した額

（退職慰労金の額の算出）
第3条　退職慰労金は，当該役員の退職時の報酬月額に，別表の役員在任年数に対応する支給率と，第6条に掲げる最終役位係数を乗じて得た額とする。

別　表

在任年数	支給率	在任年数	支給率
2年未満	1	12年以上	14
2年以上	2	13年 〃	15
3年 〃	3	14年 〃	16
4年 〃	4	15年 〃	17
5年 〃	5	16年 〃	18
6年 〃	6	17年 〃	19
7年 〃	7	18年 〃	20
8年 〃	8	19年 〃	21
9年 〃	9	20年 〃	24
10年 〃	12	21年 〃	25
11年 〃	13		

退職慰労金＝退職時の報酬月額×在任年数別支給率×最終役位係数

（報酬月額）
第4条　前条の報酬月額とは，名目のいかんを問わず，年月定まって支給されるものの総額をいう。

（非常勤期間）

第5条　役員に非常勤期間がある場合は，第3条の在任年数の計算に当たって，その期間を除くものとする。ただし，特別の場合は，取締役会で別に定めることができる。

（役位係数）
第6条　役位係数は次のとおりとする。

　　　　会　長　　2.8
　　　　社　長　　3.2
　　　　専　務　　2.6
　　　　常　務　　2.3
　　　　取締役　　2.0
　　　　監査役　　1.5

　2　役位に変更があった場合は，役員在任中の最高役位を以て計算する。
　3　役位の変更によって報酬月額が減少した場合は，役員在任中の最高報酬月額を以て計算する。

（特別功労金）
第7条　取締役会は，とくに功績顕著と認められる役員に対しては，第3条により算出した金額に，その30％を超えない範囲で加算することができる。

（支払時期および方法）
第8条　退職慰労金の支払時期は，株主総会直後の取締役会から2カ月以内とする。ただし，経済界の景況，会社の業績いかん等により，当該役員と協議の上，支給の時期，回数，方法を別に定めることがある。

付　　則

（実　施）
第9条　本規程は，平成　年　月　日より実施する。

実例15 役員退職慰労金規程

（KW食品，食品卸売業・資本金1億500万円）

（目　的）
第1条　この規程は，取締役および監査役（以下「役員」という）の退職慰労金について定める。

（退職慰労金の決定）
第2条　退職した役員に支給すべき退職慰労金は，次の各号のうち，いずれかの額の範囲内とする。
　　① この規程に基づき取締役会の決議により，または監査役が決定した額で株主総会で決定した額。
　　② この規程に基づき，計算すべき旨の株主総会の決議に従い，取締役会の決議により，または監査役が決定した額。

（慰労金）
第3条　役員が死亡により退職した場合には，退職慰労金の他に別に定める役員慶弔見舞金規程による弔慰金を支給する。

（退職慰労金の算定方法）
第4条　役員の退職慰労金の算定方法は次による。
　　① 退職慰労金＝役位別最終報酬額×役位別在任年数×役位別係数の合計額
　　② 各役位別の役位係数は次のとおりとする。
　　　　取締役会長………2.0
　　　　取締役社長………2.5
　　　　専務取締役………2.0
　　　　常務取締役………1.6
　　　　取　締　役………1.3
　　　　監　査　役………1.2
　2　役位に変更ある場合は，役員在任中の最高位をもって最終役位とする。
　3　役位の変更によって，報酬月額に減額を生じた場合でも，最終報酬月額は役員在任中の最高報酬月額とする。
　4　社員兼務役員の退職慰労金は，社員退職金規程により支給される額を差し引いた額を役員退職慰労金とする。
　5　前項の社員退職金規程による退職金制度は税制適格年金（いわゆる企業年金）制度によるため，一時金支給は一時金額，年金による場合は現価相当額を退職金とする。
　6　第1項で計算された退職慰労金の額が税法上過大退職金と認められる場合は，その限度額の範囲内とする。

（役員報酬）
第5条　役員報酬とは「役員報酬・賞与規程」第　条に定める額とする。
（役員在任年数）
第6条　役員在任年数は，1カ年を単位とし，端数は月割とする。ただし，1カ月未満は1カ月に切り上げる。
（在任期間の特例）
第7条　役員が任期中に死亡の事由により退職した場合は，任期中の残存期間を在職月数に加算して計算する。
（非常勤期間）
第8条　役員の非常勤期間について，原則として退職慰労金算出の際役員在任年数から除くものとする。ただし，特段の事情がある場合は，取締役会または監査役が別途に決定することができる。
（特別功労加算金）
第9条　取締役会または監査役は，在任中とくに功労のあった者には，第4条により算出された額に30％を超えない範囲で加算することができる。
（特別減額）
第10条　取締役会または監査役は，退職役員のうち，在任中とくに重大な損害を会社に与えた者に対しては，第4条により算定した金額を減額することができる。
（支払時期および方法）
第11条　退職慰労金は，株主総会の決議後2カ月以内にその全額を支給する。
　2　経済界の景況，会社の業績などにより，当該退職役員または遺族と協議のうえ支払の時期，回数，方法について別に定めることがある。
（退職慰労金からの控除）
第12条　退職慰労金を支給する場合には，法令に基づく源泉税および会社に対して負う債務の全額を控除する。
（その他）
第13条　取締役または監査役を退任したときは，その都度退職慰労金を支給する。
　2　取締役を退任し監査役に就任したとき，または監査役を退任し取締役に就任したときは任期の通算をしない。
（会社加入の保険との関係）
第14条　退職慰労金と関係のある，会社加入の生命保険および損害保険契約の受取保険金（中途解約払戻金も同じ）は全額会社に帰属するものとする。
（規程の改定）
第15条　この規程を改定する場合は，取締役会の決議を経て行なう。
　2　この規程のうち監査役に関する部分を改定する場合は，監査役の同意を必要とする。
（施　行）
第16条　この規程は平成　年　月　日より施行する。

実例16 役員退職慰労金支給内規

（MC堂，印刷・資本金1億3,000万円）

（目　的）
第1条　この内規は，株式会社MC堂の役員が退任（死亡を含む）したとき，当該役員またはその遺族に対して支給する退職慰労金について定める。

（役　員）
第2条　この内規において役員とは，当会社の取締役および監査役をいう。

（支給の決定）
第3条　役員退職慰労金の金額は，この内規により計算すべき旨の株主総会の決議にもとづき取締役会が決定した金額とする。

（金額算出基準）
第4条　退職慰労金の金額算出にあたっては，当該役員の各役位別の一定金額に役員別係数と在任年数を乗じた総和とする。この役位別一定金額については各役位の最終報酬実額（社員兼務役員の社員分給与を含む）を限度に別途定める。

2　在任期間が1年に満たない端数があるときは月割とし，1カ月に満たないときはこれを1カ月に切り上げる。但し，各役位の在任期間の総和は総在任期間を超えない。

（役位別係数）
第5条　前条に規定する役位別係数は次のとおりとする。

役位	㈱会長	㈱社長	㈱副社長	専務㈱	常務㈱
係数	2.5	4	3.5	3	2.5
役位	㈱相談役	取締役	㈱監査役	監査役	
係数	2.5	2	1.5	1	

（支給時期）
第6条　役員退職慰労金は，株主総会並びに取締役会の決議を経て速やかに支払うこととし，具体的支給日・方法等は株主総会またはその委任により取締役会が定める。

（支給方法）
第7条　役員退職慰労金は，退職役員に直接支給する。

2　死亡の場合は遺族に支給する。遺族は労働基準法施行規則第42条ないし第45条の順位に従って支給する。

（その他）
第8条　役員在任中に死亡した役員に対しては，退職慰労金のほかに別に定める弔慰金支給規程により弔慰金を支給することを妨げない。

付　　則

第9条　この内規は，平成　年　月　日より施行する。
　　　　制定　昭和　年　月　日
　　　　改定　平成　年　月　日

実例17 役員退職慰労金支給規程

(GS金属, 金属製品製造・資本金1億2,000万円)

(総　則)
第1条　本規程は, 退職した取締役または監査役 (以下「役員」という) の退職慰労金について定める。

(退職慰労金額の決定)
第2条　退職した役員に支給すべき退職慰労金は, 次の各号のうち, いずれかの額の範囲内とする。
　　① 本規程に基づき取締役会が決定し, 株主総会において承認された額
　　② 本規程に基づき計算すべき旨の株主総会の決議に従い, 取締役会が決定した額

(退職慰労金の額の算出)
第3条　退職慰労金は, 当該役員の退職時の報酬月額に, 別表の役員在任年数に対応する支給率と, 第6条に掲げる最終役位係数を乗じて得た額とする。

別　表

在任年数	支給率	在任年数	支給率
2年未満	1	12年以上	14
2年以上	2	13年 〃	15
3年 〃	3	14年 〃	16
4年 〃	4	15年 〃	17
5年 〃	5	16年 〃	18
6年 〃	6	17年 〃	19
7年 〃	7	18年 〃	20
8年 〃	8	19年 〃	21
9年 〃	9	20年 〃	24
10年 〃	12	21年 〃	25
11年 〃	13		

(報酬月額)
第4条　前条の報酬月額とは, 名目のいかんを問わず, 年月定まって支給されるものの総額をいう。

(非常勤期間)
第5条　役員に非常勤期間がある場合は, 第3条の在任年数の計算に当たって, その期間を除くものとする。ただし, 特別の場合は, 取締役会で別に定めることができる。

(役位係数)

第6条　役位係数は次のとおりとする。
　　　　　会　長　　2.8
　　　　　社　長　　3.2
　　　　　専　務　　2.6
　　　　　常　務　　2.3
　　　　　取締役　　2.0
　　　　　監査役　　1.5
　2　役位に変更があった場合は，役員在任中の最高役位を以て計算する。
　3　役位の変更によって報酬月額が減少した場合は，役員在任中の最高報酬月額を以て計算する。

（特別功労金）
第7条　取締役会は，とくに功績顕著と認められる役員に対しては，第3条により算出した金額に，その30％を超えない範囲で加算することができる。

（支払時期および方法）
第8条　退職慰労金の支払時期は，株主総会直後の取締役会から2カ月以内とする。ただし，経済界の景況，会社の業績いかん等により，当該役員と協議の上，支給の時期，回数，方法を別に定めることがある。

付　則

本規程は，平成　年　月　日より実施する。

役員退職慰労金規程

実例18

（SC化学，化学工業・資本金8,000万円）

（目　的）
第1条　この規程は，取締役および監査役（以下「役員」という）の退職慰労金について定める。

（退職慰労金の決定）
第2条　退職した役員に支給すべき退職慰労金は，つぎの各号のうち，いずれかの額の範囲内とする。
　①　この規程に基づき取締役会の決議により，または監査役が決定した額で株主総会で決定した額。
　②　この規程に基づき，計算すべき旨の株主総会の決議に従い，取締役会の決議により，または監査役が決定した額。

（慰労金）
第3条　役員が死亡により退職した場合には，退職慰労金の他に別に定める役員慶弔見舞金規程による弔慰金を支給する。

（退職慰労金の算定方法）
第4条　役員の退職慰労金の算定方法は次による。
　①退職慰労金＝役位別最終報酬月額×役位別在任年数×役位別係数の合計額
　②各役位別の役位係数は次のとおりとする。
　　　　取締役会長………2.0　　取締役社長………2.5
　　　　専務取締役………2.0　　常務取締役………1.6
　　　　取　締　役………1.3　　監　査　役………1.2
　2　役位に変更ある場合は，役員在任中の最高位をもって最終役位とする。
　3　役位の変更によって，報酬月額に減額を生じた場合でも，最終報酬月額は役員在任中の最高報酬月額とする。
　4　社員兼務役員の退職慰労金は，社員退職金規程により支給される額を差し引いた額を役員退職慰労金とする。
　5　前項の社員退職金規程による退職金制度は税制適格年金（いわゆる企業年金）制度によるため，一時金支給は一時金額，年金による場合は現価相当額を退職金とする。
　6　第1項で計算された退職慰労金の額が税法上過大退職金と認められる場合は，その限度額の範囲内とする。

（役員報酬）
第5条　役員報酬とは「役員報酬・賞与規程」第　条に定める額とする。

（役員在任年数）
第6条　役員在任年数は，1カ年を単位とし，端数は月割とする。ただし，1カ月未満は1カ月に切り上げる。

（在任期間の特例）
第7条　役員が任期中に死亡の事由により退職した場合は，任期中の残存期間を在職月数に加算して計算する。

（非常勤期間）
第8条　役員の非常勤期間について，原則として退職慰労金算出の際役員在任年数から除くものとする。ただし，特段の事情がある場合は，取締役会または監査役が別途に決定することができる。

（特別功労加算金）
第9条　取締役会または監査役は，在任中とくに功労のあった者には，第4条により算出された額に30％を超えない範囲で加算することができる。

（特別減額）
第10条　取締役会または監査役は，退職役員のうち，在任中とくに重大な損害を会社に与えた者に対しては，第4条により算定した金額を減額することができる。

（支払時期および方法）
第11条　退職慰労金は，株主総会の決議後2カ月以内にその全額を支給する。
　2　経済界の景況，会社の業績などにより，当該退職役員または遺族と協議のうえ支払の時期，回数，方法について別に定めることがある。

（退職慰労金からの控除）
第12条　退職慰労金を支給する場合には，法令に基づく源泉税および会社に対して負う債務の全額を控除する。

（その他）
第13条　取締役または監査役を退任したときは，その都度退職慰労金を支給する。
　2　取締役を退任し監査役に就任したとき，または監査役を退任し取締役に就任したときは任期の通算をしない。

（会社加入の保険との関係）
第14条　退職慰労金と関係のある，会社加入の生命保険および損害保険契約の受取保険金（中途解約払戻金も同じ）は全額会社に帰属するものとする。

（規程の改定）
第15条　この規程を改定する場合は，取締役会の決議を経て行う。
　2　この規程のうち監査役に関する部分を改定する場合は，監査役の同意を必要とする。

（施　行）
第16条　この規程は平成　年　月　日より施行する。

役員退職慰労金規程

実例19

（SK工業，工作機械・資本金8,000万円）

（目　的）
第1条　当会社の取締役または監査役（以下「役員」という）が退職したとき，または，役掌が大きく変更し日常実務に関与しなくなったときは，株主総会の決議を経て，退職慰労金を支給することができる。

（決定基準）
第2条　退職した役員に支給すべき退職慰労金は，次の各号のうちいずれかの額（以下「基準額」という）の範囲内とする。
　　　1　この規定に基づき取締役会が決定した金額にして，株主総会において承認された確定額。
　　　2　この規定に基づき計算すべき旨の株主総会の決議に従い，取締役会が決定した額。

（算定方法）
第3条　(1)　前条の退職慰労金の基準額は，役員として在任した各役位毎に，次の算式で求めた額の合計額とする。
　　〈算式〉
　　　　当該役位の最終報酬月額×当該役位の在任年数×当該役位の支給倍率
(2)　「当該役位の最終報酬月額」には，賞与相当額及び社員兼務取締役の社員分に係る給与は含まない。
(3)　「当該役位の最終報酬月額」がその後のインフレ等で著しく低額となっている場合は，現在の同一役位の者の報酬月額を参考に適宜，増額修正する。
(4)　「当該役位の在任年数」の計算に当たっては，1カ月に満たない端数は1カ月とし，そのうえで年数換算を行う（小数点第1位未満は切り上げ）。
(5)　各役位の支給倍率は，次のとおりとする。

	〈役位〉	〈支給倍率（非常勤の場合）〉
①	取締役会長	1.7（0.7）
②	取締役社長	2.0（1.0）
③	取締役副社長	1.7（0.7）
④	専務取締役	1.6（0.6）
⑤	常務取締役	1.5（0.5）
⑥	取締役	1.4（0.4）
⑦	監査役	1.4（0.4）

（残存期間）

第4条　役員がその任期中に死亡し，またはやむをえない事由により退職したときは，任期中の残存期間を在任期間に加算し計算する。

（功労金）
第5条　特に功績顕著と認められる役員に対しては，第3条により計算した基準額にその30％を超えない範囲内で別に功労金を支給する。

（特別功労金）
第6条　会社創立再建等格別の時期に具体的功労があり，功績顕著と認められる者については，前条功労金を加えて第3条より計算した基準額に30％を超えない範囲内で特別功労金を支給することがある。

（減　　額）
第7条　退職役員のうち，在任中特に重大な損害を会社に与えたものに対しては，第3条により計算した基準額を減額，または支給しないことができる。

（弔慰金）
第8条　役員が死亡した時は，死亡退職金とは別に次の弔慰金を支給することができる。
　　　　業務上の死亡の時　直前の月間役員報酬の3年分
　　　　業務上の死亡でない時　直前の月間役員報酬の半年分

（支給時期及び方法）
第9条　退職慰労金の支給時期は，原則として原案上程，可決の直後での取締役会での決定後2カ月以内とする。ただし，経済界の景況，会社の業績いかん等により，当該役員と協議の上，支給時期，回数，方法，等について別に定めることができる。

（相談役または顧問）
第10条　この規定は，退職した役員を顧問等の名義をもって任用し，相当額の報酬を支給することを妨げるものではない。

（退職慰労金より控除）
第11条　退職役員が会社に対し負う債務及び所得税法に基づく源泉税の金額は，退職慰労金の支給に際して控除する。

（規定の改訂）
第12条　この規定は，取締役会の決議をもって，随時，改正することができる。ただし，株主総会において決議を得た特定の役員に対して支給する退職慰労金は，決議当時の規定による。

（社員兼務役員の扱い）
第13条　(1)　この規定により支給する役員退職慰労金には，社員兼務取締役に対して社員として支給すべき退職給与金を含まない。
　(2)　同様に，この規定により支給する役員退職慰労金には，役員に任用されるまでの社員としての退職給与金を含まない。
　(3)　前二項による計算方式は，次のとおりとする。
　　　① 社員分退職金……社員退職金支給規程による。
　　　② 役員分退職慰労金……（役員報酬－社員給与分）×第3条の算定方法
　　　③ ①＋②＝支給退職金（退職慰労金）

（実施日）
第14条　この規定は，平成　年　月　日から施行し，施行後に退職する役員に対して適用する。

〈参　考〉

取締役会議事録

　　1　日　時　平成　年　月　日　午前10時
　　1　場　所　東京都○○区××　丁目　番　号　当社会議室
　　1　出席者　取締役6人　出席取締役6人
　　右記のとおり出席があり，取締役会は有効に成立したので，代表取締役社長○○○○は定刻議長席に着き審議に入った。

　　議案　役員退職慰労金規程の制定の件
　　議長は，役員退職慰労金についての基本方針及び支給基準を別紙案のとおり制定したい旨を述べ，これが概要を総務部長××××氏に説明させ，これを出席者に諮ったところ全員異議なく承認可決した。

　　以上をもって議事の全部を終了したので，議長は午前10時30分閉会を宣した。
　　以上の決議の結果を明らかにするため，本議事録を作成し，出席取締役は次に記名押印する。
　　　平成　年　月　日

　　ＳＫ工業株式会社　取締役会

　　　　　　　　　　　　　　議長　代表取締役社長　××××　㊞
　　　　　　　　　　　　　　　　　代表取締役会長　××××　㊞
　　　　　　　　　　　　　　　　　専 務 取 締 役　××××　㊞
　　　　　　　　　　　　　　　　　常 務 取 締 役　××××　㊞
　　　　　　　　　　　　　　　　　取　 締　 役　××××　㊞
　　　　　　　　　　　　　　　　　取　 締　 役　××××　㊞

実例20 役員退職慰労金支給規程

（PO電機，電気機器・資本金7,500万円）

（支給範囲）
第1条　会社の取締役または監査役（以下「役員」という）が退任または死亡したときは，株主総会の決議により，この規程に基づき退職慰労金を支給する。

（基本支給額）
第2条　退職慰労金の基本支給額は，各役位ごとの在任最終報酬月額にそれぞれ各役位別（別表）の在任年数（1カ月未満の日数は1カ月として計算）を乗じて得た金額の合計額とする。

（功労加算額）
第3条　在任中に特に功労が顕著であったと認められる者に対しては，その功労に応じ第2条により計算した基本支給額の100％の範囲内において加算を行うことができるものとする。

（受給権者）
第4条　退職慰労金の受給者または役員が死亡したときは，第2条および第3条の規定により計算された退職慰労金は，当該受給者または役員の死亡当時その者と生計を維持していた遺族に支給する。前項の遺族の範囲および支給順位については，従業員退職給与規程に準ずる。

（在任期間）
第5条　在任期間の計算は，役員就任の日より退任の日までとし，暦月によって計算する。

（支給時期および方法）
第6条　退職慰労金は，株主総会における承認の日より1カ月以内に，退任役員または第4条によって定められた受益権者の指定した方法により支払う。

（施　行）
第7条　この規程は平成　年　月　日より施行する。

別　表

役位	率	役位	率
取締役会長	70％	常務取締役	55％
取締役社長	70％	取締役（常勤）	50％
取締役副社長	65％	取締役（非常勤）	40％
専務取締役	60％	監査役	45％

実例21 役員退職慰労金支給規程

（KE工業，機器製造・資本金7,000万円）

（目　的）
第1条　この規程は，役員の退職または死亡に際し慰労金を支給し，もって役員在任中の功労に報い，退職後における役員または遺族の生活の安定に寄与することを目的とする。

（適用の範囲）
第2条　この規程は取締役・監査役の全役員に適用し，役員待遇の相談役・顧問・嘱託等についてはこれを準用する。
　2　役員退職慰労金は，役員として円満に勤務し，死亡・定年または自己の都合により退職した者に支給する。
　3　次の各号の1に該当する場合は，第3条の役員退職慰労金を減額し，または支給しないことがある。
　　(1)　退職に当たり所定の手続きおよび事務処理等をなさず，会社業務の運営に支障をきたした場合
　　(2)　退職に当たり会社の信用を傷つけ，または在任中に知り得た会社の機密をもらすことによって会社に損害を与えるおそれのある場合
　　(3)　在任中不都合な行為があり，役員を解任された場合
　　(4)　その他前各号に準ずる行為があり，役員会で減額ないしは不支給を適当と認めた場合

（役員退職慰労金の算定基準）
第3条　役員退職慰労金の算定は，次表の各役位別在任1カ年当たりの金額を基本額とし，これに各役位の在任年数を乗じて得た額の累計額とする。

各役位別在任1カ年当たり基本額

役　　位	基　本　額
会　長・社　長	1,600,000円
副　社　長	1,300,000
専　　務	1,300,000
常　　務	1,100,000
取　締　役	1,000,000
非常勤取締役	500,000
監　査　役	700,000

（在任期間の計算）
第4条　在任年数は，就任の月から起算し死亡または退任の月までとする。
　　2　在任年数に1年未満の端数があるときは月割計算とし，年度中に役位に異動を生じたときは，異動の月から新しい役位を適用する。

（功労金）
第5条　取締役会は，退職役員の功績を評価し，第3条に定める退職慰労金のほかに，その2割を超えない範囲で，功労金を支給することができる。

（特別功労金）
第6条　取締役会は，会社の創立あるいは会社再建等の時期に格別の功績があった者には，前条の功労金に加え，第3条に定める退職慰労金の3割を超えない範囲で，特別功労金を支給することができる。

（退職慰労金の支払い）
第7条　役員退職慰労金・功労金・特別功労金は，完全に引継ぎを完了し，かつ会社に対して債務のある場合はその債務を返済した者に対し，以後1カ月以内に支払うことを原則とする。

（在任中の地位の変動に伴う退職慰労金の取扱い）
第8条　役員の分掌変更等により地位が大幅に変動し，その報酬月額がおおむね従前の50％以下に減少する場合は，その役員の申出によって，変動時までの退職慰労金を支給することができる。ただし，この場合は，その後の在任期間については，原則として退職慰労金を支給しない。

（例外扱い）
第9条　本規程による役員退職慰労金は，当該期の会社の営業成績により，支給基準および支払方法を変更することができる。

（協議事項）
第10条　本規程に定めのない事項については，取締役会において協議決定する。

付　　則

（施　　行）
　本規程は，平成　年　月　日より施行する。

実例22 役員退職金規程

（BS保安警備，サービス業・資本金5,000万円）

（総　則）
第1条　株式会社BS保安警備の取締役（以下，「役員」と称する）が退職した際，株主総会の決議にもとづき支給すべき退職金および死亡弔慰金は，この規程の定めるところによる。

（決定手続）
第2条　退職した役員に対しては，株主総会の決議にもとづき，この規程の定めに従って，取締役に対しては取締役会の決議により，監査役に対しては監査役の協議により，それぞれ，退職金を一時金で支給するものとする。

（算定基礎額および支給等）
第3条　支給する退職金の額は，各役員の報酬月額に第2項の役位別係数を乗じた役位別基本額に役員在任年数（1年未満は切捨とする）を乗じて得た額とする。

　2　前項の役位別係数は次の各号の通りとする。
　　① 取締役会長　　　　1.0
　　② 代表取締役社長　　1.0
　　③ 専務取締役　　　　0.7
　　④ 常務取締役　　　　0.6
　　⑤ 取締役　　　　　　0.5
　　⑥ 監査役　　　　　　0.5

（死亡の場合の退職金①）
第4条　役員が死亡により退職した場合に支給する退職金の額は，役位別基本額に第2項の役位別功績倍率を乗じて得た額に，第5条規定の役員在任年数を乗じて得た額とする。

　2　前項の役位別功績倍率は次の各号の通りとする。
　　① 取締役会長　　　　3.2
　　② 代表取締役社長　　3.2
　　③ 専務取締役　　　　1.5
　　④ 常務取締役　　　　1.3
　　⑤ 取締役　　　　　　1.0
　　⑥ 監査役　　　　　　1.0

（死亡の場合の退職金②）
第5条　役員がその任期中に死亡または，やむを得ない事由によって退職したときは，任期中の残存期間は在職した年数に加算した退職金の計算をすることができる。

（やむを得ない事由の場合の退職金）
第6条　やむを得ない事由で退職する役員，または在任中に功績が顕著な役員に対しては，取締役会の決議により第4条第2項の功績倍率を超えない範囲内の任意の功績倍率を役位別基本額に乗じて功績加算をすることができる。
（業務上の災害死亡の場合）
第7条　役員が職務上の事故によって死亡した場合は，取締役会の決議により，第4条および第5条規定の退職金のほかに，死亡時の役位別基本額に12カ月を乗じた年額の3カ年分以内で弔慰金を支給することができる。
　　2　役員が任期中，職務外の事由によって死亡した場合は，取締役会の決議により，第4条および第5条規定の退職金のほかに，死亡時の役位別基本額に6カ月を乗じた額以内で，弔慰金を支給することができる。
（規程の改廃）
第8条　この規程は，取締役会の決議によって，随時，改正することができる。ただし，株主総会において既に退職金の支給を決議した役員に対しては，改正後もなお総会決議当時の規程による。
第9条　この規程により支給する退職金は，社員としてのみ在職した期間の退職金は含まないものとする。
第10条　この規程は平成　年　月　日より施行する。

実例23 役員退職慰労金規程

（MK機械，機械器具・資本金4,000万円）

（総　則）
第1条　退職した当会社の取締役及び監査役（以下「役員」という）に支給する退職慰労金は次のとおりとする。

（基準額）
第2条　退職した役員に支給する退職慰労金は次の各号の内いずれかの額の範囲内とする。
　　① この規定に基づき取締役会が決定した株主総会で承認された額。
　　② この規定又は会社の慣例に基づき計算する旨の株主総会の決議に従い取締役会が決定した額。

（基本額）
第3条　退職慰労金の基準額の計算は，役員の役位別基本額に勤続年数（端数切上げ）を乗じた額の累計とする。各役位別の基本額は退職時の報酬月額に次の倍率を乗じた額とする。役位の変更になった場合は，その期間の倍率と勤続年数を乗ずる。
　　　　代表権を持つ取締役　　　　　1.5
　　　　代表権のない常務以上の役員　1.2～1.3
　　　　その他の役員及び監査役　　　1.2

（加減算）
第4条　取締役会は退職役員の功績等を評価し，基本額について20%を超えない範囲で加減算をしたものをもって基準額とすることができる。

（支給時期及び方法）
第5条　退職慰労金の支給時期は原則として，退職決定が株主総会にて承認された後2カ月以内に60%，その後1年以内に残額を支払う。
　　　但し，社会，経済の状況又は会社の業績如何により，当該役員と協議の上，支給時期，方法等について別に定めることができる。

（非常勤役員）
第6条　非常勤役員については，その実情に基づき本規程外の取扱いをすることがある。

（兼務役員）
第7条　この規程により支給する役員退職慰労金中には，社員兼務役員に対し，使用人として支給すべき退職金を含む。

（兼務役員分の退職金）
第8条　社員が役員（兼務役員を含む）に就任した場合は，原則として役員退職時に，社員役員分

と累積加算して支給する。

　使用人分についての退職金の計算は，社員退職金規定に準ずるが，基本給相当額は役員退職時に，月額報酬額の60％をもって基本額とする。

（施　　行）
第9条　この規程は平成　年　月　日より施行する。

役員年金規程の実例

②

実例24 役員退職年金規則

（SK商事，商社・資本金25億円）

第1章 総　則

（目　的）
第1条　この規則による制度（以下「この制度」という）は，役員の退任又は死亡について年金又は一時金の支給を行い，退任後の役員又はその遺族の生活安定に寄与することを目的とする。
（規程の適用）
第2条　この制度は，会社の常勤役員に適用する。
（制度の運営）
第3条　この制度の運営は，常務会があたる。

第2章 給　付

第1節　役員年金

（支給事由）
第4条　常勤役員が退任したときは，株主総会の議決を経て役員年金を支給する。
（年金額）
第5条　役員年金の月額は退任時の役職に応じて別表第1表（省略）に掲げる金額とする。
　2　前項にかかわらず，役員在任中に役職の異動があった場合は，退任までの役職に応じた最高の金額とする。
（支給期間）
第6条　役員年金は，役員が退任した月の翌月から，10年間支給する。

第2節　遺族一時金

（支給事由）
第7条　遺族一時金は，役員が在任中死亡したとき，又は役員年金の支給を受けている者が，支給開始後10年未満で死亡したとき支給する。
（一時金額）
第8条　遺族一時金の金額は，本人が受給すべき年金月額，又は受給していた年金月額に本人の受

給済期間に応じた別表第2表（省略）の率を乗じて得た額とする。

（遺族の範囲）
第9条　遺族一時金を受給することができる遺族とは，死亡時におけるその者の配偶者とする。
　　2　前項の規定にかかわらず，役員又は役員であった者が，特定の者を遺族として指定し，常務会がこれを承認した場合は，その者を遺族とする。
　　3　第1項及び第2項に定める遺族に該当するものなき場合は受給権は消滅する。

第3章　積立て

（積立て）
第10条　会社はこの制度による給付の財源に当てるため必要な原資を積み立てる。

（再計算）
第11条　新役員の就任，役員の昇給，給付改定その他の事由により予定収支に差異が生じた場合には必要に応じて積立金の再計算を行う。

（年金基金）
第12条　会社はこの制度による積立金の管理，運用及び給付の目的でNS信託銀行株式会社との間に信託契約を締結し，年金基金を設定する。

（受給権の処分禁止）
第13条　この制度による給付を受ける権利は，譲渡し又は担保に供してはならない。

（届け出等の義務）
第14条　この制度による支給事由が発生した者及び給付を受けている者は，次の書類を会社に届け出なければならない。また届け出た事項に異動があったときも同じとする。
　　(1)　支給依頼書
　　(2)　受給者異動届
　　(3)　その他会社が必要とする書類

（年金の支払時期）
第15条　年金は，毎年3，6，9及び12月の各月にそれぞれ前月までの分を支払う。

（制度の改廃）
第16条　この制度は常務会の承認を得て改廃することがある。

付　則

第17条　この制度は平成　年　月　日より実施する。

実例25 役員企業年金契約書

※私的年金（非適格年金）

（TK工業，機械製造・資本金15億円）

　株式会社TK工業（以下「甲」という。）とYS生命保険相互会社（以下「乙」という。）は企業年金保険普通保険約款（特約付の場合はその特約条項を含む。）に基づいて保険契約を締結し，下記の条項を協定します。

　この協定の証として本協定書2通を作成し双方記名押印のうえ，各一通を所持します。

　　昭和　年　月　日

保険契約者
　　東京都□□□□□□□□□
　　　　株式会社　TK工業
　　　　　取締役社長　□　□　□　□　　㊞

保　険　者
　　東京都○○区○○○丁目○番○号
　　　　YS生命保険相互会社
　　　　　取締役社長　□　□　□　□　　㊞

記

Ⅰ　適用する約款および被保険者

1　適用する約款および特約条項
　企業年金保険普通保険約款
　企業年金保険中途脱退年金特約
　企業年金保険遺族年金特約
2　被保険者
　ア　被保険者となる者の資格
　　甲の役員（甲が個人の場合は事業主およびこれと生計を一にする親族）
　イ　加入
　　a　昭和　年　月　日に被保険者となる資格を有する者は契約締結日に加入する。
　　b　昭和　年　月　日の翌日以降新たに被保険者となる資格を取得する者は，資格取得後最初に到来する追加加入日に加入する。

ウ　追加加入日

　　追加加入は12月1日とする。

II　給　付

1　主契約に基づく年金

　ア　種　類

　　a　支払期間

　　　10年とする。

　　b　保証期間

　　　10年とする。

　イ　年金額決定基準

　　各被保険者の年金月額は次のとおりとする。

　　加入時より満70歳到達時まで毎年積増した単位年金月額の累計額

　　　単位年金月額は被保険者名簿兼保険料明細書に記載の主契約保険料（月額）を基準として算出される額とし，主契約保険料（月額）1,000円に対する単位年金月額および累計年金月額は別表の額とする。

　ウ　支払条件

　　a　受給権の取得

　　　満70歳に達したとき

　　b　受給権取得の確定日（年金開始期日）

　　　受給権取得日

　エ　支払方法

　　a　年金支払日

　　　年4回とし，3月，6月，9月および12月の各15日とする。

　　b　第1回支払日

　　　年金開始期日の属する月の翌月以降最初に到来する年金支払い日とする。

　　c　1回の支払額

　　　年金月額の3カ月分とする。

　　d　一時払の特例

　　(1)　支払条件

　　　(ｱ)　年金受給権の取得の確定した被保険者について甲が，一時金支払の請求をし，乙がこれを認めたときは年金の支払に代えて一時払の取扱をする。

　　　　申し出の時期は年金開始期日までに限るものとする。

　　　(ｲ)　年金月額が3,000円未満の場合は，年金開始期日に一時払の取扱をする。

　　(2)　支払額

　　　年金現価相当額

　　　　e　支払の方法

　　　　　支払に必要な書類が乙の本社に到着してから，15日以内に乙より甲に支払う。

2　中途脱退年金特約条項に基づく一時金

　　ア　一時金額決定基準

　　　各被保険者の一時金額は，次のとおりとする。

　　　責任準備金相当額

イ　支払条件
　　　a　受給権の取得
　　　　被保険者が主契約に基づく年金受給権（一時金給付のあるときは一時金受給権を含む。）取得前に，次に掲げるところに該当したときは，この特約条項に基づく一時金受給権を取得する。
　　　　死亡以外の事由による退任
　　　b　受給権取得の確定日
　　　　受給権取得日とする。
　　ウ　支払方法
　　　　1のエのcに準ずる。
　3　遺族年金特約条項に基づく一時金
　　ア　一時金額決定基準
　　　　各被保険者の一時金額は次のとおりとする。
　　　　期始責任準備金に300,000円を加算して得た額
　　イ　支払条件
　　　a　受給権の取得
　　　　被保険者が主契約に基づく受給権取得の確定日前に次に掲げるところに該当したとき，この特約条項に定める受取人は，この特約条項に基づく一時金受給権を取得する。
　　　　死　　亡
　　　b　受給権取得の確定日
　　　　受給権取得日とする。
　　ウ　支払方法
　　　　1のエのcに準ずる。
　　エ　受取人
　　　　甲とする。

Ⅲ　保険料および責任準備金

1　積立方式
　一時払積増方式（各被保険者ごとの保険料の計算年齢は契約締結時または追加加入時の年齢とする。）
2　計算基礎
　ア　利　率
　　受給権取得前　　5.5％
　　受給権取得後　　5.5％
　イ　死亡率
　　第10回国民生命表と第13回簡速静止人口表のいずれか低い方の85％（男女別）
　　ただし遺族年金特約については第10回国民生命表（男）
　ウ　脱退率，昇給率は使用しない。
3　基本保険料
　ア　各被保険者ごとの保険料
　　　a　保険料の計算およびその額
　　　　各被保険者について計算した保険料の額は次のとおりとする。

　　　　　各被保険者ごとに甲が定めた額
　　　　　遺族年金特約の保険料は年齢別の率により別に計算した額
　　　　b　払込方法
　　　　　年12回とし，加入時から受給権取得時まで払い込むものとする。
　　イ　追加加入する被保険者の保険料
　　　アに準じて計算する。
　　ウ　基本保険料の払込期日
　　　第2回保険料の払込期日は昭和57年1月1日とし，第3回以降の保険料の払込期日はその毎月の応当日とする。
　　エ　付加保険料の計算
　　　付加保険料は乙が大蔵大臣の認可を得た方法により計算し，その金額はアないしイの保険料に含まれるものとする。
 4　保険料の改訂
　　ア　申し出による保険料の改訂
　　　3により定められた保険料の額が，給付を行なうに不足することが明らかとなり，急施を要すると認められるときは，乙はその旨を甲に申し出，双方協議のうえ，これを改訂するものとする。
　　イ　改訂の要否の定期的検討
　　　アによるほか，3により定められた保険料について，給付の状況に照らし，その改訂の要否を，契約締結日以降1年ごとに検討するものとする。
　　　双方協議のうえ，保険料の改訂を要するものと認められる場合には，原則として，当該年度の契約応当日以降の保険料を改訂するものとする。
　　ウ　協議期間中の保険料
　　　保険料改訂の協議が整わない間は，甲は従来の保険料を継続して払込むものとする。
 5　保険料の払込みがない場合の取扱い
　　第2回以降の保険料が払込まれないままで，猶予期間（払込期日後1ヵ月）を経過したときは，まだ年金受給権を取得していない被保険者について，各被保険者のそのときの責任準備金に基づいて払済年金に変更するものとする。
 6　責任準備金
　　ア　責任準備金の計算
　　　乙は，この契約の保険料について，大蔵大臣の許可を得た方法で責任準備金を計算することとし，その限度は将来法による責任準備金とする。
　　イ　責任準備金の区分
　　　乙は，被保険者が受給権を取得したときは，その被保険者およびまだ受給権を取得していない被保険者のためのそのときの責任準備金から，次の順序でその被保険者に対する給付に必要な責任準備金に充当し，これを区分して経理する。
　　　a　その被保険者について計算した責任準備金
　　　b　この契約全体のための責任準備金があるときは，その合計額
　　　c　まだ受給権を取得していない被保険者については計算した責任準備金の合計額
 7　社員配当金
　　社員配当金は，通貨によって甲に支払う。

別表　単位年金月額および累計年金月額表（男子）

（支払開始年齢満70歳，月額保険料1,000円）

年齢	加入年数	単位年金月額	累計年金月額	年齢	加入年数	単位年金月額	累計年金月額
歳	年	円	円	歳	年	円	円
15	55	3,610	63,042	43	27	758	10,198
16	54	3,413	59,432	44	26	716	9,440
17	53	3,236	56,019	45	25	676	8,724
18	52	3,058	52,783	46	24	637	8,048
19	51	2,899	49,725	47	23	601	7,411
20	50	2,747	46,826	48	22	567	6,810
21	49	2,597	44,079	49	21	534	6,243
22	48	2,457	41,482	50	20	503	5,709
23	47	2,326	39,025	51	19	473	5,206
24	46	2,203	36,699	52	18	444	4,733
25	45	2,079	34,496	53	17	417	4,289
26	44	1,969	32,417	54	16	392	3,872
27	43	1,862	30,448	55	15	367	3,480
28	42	1,761	28,586	56	14	344	3,113
29	41	1,664	26,825	57	13	321	2,769
30	40	1,575	25,161	58	12	300	2,448
31	39	1,490	23,586	59	11	280	2,148
32	38	1,408	22,096	60	10	260	1,868
33	37	1,333	20,688	61	9	242	1,608
34	36	1,261	19,355	62	8	224	1,366
35	35	1,192	18,094	63	7	207	1,142
36	34	1,126	16,902	64	6	191	935
37	33	1,066	15,776	65	5	176	744
38	32	1,008	14,710	66	4	162	568
39	31	951	13,702	67	3	148	406
40	30	900	12,751	68	2	135	258
41	29	850	11,851	69	1	123	123
42	28	803	11,001				

（備考）1．月額保険料が1,000円以上の場合は上記月額に $\left(\dfrac{該当月額保険料}{1,000}\right)$ を乗じて使用する。

2．A年Bカ月の支給額
＝A年の支給額＋{(A＋1)年の支給額－A年の支給額}×$\dfrac{B}{12}$

別表　単位年金月額および累計年金月額表（女子）

（支払開始年齢満70歳，月額保険料1,000円）

年齢	加入年数	単位年金月額	累計年金月額	年齢	加入年数	単位年金月額	累計年金月額
歳	年	円	円	歳	年	円	円
15	55	3,003	53,038	43	27	641	8,867
16	54	2,841	50,035	44	26	606	8,226
17	53	2,688	47,194	45	25	572	7,620
18	52	2,545	44,506	46	24	541	7,048
19	51	2,415	41,961	47	23	510	6,507
20	50	2,283	39,546	48	22	482	5,997
21	49	2,165	37,263	49	21	455	5,515
22	48	2,053	35,098	50	20	429	5,060
23	47	1,942	33,045	51	19	405	4,631
24	46	1,835	31,103	52	18	381	4,226
25	45	1,739	29,268	53	17	359	3,845
26	44	1,647	27,529	54	16	338	3,486
27	43	1,560	25,882	55	15	318	3,148
28	42	1,475	24,322	56	14	299	2,830
29	41	1,397	22,847	57	13	282	2,531
30	40	1,321	21,450	58	12	264	2,249
31	39	1,250	20,129	59	11	248	1,985
32	38	1,182	18,879	60	10	233	1,737
33	37	1,120	17,697	61	9	218	1,504
34	36	1,059	16,577	62	8	204	1,286
35	35	1,002	15,518	63	7	190	1,082
36	34	948	14,516	64	6	178	892
37	33	897	13,568	65	5	165	714
38	32	848	12,671	66	4	154	549
39	31	803	11,823	67	3	142	395
40	30	758	11,020	68	2	132	253
41	29	717	10,262	69	1	121	121
42	28	678	9,545				

（備考）1. 月額保険料が1,000円以上の場合は上記月額に $\left(\dfrac{該当月額保険料}{1,000}\right)$ を乗じて使用する。

2. A年Bカ月の支給額
　＝A年の支給額＋{(A＋1)年の支給額－A年の支給額}×$\dfrac{B}{12}$

Ⅳ　雑　則

1. 協議内容の変更
    ア　契約の協議内容につき変更を行なう場合には，甲・乙いずれか一方の申し出により双方協議するものとし，変更の時期は原則として契約締結日以降1年ごとの契約応当日とする。
    イ　アに定める変更を申し出る者は，特にやむを得ない事情がある場合を除き変更予定の2カ月前に申し出を行ない協議を開始するものとする。
2. 甲から乙に通知を要する事項
    甲は，この契約に基づく給付を行なうに必要な次の事項を事由発生後遅滞なく乙に通知するものとする。
    ア　保険料および年金額算定の基礎となる事項
    イ　被保険者の追加加入に関する事項
    ウ　被保険者の退職，死亡等の異動に関する事項
    エ　年金または，一時金の受給権を取得した者が生じたときは，その支払に必要な事項
3. 解約返戻金
    契約が解約された場合には，解約された部分に対する解約返戻金はこの契約のまだ年金受給権を取得していない各被保険者ごとに積立てられた責任準備金に比例して計算される額を甲に支払う。
4. 年齢の計算方法
    この契約の保険料の計算に際して使用する年齢は満年で計算し，1年未満の端数が生じた場合には6カ月以下は切り捨て，6カ月超は1年に切り上げる。
5. 保険料の負担
    全額甲が負担する。
6. 端数処理に関する事項
    この契約における保険料および年金額（一時金を含む。）の算定に当たって，円未満の端数が生じたときは四捨五入する。
7. 加入年数の計算方法
    この契約における加入年数の計算方法は次の方法による。
    ア　加入の月より起算し，退任または死亡の月までとする。
    イ　1年未満の端数は月割計算とする。

──参考──ＴＫ工業の加入額（保険料）
　　社　長　　月額　10万円
　　専　務　　月額　 8万円
　　常　務　　月額　 7万円
　　取締役　　月額　 6万円
　　監査役　　月額　 3万円

役員退任年金規程

※私的年金（非適格年金）

（RM電子，電子工業・資本金10億円）

実例26

（目　的）
第1条　この規程による制度は，RM電子株式会社（以下「会社」という）在任中の役員の功労に報い，併せて退任後の生活の安定と，社会的地位にふさわしい生活水準の維持に寄与することを目的とする。

（規程の適用）
第2条　この制度は，会社の常勤役員に適用され，常勤役員に就任した日と同時に制度へ加入するものとする。

（給付の種類）
第3条　この制度の給付は次のとおりとする。
　　① 退任年金
　　② 遺族年金

（退任年金）
第4条　この制度加入者が役員を退任したときは，退任年金を支給する。但し，退任後関係会社の役員に就任したときは別に定める基準にもとづき取扱うものとする。

（退任年金の額）
第5条　退任年金の月額は，役付取締役200,000円，取締役・監査役150,000円とする。

（退任年金の支給期間）
第6条　退任年金の支給期間は，退任時より5年間とする。

（退任年金の失権）
第7条　退任年金を受ける権利を有する者（以下「退任年金受給権者」という）が死亡したときは，その権利を失う。

（遺族年金）
第8条　次の各号に掲げる場合には，その者の遺族に年金を支給する。
　　① この制度加入者が役員在任中死亡したとき
　　② 退任年金受給権者が死亡したとき

（遺族年金の額）
第9条　遺族年金の額は，退任年金月額と同額とする。

（遺族年金の支給期間）
第10条　遺族年金の支給期間は，次の各号に掲げる期間とする。
　　① 第8条第1号に該当する場合……5年間

② 第8条第2号に該当する場合……5年間から既に支給された退任年金の支給期間を差し引いた期間

（遺族の範囲）
第11条 遺族年金を支給する資格がある遺族とは配偶者および18歳未満の子女をいう。

（遺族年金の失権）
第12条 遺族年金を受ける権利を有する者が死亡したときは，受給権を失うものとする。

（年金支給の始期および終期）
第13条 年金は，その給付事由が生じ，かつ会社の支払指図があった日の属する月から，支給期間を満了する日の属する月までの分を支給する。

（年金の支給時期）
第14条 年金は，毎年3月，6月，9月および12月の各月末までに，それぞれ前月までの分を支給する。

（支払未済給付の特例）
第15条 年金を受ける権利を有する者が死亡した場合において，その者が支給を受けるべきであった給付で，その支払いを受けなかった者があるときは，これをその者の相続人に支給する。

（過払いの調整）
第16条 年金の支給を受けている者が，その受給権を喪失した場合に，遺族年金受給手続きの遅延等の理由により年金の過払いが生じたときは，これをその者の遺族に支払うべき遺族年金から差し引き調整する。

（疑義の裁定）
第17条 年金の給付について疑義を生じたときは，取締役会の議を経て決定する。

（費用の負担）
第18条 この規程による給付にあてるため，会社は，適正な年金数理にもとづき，算定された掛金を拠出する。

（企業年金保険契約）
第19条 会社は，拠出された年金の給付原資の管理運用ならびに，その給付事務を確実にするため，YD生命保険相互会社との間で企業年金保険契約協定を締結する。

（施　行）
第20条 この規程は，平成　年　月　日より実施する。

実例27 役員退職年金規程

※私的年金（非適格年金）

（AJ工業，計測器製造・資本金7億5,000万円）

第1章 総　　則

（目　的）
第1条　この規程は，役員の退職に際し支給される退職慰労金の全部又は一部を年金化し，役員退職年金制度（以下本制度という）について定める。

（適用範囲）
第2条　本規程の適用を受ける者は会社の役員とする。

（加入資格）
第3条　前条に該当する者は，すべて本制度に加入する資格を取得する。

（加入時期）
第4条　加入資格を取得した役員の加入時期は，加入資格取得直後の6月1日とする。
　　2　前項の規程にかかわらず本制度発足時に加入資格を有する者は，本制度発足時に加入するものとする。

第2章 給　　付

（退職慰労金）
第5条　役員が退職するときは，株主総会の決議により退職慰労金を支給する。

（給付の種類）
第6条　本制度における給付の種類は次のとおりとする。
　　(1)　退職年金
　　(2)　退職一時金

（退職年金）
第7条　第5条の退職慰労金の支給に際し，希望があればその全部又は一部を年金で支給することができる。

（年金月額の計算）
第8条　年金で支払う場合の年金月額は，第5条による退職慰労金の全部又は一部を年金現価として次により計算される金額とし，支給期間は10年とする。

　　　　年金月額＝年金現価÷現価率

（年金の支給期日）
第9条　年金は毎年2月，5月，8月および11月の各20日に年金支給期日以降，当該支給月の前月までの分を支給する。
（年金の一時払）
第10条　年金受給中の者または受給者の遺族が年金の一時払を希望するに至った場合は，以後の年金の支給にかえて一時金で支払う。
　2　年金の支給にかえて支払う一時金の額は，残余支給期間部分の年金現価相当額とする。
（遺族の順位と範囲）
第11条　役員，又は年金受給中の者が，死亡した場合の給付を受ける遺族の順位と範囲は，労働基準法施行規則第42条ないし第45条に定めるところによる。

第3章　制度の運営

（制度の運営方法）
第12条　会社は，本制度の健全なる運営を計るため，役員を被保険者としてＹＳ生命保険相互会社と適格年金保険契約を締結し，基金の一部について管理運用を行なわせる。ただし，退職一時金および年金の支給は会社が直接行うものとする。
（保険料の負担）
第13条　前条の企業年金保険契約に基づく保険料は，全額会社が負担する。
（規程の改廃）
第14条　本制度は社会経済の情勢に応じ，改正または廃止できるものとする。

付　則

本制度は昭和　年　月　日から実施する。

役員退職年金規程

※私的年金（非適格年金）

（SK化成，プラスチック・資本金8,000万円）

第1章 総則

（目的）
第1条 この規程は，役員の退職に際し支給される退職慰労金の全部または一部を年金化し，役員退職年金制度（以下本制度という）について定める。

（適用範囲）
第2条 本規程の適用を受ける者は会社の役員とする。

（加入資格）
第3条 前条に該当する者は，すべて本制度に加入する資格を取得する。

（加入時期）
第4条 加入資格を取得した役員の加入時期は，加入資格取得直後の6月1日とする。
　2　前項の規程にかかわらず本制度発足時に加入資格を有する者は，本制度発足時に加入するものとする。

第2章 給付

（退職慰労金）
第5条 役員が退職するときは，株主総会の決議により退職慰労金を支給する。

（給付の種類）
第6条 本制度における給付の種類は次のとおりとする。
　(1) 退職年金
　(2) 退職一時金

（退職年金）
第7条 第5条の退職慰労金の支給に際し，希望があればその全部または一部の年金で支給することができる。

（年金月額の計算）
第8条 年金で支払う場合の年金月額は，第5条による退職慰労金の全部または一部を年金現価として次により計算される金額とし，支給期間は10年とする。

　　年金月額＝年金現価÷現価率

（年金の支給期日）
第9条　年金は毎月2月，5月，8月および11月の各20日に年金支給期日以降，当該支給月の前月までの分を支給する。

（年金の一時払い）
第10条　年金受給中の者または受給者の遺族が年金の一時払いを希望するに至った場合は，以後の年金の支給にかえて一時金で支払う。
　2　年金の支給にかえて支払う一時金の額は，残余支給期間部分の年金現価相当額とする。

（遺族の順位と範囲）
第11条　役員，または年金受給中の者が，死亡した場合の給付を受ける遺族の順位と範囲は，労働基準法施行規則第42条ないし第45条に定めるところによる。

第3章　制度の運営

（制度の運営方法）
第12条　会社は，本制度の健全なる運営を計るため，役員を被保険者としてＹＳ生命保険相互会社と適格年金保険契約を締結し，基金の一部について管理運用を行わせる。ただし，退職一時金および年金の支給は会社が直接行うものとする。

（保険料の負担）
第13条　前条の企業年金保険契約に基づく保険料は，全額会社が負担する。

（規程の改廃）
第14条　本制度は社会経済の情勢に応じ，改正または廃止できるものとする。

付　　則

　本制度は昭和　年　月　日から実施する。

役員年金規程

※私的年金（非適格年金）

（SC企画，情報処理・資本金7,000万円）

第1章 総 則

（目 的）
第1条　この規程は役員退職金規程第13条に基づき退任した役員に退職金として年金を支給するために定める。

（規程の適用）
第2条　この規程は会社の常勤役員に適用し，社外役員は除外する。

（加入および脱退）
第3条　役員は役員に就任した月にこの制度に加入し，退任または死亡した月にこの制度から脱退する。

（制度の運営）
第4条　この制度の運営につき，取締役に関しては取締役会があたり，監査役に関しては監査役の全員があたる。

第2章 給 付

（退任年金）
第5条　在任期間4年以上の役員が退任したときは退任年金を給付する。

（年金額）
第6条　退任年金の額は，役員一律に月額99,700円（一時金の場合は900万円）とする。
　2　一般の経済情勢に応じて将来上記の額を取締役会の承認のうえ変更することがある。

（給付期間）
第7条　退任年金は役員が退任した月の翌月から10年間給付する。

（遺族年金―退任年金受給者の死亡）
第8条　退任年金の受給者が受給開始後死亡したときは本人の受給期間と合算して10年間その遺族に本人の受給額と同額を給付する。

（遺族の範囲）
第9条　遺族年金を受給する資格のある遺族とは労働基準法施行規則第42条ないし第45条の遺族補償の順位による。

（一時金への変更）
第10条　遺族年金の受給者が希望したときは年金に変えて一時金を給付することができる。
（一時金額）
第11条　一時金の金額は，年金月額に退任年金給付済期間に応じた別表（略）の率を乗じて得た額とする。
（年金の支給時期）
第12条　年金の支給時期は年4回とし毎年1月，4月，7月および10月の各月末日に既経過3カ月分をまとめて支給する。
（期間の計算）
第13条　この制度における役員の在任期間は常勤役員に就任した月から退任または死亡した月までとする。

第3章　拠　　出

（拠　　出）
第14条　会社はこの規程による給付の財源にあてるため会社の負担において必要な額を拠出するものとする。

第4章　年金基金

（年金基金）
第15条　会社はこの規程による拠出金の管理，運用および給付の目的でYS信託銀行株式会社との間に金銭信託契約を締結し，年金基金を設定する。

第5章　雑　　則

（受給権の処分禁止）
第16条　この規程の給付を受ける権利は譲渡し，または担保に供してはならない。
（届け出等の義務）
第17条　年金の受給資格者および受給者は次の書類を会社に届け出なければならない。
　　　　また届け出た事項に異動があったときも同じとする。
　　　(1)　給付依頼書
　　　(2)　受給者異動届
　　　(3)　その他会社が必要とする書類
（規程の改廃）
第18条　この規程の改廃は取締役会の承認を得るものとする。

付　　則

　　この規程は平成　年　月　日より実施する。

役員退職年金支給規程

※私的年金（非適格年金）

（HG商会，商社・資本金6,000万円）

第1章 総　則

（目　的）
第1条　この規程による年金制度は，役員の定年による退任後の生活の安定をはかることを目的とする。

（適用範囲）
第2条　この規程は，別に定める役員の定年に達するまでの，すべての取締役並びに監査役に適用するものとする。

（加入時期）
第3条　取締役及び監査役に就任後，最初に到来する4月1日に，この制度に加入するものとし，その後の加入は認めない。

第2章 給　付

（給付の種類）
第4条　この制度による給付は役員退職年金とする。

（受給資格）
第5条　加入者が定年により役員を退任した場合，役員退職年金を支給する。

（年金の額）
第6条　役員退職年金の月額は，第8条の例外を除き一律100,000円とする。

（支給期間）
第7条　役員退職年金の支給期間は，第8条の例外を除き次の各期間とする。
　　　　① 社　長・会　長……10年　70歳～79歳
　　　　② 専　務・常　務……15年　63歳～77歳
　　　　③ 取締役・監査役……15年　60歳～74歳

（一時金払い）
第8条　役員退職年金受給資格者は，退任時に一時金換算額の範囲内で年金の一時払いを申し出ることができる。
　　2　本人が支給期間中に死亡した場合には，残余の支給期間遺族に継続して年金を支給する。

ただし遺族の申し出により残余期間に支給すべき年金に代えて，その現価相当額を一時に支給する。

（年金額並びに支給期間の適用除外）
第9条　第7条区分③の取締役及び監査役で，年金制度に加入年数が短期間（おおむね5年）の者については，支給年金額の減額並びに支給期間の短縮（10年）をする場合がある。

第3章　雑　　則

（受給権の処分禁止）
第10条　この規程により給付を受ける権利は，これを譲渡しまたは担保に供することはできない。

（制度の実施方法）
第11条　この制度を実施するため，会社はＡＳ生命保険相互会社と企業年金保険契約を締結し，同社に基金の管理，運用，ならびに給付事務を行わしめる。

（規程の改廃）
第12条　この規程は，経済情勢の変動，その他重要な事情により，その一部または全部を改廃することがある。ただし給付に関する受給資格を取得した者の権利義務は存続させるものとする。

付　　則

（施　　行）
第13条　この規程は平成　年　月　日より施行する。

改訂3版　退職金・年金規程総覧	
1993年6月9日　第1版第1刷発行	定価はカバーに表示してあります。
1995年10月4日　第2版第1刷発行	
1996年9月13日　第2版第2刷発行	
2003年2月23日　第3版第1刷発行	

編著者　経 営 書 院
発行者　平　　盛 之

発 行 所　㈱産労総合研究所
　　　　　出版部 経 営 書 院

〒102-0093　東京都千代田区平河町2-4-7　清瀬会館
電話　03(3237)1601　振替　00180-0-11361

落丁・乱丁本はお取替えいたします。　　印刷・製本　藤原印刷株式会社
ISBN4-87913-836-3 C2034

経営書院の本

ポイント制退職金の設計と運用
谷田部光一著

退職一時金制度の合理化と年金化が始まりつつある。本書は本給と切離したポイント制退職金の設計と運用に関して、今日的テーマにそって実務解説。

A5判 165頁 1,900円

退職金規程の作り方・運用の手引き
岡 主正著

最近のポイント式退職金・企業年金・一時金と企業年金・退職金共済制度・早期退職優遇制度の動向についての資料と、作成・改訂のための手引きを解説。

A5判 262頁 1,900円

昇格・昇進の設計とモデル規程集
産労総合研究所編

人材育成には昇格基準と昇進・任用基準の客観性ある条件づくりが不可欠となってきている。本書はその設計・運用の解説とともに、13社5病院の実例を紹介。

B5判 319頁 7,000円

評価者訓練のすすめ方
松田憲二著

多くの企業は人事評価制度を導入しているが、能力向上の目的からほど遠い現状にある。本書は本来の目的に沿って運営されるべく、企業の実例とともに解説。

A5判 352頁 4,000円

国内・海外出張・赴任・滞在便覧 隔年版
産労総合研究所著

国内出張旅費、転勤赴任旅費、海外出張旅費および海外勤務の労働条件など当社独自調査による各社の実態、規程を収録
〈隔年発行〉

B5判 365頁 7,800円

表示の価格は2003年2月現在の本体価格で、別途消費税が加算されます。

経営書院の本

就業規則総覧
岡 主正編

各種労働関係法の施行・改正や、人事・賃金・労務等社内諸制度の改善をうけて、企業の実情に合った就業規則の見直しを進めるための手引書。

B5判 576頁 9,200円

会社規程総覧
岡 主正編

本書は、中小企業経営者、総務、労務、人事担当者、労働組合役員などの実務家向きの参考資料として実在企業の諸規程諸規則、諸協定類を精選。

B5判 720頁 9,000円

就業規則の作り方・運用の手引
関連諸規程付 改訂三版
岡 主正編著

労基法改正で就業規則の見直しが必要となった。本書はモデル規程と例示規程、関連諸規程を含めて小さな会社でもすぐ使えるよう構成された手引書。

A5判 280頁 1,800円

IT時代の就業規則の作り方
荻原 勝著

社内のIT化が急速に進んでいる今日、それらの管理規程・危機管理・円滑な運用に対応した就業規則見直しのための手引書。

A5判 289頁 2,200円

社内規程百科
経営書院編

改正労基法に対応した数百社の数千に及ぶ諸規程を可能な限り一般化し、各項目ごとのモデルとして収録した。規程作成の最新・最良の参考書。

B5判 631頁 7,200円

表示の価格は2003年2月現在の本体価格で、別途消費税が加算されます。

経営書院の本

社会保険実務がわかる本
土屋　彰監修・鶴岡徳吉著

使用頻度の高い66の書式に関して、記入のポイント、手続きのしかたを解説。実際の記入例も掲載しているため、実務の初心者にもわかりやすい書である。

A5判　285頁　1,900円

わかりやすい労働安全衛生法
井上　浩著

労働安全衛生法は企業にとって重要な法律ですが、内容が膨大複雑で改正が多い為難解になりがちです。そこで本書はその概略をつかみ、わかりやすく解説。

四六判　270頁　2,000円

わかりやすい労災保険法
井上　浩著

労災保険業務の現場に長年勤務された著者が労災保険法に関して、労使の担当者・社会保険労務士の方々を対象に、できるだけわかりやすく実務を解説。

四六判　279頁　2,000円

労働安全衛生法入門
井上　浩著

企業の実務家や各種試験の受験者、またコンサルタントや諸団体の方々の実務書として役立つように、労働省の行政解釈を努めて紹介。

四六判　367頁　2,300円

労災補償法入門
井上　浩著

官民労使の実務担当者、各種コンサルタント、社会保険労務士試験受験者の方々の参考になるように、労働省等の行政解釈、裁決、判例などを紹介。

四六判　359頁　2,300円

表示の価格は2003年2月現在の本体価格で、別途消費税が加算されます。